漢字音으로 본
백제어 자음체계

이승재(李丞宰)

1955년 전남 구례에서 출생. 서울대학교 인문대학 국어국문학과 문학사, 동 대학원 문학석사 및 문학박사. 전북대학교와 가톨릭대학교 국어국문학과 교수를 역임하고, 현재 서울대학교 인문대학 언어학과 교수로 재직 중. 『高麗時代의 吏讀』, 『50권본 화엄경 연구』, 『방언 연구』, 『角筆口訣의 解讀과 飜譯』(1~5권) 등 10여 권의 저서와 100여 편의 논문을 발표.

漢字音으로 본
百濟語 子音體系

초판 1쇄 인쇄 | 2013년 12월 17일
초판 1쇄 발행 | 2013년 12월 27일

지은이 | 이승재
펴낸이 | 지현구
펴낸곳 | 태학사
등 록 | 제406-2006-00008호
주 소 | 경기도 파주시 광인사길 223
전 화 | 마케팅부 (031)955-7580~82 편집부 (031)955-7585~89
전 송 | (031)955-0910
전자우편 | thaehak4@chol.com
홈페이지 | www.thaehaksa.com

값은 뒤표지에 있습니다.

ISBN 978-89-5966-627-0   93710

* 이 책은 2011년도 교육과학기술부의 재원으로 한국연구재단의 지원을 받아 연구된 결과의 일부이다.(NRF-2011-342-A00014)

漢字音으로 본

백제어 자음 체계

이승재

태학사

어느 날 갑자기

뜻하지 않게 이 책을 쓰게 되었다. 호기심과 흥미에 이끌려 여기까지 오고 말았다. 이것이 필자의 버릇이기는 하지만 漢字音 전공자가 아닌 사람으로서 한자음 연구에 도전했으니, 스스로 생각하기에도 무모하게 느껴진다.

한자음 분야는 젊어서부터 난공불락의 철옹성이었다. 입문서라 할 만한 것이 없었고 입문을 마쳤다 하더라도 어떻게 연구 주제를 설정하고 어떻게 해결할 것인지 방법론이 떠오르지 않았다. 게다가 淺學非才한 사람이니 이 연구 분야를 의도적으로 외면할 도리밖에 없었다. 이 도피는 작년까지만 하더라도 성공적이었다.

그런데 올해 들어 막다른 골목과 마주치게 되었다. 빗장을 단단히 걸어 놓은 솟을대문에 '음운체계'라는 榜文이 떡하니 걸려 있었다. 木簡에 기록된 音借字를 모두 모아서 이들을 음운론적으로 분석하는 연구가 기다리고 있었던 것이다.

길이 막혔으니 주저앉아 자료나 입력해 두자. 이런 생각으로 목간에 기록된 음차자의 漢語 中古音을 입력하는데, 갑자기 눈에 확 들어오는 것이 하나 있었다. 百濟木簡의 음차자 중에서 全濁音 즉 유성자음이 예상보다 훨씬 더 많았던 것이다. 입력에 박차를 가하여 얼른 전탁자의 점유 비율을 따져 보았다. 次淸音 즉 유기자음의 비율이 6.1%인데 비하여 전탁음의 비율은 23.1%나 되는 것이 아닌가! 그렇다면 백제어에 有聲子音 계열이 있었을 것이다.

이것이 백제 목간만의 특징일까 아니면 모든 백제어 자료에서 다 그런 것일까? 璟興의 反切字, 『日本書紀』에 기록된 백제 고유명사 표기자, 『三國志』에 기록된 馬韓 國名 표기자 등으로 지평을 넓혀 나아갔다.

입력 과정에서 어느 날 갑자기 연구 방법론이 떠올랐다. 드디어 바빠지기 시작했고 궁금한 것이 계속 꼬리를 물었다. 스스로 세운 가설이나 방법론이 맞는지 확인하느라 시간을 잊었다. 과연 최소대립 쌍을 찾을 수 있을까? 상보적 분포이면 어떻게 되지? 실험 결과를 기다리는 학생처럼, 조마조마한 때가 한두 번이 아니었다. 한편으로는 표음자의 숫자를 맞추느라 후진하거나 제자리걸음을 반복해야 했다. 이 책에서 제시한 계량적 수치는 아직도 완벽한 것이 아니다. 표음자를 넣고 빼는 과정에서 자료가 엉켰고 이것을 바로잡는 데에 시간이 마냥 흘러갔다. 이윽고 이 서문을 쓰는 데에 이르렀다.

이 연구의 결과에 따르면, 백제어에 일찍부터 유성자음 계열이 확실히 자리 잡고 있었다. 그런데 다시 찾아보니, 55년 전의 논문인 金完鎭(1958)의 「原始國語의 子音體系에 대한 硏究」에서 이미 유성자음 계열이 있었음이 논증된 바 있다. 그 뒤로 兪昌均(1983), 都守熙(2008) 등도 백제어에 유성자음이 있다고 보았다. 그렇다면 이 결론은 새로울 것이 없다. 無知가 動因이 되어 이 연구에 착수했으니, 그저 부끄러울 뿐이다.

고대 한국어에 有氣子音이 존재했는지에 대해서는 견해가 엇갈린다. 河野六郎(1968)과 朴炳采(1971)이 고대어의 유기자음을 부정한 바 있으나, 李基文(1972나)에서는 8세기를 전후한 시기에 유기자음이 발달했다고 하였다. 연구 대상을 백제어로 한정했더니, 7세기에 이미 유기자음이 발생하여 음소의 자격을 가졌던 것으로 드러났다. 이와 더불어 백제어에서 齒槽音과 硬口蓋音이 음운론적으로 대립했다는 사실이 새로 드러났다. 참신함을 기준으로 한다면 치조음과 경구개음의 음운대립을 발견한 것이 가장 큰 성과일지도 모른다.

중국의 吳音 또는 前期 中古音은 자음체계에서 有聲子音과 無聲子音을 구별한다. 고대 일본에서 이것을 수용했는데, 일본의 吳音에서도 有·無聲 대립이 유지된다. 그런데 일본의 오음 수용 과정에 대해서는 백제를 경유했다는 학설과 중국 남방으로부터 직접 수용했다는 학설이 대립되어 있다. 백제 경유설을 주장하려면 백제어에 유·무성 대립이 있었음을 언어학적으로 먼저 증명해야 한다. 차용 음운론의 관점에서는 백제어의 유·무성 대립이 확인되어야만 이것을 수용한 일본의 오음에서도 유·무성 대립이 유지될 수 있기 때문이다. 이 점에서 이 책은 일본 오음의 백제 경유설이 가지고 있던 단점 하나를 제거했다는 의의를 가진다.

한국어가 알타이 語族에 속한다는 것을 증명할 때에도 이 유·무성 대립이 아주 중요하다. 알타이 祖語에 유·무성 대립이 있었다는 것이 통설이기 때문이다. 백제어에는 유·무성 대립이 있었으므로 原始韓語가 알타이 어족에 속할 가능성이 한층 더 커졌다. 백제어 자료는 부분적이기는 하지만 이 유·무성 대립이 有·無氣 대립으로 바뀌는 과정도 보여준다. 이 대체 과정에 대해서도 하나의 시안을 제시해 보았다.

위의 두어 가지 사실을 논증했다는 데에 이 책의 의의가 있다. 그러나 한자음 연구 방법론 하나를 새로 제시했다는 데에 더 큰 가치를 두어야 할지도 모른다. 이 책이 채택한 연구 방법은 기존의 고대 한국어 연구 방법론과 사뭇 다르다. 첫째, 백제어를 기록한 항목을 일단 망라하여 모은다. 이 과정에서 兪昌均(1983)의 『韓國漢字音 研究』와 宋基中·南豊鉉·金永鎭(1994)의 『古代國語 語彙集成』 덕분에 시간을 절약할 수 있었다. 둘째, 모아진 백제어 항목에서 표음자를 추출한다. 이것이 아주 어려워서 '音借 우선 적용의 가정'을 세웠다. 셋째, 추출된 표음자의 漢語 中古音을 정리한다. 이때에는 이토 지유키(2007)의 『한국 한자음 연구』 자료편에 의지했다. 넷째, 논의 대상인 용례의 점유 비율을 구한다. 예컨대 점유 비율이 큰 성모일수록 음소로 설정될 가능성이 크다. 다섯째, 동일 聲母에 속하는 표음자를 모두 모아 다른 성모의 표음자와 대비한다. 상보적 분포를 이루는 두 성모는 하나로 합치고, 최소대립 쌍이 있으면 대립 항을 각각 독자적인 음소로 설정한다. 여섯째, 최소대립이 성립하는 시점을 살핀다. 의심스러운 최소대립 쌍을 제외하거나 백제어의 통시적 변화를 논의할 때에 유용하다. 일곱째, 음소로 등록된 백제어 자음 상호간의 음운론적 대립 관계를 따진다. 이 여러 단계를 차례로 밟으면 자동적으로 백제어의 자음체계가 드러난다. 아주 간단하면서도 명쾌한 방법론이다.

이 방법이 유효할지 스스로도 몹시 궁금했다. 전혀 가 보지 않은 길이기 때문이다. 대문의 빗장이 풀렸을지 아직 의심스럽지만 조그맣게 이 책을 출판하기로 했다. 책의 제목을 『한자음으로 본 백제어 자음체계』로 정하면서, 연구 주제가 협소하고 이제 겨우 연구가 시작되었음을 깨달았다. 또 다시 맞닥뜨릴 첩첩산중을 잘 헤쳐 나아갈 수 있을지 의문이다.

이 책의 끝에 두 가지 부록을 덧붙였다. 하나는 百濟語 表音字의 音價와 이 표음자의 出典을 정리한 것이고, 또 하나는 경흥의 반절자에 대해 『口訣研究』 20집(2008년 2월)에 발표했던 논문이다. 이 논문은 이 책의 내용과 직접 관련되어 있으므로 독자들에게 조금이라도 도움이 될 것이다.

집필 과정에서 주변의 여러 분께 본의 아니게 누를 끼쳤다. 여러 선생님을 직접 찾아뵙지 못했고 주변 동료들과 시간을 같이하지 못했으며 학과 일에도 적극적으로 나서지 못했다. 이 자리를 빌려 정중히 사과드린다. 감사드릴 분도 계시다. 원고를 읽고 중요한 것을 지적해 주고 통계도 내어 주신 신용권 교수와 박진호 교수, 의심스러운 것을 서슴없이 제기해 준 서울대 대학원의 이토 다카요시 군과 안영희 양, 이 책의 출판을 기꺼이 맡아 주신 태학사의 지현구 사장님, 예쁘게 편집해 주신 한병순 부장님께 깊이 감사드린다. 연구에 집중할 수 있도록 늘 놓아준 아내에게 조그마한 정성을 담아 이 책을 바친다.

2013년 12월 10일
관악산 기슭에서
李 丞 宰 씀

차 례

11

1. 머리말

'百濟語'는 고대 삼국의 하나인 백제에서 사용된 언어를 가리킨다. 신라에서 사용된 언어를 '新羅語', 고구려에서 사용된 언어를 '高句麗語'라고 지칭할 수 있듯이 이 책에서는 백제어라는 용어를 사용한다. 역사비교언어학의 관점에서는 백제어와 신라어는 서로 말이 통했을 가능성이 많으므로 하나의 언어 즉 原始韓語로 묶는 것이 일반적이다(李基文 1972가: 41). 즉 백제어와 신라어의 차이는 방언 차이 정도에 불과했을 것이다. 그런데도 이 책에서는 지칭의 편의상 백제어라는 용어를 사용한다.

백제어는 그 기원을 정확히 알 수 없는 때로부터 시작하여 7세기 중엽에 羅唐 연합군에 의해 멸망할 때까지 사용되었다. 백제어를 기록한 첫째 문헌은 아마도 晉의 陳壽가 3세기 후반에 편찬한 『三國志』 魏書 東夷傳일 것이다. 여기에 馬韓의 55개[1] 國名이 수록되었는데 이 중의 하나가 '伯濟'이고,[2] 백제어 기록의 첫 번째 사례를 마한의 55개 국명에서 찾는 것이 일반적이다. 마한이 백제로 이어졌다고 보는 것이 역사학계의 일반적인 통설이기 때문이다. 백제는 7세기 중엽에 羅唐 연합군에 의해 멸망했으므로 백제어도 7세기 말엽 이후에

---

1 동일 국명이 두 번 나오기 때문에 54개라고도 한다.
2 伯濟는 원래 目支國이나 到利國보다 규모가 작은 부족국가였으나 나중에 강성해져서 馬韓의 적통을 이어받게 된다.

는 서서히 사라지게 된다. 하나의 국가가 멸망했다고 하여 그 언어가 곧바로 사라지는 것은 아니다. 언어의 치환이 쉽게 완성되는 것이 아니기 때문이다.[3] 따라서 백제어는 아마도 8세기 전반기까지는 명맥을 유지했을 것이다.

이 연구에서는 3세기 후반기에서 8세기 전반기까지의 백제어를 연구 대상으로 삼는다. 500년 가까이 사용되었기 때문에 백제어 자료가 많을 것 같지만 사실은 그렇지 않다. 각종의 史書에 수록된 백제의 인명·지명·관명 등의 단편적인 자료가 남아 있을 뿐이다. 백제어 문장 자료는 일부 木簡 자료를 제외하면 거의 전해지지 않고, 고유명사에 해당하는 자료만 겨우 전해져 왔다.

그런데 이 고유명사를 이용하여 백제어를 연구할 때에, 실질적 연구가 가능한 분야가 하나 있다. 바로 音韻論 분야이다. 백제의 인명·지명·관명 등을 음운론적으로 분석하여 백제어에 어떤 자음과 모음이 있었는지 연구할 수 있다. 이 책은 음운론적 분석을 통하여 百濟語의 子音體系를 再構하는 데에 목표를 둔다.[4] 백제에서 사용했던 자음의 목록을 확정하고 자음 상호간에 어떤 유기적 관계가 있었는지를 논의할 것이다.

고유명사 분석을 통한 언어 연구는 李崇寧(1955)로부터 시작되었다.[5] 이를 이어받은 연구가 뒤따르는데, 특히 백제어 연구는 都守熙

---

3 예컨대, 大韓帝國이 일본에 의해 멸망했으나 36년 동안의 식민 통치에도 한국어는 살아남았다.

4 처음에는 모음체계까지 넣어서 백제어의 음운체계를 연구 대상으로 삼았다. 그러나 자음체계 부분에 대한 서술의 분량이 많아졌고, 한편으로는 모음체계에 대해서는 더 깊은 천착이 필요함을 느꼈다. 그리하여 이 책에서는 자음체계에 대한 연구로 한정하였다.

5 일본에서는 大矢透(1911)이 이 연구 분야를 개척하였다.

교수의 연구가 독보적이다. 都守熙(1977, 1987, 1989, 1994, 2008)는 백제어를 연구 대상으로 삼아 여러 세부적 연구를 지속해 왔다. 이 업적에 백제 한자음을 분석한 兪昌均(1983), 미즈노 슌페이(2009)의 연구를 포함하게 되면 백제어의 자음체계를 더 이상 거론할 필요가 없다고 말할 수도 있다.

그런데도 새로이 백제어의 자음체계를 논의하는 까닭은 다음의 두 가지로 요약할 수 있다. 첫째, 기존의 연구자가 미처 연구 대상으로 삼지 않았던 백제어 자료가 있다. 1985년에 익산 미륵사지에서 木簡이 출토된 이후로, 부여 능산리사지와 나주 복암리에서도 목간이 출토되었고, 그밖에도 부여의 여러 곳에서 목간이 출토되었다. 이들을 일괄하여 흔히 百濟木簡이라 지칭하는데, 백제 목간에 기록된 인명과 지명 등은 기존의 연구에 포함되지 않았다. 또한 백제 출신의 신라 僧 璟興이 남긴 反切字가 전하는데, 이들도 백제어 자료에 포함되지 않았다. 둘째, 이 책은 기존의 연구와 연구 방법에서 차이가 난다. 기존의 연구는 하나하나의 표음자를 대상으로 한자음을 기술하고 이것을 이용하여 개별적으로 백제어의 음운을 재구하였다. 그러나 이 책에서는 모든 백제어 표음자를 망라하여 모은 다음, 이것을 체계적으로 조감하는 방법을 택한다. 백제어 表音字를 모두 모으면 694(707)자에[6] 이른다. 이것은 적지 않은 양이므로 한자음 분석 방법에 따라 이들을 분석할 수 있다. 音素의 자격을 가지는 자음과 그렇지 않은 變異音을 판별할 때에는 相補的 分布와 最小對立을 적극적으로 활용할 것이다. 자료를 망라하면서 동시에 프라그 학파의 음소 분

---

6 한자의 자형을 기준으로 하면 694자이다. 그런데 하나의 한자가 두 개의 聲母를 가지기도 하므로 707자로 계산할 때가 많다. 聲調나 韻母가 둘 이상인 것까지 모두 포함하게 되면 전체 753개 표제항이 코퍼스에 등록된다.

석 방법론을 적용한다는 점에서 이 책은 기존의 연구와 다르다.

고구려어 · 백제어 · 신라어의 언어 계통론을 연구할 때에 백제어는 필수적인 연구 대상이다. 이 중에서 백제어는 특히 동북아시아의 역사비교언어학 연구에서 매우 중요한 위치를 차지한다. 백제어는 漢語 中古音을 기준으로 하면 前期 중고음의 시기에 속한다. 따라서 한어 중고음을 전기와 후기의 둘로 나눌 때에는 백제어 자료가 중요한 방증 자료가 될 수 있다. 뿐만 아니라 백제어는 특히 고대 일본어와[7] 긴밀한 관계를 맺고 있다. 일본에서는 이른바 吳音이 일본 한자음의 기층으로 자리 잡고 있는데, 이 오음은 중국 남방으로부터[8] 백제를 거쳐서 일본에 전해진 것이라고 한다. 이에 따르면 백제어는 중국 남방의 3~5세기 오음과 일본의 6~7세기 오음을 연결해 주는 징검다리 역할을 담당한다. 그렇다면 이 오음 연구에 백제어가 열쇠를 쥐고 있다고 말할 수 있다.

따라서 이 책에서는 기본적으로 백제어의 자음체계를 재구하는 데에 연구의 목적을 두지만, 이 재구가 동북아시아 전반의 한자음에 대해 함의하는 바에 대해서도 관심을 가질 것이다.

---

7 일본 학자들은 7~8세기의 일본어를 흔히 '上代 일본어'라고 부른다. 이것을 이 책에서는 '古代 일본어'라고 지칭하기도 한다.

8 일본 吳音과 漢音의 차이에 대해, 지역 차이가 아니라 시대의 차이로 보는 견해도 있다. 처음에 일본에 들어온 한자음이 吳音이고 나중에 즉 唐代에 들어온 것이 漢音이라는 견해이다.

2. 백제어 기록 텍스트 및 연구 방법

기존의 백제어 연구는 『三國史記』와 『三國遺事』에 수록되어 전하는 백제의 지명·인명·관명을 중심으로 전개되어 왔다. 신라나 고구려의 언어 자료에 비하여 백제의 언어 자료는 그야말로 엉성하기 그지없었다. 그러나 중국과 일본의 史書에 수록되어 전하는 백제어 고유명사를 포함하고 여기에 百濟木簡과 璟興의 反切字를 더하면 백제어 자료가 반드시 적다고 말할 수 없다. 백제어를 기록한 텍스트를 먼저 개관해 둔다.

2.1. 백제어 기록 텍스트

백제어를 기록한 텍스트로는 중국·한국·일본의 각종 史書가 대표적이다.

먼저, 중국 史書로는 3세기 말엽에 陳壽가 편찬한 『三國志』魏書 東夷傳을 들 수 있다. 여기에 수록된 馬韓 55國名은 일찍부터 백제어 연구의 대상이 되어 왔다. 都守熙(1977, 2008)과 兪昌均(1983)에서 이 馬韓 國名을 백제어 연구에 활용한 바 있는데, 우리도 이를 따른다. 이 마한 국명은 3세기 말엽에 채록된 것이기 때문에 漢語 中古音 보다는 上古音에 더 가까울지도 모른다는 점에 유의하기로 한다. 우리는 이 국명이 모두 音借로 기록되었다고 본다. 현재까지 밝혀진 바에 따르면 訓借 표기가 5세기 이전으로 소급하는 것은 없기 때문이다. 이 국명에는 78개의 표음자가 이용되었는데, 그 중의 한 글자는 僻字이므로 77자만을 연구 대상으로 삼는다.

그런데 기존의 연구에서 약간 소홀히 다루어진 중국 史書가 있다. 마한 55국명에 대해서는 큰 관심을 가지면서도 다음의 각종 사서에 기록된 백제 고유명사에 대해서는 깊이 논의된 바가 별로 없다. 宋基中・南豊鉉・金永鎭(1994)를 이용하여 정리하면 다음과 같다.

(1) 중국 사서의 백제어 고유명사

1. 三國志(3세기 후반) : 백제 고유명사 5개. (晉의 陳壽가 편찬)

2. 後漢書(432년) : 백제 고유명사 2개. (宋의 范曄이 편찬)

3. 宋書(488년) : 백제 고유명사 18개. (南濟의 沈約이 편찬)

4. 南齊書(537년) : 백제 고유명사 18개. (梁의 蕭子顯이 편찬)

5. 魏書(559년) : 백제 고유명사 4개. (北齊의 魏收가 완성)

6. 梁書(636년) : 백제 고유명사 8개. (陳의 姚察과 姚思廉이 집필)

7. 陳書(636년) : 백제 고유명사 3개. (唐의 姚思廉이 편찬)

8. 北齊書(636년) : 백제 고유명사 1개. (唐의 李百藥이 완성)

9. 周書(636년) : 백제 고유명사 8개. (唐의 令狐德棻 등이 완성)

10. 南史(644년) : 백제 고유명사 16개. (唐의 李大師와 李延壽에 의해 완성)

11. 北史(644년) : 백제 고유명사 30개. (唐의 李大師와 李延壽에 의해 완성)

12. 晉書(648년) : 백제 고유명사 3개. (唐의 房玄齡, 李延壽 등 20여 명이 편찬)

13. 隋書(636~656년) : 백제 고유명사 20개. (唐의 顔師古와 孔穎達 등이 참여)

14. 舊唐書(945년) : 백제 고유명사 40개. (五代 後晉의 劉昫, 張昭遠,

王伸 등이 편찬)

15. 唐書(1060년) : 백제 고유명사 47개. (宋의 歐陽脩 등이 완성)

(1)에서 볼 수 있듯이 각종의 중국 사서에 수록된 백제의 고유명사가 적지 않다. 하나의 고유명사가 여러 사서에 중복되어 나타나기도 하는데, 이 중복을 제외하면 150여 개의 백제어 항목을 추출할 수 있다. 『三國史記』 지리지에 나오는 백제 지명 항목이 140여 개임을 감안하면 적지 않은 수이다.

그런데 위의 각종 사서는 편찬된 시기가 크게 차이가 나므로 여기에 수록된 백제 고유명사를 동일 시기의 언어 자료라고 하기가 어렵다. 『三國志』가 3세기 후반기에, 『北史』는 7세기 중엽에, 『舊唐書』는 10세기 중엽에 편찬되었다. 따라서 이처럼 사서 편찬의 시차가 클 때에는 그 사서가 반영하는 표기법이나 언어가 서로 다를 수 있다. 이 점을 감안하여 중국 사서에 수록된 백제 고유명사를 다음과 같이 분류하기로 한다.

(2) 중국 사서에 수록된 백제 고유명사의 분류

　　가. 『三國志』에 수록된 마한 55국명 — 3세기까지의 마한어

　　나. (1.2)~(1.13)의 史書에 수록된 백제 고유명사 — 5세기~7세기 중엽의 백제어

　　다. 『舊唐書』·『唐書』에 수록된 백제 고유명사 — 10세기 이후의 표기법에 따른 백제어

(2.가)는 백제가 고대국가로 성장하기 이전의 언어 즉 馬韓의 언어 자료이고, (2.나)는 백제가 고대국가의 일원으로서 고구려나 신라와 경쟁하던 시기의 언어 자료이며, (2.다)는 백제가 멸망한 이후에 기록

으로만 전하는 시기의 언어 자료이다. 이 분류는 단순히 역사적 전개 과정에 따라 분류한 것이므로 언어의 발달 과정과 정확히 일치할지의 여부는 아직 알 수 없다. 그렇다 하더라도 연구의 출발점에서는 이처럼 세 시기로 나누어 백제어 기록 텍스트를 구별하는 것이 바람직할 것이다. (2.가)는 '三國志' 또는 '마한 국명'으로 지칭하고, (2.나)는 '중국의 (기타) 사서'로 지칭하며, (2.다)는 '舊唐書·唐書' 또는 '당서'로 지칭하기로 한다.

이제, 한국의 백제어 기록 텍스트를 개관해 보기로 한다.

한국의 텍스트 중에서 가장 중시해 왔던 것은 『三國史記』 地理誌 卷第36과 卷第37의 백제 지명이다. 여기에는 140여 개의 백제 지명이 열거되어 있을뿐더러, 신라 景德王 때에 이것을 어떻게 개정했는지가 기록되어 있다. 백제 멸망 이전의 지명이 기록되었다는 점에서 이 지명은 지금까지의 백제어 연구에서 가장 크고도 핵심적인 광맥이었다. 이 글에서는 지리지의 지명만을 따로 떼어 내어 하나의 독자적인 텍스트로 간주한다. 이 지명의 기록 시기는 경덕왕 때 즉 8세기 중엽임이 분명하기 때문이다.

『三國史記』의 각종 기사에도 여러 지명과 인명이 나온다. 그런데 이 지명이나 인명은 지리지의 지명과는 기록의 성격이 다르다. 지리지의 지명이 8세기 중엽에 편찬된 것이 분명한 데에 비하여, 여타의 역사 기록에 나오는 지명이나 인명은 8세기에 기록된 것이라고 할 수가 없다. 1,145년에 金富軾이 『삼국사기』를 편찬하면서 이들 지명이나 인명을 기술의 대상으로 삼았을 가능성을 배제할 수 없다. 물론 김부식이 기존의 옛 史書를 종합·정리하는 과정에서 옛 고유명사가 인용된 것이므로 이 고유명사의 기원은 한참 거슬러 올라가 5~6세기에서 찾을 수도 있다. 그렇다 하더라도 이들이 사료에 포함되어 기록된 것은 분명히 12세기 중엽의 일이다. 이 점을 강조하여 『삼국사기』 권제36과 권제37 이외의 권차에 나오는 백제 지명·인명·관명 등을 하나로 묶어서, 지리지의 지명과 구별하기로 한다. 요약하면 『삼국사기』는 두 개의 텍스트로 나뉜다. 하나는 8세기 중엽에 편찬된 지리지의 백제 지명이요, 다른 하나는 12세기에 기록되고 기타의 권차에 나오는 백제 고유명사이다.

『三國遺事』에 기록된 백제 관련 인명·지명·관명 등의 고유명사도 백제어 연구 자료로 활용할 수 있다. 이들 고유명사도 하나의 독자적인 자료로 인정하되, 『삼국유사』가 13세기 중엽에 편찬되었다는 점을 강조해 둔다.

그런데 최근에 주목할 만한 백제어 자료가 발견되었다. 첫째는 百濟木簡에 기록된 고유명사이고, 둘째는 南豊鉉(2003)과 李丞宰(2008)에서 거론된 璟興의 反切字이다.

최근에 발굴된 백제 목간은 백제어 연구의 새로운 광맥이라고 할 수 있다. 목간 자료는 기록 당시의 모습을 그대로 담고 있으므로 각종의 금석문이나 고문서에 기록된 자료와 더불어 1차 실물 자료에 속한다. 이 점에서 백제 목간에 기록된 인명·지명·관명은 『삼국사기』나 『삼국유사』에 전하는 것보다 자료의 신빙성이 아주 높은 편이다. 글자의 판독이 쉽지 않다는 것이 단점이기는 하지만, 이 책에서는 백제 목간에 기록된 인명·지명·관명을 적극적으로 이용하기로 한다.

백제 목간의 인명·지명·관명에다 백제어 계통의 수사 항목을 더하면 모두 114개의 백제어 항목을 백제 목간에서 찾아낼 수 있다. 『삼국사기』 지리지에 수록된 백제 지명이 140여 항목임을 감안하면 백제 목간 자료가 사실은 적은 양이 아니다. 이 114개의 항목에서 147자의 백제어 音借字를 추출해 낼 수 있다.

그러나 이 147자의 음차자만으로는 백제어의 음절구조, 자음체계, 모음체계 등의 음운체계를 재구할 수 없다. 음운체계를 재구할 때에는 훨씬 더 많은 表音 자료가 필요하기 때문이다. 이 자료의 부족을 조금이나마 메워줄 수 있는 것이 璟興의 反切字이다. 백제 출신의 신라 僧 경흥은 7세기 말엽에 많은 저술을 남겼는데, 그가 저술한 『无量壽經 連義述文贊』에는 특히 한자음을 反切法으로 기술한 것이 적지 않다. 반절법과 直音法을 이용하여 53개 한자에 注音을 하였고 (李丞宰 2008), 일본의 『妙法蓮華經釋文』에 인용되어 전하는 경흥의 반절도 있다(南豊鉉 2003). 여기에서 경흥의 反切字 84자를[1] 추출할 수 있다. 반절자는 한자의 음가를 기술하기 위하여 사용된 글자이므로 表音字의 속성을 가진다. 따라서 백제어의 자음체계를 재구할 때에 경흥의 반절자 85자를 적극적으로 활용할 것이다.[2]

그런데 경흥이 백제 출신이지만 7세기 말엽의 통일신라 시대에 활동한 승려이기 때문에, 경흥의 반절자를 백제어 자료로 간주할 것인지 신라어 자료로 간주할 것인지를 논의할 필요가 있다. 조사를 해 본 결과, 경흥의 반절자가 자음체계에서 신라 목간보다는 백제 목간의 음운체계에 더 가깝다. 이 점을 중시하여 경흥의 반절자를 백제어 자료로 간주한다.

앞에서 논의된 한국의 백제어 자료를 요약하여 정리하면 다음과 같다.

(3) 한국의 백제어 자료
  가. 백제 목간의 고유명사 — 6세기 중엽~7세기 중엽의 백제어
  나. 경흥의 반절자 — 7세기 말엽~8세기 초엽의 백제어

---

1 璟興音義라 하여 일본에 전해진 반절자가(南豊鉉 2003) 여기에 포함되어 있다.
2 注音의 대상이 백제어가 아니라 漢語 단어이므로, 이 반절자를 백제어 표음자에서 제외해야 한다는 견해도 성립한다. 그러나 백제인 또는 그 후예가 표음자로 사용한 것이라는 점에서는 이 반절자를 백제어의 연구 대상에 넣을 수 있다.

다. 『삼국사기』 지리지 권제36과 권제37의 지명 — 8세기 중엽의 기록

라. 『삼국사기』 기타 권차에 나오는 고유명사 — 12세기 중엽의 기록

마. 『삼국유사』에 나오는 고유명사 — 13세기 중엽의 기록

(3)에서 볼 수 있듯이 백제 목간의 고유명사와 경흥의 반절자는 기존의 백제어 자료보다 기록 시기가 이르다. 이것만으로도 이 자료의 중요성을 쉽게 깨달을 수 있을 것이다.

마지막으로, 일본에 전하는 백제어 자료를 논의하기로 한다. 백제어의 음운체계를 연구할 때에 『日本書紀』의 백제 고유명사 표기자도 적절하게 활용할 수 있다. 720년에 편찬된 『일본서기』에는 널리 알려진 것처럼 백제의 인명·지명·관명이 아주 많이 나온다. 이들에 후리가나(振り仮名)로 독법을 기록한 것이 전하는데, 兪昌均(1983)이 후리가나 표기를 기준으로 표훈자와 표음자를 구별한 뒤에 표음자 268자를 추출해 낸 바 있다.

현재까지 전하는 『일본서기』는 9세기 이후에 筆寫된 것이고 이때부터 후리가나가 덧붙기 시작한다는 점에서 이들의 표음을 의심할 수도 있다. 그러나 일본에서는 필사본뿐만 아니라 여러 세대에 걸쳐 口傳되어 오던 것도 자료적 가치가 높은 것으로 간주한다. 더욱이 『일본서기』의 일본 관련 후리가나 기록은 믿으면서 백제의 고유명사에 대한 후리가나 기록을 의심한다는 것은 형평에 맞지 않는다. 이 점에서 이들의 표기를 믿기로 한다. 『일본서기』의 후리가나는 언어음을 음절문자로 직접 표음한 것이기 때문에 백제 목간의 음차자나 경흥의 반절자보다 오히려 이용 가치가 클 때가 있다.

(4) 일본의 백제어 자료

『일본서기』에 기록된 백제 고유명사 — 8세기 초엽의 기록

백제어 기록 텍스트를 이 연구에서는 중국의 3종, 한국의 5종, 일본의 1종으로 한정한다. 이 9종 이외에도 백제어 자료가 더 있을 수 있고, 중국의 각종 史書를 더 자세하게 나눌 수도 있다. 또한 후대에 편집된 史書와 기록 당시의 모습을 그대로 보여주는 金石文을 서로 구별하여 제시하는 방법도 있을 수 있다.[3] 그런데도 위와 같이 분류한 것은 필자의 한계에서 비롯된 것이기도 하고 편의상의 조치이기도 하다.

2.2. 연구 방법

연구 방법으로는 우선 9종의 텍스트를 하나로 묶어서 종합적으로 분석하는 방법이 있을 수 있다. 이 방법은 백제어 전체를 조감할 때에 아주 효과적이다. 그러나 백제어 내의 통시적 변화를 고찰하고자 할 때에는 이 방법을 택할 수 없다. 3세기에서 8세기에 이르는 시기의 통시적 변화를 관찰하기 위해서는 9종의 텍스트를 따로따로 분리하여 논의를 진행하는 것이 오히려 바람직하다. 따라서 이 책에서는 9종의 텍스트를 분리하여 각 텍스트가 가지는 특성을 파악하는 방법을 먼저 택할 것이다. 그런 다음 9종의 자료를 모두 종합하여 어떤 통시적 변화가 일어났는지를 확인하기로 한다. 달리 말하면, 각각의 텍스트 자료를 먼저 공시적으로 분석한 다음에, 이어서 9종의 공시적 분석 결과를 통시적으로 종합하는 방법을 택할 것이다.

9종의 텍스트를 대상으로 삼아, 백제의 고유명사 표기 항목을 추출

---

3 宋基中·南豊鉉·金永鎭(1994)에 백제 금석문 자료가 첨부되어 있다. 그런데 그 분량이 적은데다가 다른 자료와 중복되는 것이 많다. 따라서 이 책에서는 이것을 별도의 텍스트로 설정하지 않았다.

하여 이들을 모두 제시할 것이다. 어느 것이 고유명사이고 어느 것이 일반명사인지를 가려내는 것만 해도 대단히 어려운 작업이라서, 연구자마다 이 항목 추출 결과가 조금씩 다를 수 있다. 이 추출 방법의 객관성 확보를 위하여 기존의 연구 업적을 적극적으로 참고하였다. 宋基中・南豊鉉・金永鎭(1994)에서 백제의 고유명사 자료를 추출하였고, 『일본서기』에 수록된 백제 고유명사는 兪昌均(1983)에 의지하였다.

하필이면 고유명사를 분석의 대상으로 삼으면서 일반명사는 왜 논의 대상에서 제외하는지를 여기에서 간단히 언급해 두기로 한다.

(5) 백제어 일반명사의 예

　가. 伽藍 [百.普] (유사 2.28)[4]

　나. 鼓 [百.樂] (사기 32.12)

(6) 백제어 고유명사의 예

　가. 加弗城 [百.地] (사기 26.7)

　나. 己婁王 [百.人] (사기 23.1, 유사 역.2)

宋基中・南豊鉉・金永鎭(1994)에 따르면, (5.가)의 '伽藍'이 백제어의 보통명사로 등록되어 있다. 그런데 이 '伽藍'은 승려가 살면서 불도를 닦는 절을 뜻하는 불교 용어로서, 중국에서 이미 사용되었던 명사이다. 이것이 백제에 그대로 수입된 것이므로, '伽藍'은 백제 고유어라기보다는 중국으로부터의 차용어이다. 백제어의 음운체계를

---

4 宋基中・南豊鉉・金永鎭(1994)에는 출현하는 횟수만큼 그 출전을 정확히 밝혔다. 그러나 이 책에서는 동일 텍스트에 여러 번 출현하는 것은 번거로움을 피하여 첫째 예 하나만 들기로 한다. 그 대신에, 출전 텍스트가 달라지면 (6.나)의 '유사 역.2'에서 볼 수 있듯이 일일이 출전을 밝힌다.

연구할 때에는 이러한 차용어를 일단 제외하는 것이 좋다. (5. 나)의 '鼓'도 이와 같은 차용어인데, 이때에는 '鼓'를 음독하여 [고]로 발음 했을지 훈독하여 [북]으로 발음했을지 하는 문제가 덧붙는다. 이 두 가지 문제가 항상 뒤따르므로 '伽藍'과 '鼓' 등의 일반명사는 순수 백 제어 자료에서 제외하게 된다. 반면에 (6. 가)의 '加弗'과 (6. 나)의 '己婁'는 모두 음독했을 가능성이 크다. '加'와 '弗'을 훈독하여 '加弗' 이 백제어 단어가 되는 것 같지 않고, '己'와 '婁'도 의미적 연관성이 없다. 따라서 '加弗'과 '己婁'을 음독하는데, 이처럼 음독하는 것 중에 는 고유명사가 특히나 많다. 이에 따라 음운체계를 연구할 때에는 고 유명사를 표기한 항목을 우선적으로 중시하게 된다.

위의 '加, 弗, 己, 婁' 등은 백제의 고유명사를 표기한 音借字이다. 이와 같은 음차자를 찾아내면 백제어의 자음체계를 재구할 수 있다. 따라서 이 연구의 핵심과제 중의 하나는 각종의 백제 고유명사에서 음차자를 가려내는 일이다. 이것이 쉽지 않은 일이라는 것은 널리 알 려져 있다. 동일한 글자를 연구자의 자의에 따라 훈차자로 보기도 하 고 음차자로 보기도 한다. 이러한 예가 적지 않아서 연구의 객관성을 확보하기가 대단히 어렵다. 이에 대해서는 뒤에서 상론하기로 하고 여기에서는 음차자 추출이 가능하다는 점만 강조해 둔다.

각종 사서의 고유명사 표기자, 백제 목간의 음차자, 경흥의 반절자, 『일본서기』의 백제 고유명사 표기자, 마한 국명 표기자 등은 언어음 을 기록하기 위하여 사용되었다는 점에서 동일하다. 이들을 일괄하 여 통칭할 때에는 '表音' 또는 '表音字'라는 용어를 사용한다. 앞에서 정리한 9종의 백제어 텍스트에서 표음자를 추출하는 것이 백제어 음 운체계 연구의 마지막 준비 단계에 해당한다. 우리의 연구 결과에 따 르면 이 표음자는 694(707)자에 이른다. 이 694(707)자를 적극적으로 활용하여 백제어의 자음체계를 재구하는 것은 방법론적으로 전혀 잘못될 것이 없다. 현재까지 전하는 백제어 자료는 모두 한자를 빌려 표기되었기 때문이다.

문제가 되는 것은 이 표음자가 음운체계를 재구할 수 있을 만큼 충분한가 하는 점이다. 백제 목간의 음차자 147자, 경흥의 반절자 85자, 『일본서기』의 백제 고유명사 표음자 267자, 마한 국명 표기자 77자, 중국 기타 사서의 고유명사 표음자 157자, 『구당서』·『당서』의 백제 고유명사 표음자 84자, 『삼국사기』 지리지 권제36·권제37의 백제 지명 표음자 155자, 『삼국사기』 기타 권차의 백제 고유명사 표음자 306자, 『삼국유사』의 백제 고유명사 표음자 143자를 모두 합하면 백제어 표음자는 모두 1,421자가 된다.

아직도 표음자의 분량이 적은 것은 사실이지만, 이 정도의 분량이라면 백제어의 음운체계 재구를 시도해 볼 만한 양이라고 판단한다. 9종의 텍스트에서 중복되는 표음자를 공제하면, 백제어 표음자는 모두 694자가 된다. 이 중에는 聲母가 두 가지인 二反字가 13자 포함되어 있으므로 자음체계 연구에 이용되는 전체 표음자 항목은 707자로 늘어난다. 이것을 694(707)과 같은 방식으로 표기할 것이다. 聲調·韻母·等이 둘 이상인 한자도 있는데, 이들도 백제어 표음자 코퍼스에 포함해야 하므로 등록되는 항목은 전체적으로 753자가 된다.[5]

위의 1,421자는 하나의 표음자가 둘 이상의 텍스트에 중복되어 나타나는 것을 포함한 수치이다. 역산하면 중복되어 나타나는 표음자는 668자이다. 이 중복자들은 사용 빈도가 높은 것이므로 음운체계를 기술할 때에는 이들에 대해서 특별히 주의를 기울일 것이다.

---

5 이토 지유키(2007)의 자료편에 등록된 한국 중세 한자음의 표제항은 모두 5,262자이다. 백제어 표음자에서는 이것이 753자인데, 이것은 5,262자의 14.3%에 이른다. 李敦柱(2003: 468)에 따르면 Karlgren(1957)의 Grammata Serica Recensa에 나오는 항목은 모두 1,260자라고 한다. 백제어 표음자는 이것의 55.1%이다.

백제어 표음자 694(707)자 중에는 신라의 표기법에 의해 굴절되거나 오염된 것이 있다. 『삼국사기』 지리지의 백제 지명 표기자를 백제 목간의 고유명사 표기자와 대비해 보면 현격한 차이가 목격된다. 지리지의 지명 표기에서는 '只, 尸, 音, 叱' 등이 각각 'ㄱ(기), ㄹ, ㅁ, ㅅ' 등의 음절말 자음을 표기할 때에 자주 사용되었으나 백제 목간의 고유명사 표기에서는 이들의 용례가 전혀 보이지 않는다(李丞宰 2013). 달리 말하면 백제 목간의 표기에서는 金完鎭(1980)의 訓主音從과 末音添記의 원리에 따른 표기가 전혀 보이지 않는다. 이것은 '伐首只(〉唐津)', '古尸伊(〉岬城 〉長城)', '伐音支(〉淸音)' 등의 지리지 지명 표기가 신라 표기법에 의해 굴절되거나 오염된 것임을 뜻한다. 따라서 『삼국사기』 지리지의 지명 표기, 『삼국사기』 기타 권차의 고유명사 표기, 『삼국유사』의 고유명사 표기 등의 3종 텍스트는 순수한 백제어 자료라고 하기가 어렵다. 이에 따르면 9종의 백제어 기록 텍스트는 다음의 두 부류로 일단 나누어진다.

(7) 순수 백제어 기록 텍스트

A. 백제 목간의 고유명사 — 6세기 중엽~7세기 중엽의 백제어

B. 경흥의 반절자 — 7세기 말엽~8세기 초엽의 백제어

C. 『일본서기』에 기록된 백제 고유명사 — 8세기 전반기의 기록

D. 『삼국지』에 수록된 마한 55국명 — 3세기까지의 백제어

E. 중국의 기타 사서에 수록된 백제 고유명사 — 4세기~7세기 중엽의 백제어

(8) 신라 표기법에 굴절·오염된 백제어 기록 텍스트

A. 『삼국사기』 지리지 권제36과 권제37의 지명 — 8세기 중엽의 기록

B. 『구당서』·『당서』에 수록된 백제 고유명사 — 10세기 이후의 표기법에 따른 백제어

C.『삼국사기』기타 권차에 나오는 고유명사 ─ 12세기 중엽의 기록

D.『삼국유사』에 나오는 고유명사 ─ 13세기 중엽의 기록

이 분류에 따르면, 지금까지 백제어 연구의 근간을 이루었던『삼국
사기』와『삼국유사』가 오히려 주변적인 텍스트로 전락하게 된다. 이
것이 우리의 자의적 판단이 아니라 객관적 사실이라는 점은 5章의
백제어 자음체계의 분석에서 여실히 드러난다. 따라서 이 연구에서는
위의 분류에 따라 백제의 고유명사를 정리할 것이다. 한편, (8.B)의
『구당서』·『당서』도 굴절되거나 오염된 텍스트로 분류한다. 신라에
서 유행하던 표기를 수용하여 백제 고유명사를 표기했을 가능성을 배
제할 수 없기 때문이다. 연구 결과로 새로이 드러난 사실이지만『구
당서』·『당서』는『삼국사기』·『삼국유사』와 동일한 특성을 보일 때
가 많았다.

위에서 백제어 표음자라고 한 것은 모두 한자이다. 따라서 이 책에
서는 한자음 연구 방법을 그대로 적용하게 된다. 한자음을 분석할 때
에는 흔히 601년에 편찬된『切韻』계통의 한어 중고음을 기준으로
한다. 백제 한자음을 재구할 때에는 특히 한어 중고음을 분석한『절
운』계통의 韻書보다 더 좋은 참고서가 없다. 백제 목간은 6세기 3/4
분기에서 7세기 중엽에 걸치는 시기에 기록되었고 경흥의 반절자는
7세기 말엽 또는 8세기 초엽에 기록되었다. 중국의 기타 사서는 5세
기 전반기에서 7세기 전반기에 걸쳐 편찬되었다. 따라서 이들은 시기
적으로『절운』의 편찬 및 배포 시기와 아주 가깝다.

앞에서 이미 지적한 것처럼『일본서기』의 후리가나 注音이 9세기
이후에 비로소 추가된 것이라는 점이 문제가 된다. 그러나『일본서
기』의 백제 고유명사 표기가 기본적으로는『百濟記』,『百濟新撰』,
『百濟本記』등의 백제계 史書를 인용한 것이므로, 백제계 고유명사

를 표기한 한자는 결코 후대의 기록이 아니다. 이 백제계 사서의 편찬 시기가 모두 『절운』의 편찬 시기보다 앞선다는 점을 오히려 강조해 둔다. 다만, 馬韓 國名 표기자는 한어 중고음이 아니라 上古音으로 읽어야 할지도 모른다.[6]

이 글에서 한자음 분석의 기반으로 삼은 것은 이토 지유키(2007)이다. 이것은 한자음 연구에 관한 한 최신의 큰 업적이다. 한국의 중세 한자음 자료를 정밀하게 정리했을 뿐만 아니라, 연구 방법이 참신하면서도 기존의 모든 연구를 종합하고 있어서 이용하기에도 편하다. 특히 이토 지유키(2007)의 자료편에는 한어 중고음의 음가가 잘 정리되어 있다. 우리는 이것을 그대로 차용할 것이다.

이 책에서는 계량적 분석 방법을 채택할 때가 많을 것이다. 이해의 편의를 위하여, 계량적 분석 방법의 두 가지 예를 들어 둔다. 첫째, 용례가 적은 성모는 자음체계에서 제외되고, 용례가 많은 성모는 자음체계에 포함될 가능성이 크다. 백제의 표음자 694(707)자 중에서 聲母가 齒音 莊組의 俟母 즉 /ʐ/인 것은 하나도 없다. 이것은 /ʐ/가 백제어의 자음체계에 없었음을 뜻한다. 또한, 脣音 非組의 敷母字가 '芳'과 '豊'의 둘밖에 없고, 脣音 幫組의 滂母字가 '泮, 潘, 浦'의 셋밖에 없다. 이것은 각각 脣音의 次淸音 /fʰ/와 /pʰ/가 백제어의 자음체계에 없었음을[7] 암시한다. 반면에 牙喉音 見組의 見母字는 무려 70자(9.9%)에 이르므로 /k/는 당연히 백제어 자음체계에 포함된다. 둘

---

6 한어의 上古音과 中古音을 구획하는 시기가 학자마다 조금씩 다르다. 兩漢 시대까지를 상고음 시대라고 하는 견해가 많은데, 이에 따르면 마한 국명을 기록한 『三國志』는 중고음 시대의 저술이 된다.

7 漢語의 前期 중고음에서는 非組와 幫組가 아직 분리되지 않았다. 따라서 백제어에 "/fʰ/와 /pʰ/가 없었다"고 말하는 것보다 "/pʰ/가 없었다"고 말하는 것이 더 정확하다.

째, 백제어의 표음자 694(707)자 중에서, 入聲韻尾 /-p, -t, -k/를 가지는 글자의 점유 비율이 각각 2.4%(17자), 5.8%(41자), 10.8%(76자)이다. 한국 중세 한자음에서는 이들의 비율이 각각 2.3%·5.2%·10.4%이다. 이 둘을 비교하면 입성운미자의 점유 비율에 큰 차이가 없다. 따라서 후대의 한자음에서 음절말 자음 /-p, -l, -k/을 인정하듯이, 백제어에서도 음절말 자음 /-p, -t, -k/를 인정해야 한다. 이 두 예에서처럼 이 책에서는 계량적 분석 방법을 적극적으로 활용한다.

여기에서 한자음의 표기 방식에 대해 잠깐 설명해 두기로 한다. 백제어 기록 텍스트에 두루 사용된 '古'를 그 예로 들어 둔다. 이 표음자의 음가는 '古[見中1上模]コ=ko^R'로 표시된다. 맨 앞의 '古'는 표음 대상자이다. 표음 대상자 '古'의 바로 뒤에 둔 [見中1上模]는 漢語 中古 音의 음가이고, 그 뒤에 둔 'コ'는 『일본서기』에서의 注音이다. '='의 뒤에 둔 것은 한국 중세 한자음을 로마자로 轉字한 것이고, 오른쪽 어깨에 위첨자로 표기한 것은 聲調 표시이다. L은 平聲, R은 上聲, H는 去聲을 가리킨다.

한어 중고음의 음가 [見中1上模]는 '見母 中立 1等 上聲 模韻'을 줄인 것이다. 현대 음운론으로 기술하면, 見母는 onset의 음가가 '見'의 초성 즉 /k/임을 뜻한다. '中'은 원순성에 대해 중립임을 뜻하는데, 모음이 [-round]이면 이 '中(立)'의 자리에 '開(口)'가 오고 [+round]이면 '合(口)'이 온다. '1等'은 개구도가 가장 큰 모음을 가리키는데, 숫자가 커질수록 개구도가 좁아진다. 개구도가 좁은 3等에서는 하나의 자리가 여러 韻母로 채워질 때가 있고, 이것을 重紐라고 한다. 이 重紐를 인정할 때에는 韻圖 3等 칸에 있는 글자를 B류, 4等 칸에 있는 글자를 A류, 기타 非重紐 3等 글자를 C류로 세분한다.[8] '等'의 바로 뒤에는 聲調를 둔다. 한어 중고음의 성조에는 平聲

(L), 上聲(R), 去聲(D), 入聲(E)의 네 가지가 있다.[9] [ ]의 안쪽 맨 끝에 둔 것은 '韻'인데, 이것은 영어의 rhyme에 해당한다. '古'는 模韻에 속하고, 模韻의 음가는 /o/이다. 중국의 韻書는 이 韻을 기준으로 삼아 편찬된다. 詩歌를 지을 때에 韻을 맞추는 것이 가장 중요했기 때문이다.

'古'의 한어 중고음만을 표시할 때에는 '₁古模^R' 또는 '^{見}₁古模^R'와 같이 표시하기도 한다. 이들의 아래첨자 '₁'은 '古'의 等을, 아래첨자 '模'는 韻母를, 위첨자 '^{R}'은 聲調를 가리킨다. 開合을 구별할 필요가 있을 때에는 '^{見}₁古模^R'의 첫째 위첨자 '見' 자리에 '開' 또는 '合'을 둔다. 이 '見'이 '古'의 聲母임은 두말할 필요도 없다. 성모를 분석할 때에는 이 자리를 '開' 또는 '合'으로 채우되, 開合이 中立일 때에는 '₁古模^R'에서처럼 이 자리를 비워 둔다. 반면에 특별히 성모를 표시할 필요가 있을 때에는 이 자리를 聲母로 채운다.

---

8 이것은 平山久雄(1967)과 이토 지유키(2007)이 택하고 있는 방법이다. 重紐를 인정하되 甲과 乙의 둘로만 나누기도 한다(권혁준 2002).

9 한국 중세 한자음을 기술할 때에는 平聲, 上聲, 去聲, 入聲을 각각 L, R, H, E로 표기하는 것이 일반적이다. 『훈민정음』이나 최세진의 성조에 대한 기술을 참고하여 네 성조의 음가 즉 調値를 각각 Low, Rising, High, Entering으로 대응시킬 수 있기 때문이다. 그러나 漢語 中古音에서는 네 성조형의 조치가 분명하지 않다. 따라서 平聲, 上聲, 去聲, 入聲을 영어로 직역한 Level, Rising, Departing, Entering의 頭子音을 따기로 한다. 즉 平聲, 上聲, 去聲, 入聲을 각각 L, R, D, E로 표기한다.

3. 백제어 표음 자료

위에서 백제어 기록 텍스트 상호간에 신뢰도의 차이가 있음을 논의하였다. 2장의 (7)과 (8)에서, (7)은 상대적으로 신뢰도가 높고 (8)은 신뢰도가 상대적으로 낮다고 가정한다. 이 순서에 따라 백제어 표음 자료를 정리하기로 한다.

3.1. 백제 목간의 음차자

백제어 표음 자료 중에서 백제 목간의 음차자가 신뢰도가 가장 높다. 1차 자료이면서 실물 자료이고 백제인이 표기한 것이 분명하기 때문이다. 木簡에서는 표의문자인 한자를 빌려서 인명・지명・관명을 표기하므로 목간의 표기는 기본적으로 借字表記에 속한다. 차자표기는 음소문자인 한글이나 음절문자인 가나(假名)로 표기된 것과는 성격이 다르다. 한글이나 가나는 절대 음가를 바로 보여주지만, 목간에서는 借字가 훈차자로 사용된 것인지 음차자로 사용된 것인지 먼저 확인해야 한다. 앞에서도 이미 강조했지만 이 판별이 아주 어려울 때가 많다.

李丞宰(2013)은 백제 목간에 기록된 지명과 인명을 정리한 바 있다. 이것을 약간 수정한 다음, 여기에 백제 관명을 추가하여 백제 목간의 고유명사 목록을 제시하면 다음과 같다.

(1) 백제 목간의 고유명사 항목

가. 인명

01 疏加鹵 (능산 3)　　　　02 加▨白加 (능산 4)

03 急明 (능산 4)　　　　　04 靜腦 (능산 4)

05 ▨八 (능산 4)　　　　　06 三貴 (능산 5)

07 丑牟 (능산 5)　　　　　08 至文 (능산 5)

09 至夕 (능산 5)　　　　　10 大貴 (능산 5)

11 今毋 (능산 5)　　　　　12 安貴 (능산 5)

13 欠夕 (능산 5)　　　　　14 ▨文 (능산 5)

15 ▨大大聽成 (능산 8)　　16 智亮 (능산 10)

17 華▨ (능산 10)　　　　　18 慧暈 (능산 11)

19 干爾 (능산 13)　　　　　20 追存耳若▨ (능산 13)

21 ▨己 (능산 16)　　　　　22 牟己兒▨▨ (능산 23)

23 牟氏 (능산 25)　　　　　24 牟祋 (능산 25)

25 化之▨ (능산 28)　　　　26 川▨▨ (능산 28)

27 ▨那 (나주 3)　　　　　28 比高 (나주 3)

29 墻人 (나주 3)　　　　　30 ▨戶智次 (나주 3)

31 夜之▨徒 (나주 3)　　　32 法戶匊次 (나주 3)

33 烏胡留 (나주 3)　　　　34 𪍘進 (나주 3)

35 高嵯支□ (나주 4)　　　36 好二□西 (나주 4)

37 行遠 (나주 7)　　　　　38 行悅 (나주 7)

39 行𪍘 (나주 7)　　　　　40 漆道 (나주 7)

41 ▨▨▨分 (나주 10)　　　42 至安 (나주 12)

43 固淳多 (쌍북280 1)　　 44 上夫 (쌍북280 1)

45 佃目之 (쌍북280 1)　　 46 佃𪍘那 (쌍북280 1)

47 ▨至 (쌍북280 1)　　　 48 習利 (쌍북280 1)

49 素麻 (쌍북280 1)   50 今沙 (쌍북280 1)

51 佃首行 (쌍북280 1)   52 刀ㆍ邑佐 (쌍북280 1)

53 那■■ (쌍북102 2)   54 车氏 (쌍북현내 1)

55 寂信不 (쌍북현내 1)   56 ■及酒 (쌍북현내 1)

57 ■九■ (쌍북현내 1)   58 冥■■ (쌍북현내 1)

59 吳加宋工 (쌍북현내 1)   60 首²比 (쌍북현내 3)

61 泉■ (쌍북현내 6)   62 漢谷■ (쌍북현내 8)

63 向■ (관북 1)   64 已達 (궁남 1)

65 已斯卩 (궁남 1)   66 嵎或 (관북 2)

67 堪波■车 (구아 3)   68 得進 (구아 5)

69 韓车礼 (구아 5)   70 ■眞 (구아 6)

71 ■文 (구아 8)   72 烏■■ (구아 8)

73 ■雀磨 (구아 8)   74 烏古滿 (구아 8)

75 车多 (구아 8)   76 烏乎留 (구아 8)

나. 지명

77 漢城 (능산 3)   78 竹山 (능산 9)

79 眠席 (능산 9)   80 毛羅 (나주 3)

81 錫非頭 (나주 3)   82 大礼村 (나주 6)

83 弥首山 (나주 6)   84 久川■■ (나주 10)

85 栗嵎城 (관북 5)   86 奚■城 (관북 5)

87 邁羅城 (궁남 1)   88 法利源 (궁남 1)

다. 관명

89 奈率 (능산 4, 나주 3, 쌍북현내 1, 구아 5)

90 扦率 (나주 3)   91 德率 (나주 3, 12, 쌍북현내 3)

92 (六)卩 (능산 7)   93 外椋卩 (쌍북280 2)

94 上卩 (쌍북현내 5)   95 中卩 (관북 1, 구아 5)

96 西卩 (관북 1)	97 下卩 (구아 5)
98 前卩 (구아 7)	99 (五)方 (능산 7)
100 資丁 (능산 13)	101 支藥兒 (능산 25)
102 道使 (능산 25)	103 彈耶方 (능산 25)
104 椴耶 (능산 25)	105 佐官 (쌍북280 1)
106 文丁 (나주 2)	

여기에 익산 미륵사지 목간의 백제어 數詞 항목 여덟 개를 더하면 전체 백제 목간의 백제어 항목은 115개 항목이 된다.

(2) 미륵사지 1호 목간의 백제어 수사

107 新台巪 (˚사듭)	108 日古巪 (닐곱/닐굽)
109 刀士巪 (˚다숩)	110 以如巪 (˚이듭)
111 二■口巪 (닐곱/닐굽)	112 今毛巪 (여듧)
113 (坐)伽第巪 (˚ᄒ듑)	114 矢毛巪 (여듧)

(2)의 항목은 후대의 수사 '˚ᄒ듑, ˚이듑, ˚사듭, ˚다숩, 닐곱/닐굽, 여듧' 등에 대응하므로 어느 글자가 음차자이고 어느 글자가 훈차자인지 정확하게 구별할 수 있다.[1] '新台巪'은 '˚사듭'에 대응하므로 '新'은 훈차자이고, '台'와 '巪'은[2] 음차자이다. '日古巪'은 '닐곱'에 대응하므로 세 글자 모두 음차자인 반면에, '今毛巪'은 '여듧'에 대응하므로 '今'과 '毛'는 훈차자이고 '巪'만 음차자이다. 이처럼 대응하는 후대의 단어가 확인되면 바로 훈차자와 음차자를 쉽게 판별해 낼 수 있다.

---

1 (2)의 수사에 대한 자세한 논의는 李丞宰(2011)을 참고하기 바란다.

2 '巪'은 '邑'에서 비롯된 韓國漢字이므로 음가가 '邑'과 같다.

그러나 (1)에 정리된 항목에서는 후대의 단어와 대응하는 것을 찾아내기가 대단히 어렵다. (1.80)의 '毛羅'가 신라의 碑文에 나오는 '牟羅'에 대응하므로 '毛'와 '羅'가 모두 음차자임을 알 수 있다. 또한 (1.28)의 '比高'가 '彦'의 일본어 훈독 /hiko/에[3] 대응하는 듯하여 흥미롭다. 이 대응을 인정하면 '比'와 '高'가 모두 음차자가 된다. 그러나 이 '毛羅'와 '比高'의 두 예를 제외하면 후대의 대응어를 제시하기가 아주 어렵다. 이 점에서 대부분의 학자들이 음차자와 훈차자의 판별에 대한 논의를 삼가고 있다.

그렇다고 하여 이에 대한 논의를 포기할 수는 없다. 최소한의 시도조차 하지 않는다면 귀중한 자료를 쓸모없는 것으로 보아 방치하는 결과를 가져온다. 따라서 우리는 다음과 같은 방법을 적용하여 음차자를 적극적으로 찾아낼 것이다.

첫째, 동일한 단어나 이름을 유사하게 표기한 짝이 있는지를 살핀다. (1.33)의 '烏胡留'와 (1.76)의 '烏乎留'에 이 방법을 적용할 수 있다. '烏胡留'는 나주 복암리 목간에, '烏乎留'는 부여 구아리 목간에 기록된 것이므로 서로 다른 사람의 인명이다. 그런데도 두 인명의 음상이 아주 유사하므로, '胡'와 '乎'가 음차자로 사용되었다고 말할 수 있다. 실제로 '胡'와 '乎'가 한어 중고음에서 둘 다 [匣中1平模]라서 음가가 완전히 일치한다. 두 사람의 인명이 동일한 음가라면 그 인명은 일반명사를 이용한 것일 가능성이 있지만, 그 일반명사가 어느 단어인지는 확인되지 않는다.

둘째, 외국 자료에서 백제 고유명사를 음차자로 표기한 적이 있는

---

3 일본의 奈良 시대 이전에는 '比高'가 ⁺fiko로 재구된다. 이때의 ⁺f는 ⁺p와 ⁺h가 분화되지 않은 상태를 나타낸다. 일본 고유명사에서는 ⁺fiko가 일반적으로 '比古'와 '避高'로 표기되는데, 『일본서기』의 백제계 사료에서는 독특하게도 '比跪'로 표기된다. 미즈노 슌페이(2009: 103)는 이 '比跪'를 백제인의 표기로 보았다.

지 확인한다. 『일본서기』에는 백제 고유명사가 아주 많이 기록되어 있는데(후술), (1.90)과 (1.91)에 제시한 관명 '扞率'과 '德率'이 음차 자로 읽혔다. 그렇다면 백제 목간에 나오는 이들 관명도 음차 표기라 고 할 수 있다. (1.92~98)의 '六卩, 外椋卩, 上卩, 中卩, 西卩, 下卩, 前卩' 등의 '卩'는 '部'에서 온 韓國漢字로서 일찍부터 고대 일본에 차용되었다(Lee 2013b). 그런데 고대 일본어에서 이 '卩'를 음독하 여 ˚be로 읽는다. 그렇다면 백제 목간의 '卩' 즉 '部'도 음차자라고 할 수 있다.

셋째, 자주 사용되는 글자를 살핀다. 자주 사용되는 글자는 음차자 일 가능성이 상대적으로 크기 때문이다. 위에서 제시한 항목을 활용 하여 예를 든다면, '率'은 '扞率'과 '德率'에 2회 사용되었고, '卩'는 '六 卩, 外椋卩, 上卩, 中卩, 西卩, 下卩, 前卩' 등에서 7회 사용된 셈이다. 이러한 방식으로 계산하여, 백제 목간의 고유명사에서 2회 이상 사용 된 글자를 모두 제시하면 다음과 같다.

(3) 백제 목간에서 2회 이상 사용된 차자 (54자)[4]
加, 椋, 古, 高, 貴, 今, 己, 那, 奈, 二, 兒, 多, 大, 德, 佃, 丁, 刀,
道, 中, 智, 羅, 礼, 留, 利, 麻, 牟, 文, 方, 法, 部/卩, 比, 上, 西,
夕, 率, 首, 氏, 安, 耶, 烏, 嵎(隅), 邑/㠯, 已, 佐, 之, 至, 支, 進,
川, 次, 下, 漢, 行, 戶

(3)에 열거한 글자의 음가를 상호 대비해 보면 대개가 서로 다르다. '古'와 '高'가 서로 같은 음인 것 같지만, 한어 중고음으로 '古'는 [見

---

4 이처럼 글자를 열거할 때에, 그 순서는 원칙적으로 한국 중세 한자음의 가나다 순서를 따르기로 한다.

中1上模]이고 '高'는 [見中1平豪]이므로 성조도 다르고 운모도 다르다. 한국 중세 한자음에서는 '之', '至', '支'가 음가가 서로 같지만, 중고음에서는 각각 [章開C平之], [章開AB去脂], [章開AB平支]이므로 음가가 서로 다르다. 백제어에 성조가 있었는지 여부, 백제어에서 模韻과 豪韻이 변별되었는지 그리고 之韻, 脂韻, 支韻이 서로 변별되었는지 여부를 우리는 아직 잘 모른다. 그러나 한어 중고음에서는 성조가 있었고, 이들 韻母가 각각 변별되었다고 보는 것이 일반적이다. 한어 중고음을 기준으로 삼는다면, (3)의 54자 중에서 서로 음가가 같은 것은 없다.

위의 세 가지 방법 이외에는 음차자와 훈차자의 판별 기준으로 내세울 만한 것이 없다. 판별 기준이 아주 허술하다. 예컨대, (1.78)의 지명 표기 '竹山'을 '대뫼'로 훈독하지 않고 '듁산'으로 음독하는 근거가 무엇인지를 물으면 답하기가 곤란하다.

그런데도 이 책에서는 고유명사 표기에 사용된 '竹'이나 '山'과 같은 글자를 음차자로 간주한다. '竹山'을 '대뫼'로 훈독해야 한다는 주장도 따지고 보면 근거가 없다. '竹'에 해당하는 백제어 단어가 '대'이고 '山'에 대응하는 백제어 단어가 '뫼'라는 논거를 제시하기가 어렵다.[5] 현재까지 전해지는 백제어 단어가 거의 없기 때문이다. 신라 자료나 중세 한국어 자료에서는 '대'나 '뫼'를 찾을 수 있지만 백제 자료에서는 이 단어를 찾을 수 없다. 이 점에서 백제 목간의 '竹山'을 훈독해야 한다거나 음독해야 한다는 두 주장 모두 결정적 근거가 없기는 마찬가지이다.

'竹山'을 음독했다면 그것은 백제 고유어가 아니라 중국에서 들어

---

5 『일본서기』 백제 지명에서는 '山'이 'ムレ'로 훈독되었으므로, 『일본서기』를 자료에 포함하면 '山'이 백제어에서 '모리'였을 가능성이 있다(후술).

온 차용어가 된다. 그런데 백제에서는 일찍부터 중국의 관명을 차용하여 그대로 사용했다. 후술하겠지만 이 관명들도 백제어에서 음독했다고 본다. 차용어가 순수 백제어가 아니라는 점에서는 차용어를 논외로 하는 것이 나을지 모른다. 그런데 연구의 결과를 놓고 다시 검토해 보니, 차용어를 포함한다 하더라도 백제어의 자음체계가 별로 달라지지 않았다.

그렇다면 '竹山'과 같은 표기를 일단 음독해 볼 필요가 있다. (2)의 수사 표기에서 볼 수 있듯이 백제 목간의 표기는 기본적으로 音借字 爲主의 표기라고 할 수 있다(Lee 2013b). 음차자와 훈차자가 뒤섞이는 音訓交用 표기도 (2)의 '新台巨, 以如巨, 今毛巨' 등에서 찾을 수 있지만, 백제 목간에서는 末音添記나 訓主音從의 표기를 찾을 수 없다(李丞宰 2013). 이것은 훈차 표기가 아주 적다는 의미를 가진다. 예컨대, 백제 목간에 훈독해야 할 표기가 나오기는 하지만 극소수로 한정된다. 부여 능산리사지 12호 목간에 나오는 '斗之末'의 '斗'는 '말(맘)'로(Lee 2013b) 훈독하고, 25호 목간의 '豬耳'는 '돝귀'로(김영욱 2011)로 훈독해야 한다. 그런데 이 둘에는 마침 '米'라는 주석과 '其身者黑也'라는 주석이 각각 붙어 있다. 이처럼 주석을 달았다는 것은 그만큼 훈차 표기가 예외적인 표기였음을 말해 준다. 이 점을 강조하여, 훈차자인지 음차자인지 판별하기 어려운 글자는 일단 음차자로 분류한다는 가정을 세울 수 있다. 이것을 '음차 우선 적용의 가정'이라 부르기로 한다.

이 가정에 따라 백제 목간에서 훈차자인지 음차자인지 판별할 수 없는 글자를 일단 음차자로 정리하는 방법을 적용해 보았다. 그랬더니 백제 목간의 음차자 체계가 경흥의 반절자 체계나 『일본서기』의 백제 고유명사 표기자 체계와 대체적으로 유사하다(후술). 경흥의 반절자와 『일본서기』의 음차자는 표음자임이 분명하다. 그런데 이들의

표음자 체계가 위의 가정에 따라 정리한 백제 목간의 음차자 체계와
유사하다. 그렇다면, 백제 목간에서 훈차자인지 음차자인지 판별할
수 없는 글자를 음차자로 정리하는 방법을 일단 시도할 수 있다.

　음차 우선 적용의 가정에 따라 (1~2)의 항목에서 음차자를 추출하
면 일단 148자가 된다. 그런데 이 148자가 백제어 표음자 목록에 바
로 등록되는 것은 아니다.

　(1.104)의 '椵耶'에[6] 나오는 '椵'는 현대 한국 한자음이 '수'이다. 그
러나 한국 중세 문헌에는 이 한자의 용례가 없으므로 이토 지유키
(2007)의 자료편에도 수록되지 않았다. 그렇다고 하여 '椵'를 백제어
표음자 목록에서 제외할 수 없다.

　이럴 때에 적용하는 것이 '音價 代替'의 방법이다. 음가 대체의 방
법은 『廣韻』의 小韻을 활용하는 방법이다. 예컨대, '椵'는 『광운』에
서 平聲 虞韻의 '殊'소운에 속한다. 小韻은 음가가 정확히 일치하는
글자들의 집합이므로, '殊'소운의 '殊, 銖, 洙, 茱, 殳, 椵' 등의 열두
자는 서로 음가가 완전히 같다. 이 일치를 이용하여 '椵'의 음가를 '殊'
나 '殳'의 음가로 대체할 수 있다. 이것을 '음가 대체'라고 부르기로
한다. '椵'의 음가를 다른 글자의 음가로 대체할 때에 이왕이면 聲符
가 같은 것을 고르는 것이 바람직하다. 이에 따라 '椵'를 '殳'로 대체하
면 성부도 같고 音價도 같아지므로 가장 좋은 방법이다. 마침, '椵'와
'殳'의 현대 북경음이 [shū]로 일치한다. 그렇다면 앞에서 말한 것처럼
'椵'의 음가를 '殳'의 음가로 대체할 수 있다. 이렇게 대체하면 '椵'가
'椵(殳)'로 표기되고 백제어 표음자 목록에 들어가게 된다. 그런데 여
기에서 문제가 발생한다. '殳'도 한국 중세 문헌에서 사용된 바 없는

---

　6 李丞宰(2013)에서는 '彈耶方'(능산 25)을 '화살촉 제작 부서'로 보고, '椵耶'(능산
25)는 '方'이 생략된 것으로 보되 '창 제작 부서'로 보았다.

글자라서 이토 지유키(2007)의 자료편에 나오지 않는다. 이럴 때에는 '牥' 대신에 동일 小韻에 속하는 '殊'로써 '枌'의 음가를 대체하게 된다. 이 음가 대체의 결과를 보이면 다음과 같다.

(4) 음가 대체의 예시, '枌(殊)'
　　枌(殊)[常中C平虞]=siu^L

　　음가 대체의 방법을 적용할 수 없어서 부득이 '音價 再構'의 방법을 동원하기도 한다. (1.24)의 '牟祋'에 나오는 '祋'를 예로 들어 둔다. '祋'는 훈이 '창'이고 현대 독음이 '대'이지만 한국의 중세 문헌에서 독음을 확인할 수 없다. 그 결과 한국 중세 한자음이 '대'인지 '뎌'인지 결정하기 어렵다. '祋'는 『廣韻』에서 두 가지 음가를 가진다. 첫째, 去聲 泰韻의 '祋'소운(丁外切)의 음가이다. 그런데 이 소운에 속하는 한자는 '祋' 하나밖에 없어서 '祋'를 다른 글자의 음가로 대체할 수가 없다. 둘째, 入聲 末韻의 '掇'소운(丁括切)의 음가이다. 이 소운에 속하는 한자는 여덟 자인데, 이들이 모두 이토 지유키(2007)의 자료편에 나오지 않는다. 이럴 때에는 『광운』의 反切을 이용하여 '祋'의 음가를 재구할 수밖에 없다. 첫째 '丁外切'의 '丁'은 端母이고 '外'는 合口1等去聲泰韻이다. 이 둘을 조합하여 '祋'의 첫째 음가를 [端合1去泰]= toi^{R}로 재구할 수 있다. 둘째 '丁括切'의 '丁'은 端母이고 '括'은 合口1等入聲桓韻이다. 이 둘을 조합하여 재구음 [端合1入桓]=toal을 얻을 수 있다.

　　(1.86)의 '枲▣城'에 나오는 '枲'는 널리 알려져 있듯이 한국에서 제작된 韓國漢字이다. '일꾼'을 뜻하고 '부'로 읽는 것이 일반적이지만, '枲'의 독음이 정말로 '부'일지 알 수 없다. 반면에 한국한자 '刀'와 '弖'은 각각 '部'와 '邑'에서 비롯된 것이므로 이들의 한자음은 '部'

와 '룜'의 한자음으로 대신할 수 있다. 따라서 이 세 개의 한국한자
중에서 '씇'만 표음자 목록에서 제외하기로 한다.

　전체 148자 중에서 '씇'를 제외하면, 백제 목간의 표음자는 다음의
147자로 확정된다.

　(5) 백제 목간의 표음자 목록 (147자)
　　加 伽 干 扞(秆) 堪 椋 古 高 固 谷 工 官 九 久 口 㶸 貴 今 及
　　急 己 那 奈 腦 爾/尓 二 人 日 兒 多 達 大 德 佃 丁 第 刀 道
　　徒 殳 頭 竹 得 智 羅 亮 礼/禮 鹵 彔 留 利 麻 磨 滿 眠 明 冥
　　邁 車 毛 目 母 文 彌 方 白 法 夫 卩/部 分 不 比 非 沙 使 山
　　三 上 西 夕 席 錫 素 疏 率 宋 首 杸(殊) 淳 習 信 氏 斯 士 安
　　夜 耶 藥 悅 烏 吳 外 嵎(隅) 遠 源 栗 㠯/邑 矣 巳 以 資 雀 墻
　　寂 前 靜 佐 坐 酒 中 之 至 支 進 眞 嵯(差) 川 漆 次 彈 台 丑
　　波 八 下 韓 漢 行 向 慧 戶 乎 胡 或 華 暈 欠

　음가 대체의 방법을 적용하여 이 목록에 포함된 백제 목간의 표음
자로는 (5)의 '嵎(隅)'와 '嵯(差)'가 있다. '嵎'와 '嵯'는 한국 중세 문헌
에 나오지 않으므로 이토 지유키(2007)의 자료편에도 나오지 않는다.
그렇다고 하여 이들을 표음자 목록에서 제외하는 것이 능사는 아니
다. (3)에서 제시한 것처럼, '嵎(隅)'는 2회 이상 사용된 음차자이고,
'嵯(磋)'는 聲母가 아주 희소한 淸母이므로 표음자 목록에서 함부로
제외할 수가 없다.

　'嵎'는『廣韻』에서 평성 虞韻 '虞'소운에 속한다. 이 소운에 마침
'嵎'와 聲符가 같은 한자로 '隅'가 있다. 따라서 '隅'의 음가로 '嵎'의
음가를 안심하고 대체할 수 있다. '嵯'는『廣韻』에서 평성 支韻 '差'소
운에 속한다. '差'는 '嵯'와 聲符가 같고 '차'로 읽히는 한자 중에서 가

장 널리 사용되므로 '差'로써 '嵯'의 음가를 대신할 수 있다. 그런데 현대 북경어에서 '嵯'는 [cuó]이지만 '差'는 [chā] 또는 [chà]이므로 둘의 발음 차이가 아주 크다.[7] 이 차이를 기준으로 하면 '嵯'의 음가를 '差'의 음가로 대신할 수 없다. 『廣韻』을 다시 살펴보니, '差'의 음가를 '楚佳楚懈二切'이라 하고 '嵯'에 대해서는 '又在河切'이라 하였다. 이것은 '差'와 '嵯'의 음가가 각각 두 가지 이상이었음을 뜻한다. 여기에서 이러한 문제가 발생한 것으로 이해한다. '二切' 즉 多音의 문제가 있기는 하지만 우리는 "同一 小韻에 속하는 한자의 음가는 완전히 동일하다"는 원칙을 중시하여 '嵯'의 음가를 '差'의 음가로 대체하기로 한다. 음가를 대체할 때에 同一 小韻字를 우선적으로 선택하는 것이 가장 안전하다.

　(1.90)의 '扞率'에 나오는 '扞'에도 음가 대체를 적용할 수 있다. 백제 목간의 '扞率'은 후술할 『일본서기』의 005번 '杆率'과 동일한 백제 관명이므로[8] 이들의 '扞'과 '杆'은 사실은 이체자 관계이다. '扞'은 『광운』에서 거성 翰韻의 '翰'소운에 속하고, '杆'은 거성 翰韻의 '旰'소운에 속한다. 이 둘 중에서 '杆'을 기준으로 삼기로 하는데, '杆'은 한국 중세 문헌에 나오지 않으므로 이토 지유키(2007)의 자료편에도 나오지 않는다. '杆'을 『광운』의 소운자 '旰'으로 대체하면 이 두 글자의 현대 북경어 성조가 각각 [gǎn]과 [gàn]이므로 서로 일치하지 않는다. 그렇더라도 앞에서 확인한 동일 소운자 우선의 원칙에 따라 '杆'을 '旰'으로 대체한다.

---

7 음가 대체를 적용할 때에 성조까지 일치하는 글자로 대체해야 한다. 현대 북경어를 기준으로 한다면 '嵯'와 '差'는 성조가 서로 다르므로 사실은 음가를 대체하기가 어렵다.

8 따라서 계량적 분석에서는 이 둘을 하나의 글자로 간주한다.

(6) 음가 대체의 예시, '杆/扦(旰)'

杆/扦(旰)[見開1去寒]カン=kan$^{R/D}$ (목간, 중국, 일본, 유사)[9]

(1.93)의 '外椋口'에 나오는 '椋'에도 음가 대체를 적용할 수 있다.
'椋'은 『광운』에서 평성 陽韻의 '良'소운에 속하고, 木名의 일종으로
서 구체적으로는 푸조나무를 가리킨다. 그런데 사실은 '外椋口'의 '椋'
은 푸조나무와 전혀 관계가 없는 글자이다. 고대 중국에서는 '京'이
중앙이나 지방 정부에서 관리하는 '곡식 창고'를 가리켰다. 이 '京'에
사람이 많이 모여 사는 '首都'의 뜻이 나중에 생기면서 '곡식 창고'를
지칭할 때에는 새로이 '椋'을 사용하기 시작했다. 이 점에서 '椋'과 '京'
은 기원이 같다. 따라서 '椋'을 '凉'으로 대체하는 것보다 '京' 즉 [見開
B平庚]으로 대체하는 것이 바람직하다. 백제 목간, 신라 목간, 고대의
일본 목간에서 두루 '椋'이 '곡식 창고'의 뜻으로 사용되었기 때문이
다. 이처럼 음가 대체를 적용하여, '杆'과 '椋'을 백제 목간의 표음자
목록에 넣어 둔다.

음가 대체의 개념을 명확하게 밝혀 두기 위하여 하나의 예를 더
들어둔다. (1.19)의 '干尓'에 나오는 '尓'가 한국 중세 문헌에 나오지
않는다 하여 이를 섣불리 '你'로 대체해서는 안 된다. 이 둘은 성부와
한국 현대 한자음에서 서로 같지만, 현대 북경어에서 이들이 각각
[ĕr]과 [nǐ]로 발음되어 크게 차이가 난다. 백제 목간의 '尓'는 현대 북
경어에서 발음이 서로 같은 '爾'로 대체하는 것이 옳다. '尓'는 원래부

---

9 출전을 밝힐 때에 번거로움을 피하여 이처럼 약칭을 사용할 때가 많다. 마한
국명은 '마한'으로, 백제 목간은 '목간'으로, 중국의 기타 사서는 '중국'으로, 경흥의
반절은 '경흥'으로, 『일본서기』는 '일본'으로, 『삼국사기』 지리지는 '지리'로, 『구당
서』와 『당서』는 '당서'로, 『삼국사기』 기타 권차는 '사기'로, 『삼국유사』는 '유사'로
약칭한다.

터 '尔'의 俗字이기 때문이다. 따라서 '尔'를 原字인 '爾'로 대체하는 것은 사실은 음가 대체가 아니라 同字 관계를 이용하는 것이다. 이처럼 異體字 관계에 있는 것은 正體字로 대체하게 된다. 이체자 관계에 있는 것은 하나의 글자로 계산해야 하므로, 백제 목간의 '彌'와 '弥', 후술할『일본서기』의 '蓋'와 '盖', '祇'와 '祇' 등도 각각 하나의 표음자로 간주한다.

(7) 백제 목간의 표음자(147자) 성모 분포

백제 목간의 표음자(147자) 성모 분포					
		全淸	次淸	全濁	不淸不濁
脣音	幫組	幫p 3	滂p^h 0	並b 2	明m 11
	非組	非f 6	敷f^h 0	奉v 0	微ɱ 2
舌音	端組	端t 6	透t^h 1	定d 8	泥n 3
	來組				來l 8
	知組	知ʈ 3	徹ʈ^h 1	澄ɖ 0	娘ɳ 0
齒音	精組	精ʦ 5	淸ʦ^h 2	從dz 5	
		心s 7		邪z 3	
	莊組	莊ʧ 0	初ʧ^h 1	崇dʐ 1	
		生ʂ 4		俟ʐ 0	
	章組	章ʨ 4	昌ʨ^h 1	船dʑ 0	日ɲ 5
		書ɕ 1		常ʑ 4	羊j 7
牙喉音	見組	見k 17	溪k^h 3	群g 2	疑ŋ 4
		曉h 2		匣ɦ 9	
		影ʔ 3			云ɦ 3
147		61	9	34	43
		41.5%	6.1%	23.1%	29.2%

확정된 백제 목간의 표음자 147자를 계량적으로 분석해 보면 6~7세기 백제어의 자음체계를 어느 정도 그려볼 수 있다. 위의 (7)이 바로 그것이다. 한어 중고음의 聲母 분류는 일단 이토 지유키(2007:

91)을 따랐다.[10]

이 표에서 가장 먼저 확인되는 것은 次淸 즉 유기자음의 비율이 6.1%로[11] 아주 낮다는 점이다. 이것이 고대 한국어의 아주 중요한 특징임을 일찍부터 지적해 왔다. 고대 한국어에 유기자음 계열이 아예 없었다고(河野六郎 1968: 419, 朴炳采 1971: 311, 조규태 1986: 73~4) 주장하기도 하고, 齒音이나 舌音에 부분적으로 유기자음이 있었다고 (李基文 1972나: 89~91) 주장하기도 한다. 유기자음의 희소성을 잘 드러내 준다는 점에서 위의 계량적 분석은 유효하다.

그런데 全濁音 즉 유성자음의 비율이 23.1%에 이른다는 점이 우리의 눈길을 끈다. 일부의 연구자들이 고대 한국어에 유성자음이 없었다고 주장한다. 朴炳采(1971: 311), 조규태(1986: 73~4), 嚴翼相 (2003), 미즈노 슌페이(2009: 61~62, 117) 등을 그 예로 들 수 있다. 이와는 달리, 金完鎭(1958)은 原始國語에 유성자음 계열이 있다고 했다. 兪昌均(1983: 111, 194)도 마한어와 백제어를 분석하면서 유성자음이 있다고 했고, 都守熙(2008: 222~5)도 마찬가지이다.[12] 그런데 백제 목간의 표음자를 계량적으로 분석한 결과, 유성자음의 비율이 유기자음의 세 배 이상이나 된다. 이 정도의 비율이라면 백제어에 유성자음이 있었다고 보아야 하지 않을까?[13]

특히 舌音 端組와 牙喉音 見組가 주목된다. 무성자음인 端母字의 용례가 여섯 자인데 비하여, 유성자음인 定母字의 용례는 여덟 자나 된다. 무성자음인 曉母字의 용례가 두 자인데 비하여, 유성자음인 匣

---

10 후술하겠지만, 우리의 연구 결과에 따르면 백제어에서는 이 분류표가 달라진다.

11 이것은 반올림을 적용한 비율이다. 이하 같다.

12 李基文(1972나: 95)에서는 고대의 西北 방언에 대해서는 유성마찰음을 인정하면서도 중앙어 즉 慶州語에서는 유성마찰음을 인정하기가 어렵다고 했다.

13 이 의문이 이 연구의 출발점이 되었다.

母字의 용례는 아홉 자나 된다. 이 두 서열에서는 무성자음보다 유성자음의 용례가 훨씬 많은 것이다. 齒音 精組에서는 무성의 精母字와 유성의 從母字가 각각 다섯 자씩으로 같다.

이것은 범상한 일이 아니다. 백제어에서 무성자음 /t, ʦ, h/를 각각 음소로 설정한다면, 유성자음 /d, dz, ɦ/도 음소로 설정해야 할 것이다. 언어 보편적으로 무성자음은 무표적이고, 유성자음은 유표적이다. 무성자음이 없는 언어는 찾을 수가 없지만, 유성자음이 없는 언어는 얼마든지 찾을 수 있다. 따라서 무성자음이 유성자음보다 용례가 훨씬 많은 것이 일반적이다. 그런데 백제 목간의 舌音 端組, 牙喉音 見組의 曉母와 匣母, 齒音 章組의 書母와 常母에서는 용례가 역전되어 나타난다. 이 점에서 6~7세기의 백제어 자음체계에 유성자음 계열이 존재했을 가능성이 있다.

여기서 가능성이라고 말한 것은 아직 확정되지 않았음을 의미한다. 위의 계량적 분석 결과가 백제 목간에만 적용되는 특수한 것일 수도 있고, 계량적 분석의 모 집단이 147자밖에 되지 않아서 빚어진, 우연한 오류일 수도 있다. 여기에서 백제어 표음자의 모 집단이 커야 한다는 것을 절감하게 된다. 모 집단의 확장 필요성 때문에 경흥의 반절자,『일본서기』의 백제 고유명사 표기자, 마한 국명 표기자에 이르기까지 두루 분석의 대상으로 삼게 된다.

3.2. 경흥의 반절자

璟興(憬興)의 생몰연대는 미상이다. 姓은 水이고 백제의 熊川州(현재의 공주)에서 출생했다. 18세에 승려가 되어 經·律·論의 三藏에 통달했다. 신라 文武王의 유언에 따라 神文王에 의해 681년에 國老가 되었으므로 경흥이 주로 활동한 시기는 7세기 말엽이라고 할 수 있다.

경흥은 신라 3대 저술가의 일인으로서 7세기 말엽에 많은 저술을 남겼다. 그런데 그가 저술한『无量壽經 連義述文贊』에 한자의 形·音·義에 대한 註釋이 대량으로 베풀어져 있어서 특히 눈길을 끈다. 字形에 대한 주석이 13개, 字音에 대한 주석이 53개, 字義에 대한 주석이 230여 개이므로, 전체 주석의 양이 300여 개에 이른다(李丞宰 2008).

이 중에서 字音 주석은 反切法과 直音法을 이용하여 한자의 음가를 기술한 것이다. 그런데 중요한 것은 중국의『절운』계 운서인『刊繆補缺切韻』의 字音 주석, 玄應이 640년대에 편찬한 『一切經音義』의 자음 주석 등을 경흥이 그대로 인용·전재한 것이 아니라는 점이다. 53개의 자음 주석 중에서 30개는 중국 텍스트의 반절자와 같지만, 23개의 주석은 중국 텍스트의 반절자와 다른 반절자로 기술되었다. 이것은 경흥의 반절자 기술이 독자적인 것임을 의미한다. 독자적으로 사용한 반절자는 대개 향찰 표기에서 자주 사용되는 글자였다. 따라서『무량수경 연의술문찬』에서 경흥이 베푼 자음 주석은 중국의 텍스트를 인용·전재한 것이 아니라 경흥 자신이 독자적 관점에서 베푼 주석임이 분명하다(李丞宰 2008). 그렇다면 경흥의 반절자를 고대어 표음자의 범주에 넣을 수 있다.

『无量壽經 連義述文贊』에[14] 나오는 53개의 자음 주석을 모두 들

14『无量壽經 連義述文贊』의 原文은 현재 전하지 않는다. 일본 眞宗의 開祖인 見眞은『无量壽經』의 여러 疏 중에서 이것을 가장 많이 인용하였다고 한다. 현재 전하는 것은『大日續藏經』에 편입된 것과 일본 宗敎大學(현재의 大谷大學)에 소장된 것 등이 있다. 이 둘을 교감한 것이『大正新修大藏經』에 편입되었고『韓國佛敎全書』에서는 이들을 다시 교감하여 第二冊에 수록하였다. 이 글에서는 이 全書에 수록된 것을 연구 대상으로 삼았다.

어 보이면 (8)과 같다. (8)의 (音22) '曼音萬'에서는 직음법으로 '曼'의 발음이 '萬'과 같다고 했는데, 이것을 제외한 나머지는 모두 반절법을 사용하여 한자음을 기술하였다.

(8) 경흥의 반절 주석

(音01) 綜[子送反]
(音02) 祚之阿反, 祚[之河反]
(音03) 慴[倚[15]葉反]
(音04) 摑[古惡反]
(音05) 裂[呂蘖反]
(音06) 貯[竹與反]
(音07) 遏[阿達反]
(音08) 戢[墮立[16]反]
(音09) 廓[古惡反]
(音10) 恢[苦灰切]
(音11) 赫[呼格反]
(音12) 焜[胡本反]
(音13) 煜[由鞠反]
(音14) 溪亦作谿字[苦奚反]
(音15) 渠[巨[17]居反]
(音16) 殆[徒改反]
(音17) 怙[胡古反]
(音18) 暐[于鬼反]
(音19) 曄[爲韶反] 華光盛也 又曄[王輒反]
(音20) 忪古文伀[之容反]
(音21) 忪[止容衆從二反]
(音22) 曼音萬及也 亦作蔓[馬安反]
(音23) 蒙又作曚皆[莫公反]
(音24) 冥[鳴央反]
(音25) 又曚瞶[下牛對反]
(音26) 籠盧紅[18]反
(音27) 抵[都禮反]
(音28) 突[徒骨反]
(音29) 猥[烏罪反]
(音30) 賴[洛代反]

---

15 아마도 誤字가 아닐까 한다.

16 원문에서는 '墮六'인데, 이것을 '墮立'으로 교감했다. '墮'도 오자일 듯한데, 무엇으로 교감해야 할지 분명하지 않아서 그대로 두었다.

17 원문의 '呂'를 '巨'로 교감했다.

18 원문의 '江'을 '紅'으로 교감했다.

(音31) 恪古文窓[苦[19]各反]   (音32) 厄[烏皇反]

(音33) 狂[其亡反]   (音34) 貿[莫候反]

(音35) 妷[20][與一反]   (音36) 眄[眠見反]

(音37) 睞[力代反]   (音38) 態古文能[他代反]

(音39) 師[所飢反]   (音40) 蹇[居免反]

(音41) 蹉[千阿反]   (音42) 跌[徒結反]

(音43) 辜[古胡反]   (音44) 魯[力古反]

(音45) 扈[胡古反]   (音46) 僥[五彫古遶二反]

(音47) 倖[胡耿反]   (音48) 糺亦糾[庚[21]由反]

(音49) 煢古文惸悖同巨[22]營反   (音50) 厲[力制反]

(音51) 戈[居和反]   (音52) 汗者熱氣所蒸液也[下旦反]

(音53) 又汚[烏臥反]

그런데 이 반절자 기술에는 이해하기 어려운 것이 포함되어 있다. 그리하여 『韓國佛敎全書』에서 (音31)의 恪[若各反]을 恪[苦各反]으로, (音49)의 煢[臣營反]을 煢[巨營反]으로 교감한 바 있다. 이와 마찬가지로, (音08)의 '立'은 '六'을, (音15)의 '巨'는 '呂'를, (音26)의 '紅'은 '江'을, (音48)의 '庚'은 '唐'을 각각 교감한 것이다. 이 교감은 물론 筆寫 字形의 유사성과 음상적 유사성을 동시에 감안한 것이다. 이밖에도 (音03)의 '倚', (音08)의 '墮'도 오자의 가능성이 크지만,

---

19 『韓國佛敎全書』에서 '若疑苦'라고 하여, '若'을 '苦'로 교감해야 함을 이미 지적한 바 있다.

20 古字 '佚'의 수字이므로 '조카'의 뜻이 아니라 '樂'의 뜻이다. 이렇게 이해하면 반절이 이해가 된다.

21 원문의 '唐'을 '庚'으로 교감했다.

22 『韓國佛敎全書』에서 이미 '臣疑巨'라 하였다. 이에 따라 '臣'을 '巨'로 교감했다.

어느 글자의 오자인지를 추정하기가 어려워 그대로 두었다.

언뜻 보기에 아주 독특하여 오자의 가능성이 크다고 생각되지만, 漢語 中古音을 감안하면 정확하다고 판단되는 것도 있다. (音05)의 裂[呂蘗反]에 나오는 반절하자 '蘗'은 『훈몽자회』의 한자음이 '·벽'이므로 '裂'을 표음할 수 없는 반절하자이다. 따라서 오자인 것 같지만 사실은 그렇지 않다. 이 '蘗'은 한어 중고음으로 蘗[疑開B入仙]이고, 중고음의 仙韻은 韻尾에 /-n/ 또는 /-t/가 오는 것이 정상적이다. 이토 지유키(2007)의 자료편을 참고하면, 한국 중세 한자음의 仙韻字 중에서 운미 /-k/를 가지는 것은 이 '蘗'밖에 없다. 즉 한국 중세 한자음의 '·벽'은 '檗'에 잘못 유추되어 비정상적으로 운미 /-k/를 가지게 된 것이다.[23] 이와는 달리, (音05)에서 이 '蘗'을 반절하자로 사용하여 '裂'을 표음한 것은 지극히 정상적이다.

교감의 결과로 얻어진 반절자 '苦, 巨, 立, 紅, 庚'은 반절자 목록에 포함하고, 교감이 불가능한 '倚, 墮' 등은 목록에서 제외한다. 교감의 결과를 반영하여 반절자를 헤아려 보면 모두 81자가 된다.

그런데 경흥은 『무량수경 연의술문찬』뿐만 아니라 『妙法蓮華經』에도 주석을 달았다. 이것이 일본의 『妙法蓮華經釋文』(中算 撰, 976년)에 인용되어 있는데, 南豊鉉(2003)이 여기에서 璟興과 신라 승順憬의 주석 42개를 찾아내어 정리한 바 있다. 인용된 순경의 주석이 경흥의 주석보다 훨씬 많지만, 순경이 신라 출신이라는 점에서 順憬 音義는 이 연구에서 제외하고 璟興 音義만 포함한다. 이 글은 신라어가 아니라 백제어의 자음체계를 재구하는 데에 최종 목표를 두기

---

23 다른 예를 하나 더 들어 둔다. 鹽韻은 운미에 /-m/이나 /-p/가 오는 것이 원칙이다. 그런데도 鹽韻字인 '獦'의 한국 한자음은 '·갈'이다. 이 '·갈'은 '葛'에 잘못 유추된 것이다.

때문이다.

(9) 경흥 음의 자료
　(璟興音義1) 樂[五孝反]　　　(璟興音義2) 祴[古來反]
　(璟興音義3) 尙[時亮反]

『묘법연화경석문』에서 인용한 경흥의 音義 중에서 반절로 한자음을 기술한 것은 위의 세 개다. 여기에서 경흥의 반절자 '孝, 來, 時, 亮'을 새로이 추가할 수 있다. 이 네 글자를 경흥의 반절자에 아우르게 되면 경흥의 반절자는 모두 85자가 된다.

(10) 경흥의 반절자 목록 (85자)
各 改 巨 居 格 見 結 庚 古 苦 骨 公 鞠 鬼 其 飢 耿 遼 旦 達
代 對 徒 都 彫 竹 洛 來 亮 呂 力 禮 盧 立 馬 莫 免 萬 亡 眠
鳴 蘗 本 送 所 韶 葉 時 阿 惡 安 央 與 營 五 烏 臥 王 容 于
牛 爲 由 一 子 制 從 罪 衆 之 止 千 他 輒 下 河 奚 呼 胡 紅
和 皇 灰 孝 候

(10)의 목록에서 한 가지 덧붙일 것이 있다. (8)의 (音47)에 나오는 倖[胡耿反]의 반절하자 '耿'은 이토 지유키(2007)의 자료편에 나오지 않는다. 따라서 음가 재구의 방법을 적용하기로 한다. 이 '耿'은 『광운』에서 上聲 耿韻의 '耿'소운(古幸切)에 속한다. '古幸切'의 '古'는 見母이고 '幸'은 開口2等上聲耕韻이다. 이 둘을 조합하여 '耿'의 음가를 [見開2上耕]=kʌiŋ^{R}으로 재구할 수 있다.

이제, 백제 목간에서와 마찬가지 방법으로 경흥 반절자의 성모를 계량적으로 분석해 보기로 하자.

경홍 반절자(85자) 성모 분포					
		全清	次清	全濁	不清不濁
脣音	幫組	幫p 1	滂pʰ 0	並b 0	明m 5
	非組	非f 0	敷fʰ 0	奉v 0	微ɱ 2
舌音	端組	端t 4	透tʰ 1	定d 3	泥n 0
	來組				來l 8
	知組	知ʈ 2	徹ʈʰ 0	澄ɖ 0	娘ɳ 0
齒音	精組	精ts 1	清tsʰ 1	從dz 2	
		心s 1		邪z 0	
	莊組	莊tʂ 0	初tʂʰ 0	崇dʐ 0	
		生ʂ 1		俟ʐ 0	
	章組	章tɕ 4	昌tɕʰ 0	船dʑ 0	日ɲ 1
		書ɕ 2		常ʑ 1	羊j 4
牙喉音	見組	見k 15	溪kʰ 1	群g 1	疑ŋ 4
		曉h 3		匣ɦ 8	
		影ʔ 6			云ɦ 3
85		40	3	15	27
		47.1%	3.5%	17.7%	31.8%

위의 (11)에서 볼 수 있듯이, 경홍의 반절자에서도 次清 즉 유기자음의 비율이 3.5%로 아주 낮다는 점이 확인된다. 백제 목간의 표음자에서는 유기자음의 비율이 6.1%였는데, 경홍의 반절자에서는 그 비율이 더 낮아졌다.

앞에서 논의한 백제 목간의 음차자에서는 유성자음이 유기자음보다 3배 이상 많았다. 그런데 경홍의 반절자에서도 全濁 즉 유성자음의 비율이 예상보다 높다. 유성자음의 비율이 유기자음의 5배이다. 이 점에서 경홍의 반절자는 백제 목간과 비슷하다. 백제 목간에서는 舌音 端組와, 牙喉音 見組의 曉母와 匣母에서 무성자음보다 유성자음의 용례가 훨씬 많았는데, 경흥의 반절자에서는 齒音 精組와, 牙喉音 見組의 曉母와 匣母에서 무성자음보다 유성자음의 용례가 더 많다. 舌音 端組에서는 무성자음이 4개, 유성자음이 3개이므로 백제 목간과 달라졌다. 그러나 두 개의 서열에서 무성자음보다 유성자음의 용례가 더 많다는 점에서는 백제 목간의 표음자와 경흥의 반절자 체계가 공통된다. 이 점을 강조하면, 경흥의 반절자 체계는 신라 목간보다는 백제 목간에 더 가깝다.

앞에서 경흥이 백제 웅천주(공주) 출신의 신라 승려라고 한 바 있다. 따라서 경흥의 반절자를 백제어 자료로 보아야 할지 신라어 자료로 보아야 할지를 논의할 필요가 있다. 경흥은 18세에 出家했으므로 언어 형성기에는 백제에서 거주했을 가능성이 상대적으로 더 크다. 유기자음과 유성자음의 비율, 무성자음과 유성자음의 비율을 기준으로 했을 때, 경흥의 반절자는 신라 목간보다는 백제 목간의 체계에 가깝다. 따라서 경흥의 언어는 신라어가 아니라 백제어라고 할 수 있다.

이것을 확정하기 위하여 잠깐 新羅 木簡의 표음자를 계량적으로 분석해 보이면 아래의 (12)와 같다. 이 분석표의 신라 목간 음차자에는 앞에서 거론한 順憬 音義 자료가 포함되어 있다.

유기자음에서 신라 목간은 경흥 반절자의 두 배의 비율이지만, 유성자음에서는 거의 차이가 없다. 이 점을 강조하면 경흥의 반절자를 신라 자료로 간주해야 할지도 모른다. 그런데 유심히 살펴보면 그렇지 않다. 신라 목간에서는 무성자음보다 유성자음의 용례가 더 많은 서열이 없다. 齒音 莊組의 莊母와 崇母를 서로 대비하고, 齒音 章組의 書母와 常母를 서로 비교하여 이 결론을 부정할지도 모른다. 그러나 이 두 서열은 용례가 1% 남짓에 불과하기 때문에 신라어의 자음 체계에 넣기가 아주 어려운 서열이다. 이 점을 반영하여 위의 논의를 다음과 같이 수정할 수 있다. "신라어의 자음체계에 들어갈 자음의 짝에서, 무성자음의 용례가 유성자음의 용례보다 항상 많다."

(12) 신라 목간의 음차자(154자) 성모 분포[24]

신라 목간의 표음자(154자) 성모 분포					
		全淸	次淸	全濁	不淸不濁
脣音	幫組	幫p 3	滂pʰ 0	並b 1	明m 9
	非組	非f 4	敷fʰ 0	奉v 2	微ɱ 2
舌音	端組	端t 7	透tʰ 2	定d 6	泥n 5
	來組				來l 10
	知組	知ʈ 6	徹ʈʰ 0	澄ɖ 3	娘ɳ 0
齒音	精組	精ts 6	清tsʰ 5	從dz 2	
		心s 11		邪z 3	
	莊組	莊tʂ 0	初tʂʰ 1	崇dʐ 2	
		生ʂ 3		俟ʐ 0	
	章組	章tɕ 8	昌tɕʰ 1	船dʑ 1	日ɲ 1
		書ɕ 0		常ʑ 2	羊j 4
牙喉音	見組	見k 16	溪kʰ 3	群g 3	疑ŋ 2
		曉h 8		匣ɦ 3	
		影ʔ 8			云ɦ 2
154		80	12	27	35
		51.9%	7.8%	17.5%	22.7%

그런데 이 결론이 백제 목간의 음차자와 경흥의 반절자에는 적용되지 않는다. 신라 목간의 牙喉音 見組의 曉母字와 匣母字에서는 이 결론처럼 무성자음과 유성자음의 비율이 8:3이지만, 백제 목간의 음차자와 경흥의 반절자에서는 이것이 각각 2:9와 3:8로 역전된다. 이 점을 강조한다면 경흥 반절자의 자음체계는 신라 목간보다는 백제 목

---

24 이 표는 비교 대상을 갖추기 위한 예비조사의 결과이다.

간의 자음체계에 더 가깝다. "유의미한 서열 중에서, 유성자음의 용
례가 무성자음의 용례보다 더 많은 서열이 있다." 바로 이 공통점을
근거로 삼아, 백제 목간의 음차자와 경흥의 반절자를 동일 계열이라
할 수 있다. 즉 백제어 표음자로 분류할 수 있다.

3.3. 『일본서기』의 백제 고유명사 표기자

『일본서기』에 기록된 백제 고유명사도 백제어 자료로 삼을 수 있
다. 『일본서기』뿐만 아니라 『續日本紀』(797년)와 『新撰姓氏錄』(814
년)에도 백제 인명이 많이 나온다(康仁善 1995: 42 참고). 이들은 편찬
의 시기가 8세기 중엽 이후라서 논의의 대상에서 제외하고 『일본서
기』만을 논의 대상으로 삼는다. 兪昌均(1983)이 『일본서기』의 백제
고유명사를 238개[25] 항목으로 정리한 바 있는데, 이것을 전재하면 다
음과 같다.

(13) 『일본서기』의 백제 고유명사 목록 (242항목)

　　가. 관명

　　　　001 佐平 サイヘ　　　　　　　002 達率 ダチソチ

　　　　003 恩率 オンソチ　　　　　　004 德率 トクソチ

　　　　005 杆率 カンソチ　　　　　　006 奈率 ナソチ

　　　　007 將德(修德) シヤウトク(シウトク)

　　　　008 施德 セトク　　　　　　　009 固德 コトク

　　　　010 季德 キトク　　　　　　　011 對德 タイトク

---

25 兪昌均(1983: 179)에서는 238개 항목처럼 되어 있으나 번호가 중복되거나
누락된 것을 수정하면 242개 항목이 된다.

나. 지명

012 辟支山 ヘキノムレ

013 辟城 ヘサシ

014 古沙山 コサノムレ

015 谷那 コクナ

016 峴南 ケムナム

017 支侵 シシム

018 甘羅城 カムラノサシ

019 高難城 カウナンノサシ

020 爾林城 ニリムサシ

021 尉禮 ヰレ

022 久麻那利 クマナリ/コムナリ

023 帶山城 シトロムレノサシ

024 馬津城 マシムサシ

025 得爾辛 トクジシン トクニシ

026 彌氏 ミテ

027 牟弖 ムテ

028 尾資之津 ビシノッ

029 奴受利山 ヌズリノムレ

030 都都支留山 ツツキルノムレ

031 加巴利濱 カハリノハマ

032 疏留城 ソルノサシ

033 州柔 ツヌ

034 古連旦徑 コレンタンケイ[26]

035 安得 アントク

036 石城 セキサシ

037 白村 ハクスキ

038 弓禮城 テレサシ

039 枕服岐城 シムフクキサシ

040 意流村 オルスキ

041 州流須祗 ツルスキ

042 熊川 クマナレ

043 久斯牟羅 クシムラ

044 己汶 コモン

045 任射岐山 ニザキノムレ

046 任敍利 ニジユリ

047 古奚津 コケツ

048 枕彌多禮 トムタレ

049 久麻奴利城 クマノリノサシ

다. 인명

050 久氏 クテイ

051 彌州留 ミツル

052 莫古 マクコ

053 肖古王 セウコワウ

054 沙白 サハク

055 盖盧 カフロ

---

26 兪昌均(1983: 130)에서는 이 항목의 번호가 33으로 되어 있다.

056 木羅斤資 モクラコンシ　　057 沙沙奴跪 ササトク

058 貴須 クキス　　059 阿花 アクワ

060 枕流王 トムルワウ　　061 辰斯 シンシ

062 直支 トキ　　063 弓月君 ユツキノキミ

064 阿直岐 アトキ　　065 王仁 ワニ[27]

066 久爾辛 クニシ　　067 木滿致 モクマンチ

068 新齊都 シセツ　　069 加須利君 カスリノキミ

070 軍君/昆支 コニキシ/コニキ　　071 武寧王 ムネイワウ

072 貴信 クキシム　　073 汶洲王 モンスワウ

074 末多王 マタウ　　075 文斤王 モムコムワウ

076 東城王 トウセイワウ　　077 適莫爾解 チャクマクニゲ

078 古爾解 コニゲ　　079 莫古解 マコゲ

080 意多郎 オタラ　　081 斯麻王 シマキシ

082 麻那王 マナキシ　　083 斯我君 シガキシ

084 法師君 ハフシキシ　　085 姐彌文貴 サミモムクキ

086 州利卽爾 ツリソニ　　087 段楊爾 ダンヤウニ

088 淳陀 ジュンタ

089 木刕不麻甲背 モクラフマカフハイ

090 灼莫古 ヤクマコ　　091 明 メイ

092 尹貴 インクキ　　093 麻鹵 マロ

094 彌騰利 ミトリ　　095 麻那甲背 マナカフハイ

096 嫡德孫 チャクトクソン　　097 己州己婁 コツコル

098 己知部 コチフ　　099 聖明王 セイメイワウ

100 速古王 ソクコワウ　　101 貴首王 クキスワウ

---

27 兪昌均(1983: 141)에서는 이 항목의 번호가 63으로 되어 있다.

102 甲背昧那 カフハイマナ　　103 鼻利莫古 ビリマクコ

104 宣文 センモン

105 木刕昧淳 モクラマイジュン　106 彌麻沙 ミマサ

107 己連 コレン　　　　　　　108 眞牟貴文 シンムクキモン

109 麻奇牟 マカム　　　　　　110 沙宅己婁 サタクコル

111 木刕麻那 モクラマナ　　　112 木尹貴 モクインクキ

113 東城道天 トウジャウドウテン　114 國雖多 コクスキタ

115 燕比善那 エンヒセンナ

116 高分/高分屋 カウブン/カウブンオク

117 斯那奴次酒 シナノシシュ[28]　118 用奇多 ヨウガタ

119 馬武 メム　　　　　　　　120 阿毛得文 アトクトクモム

121 奇麻 ガマ　　　　　　　　122 奇非 ガヒ

123 其悜 ゴリウ　　　　　　　124 菩提 ボダイ

125 掠葉禮 ケイセフライ　　　126 眞慕宣文 シンモンセンモム

127 東城子言 トウジャウシゴン　128 汶休麻那 モンクマナ

129 久貴 コンクキ　　　　　　130 馬次文 メシモン

131 皮久斤 ヒコンコン　　　　132 灼干那 ヤクカンナ

133 木刕今敦 モクラコムトム　　134 奴利斯致契 ノリシチケイ

135 科野次酒 シナノシシユ　　136 禮塞敦 ライソクトン

137 王辰爾 ワウジンニ　　　　138 汶休帶山 モンキウタイサン

139 餘昌 ヨシャウ　　　　　　140 威德王 キトクワウ

141 文次 モンシ　　　　　　　142 日佐分屋 オサブンオク

143 三貴 サムクキ　　　　　　144 烏 カク

145 東城子 トウジャウシ　　　146 王柳貴 ワウリウクキ

---

28 兪昌均(1983: 154)에서는 이 항목의 번호가 114로 되어 있다.

147 馬丁安 メチャウアン[29]　148 曇慧 ドムエ

149 道深 ダウジン　150 王道良 ワウドウリャウ

151 王保孫 ワウホウソン　152 王有悷陀 ワウウリャウダ

153 潘量豊 ハンリャウフ　154 丁有陀 チャウウダ

155 三斤 サムコン　156 己麻次 コマシ

157 進奴 シンヌ　158 進陀 シンダ

159 汶斯干奴 モンシカンヌ　160 惠 クエイ

161 德爾 トクニ　162 余怒 ヨヌ

163 奇奴知 ガヌチ　164 次干德 シカントク

165 惠總 エソウ　166 令斤 リャウコン

167 惠寔 エショク　168 首信 シュシン

169 蓋文 カフモン　170 福富 フクフ

171 味身 ミシン　172 聆照 リャウセウ

173 令威 リャウキ　174 惠衆 エシュ

175 惠宿 エシュク　176 道嚴 ダウゴン

177 令開 リャウケ　178 太良未太 タラミタ

179 文賈古子 モンケコシ　180 白昧 ハクマイ

181 麻那文奴 マナモンヌ　182 陽貴文 ヤウクキモン

183 悷貴文 リャウクキモン　184 昔麻帝彌 シャクマタイミ

185 白加 ヒャクカ　186 妙光 メウクワウ

187 慧聰 エソウ　188 阿佐 アサ

189 勸勒 クワンロク　190 味麻之 ミマシ

191 素子 スシ　192 武德 ムトク

193 義慈 ギジ　194 豊章 ホウシャウ

---

29 俞昌均(1983: 161)에서는 이 항목의 번호가 143으로 되어 있다.

195 柔 ヌ

196 知積 チシャク

197 翹岐 ケウキ

198 岐味 キミ

199 軍善 クンゼン

200 長福 チャウフク

201 自斯 ジシ

202 武子 ムシ

203 緣福 エンフク

204 意斯 オシ

205 塞城 サイジャウ

206 忠勝 チウショウ

207 調信仁 テウシンニ[30]

208 隆 リウ

209 沙宅千福 サタクセンフク

210 國辨成 コクブンジャウ

211 沙彌覺從 サミカクジュ

212 鬼室 クキシツ

213 福信 フクシン

214 余自進 ヨジシン

215 貴智 クヰチ

216 正珍 シャウチン

217 恩古 オンコ

218 孫登 ソントウ

219 塞上 サイジャウ

220 紮解 クケ

221 萬智 マチ

222 金受 コムジュ

223 德執得 トクシフトク

224 木素貴子 モクソクキシ

225 谷那晉子 コクナシンシ

226 憶禮福留 オクライフクル

227 善光 センクワウ[31]

228 鬼室集斯 クキツシフシ

229 答㶱春初 タフホンシユンソ

230 四比福夫 シヒフクフ

231 禰軍 ネクン

232 末都師父 マツシフ

233 沙宅昭明 サタクセウミャウ

234 㶱日比子 ホンニチヒシ

235 贊波羅金須 サンハラコムス

236 鬼室集信 クキツシフシン

237 德頂上 トクチャウジャウ

238 吉大尙 キチタイシャウ

239 許率母 コソチモ

240 角福牟 カクフクム

---

30 兪昌均(1983: 172)에서는 이 항목의 번호가 204로 되어 있다.
31 兪昌均(1983: 175)에서는 이 항목의 번호가 223으로 되어 있다.

이『일본서기』백제 고유명사 표기를 이용할 때에 다음의 두 가지 문제점을 먼저 짚어 둘 필요가 있다. 첫째는 고유명사 표기와 후리가나 표기가 9세기 이후의 후대에 필사된 것이라는 문제점이요, 둘째는 백제 고유명사 표기가 일본 표기법의 영향을 받지는 않았을까 하는 문제점이다.

이 연구는 후대에 덧붙은 후리가나 표기를 연구하는 데에 목적이 있는 것이 아니라, 백제어의 표음자를 연구하는 데에 목적이 있다. 이 표음자의 음가는 한어 중고음을 기준으로 분석하고 후리가나 표음은 약간의 참고 자료로만 이용할 것이다. 따라서 첫째의 문제점은 그리 중요하지 않다. 후리가나는 훈차자로 사용된 것과 음차자로 사용된 것을 판별할 때에 오히려 좋은 참고 자료가 된다.[32]

만약에 백제의 고유명사가 표기되는 과정에서 백제 표기법으로 표기된 것이 아니라 일본 표기법으로 표기된 것이라면, 이 자료를 백제어 자료로 이용할 수 없다. 따라서 둘째 문제점은 대단히 중요한 검토 대상이다. 그런데『일본서기』에 기록된 백제의 고유명사가 대개는 백제계 史書인『百濟記』,『百濟新撰』,『百濟本記』등에서 인용한 것이라는 점을 간과해서는 안 된다. 이것을 강조하면 위의 고유명사 표기가 백제인의 표기라고 할 수 있다. 물론 후대의 전승 과정에서 조금씩 일본 표기법에 오염되었을 가능성이 있지만, 기본적으로는 백제인의 표기임이 분명하다.

---

32 미즈노 슌페이(2009: 62~3)는 탁음 표기가 나온다는 점과 훈차자를 음차자로 보아 음을 단 것이 있다는 점을 들어 후리가나 주음이 일본 한자음을 바탕으로 해서 이루어졌다고 했다. 그렇더라도 우리는 한어 중고음으로 백제어 음차자를 분석하게 되므로, 이 주장이 우리의 연구 방법에 큰 영향을 주지는 않는다.

그 첫째 논거로 미즈노 슌페이(2009)를 들 수 있다. 그는『일본서기』의 백제 고유명사 表音字 230자와 일본의 고유명사를 표음한 音假名 301자를 추출하였다. 이 둘에 공통되는 것은 73자에 불과하다는 사실을 들어, 미즈노 슌페이(2009: 46)는『일본서기』백제 고유명사 표기는 일본인이 아니라 백제인에 의해 이루어졌을 가능성이 크다고 했다. 나아가서, 미즈노 슌페이(2009: 60~1)는『일본서기』의 백제 고유명사 표기에서는 森博達(1977, 1988)이 주장한 α·β群 구분이 적용되지 않는다는 점을 들어, 백제 고유명사가 백제인의 손으로 쓰였거나 백제 사료에서『일본서기』에 인용되었을 가능성이 크다고 했다. 둘째 논거로는, 일본의 초기 문서 작성자 중에 백제계 도래인이 많았다는(沼本克明 1986: 92, Tsukimoto 2011) 점을 들 수 있을 것이다. 일본에서 발굴된 목간에 대한 최근의 연구 결과에 따르면, 7세기 말엽까지는 백제계 도래인들이 문서 기록자로서 여전히 활동했던 것으로 보인다(三上喜孝 2008:209, 沖森卓也 2009: 14, Lee 2013b).

이 두 가지 논거만으로도 (13)의 차자표기가 백제인의 표기라고 말할 수 있다. 그런데『일본서기』의 백제 고유명사 표기자들의 聲母를 계량적으로 분석해 보면, 백제 목간의 음차자나 경흥의 반절자와 성격이 같다는 것이 드러난다(후술).『일본서기』의 백제 고유명사 표기자들을 백제어 표음자에 포함할 때에는 이 점도 하나의 방증 자료가 된다.

『일본서기』의 백제 고유명사 표기에는 (13)에서 보인 것처럼 후리가나가 붙어 있다. 이들을 중심으로 훈차자와 음차자를 판별하기로 하되, 훈차자를 먼저 정리해 보면 다음과 같다.

(14) 『일본서기』 표기자의 백제 훈차자[33]

가. 山{ムレ} 나. 城{サシ}

다. 熊{クマ} 라. 川{ナレ}

마. 君{キミ, キシ} 바. 王{キシ}

사. 帶{シトロ} 아. 村{スキ}, 須祗[スキ]

(15) 『일본서기』 표기자의 일본 훈차자

가. 津{ツ} 나. 濱{ハマ}

다. 弓{ユ} 라. 月{ツキ}

마. 科{シナ} 바. 野{ノ}

(14.가)의 山{ムレ}는 중세 한국어의 '뫼(ㅎ)'에 대응하고 (14.라)의 川{ナレ}는 '내(ㅎ)'에 대응한다. '내(ㅎ)'가 고대어 '*나리(ㅎ)'에서 온 것처럼(金完鎭 1980), '뫼(ㅎ)'도 '*모리(ㅎ)'에서 온 것일 가능성이 크다. 그렇다면 山{ムレ}는 이 '*모리(ㅎ)'를 표기한 것일 가능성이 있다. (14.나)의 城{サシ}와 (14.다)의 熊{クマ}가 각각 중세 한국어의 '잣'과 '고마'에 대응한다. 이들의 후리가나 표기는 고대 백제어를 표기한 것이다. (14.사)의 帶{シトロ}도 중세 한국어의 'ᄯᅴ'에 대응하는 듯하여 편의상 이 부류에 넣었으나 아직 확실하지는 않다. (14.아)의 'スキ'도 역시 확실하지 않으나 兪昌均(1983: 38)을 따라서 '村'에 대한 백제어 훈으로 분류해 둔다.

그런데 (15)의 예에서 볼 수 있는 것처럼, 후리가나로 적힌 것 중에는 일본어 훈을 적은 것이 적지 않다. 이들을 이해하는 방법에는 두 가지가 있다. 첫째는 이들이 백제 고유명사에 기입된 것이므로 백제

33 해당 한자의 훈독임을 강조하기 위하여 기호 { }를 덧붙였다. 음독일 때에는 발음기호임을 나타내는 [ ]을 이용하기로 한다.

어의 일종으로 간주하는 방법이다. 예컨대, 濱[ハマ]가 백제어 단어 *hama를 표기한 것이라고 이해하는 방법이다. 그런데 백제어에서 '물가'를 뜻하는 *hama를 얼른 확인할 수가 없다. 따라서 이 방법은 채택하기가 어렵다. 둘째 방법은 이들이 해당 한자의 일본어 훈을 적은 것이라고 보는 방법이다. 일본어 단어에 '물가'를 뜻하는 *fama가 있으므로, 이 글에서는 이 방법을 택한다. 이 방법에 따르면 『일본서기』의 후리가나 표기 모두가 백제어를 표기한 것은 아니라는 결론이 나온다. 일부는 일본어를 표기한 것도 있으므로 『일본서기』 백제 고유명사의 훈독 표기에는 백제어와 일본어가 뒤섞여 있다고 보는 것이 좋다. 이것은 일본어에 의한 굴절·오염의 예가 될 것이다.[34]

(14)와 (15)의 훈차자에 대한 논의를 고려하면, 음차자에서도 일본의 음차자가 섞여 있을 가능성이 있다. 뒤에서 이에 해당하는 음차자를 구체적으로 제시하겠지만, 음차자에서의 일본어 오염 문제는 그리 중요하지 않다. 백제어 음차자의 음가를 분석할 때에, 일본의 후리가나 표음보다는 한어 중고음의 음가를 더 중시하기 때문이다. 물론 후리가나 표음이 중요한 단서를 제공할 때가 있지만, 백제 고유명사 표기자의 기본적 음가는 한어 중고음을 기준으로 삼는다.

(14)와 (15)에 공통되는 것이 하나 있는데, 이들 단어가 모두 고유명사라기보다는 일반명사라는 점이다. 이 점을 확인하기 위하여 (13)에 열거한 고유명사 표기를 다시 한 번 유심히 살펴볼 필요가 있다.

---

34 제3의 가능성도 있다. 백제의 표기는 그대로인데, 일본에서 독법이 변경되었을 가능성이다. 예컨대 031번의 '加巴利濱ヵハリノハマ'라는 표기에서 백제인들은 '加巴利' 부분을 음독하고 '濱' 부분을 훈독했는데, 일본에서는 '加巴利'는 음독하면서도 '濱'은 일본어식으로 훈독했다고 보는 견해이다. 이 견해에서는 일본인들이 '山[ムレ], 城[サシ], 王[キシ]' 등을 백제어로 훈독한 반면에 '津, 濱, 野' 등은 일본어로 훈독한 것이 된다. 그런데 이 견해에 따르면 이 두 가지의 경계선이 어디인가를 정하기가 어렵다. 이 견해를 따른다 하더라도 '濱'이 음차자가 아니라는 점은 변하지 않는다.

그러면, 진정한 의미의 고유명사에 해당하는 것은 모두 음차자로 기록했고 일반명사에 가까운 것은 훈차자로 기록했다는 경향성을 찾아낼 수 있다. 전체 242개 항목 중에서 이 경향성에 예외가 되는 것은, 023번의 帶山城{シトロムレノサシ}, 042번의 熊川{クマナレ}, 063번의 弓月君{ユツキノキミ}의 셋 정도에 불과하다. 앞에서 우리는 백제 목간의 표기가 음차인지 훈차인지 판별하기 어려울 때에 '음차 우선 적용의 가정'을 세운 바 있는데, 백제의 고유명사에 후리가나를 단 고대 일본의 학자도 이 가정을 적용한 듯하다.

이제, (13)의 고유명사 목록에서 음차자를 뽑아 보기로 한다. (14)와 (15)에서 거론하지 않은 것은 모두 음차자에 속하고, 이들을 모두 헤아려 보면 268자가 된다.

268자의 음차자 중에는 백제 표기법과 고대 일본 표기법이 매우 긴밀한 관계였음을 보여주는 예가 포함되어 있어 주목된다. (13)의 231번 禰軍[ネクン]의 '禰', 027번 牟弖[ムテ]와 038번 弖禮城[テレサシ]의 '弖'가 그것이다.

(16) 백제 인명 표기의 '禰'

　가. 禰軍 (사기 7.10, 7.13)

　나. 禰植 (구당 중130, 당서 중274)

(17) 백제와 고구려 지명 표기의 '弖'

　가. 027번 牟弖[ムテ], 038 弖禮城[テレサシ] (일본)

　나. 幹弖利城 (고구려 광개토왕비 2회)

'禰'는 일본의 고대 표기법에서 /ne/를 표기할 때에 널리 사용된 萬葉假名인데, (16)의 두 예에서 볼 수 있듯이 백제의 인명 표기에 사용되었다. 이 '禰'가 고구려와 신라의 고유명사 표기에는 나오지 않고 백제의 고유명사 표기에만 나온다는 사실이 무척 흥미롭다. 백제와 고대 일본의 표기법이 서로 연결되어 있었음을 암시하는 예가 되기 때문이다. (17)의 '弖'도 무척 흥미롭다. 이 글자는 고구려의 廣開土大王碑에 2회 사용되었는데, 고대 일본의 표기법에서도 /te/를 표기할 때에 이 '弖'가 아주 많이 사용되었다. 이 글자의 기원에 대한 논의가 일본 학자들 사이에서 분분하지만, 가장 시기가 이른 자료는 역시 광개토대왕비의 '幹弖利城'이다. 이것을 강조한다면 고대 일본의 표기법은 백제뿐만 아니라 고구려의 영향도 받았다는 추론이 가능하다.

兪昌均(1983: 128)은 (13)의 026번 彌弖[ミテ]와 027번 牟弖[ムテ]가 동일 지명을 서로 다르게 표기한 것으로 보아 '弖'와 '氐'가 같은 글자라고 하였다. 이것을 수용하여 '弖'의 음가를 '氐'의 음가로 대체한다.[35] (13)의 231번 禰軍[ネクン]의 '禰'는 이토 지유키(2007)의 자료편에 나오지 않는다. '禰'(奴禮切)는 『광운』에서 상성 薺韻 '禰'소운에 속하므로, 이 소운에 속하는 '嬭'의 음가로 '禰'의 음가를 대신한다.

(18) 음가 대체의 예시, '禰(嬭)'
禰(嬭)[娘開2上佳] ネ=nai^R (일본)

이처럼 음가를 대체할 수 있는 것들이 적지 않다. (13)의 089번 木刕不麻甲背[モクラフマカフハイ]에 나오는 '刕'는 『광운』에서 평성 脂韻의 '梨'소운에 속한다. 이 소운에 '梨'가 있으므로 '刕'의 음가를 '梨'의 음가로 대체한다. (13)의 125번 掠葉禮[ケイセフライ]에 나오는 '掠'은 후리가나 표기가 'ケイ'인 것을 보면 京[見開B平庚]ケイ

로 음가를 대체할 수 있다. 이 '㯡'은 백제 목간에 나오는 '椋'과 사실은 동일한 글자이다. 따라서 계량적 분석에서는 이 둘을 한 글자로 계산한다. 005번 '杆率'의 '杆'도 이토 지유키(2007)의 자료편에 나오지 않으므로 음가를 대체한다. 이 '杆'은 앞에서 이미 거론한 백제 목간의 '扞'과 同字이다. 둘 다 백제의 관명을 표기하는 데에 사용되었기 때문이다. 따라서 杆/扞(旰)[見開1去寒]으로 대체하기로 하되, 계량적 분석에서는 '杆'과 '扞'을 한 글자로 계산한다. 120번 阿毛得文[アトクトクモム]의 '毛'은 자료편과 『광운』에 나오지 않는다. 이 '毛'은 '託'으로 대체할 수 있다. 이 둘은 독음이 같을 뿐만 아니라 의미도 동일하기 때문이다.

2회 이상 사용된 '㶱'과 '悇'도 음가 대체의 대상이다. '㶱'은[36] (13)의 229번 答㶱春初[タフホンシユンソ]와 234번 㶱日比子[ホンニチヒシ]에 사용되었는데, 이것을 '本'으로 대체해도 그리 문제될 것이 없다. '悇'은 123번의 其悇[ゴリウ], 152번의 王有悇陀[ワウウリャウダ], 183번의 悇貴文[リャウクキモン]에 쓰였다. '悇'은 『광운』에서 평성 蒸韻의 '陵'소운에 속한다. '夌'을 성부로 하는 한자는 모두 현대 북경어 발음이 [líng]이고 한어 중고음으로는 [來開C平蒸]이다. 따라서 '悇'을 '陵'으로 대체한다.

兪昌均(1983: 168)에서는 165번의 惠總[エソウ]과 187번의 慧聰[エソウ]을 동일 인명으로 보고 '總'과 '聰'을 구별하지 않았다. 이들 앞에 온 '惠'와 '慧'가 한어 중고음으로 동일한 음가이기는 하지만 '總'과 '聰'은 그렇지 않다. '總'은 중고음이 [精中1上東]이고 '聰'은 [清中1平東]이므로 한어 중고음에서는 서로 음가가 다르다. 이 차이를 중시하여 이 글에서는 이들을 별개의 두 글자로 간주한다.

---

36 『광운』에는 이 글자가 나오지 않는다.

(13)의 197번 '翹岐'의 '翹'는 그 음가를 대체할 수가 없어서 음가를 재구하기로 한다. '翹'는『광운』에서 평성 宵韻의 '翹'소운(渠遙切)과 거성 笑韻의 '翹'소운(巨堯切)의 두 가지 음가를 가진다. '渠遙切'의 '渠'는 群母이고 '遙'는 中立AB等平聲宵韻이다. 이 둘을 조합하여 [群中AB平宵]=kio˩의 음가를 얻을 수 있다. '巨堯切'의 '巨'는 群母이고 '堯'는 中立4等平聲蕭韻이므로 [群中4平蕭]=kio˩의 음가를 얻을 수 있다.

앞에서 논의된 바를 간단히 요약해 둔다. '禰, 弖, 劦, 掠, 杆, 乇, 烌, 悷' 등의 음가를 각각 '嬭, 氐, 梨, 京, 旴, 託, 本, 陵'의 음가로 대체한다. '翹'의 음가는 새로 재구하고, '總'과 '聰'은 별개의 두 글자로 간주한다. 이에 따르면『일본서기』의 백제어 표음자는 다음의 267자가 된다.

(19)『일본서기』백제 고유명사 표음자 목록 (267자)

加 賈 角 覺 干 杆 甘 甲 開 盖 徑 椋 季 契 高 古 固 谷 昆 光
翹 久 國 軍 糺 勸 跪 貴 鬼 斤 今 金 己 其 奇 岐 祇 吉 那 奈
難 南 寧 禰 奴 怒 柔 爾 仁 日 任 多 旦 段 達 曇 答 大 對 帶
臺 長 德 弖 適 嫡 丁 頂 氐 提 帝 道 都 敦 東 州 得 登 騰 知
智 直 珍 羅 郎 良 量 劦 令 聆 連 禮 盧 鹵 婁 留 流 柳 隆 利
勒 悷 林 馬 麻 莫 萬 滿 末 昧 明 母 牟 慕 木 妙 武 文 汶 彌
未 味 尾 潘 背 白 法 辟 辨 菩 保 服 福 烌 父 夫 部 富 分 不
鼻 比 非 斯 師 四 射 沙 山 三 上 尙 塞 敍 石 昔 宣 善 成 聖
城 疏 昭 素 速 孫 率 首 受 須 雖 宿 淳 勝 施 寔 辛 新 身 室
信 深 阿 我 安 陽 楊 憶 言 嚴 余 餘 燕 緣 葉 羿 烏 屋 用 曰
王 有 尹 尉 威 恩 意 義 子 資 自 慈 灼 將 章 姐 積 正 齊 照
調 從 佐 酒 洲 衆 卽 之 支 辰 晉 眞 進 津 執 集 次 贊 昌 天

千 初 肖 總 聰 春 侵 枕 陀 太 乇 宅 忠 致 巴 波 平 豊 皮 解
奚 許 峴 慧 惠 花 休

이 267자를 대상으로 앞에서와 마찬가지 방법으로 성모를 분석해 보면 다음과 같다.

(20) 『일본서기』의 백제어 표음자(267자) 성모 분포

『일본서기』의 백제어 표음자(267자) 성모 분포				
		全淸	次淸	全濁	不淸不濁
脣音	幇組	幇p 7	滂pʰ 1	並b 8	明m 13
	非組	非f 8	敷fʰ 1	奉v 2	微ɱ 7
舌音	端組	端t 18	透tʰ 3	定d 10	泥n 7
	來組				來l 20
	知組	知ȶ 6	徹ȶʰ 0	澄ȡ 3	娘ɳ 1
齒音	精組	精ʦ 13	淸ʦʰ 4	從ʣ 5	
		心s 16		邪z 1	
	莊組	莊ʈʂ 0	初ʈʂʰ 1	崇ɖʐ 0	
		生ʂ 5		俟ʐ 0	
	章組	章ʨ 14	昌ʨʰ 2	船ʥ 1	日ɲ 5
		書ɕ 8		常ʑ 10	羊j 11
牙喉音	見組	見k 28	溪kʰ 3	群g 5	疑ŋ 5
		曉h 3		匣ɦ 5	
		影ʔ 10			云ɦ 3
267 (273)		136	15	50	72
		49.8%	5.5%	18.3%	26.4%

이 분석표에서 먼저 주의할 것이 있다. 하나의 한자가 둘 이상의 발음을 가질 때가 많은데, 고대에도 이런 글자는 二反이라 하여 두 개의 반절로 기술했다. 그런데 『일본서기』의 표기자 중에서 성모가 둘 이상인 二反字로 '谷, 長, 背, 父, 射, 施' 등이 있다. 이들은 마치

두 개의 글자인 것처럼 계산하게 되므로 전체 모 집단이 273으로 늘어난다.

앞에서 보았던 것처럼 次淸字는 15자로 전체의 5.5%에 불과한 반면에 全濁字는 50자로 전체의 18.3%에 해당한다. 여기에서도 유기자음보다 유성자음이 3배 이상 많다.[37] 또한, 脣音 幫組의 幫母字가 일곱 자인 데에 비하여 並母字는 여덟 자이고, 齒音 章組의 書母字가 여덟 자인데 비하여 常母字는 열 자이며, 牙喉音 見組의 曉母字는 세 자이지만 匣母字는 다섯 자이다. 이들은 모두 무성자음보다 유성자음의 용례가 더 많은 서열이다. "유의미한 서열 중에서, 유성자음의 용례가 무성자음의 용례보다 더 많은 서열이 있다"는 백제어 표음자의 특징을 여기에서도 여실히 확인할 수 있다. 따라서 『일본서기』에 기록된 백제어 고유명사의 음차자도 백제어를 정상적으로 반영한 것이라고 해석한다.

3.4. 마한 국명 표기자

이제 馬韓 55국의 國名 表記字를 정리하기로 한다. 이 국명은 3세기 말엽에 陳壽가 편찬한 『三國志』 魏書 東夷傳에 전하는 것이므로 3세기 말엽 이전의 馬韓語를 반영한다. 마한어는 백제어의 선대 언어라 할 수 있으므로 都守熙(1977, 1980, 2008)과 兪昌均(1983)이 백제어 연구의 일환으로 이 국명을 연구 대상으로 삼은 바 있다. 먼저 마한 55국의[38] 국명을 제시하면 다음과 같다.

---

37 兪昌均(1983: 194)도 『일본서기』 표음자를 대상으로 유성 대 무성의 대립이 있다고 했다.

38 마한 54국이라고도 하는데, 이때에는 (21)의 18번 '莫盧'와 43번 '莫盧'를 동일 국명으로 간주한다.

(21) 마한 55국 국명 자료

01 爰襄　02 牟水　03 桑外　04 小石索　05 大石索　06 優休牟涿

07 臣濆活　08 伯濟　09 速盧不斯　10 日華　11 古誕者　12 古離

13 怒藍　14 目支國　15 咨離牟盧　16 素謂乾　17 古奚　18 莫盧

19 卑離　20 占離卑　21 臣□　22 支侵　23 拘盧　24 卑彌　25 監奚卑

離　26 古蒲　27 到利國　28 冉路　29 兒林　30 駟盧　31 內卑離

32 感奚　33 萬盧　34 辟卑離　35 臼斯烏旦　36 一離　37 不彌

38 支半　39 拘素　40 捷盧　41 牟盧卑離　42 臣蘇塗　43 莫盧

44 古臘　45 臨素半　46 臣雲新　47 如來卑離　48 楚山塗卑離　49

一難　50 拘奚　51 不雲　52 不斯濆邪　53 爰池　54 乾馬　55 楚離

　이 국명이 고대의 부족국가 명칭임은 두말할 나위도 없다. 역사학
자들은 이들이 후대의 어느 지명에 연결되는지를 중요한 연구 대상으
로 삼는다. 마한의 지리적 분포를 결정할 때에 이것이 가장 중요한
자료이기 때문이다. 그러나 이 글에서는 이에 대한 논의를 삼가기로
한다. 이 연구는 마한의 지리적 분포를 확인하는 데에 목적을 두는
것이 아니라 마한어 또는 백제어를 언어학적으로 분석하는 데에 목적
을 두기 때문이다.

　이 국명의 언어학적 연구에서 먼저 물어야 할 것은 누가 이 국명을
기록했는가 하는 점이다. 첫째는, 馬韓人이 한자로 기록한 것을 중국
의 史家가 그대로 전재했을 가능성이다. 이 가능성이 높기는 하지만,
3세기 말엽 이전의 마한인이 한자를 사용하여 자신의 언어를 기록했
다는 것이 전제되어야 한다. 그런데 이 전제를 입증할 증거가 별로
없다는 점이 문제로 남는다. 둘째 가능성은 漢人이 마한인의 발음을
직접 듣고 자신의 표기법에 따라 채록했을 가능성이다.[39] 이때에는 漢
語의 표기법이 적용된 것으로 이해해야 한다. 그런데 이 둘째 가능성

은 낮아 보인다. 발음을 듣고 바로 한자로 표기한다는 것은 쉬운 일이 아니다. 동일한 발음을 가지는 한자가 아주 많기 때문에 어느 한자로 적어야 할지 머뭇거리거나 정확한 발음을 다시 요청할 수 있다. 이 점에서는 첫째 가능성을 배제할 수 없다. 둘 중에서 어느 것을 택하든 표기의 대상이 되는 언어는 결국은 마한어이다. 이 점을 강조하여 (21)의 국명이 마한어를 반영한 것으로 간주하되, 3세기 이전의 한어 표기법이 부분적으로 영향을 주었을 가능성을 열어 둔다.

또 한 가지 짚고 넘어가야 할 문제가 있다. (21)의 국명 중에 훈차를 이용한 표기가 없을까 하는 문제이다. 金永旭(2011)에 따르면, '廣開土王'과 牟頭婁碑에 나오는 '大開土王'이 동일인을 다르게 표기한 最古의 예라고 한다. 즉 '廣'과 '大'를 모두 '한'이라는 훈으로 읽을 수 있다는 것이다. 이들은 5세기 초엽의 기록이므로 마한 국명이 표기된 3세기 후반과는 시차가 크다. 따라서 우리는 마한 국명에 훈차자가 없었던 것으로 가정한다. '음차 우선 적용의 가정'에 따라 이 국명 표기자를 분석해 보면 후대 텍스트의 성모 체계와 마한 국명 표기자의 성모 체계가 비슷하다는 결론이 나온다(후술). 이것을 논거로 삼아 마한 국명 표기자를 일단 음차자로 간주한다.

마한 국명 표기자에서도 음가를 대체해야 할 것들이 있다. (21)의 01번과 53번에 두 번 쓰인 '爰'은 『광운』에서 평성 元韻 '元'소운(愚袁切)에 속한다. 이 소운에 '援'이 있으므로 '爰'의 음가를 '援'[云合C平元]으로 대체한다. 이 둘은 성부가 같고 현대 북경어의 발음이 [yuán]으로 일치한다.

06번의 '涿'도 자료편에 나오지 않는다. '涿'은 『광운』에서 입성 覺

韻의 '斲'소운(竹角切)에 속하고, 이 소운에 '啄'이 들어 있다. 현대 북경어에서 '涿'은 [zhuō]로 발음되고 '啄'은 [zhuó]로 발음되므로 성조에서 차이가 나지만 『광운』에서는 동일한 음가를 가진다. 따라서 '涿'의 음가를 '啄'의 음가로 대체한다.

40번의 '捷'은 『광운』에서 입성 葉韻 '捷'소운(疾葉切)에 속한다. 중세 한국어의 용례가 없어서 이토 지유키(2007)의 자료편에 나오지 않는다. 따라서 그 음가를 재구하기로 한다. '疾葉切'의 '疾'은 從母이고 '葉'은 中立AB等入聲鹽韻이므로, '捷'의 음가를 [從中AB入鹽]=$c^{h}i\partial p$으로 재구할 수 있다.

마한 국명 표기자를 낱개로 세면 모두 78자가 된다. (21)에 열거한 국명 중에서 21번 '臣□'의 '□(건)'은 거의 사용되지 않는 벽자라서 이 책에서는 논의 대상에서 제외한다. 이것을 제외한 나머지 77자는 모두 백제어 표음자로 간주한다.

(22) 마한 국명 표기자 (77자)

感 監 乾 古 臼 拘 國 難 內 怒 兒 如 冉 日 旦 大 到 塗 池 藍 臘 來 盧 路 利 離 林 臨 馬 莫 萬 车 目 彌 牛 伯 辟 濆 不 卑 斯 駟 邪 山 桑 索 襄 石 小 素 蘇 速 水 臣 新 烏 外 優 雲 爰 謂 一 咨 者 占 濟 支 捷 楚 侵 涿 誕 蒲 奚 華 活 休

이 77자의 성모를 계량적으로 분석해 보면 아래의 (23)과 같다. 마한 국명 표기자인 '乾'과 '邪'는 각각 두 개의 반절을 가지고, 그 반절의 성모가 서로 일치하지 않는다. 이에 따라 전체 모 집단이 79자로 늘어났다.

(23) 마한 국명 표음자 77(79)자의 성모 분포

마한 국명 표음자 77(79)자의 성모 분포					
		全淸	次淸	全濁	不淸不濁
脣音	幇組	幇p 4	滂p^h 0	並b 1	明m 5
	非組	非f 1	敷f^h 0	奉v 1	微ɱ 1
舌音	端組	端t 2	透t^h 0	定d 3	泥n 3
	來組				來l 9
	知組	知ʈ 1	徹$ʈ^h$ 0	澄ɖ 1	娘ɳ 0
齒音	精組	精ts 2	淸ts^h 1	從dz 1	
		心s 10		邪z 1	
	莊組	莊tʂ 0	初$tʂ^h$ 1	崇dʐ 0	
		生ʂ 1		俟ʐ 0	
	章組	章tɕ 3	昌$tɕ^h$ 0	船dʑ 0	日ɲ 4
		書ɕ 1		常ʑ 2	羊j 1
牙喉音	見組	見k 6	溪k^h 0	群g 2	疑ŋ 1
		曉h 1		匣ɦ 3	
		影ʔ 3			云ɦ 3
77 (79)		35	2	15	27
		44.3%	2.5%	19.0%	34.2%

이 표에서 全濁字는 역시 19.0%의 비중을 차지하여 점유 비율이 차청자의 7배에 달한다. 반면에, 次淸字의 점유 비율은 겨우 2.5%의 비율에 불과하다. 이것은 3세기의 마한어에 유기자음이 아예 없었음을 뜻할 것이다. 유기자음의 비율이 백제 목간에서는 6.1%로, 『일본서기』에서는 5.5%로, 신라 목간에서는 7.8%로 늘어나는데, 이것은 한반도에서 3세기 이래로 유기자음이 조금씩 등장하는 변화가 있었음을 암시한다. 이 통시적 변화로 말미암아 5~6세기 무렵에는 변이음의 자격을 가지는 유기자음이 조금씩 자리를 잡았고 7세기에는 일부 유기자음이 음소의 지위에 올랐다고[40] 추측된다. 이처럼 추측할

길을 열어 준다는 점에서 마한 국명 자료는 자못 의의가 크다.

백제 목간의 음차자, 경흥의 반절자,『일본서기』의 백제 고유명사 표기자 등의 백제어 표음자와 마찬가지로, 마한 국명 표기자에서도 全淸字보다 全濁字가 더 많은 서열이 있다. 舌音 端組의 端母와 定母는 2:3의 비율이고, 齒音 章組의 書母와 常母는 1:2의 비율이며, 牙喉音 見組의 曉母와 匣母는 1:3의 비율이다. 모 집단의 수치가 크지 않아서 이 비율을 이용하기가 불안하지만, 무성자음보다 유성자음의 점유 비율이 더 큰 서열이 있다는 것은 분명하다. 마한 국명 표기자도 "유의미한 서열 중에서, 유성자음의 용례가 무성자음의 용례보다 더 많은 서열이 있다"는 백제어의 특징을 여실히 보여준다.[41] 이 점에서 마한 국명 표기자들도 백제어 표음자에 포괄할 수 있다.

3.5. 중국 기타 史書의 백제 고유명사 표기자

이제, 중국의 기타 사서에 나오는 백제 고유명사를 정리하기로 한다. 이 부류에 속하는 사서는 2章의 (1)에서 정리한 바 있듯이,『後漢書』(432년),『宋書』(488년),『南齊書』(537년),『魏書』(559년),『梁書』(636년),『陳書』(636년),『北齊書』(636년),『周書』(636년),『南史』(644년),『北史』(644년),『晉書』(648년),『隋書』(636~656년) 등이다. 이 12종의 사서는 5세기에서 7세기 중엽에 걸쳐 편찬되었으므로 백제가 멸망하기 이전의 언어를 반영한다고 할 수 있다. 宋基中・南豊鉉・金永鎭(1994)를 이용하여 이들 사서에 나오는 백제 고유명사

---

40 5章에서 논의하겠지만 7세기의 백제어에서는 유기자음이 음소로 등록된다.

41 兪昌均(1983: 111)과 都守熙(2008: 222~5)도 마한 국명 표기자에서 유성자음 /b, d, g/를 설정한 바 있다.

와 약간의 일반명사를 추출해 보면 다음과 같다.

(24) 중국 기타 사서의 백제 고유명사 항목

　가. 인명

　　　01 高達 (남제 상379)　　　　02 國牟智(國前智) (북사 상633)

　　　03 國氏 (수서 중56)　　　　　04 禮 (위서 상479)

　　　05 劦氏 (수서 중56)　　　　　06 明 (남사 상527)

　　　07 牟大 (남제 상379, 남사 상527)

　　　08 牟都 (남제 상379, 양서 상387, 남사 상519)

　　　09 慕遺 (남제 상380)

　　　10 牟太 (남제 상379, 양서 상387)　11 木 (북사 상632)

　　　12 木干那 (남제 상379, 남제 상380)

　　　13 沐衿 (송서 상372)　　　　　14 木氏 (수서 중56)

　　　15 苗氏 (수서 중56)　　　　　16 武寧王 (남사 상527)

　　　17 武王 (북사 상633)　　　　　18 糜貴(麋貴) (송서 상372)

　　　19 苩氏 (수서 중56)　　　　　20 夫餘氏 (주서 상512)

　　　21 扶餘璋 (후한 상110)　　　　22 扶餘昌 (주서 상513)

　　　23 沙法名 (남제 상379, 남제 상380)

　　　24 沙氏 (북사 상632, 수서 중56)

　　　25 聖王 (남사 상527, 북사 상633)

　　　26 阿錯王 (남제 상379)　　　　27 楊茂 (남제 상379)

　　　28 餘慶 (송서 상356, 양서 상387, 위서 상477, 남사 상518, 북사 상632)

　　　29 餘古 (남제 상379)　　　　　30 餘固 (남제 상379)

　　　31 餘昆 (송서 상372)　　　　　32 餘句 (진서 상233)

　　　33 餘紀 (송서 상372, 남사 상527)　34 餘大 (양서 상383)

　　　35 餘都 (송서 상372)　　　　　36 餘歷 (남제 상379)

37 餘禮 (위서 상477, 북사 상632)　　38 餘蔞 (송서 상372)

39 餘隆 (양서 상383, 남사 상520, 북사 상633)

40 餘明 (양서 상388, 진서 상395, 남사 상522)

41 餘毗 (송서 상372, 양서 상387, 남사 상527)

42 餘宣 (북사 상633, 수서 중57)　　43 餘氏 (북사 상631)

44 餘映 (송서 상372, 양서 상387, 남사 상527)

45 餘乂 (송서 상372)　　　　　　46 餘爵 (송서 상372)

47 餘璋 (북사 상633, 수서 중57)　　48 餘䐠 (남사 상527)

49 餘昌 (북제 상498, 북사 상549, 수서 중56)

50 餘太 (남사 상520)　　　　　51 餘暈 (송서 상372)

52 餘暉 (진서 상233)

53 燕文進 (북사 상633, 수서 중57)

54 燕氏 (수서 중56)　　　　　55 映 (송서 상371)

56 王辯那 (북사 상633, 수서 중57)

57 王孝隣 (북사 상633, 수서 중57)

58 于西 (송서 상371)　　　　　59 右賢王 (남사 상527)

60 威德王 (북사 상549, 수서 중56)

61 張茂 (위서 상477, 북사 상632)　　62 張塞 (남제 상380)

63 張威 (송서 상372, 남사 상527)

64 姐瑾 (남제 상379)　　　　　65 腆 (송서 상371)

66 貞氏 (수서 중56)

67 眞氏 (북사 상632, 수서 중56)　　68 贊首流 (남제 상379)

69 泰 (남사 상519)　　　　　　70 解 (북사 상632)

71 解禮昆 (남제 상379)　　　　72 解氏 (수서 중56)

73 劦氏 (수서 중56)　　　　　74 會邁 (남제 상379)

나. 지명

75 古沙城 (주서 상512, 북사 상631)

76 久知下城 (주서 상512, 북사 상631)

77 國城 (북사 상632, 수서 중56)

78 刀先城 (주서 상512, 북사 상631)

79 得安城 (주서 상512, 북사 상631)

80 涉羅 (후한 상110, 북사 상628)

81 竹島 (북사 상645, 수서 중63)

82 陳明 (남제 상380)　　　　　83 晉平縣 (송서 상372)

다. 관명

84 穀部 (북사 상631, 주서 상512)　85 郡將 (주서 상513)

86 克虞 (주서 상512)

87 剋虞 (주서 상512, 북사 상631, 수서 중56)

88 奈率 (주서 상512, 북사 상631)

89 內掠部(內椋部) (주서 상512, 북사 상631)

90 對德 (주서 상512, 북사 상631, 수서 중56)

91 大率 (주서 상512)

92 德率 (주서 상512, 북사 상631, 수서 중56)

93 刀部 (주서 상512, 북사 상631)　94 都市部 (주서 상512)

95 馬部(주서 상512, 북사 상631)　96 邁羅王 (남제 상380)

97 邁盧王 (남제 상379)　　　　　98 面中王 (남제 상379)

99 木部 (주서 상512, 북사 상631)

100 武督 (주서 상512, 북사 상631, 수서 중56)

101 文督 (주서 상512, 북사 상631, 수서 중56)

102 博士 (삼국 상206)　　　　　103 方 (북사 상631)

104 方領 (주서 상513, 북사 상631, 수서 중56)

105 法部 (주서 상512, 북사 상631)　106 辟中王 (남제 상380)

107 部司 (주서 상512, 북사 상631)

108 弗斯侯 (남제 상379, 위서 상477, 북사 상632)

109 弗中侯 (남제 상380)

110 司空部 (주서 상512, 북사 상631)

111 司寇部 (주서 상512, 북사 상631)

112 司軍部 (주서 상512, 북사 상631)

113 司徒部 (주서 상512, 북사 상631)

114 司馬 (위서 상477, 북사 상632)   115 稍 (주서 상513)

116 上部(주서 상512, 북사 상631)

117 施德(주서 상512, 북사 상631, 수서 중56)

118 市部(북사 상631)   119 五部(수서 중56)

120 五巷(수서 중56)

121 外椋部(外掠部) (주서 상512, 북사 상631)

122 外舍部 (주서 상512, 북사 상631)

123 杅率 (주서 상512)[42]

124 肉部 (주서 상512, 북사 상631)

125 恩率 (주서 상512, 북사 상631, 수서 중56)

126 季德 (주서 상512, 수서 중56)[43]

127 日官部 (주서 상512)   128 日宮部 (북사 상 631)

129 將 (수서 중56)   130 將軍 (북사 상632)

131 將德 (주서 상512, 북사 상631, 수서 중56)

132 長史 (송서 상372, 남제 상379, 위서 상477, 북사 상632, 수서 중57)

---

42 宋基中・南豊鉉・金永鎭(1994)에서 '杆率'로 판독된 것을 '杅率'로 수정했다.

43 宋基中・南豊鉉・金永鎭(1994)에서 '李德'으로 읽은 것을 '季德'으로 바로잡았다.

133 前內部 (주서 상512, 북사 상631)

134 前部 (주서 상512, 북사 상631)

135 點口部 (주서 상512, 북사 상631)

136 佐軍 (주서 상512, 북사 상631, 수서 중56)

137 左率 (주서 상512, 수서 중56)

138 佐平 (주서 상512, 북사 상631, 수서 중56)

139 綢簿 (주서 상512, 북사 상626)

140 中部 (주서 상512, 북사 상631)

141 振武 (주서 상512, 북사 상631, 수서 중56)

142 下部 (주서 상512, 북사 상631)   143 巷 (북사 상631)

144 鄕導 (위서 상479)   145 後官部 (주서 상512)

146 後宮部 (주서 상512, 북사 상631)

147 後部 (주서 상512, 북사 상631)

라. 일반명사

148 鞬吉支 (주서 상512, 북사 상631)

149 固麻 (양서 상388)

150 擔魯(檐魯) (양서 상388, 남사 상527)

151 於羅瑕(於羅暇) (북사 상631, 주서 상512)

152 於陸 (주서 상512, 북사 상631)

위의 항목은 중국 사서의 백제어 항목을 모두 망라한 것이라는 점에
의의가 있다. 이 항목이 모두 음차자로 기록된 것은 아니다. 이 중의
일부는 훈차자로 기록된 것이다. 따라서 위의 항목을 한자음 연구에
이용할 때에는 위의 항목에서 음차자만을 따로 추출할 필요가 있다.
위의 항목을 세부적으로 나누어 특징을 간단히 지적해 둔다. 첫째,
(24.가)의 인명은 대부분 음차 표기임을 알 수 있다. 인명에서는 훈차

표기라고 의심할 만한 것이 거의 없다. 姓氏도 대개는 음독했던 것 같고, '扶餘'씨를 '餘'씨로 약칭한 것이 많다. 둘째, (24.나)의 지명도 대개는 음차로 표기했다. '熊津'은 『일본서기』에서 훈독한 바 있는데, 이것을 제외한 나머지 지명은 모두 음독해도 무방할 것이다.[44] 셋째, (24.다)에서 볼 수 있듯이 관명 표기의 예가 의외로 많은데, 이것은 중국 사서만의 특징인 듯하다. 그런데 이 관명 중에는 백제어라기보다는 한자어 또는 차용어라고 할 수 있는 것이 아주 많다. '部'가 접미사처럼 붙은 84번의 '穀部', 89번의 '內椋部', 94번의 '都市部', 95번의 '馬部', 99번의 '木部', 105번의 '法部' 등의 관명은 한자어의 일종이라고 보는 것이 좋을 것이다. 100번의 '武督', 101번의 '文督', 102번의 '博士', 104번의 '方領' 등도 한자어 또는 차용어의 느낌이 강하다. 이처럼 한자어에서 비롯된 관명을 제외하면 백제의 음차자로 기록된 관명은 다음의 몇 개로 줄어든다.

(25) 음차 표기로 분류되는 관명

　　86 克虞, 87 剋虞, 88 奈率, 90 對德, 92 德率, 96 邁羅(王), 97 邁盧 (王) 98 面中(王), 108 弗斯(侯), 109 弗中(侯), 117 施德, 123 杆率, 125 恩率, 126 季德, 137 左率, 138 佐平

백제의 服飾이나 樂器에 관련된 일반명사는 중국 사서에서 모두

---

44 이와는 다른 견해가 있을 수 있다. 음차로 표기한 것은 75번의 '古沙', 76번의 '久知下', 78번의 '刀先', 80번의 '涉羅' 정도이고, 나머지는 한자어 지명을 그대로 한자로 적었거나 아니면 고유어 지명을 훈차한 것으로 보는 견해이다. 그런데도 우리는 79번의 '得安', 82번의 '陳明', 83번의 '晉平' 등을 음차 표기로 간주한다. '得安'에 대응하는 한국어 단어나 語句가 얼른 떠오르지 않는다. '陳明'과 '晉平'도 마찬가지인데, 마침 '陳'과 '晉'은 중국의 국명이었기 때문에 훈독 가능성이 현저히 줄어든다.

한자어로 기록했다. '치마'를 한자 '裙'(양서 상388, 남사 상527)으로
기록한 예가 대표적이다. 그런데 특이하게도 (24.라)의 일반명사는
한자어로 기록하지 않고 백제의 음차자로 기록했다. 따라서 이들을
모두 백제의 음차자로 분류해도 무방할 것이다.

앞에서 음차 표기로 분류한 항목을 따로 모으고, 여기에서 표음자
를 모두 추출해 보면 다음과 같다.

(26) 중국 기타 사서의 백제 표음자 목록 (120자)

干 杅 鞬 慶 椋 季 古 固 高 昆 句 久 國 貴 克 剋 瑾 衿 紀 吉
那 奈 寧 達 擔 大 張 德 貞 刀 都 竹 中 得 知 智 陳 對 羅 歷
禮 盧 魯 婁 流 陸 隆 劦 降 麻 邁 面 名 明 牟 慕 木 沐 苗 武
茂 麋 法 辯 夫 部 弗 毗 苩 沙 西 先 宣 涉 聖 率 首 氏 施 斯
塞 阿 安 楊 於 餘 燕 映 乂 王 于 右 虞 威 遺 恩 爵 璋 姐 佐
左 支 晉 眞 錯 贊 昌 太 泰 腆 平 下 瑕 賢 劦 會 孝 暈 暉 解

이들 중에도 음가를 대체해야 할 것이 있다. 앞에서 이미 논의했
듯이, '杅/扞, 椋, 劦' 등의 음가는 각각 '旰, 京, 梨' 등으로 대체할
수 있다. (24)의 64번 '姐瑾'에 나오는 '瑾'은 『광운』에서 거성 震韻
의 '僅'소운에 속한다. 동일 소운에 속하므로 '瑾'을 '僅'으로 대체한
다. 13번의 '沐衿'에 나오는 '衿'은 『광운』에서 평성 侵韻의 '金'소운
에 속한다. 이 소운에 마침 '今'이 있으므로 '衿'을 '今'으로 대체한다.
41번 '餘毗'의 '毗'는 『광운』에 나오지 않지만, '毗'는 이체자인 '毘'의
음가로 대체할 수 있다. 19번 '苩氏'의 '苩'도 『광운』에 나오지 않는
다. 이 '苩'을 '白'으로 대체해도 큰 무리는 없을 것이다. 21번 '扶餘
璋'의 '璋'은 『광운』에서 평성 陽韻의 '章'소운에 속한다. 따라서 '璋'
을 '章'으로 대체한다. 73번 '劦氏'의 '劦'은 『광운』에서 입성 怗韻의

'協'소운(胡頰切)에 속한다. 따라서 '劦'의 음가를 '協'의 음가로 대체한다.

(24)의 48번 '餘腆'의 '腆'과 65번의 '腆'은 광운에서 상성 銑韻의 '腆'소운(他典切)에 속한다. 그런데 이 소운에 속하는 글자 중에서 이토 지유키(2007)의 자료편에 나오는 글자가 없다. 따라서 이 '腆'의 음가를 재구하기로 한다. '他典切'의 '他'는 透母이고 '典'은 開口4等上聲先韻이다. 이에 따라 '腆'의 음가를 [透開4上先]=$t^hiən^R$으로 재구한다.

이제, 중국 기타 사서에서 추출한 표음자의 성모를 분석해 보면 아래의 (27)과 같다.

이 표에서 볼 수 있듯이, 脣音 幫組의 幫母字는 용례가 아예 없는 데에 비하여 並母字는 다섯 자에 이른다. 牙喉音에서도 曉母字의 용례가 두 자인 데에 비하여 匣母字는 여섯 자이다. "유의미한 서열 중에서, 유성자음의 용례가 무성자음의 용례보다 더 많은 서열이 있다"는 백제어 표음자의 특징을 여기에서도 확인할 수 있다. 따라서 중국 사서에 기록된 백제 단어의 표음자도 백제어의 자음체계를 잘 반영하고 있다고 말할 수 있다.

그런데 (24.다)의 상당 수의 백제 관명이 한자어식 관명이라 하여 논의 대상에서 제외하는 것이 옳은 것인지 다시 생각해 볼 필요가 있다. 백제 목간을 논의할 때에는 '外椋卩, 上卩, (五)方, 道使, 文丁' 등의 모든 글자를 백제어 표음자로 간주한 바 있다.

중국 기타 사서의 백제 단어 표음자 120자의 성모 분포					
		全清	次清	全濁	不清不濁
脣音	幫組	幫p 0	滂pʰ 0	並b 5	明m 12
	非組	非f 3	敷fʰ 0	奉v 0	微ɱ 1
舌音	端組	端t 6	透tʰ 3	定d 2	泥n 3
	來組				來l 11
	知組	知ʈ 6	徹ʈʰ 0	澄ɖ 1	娘ɳ 0
齒音	精組	精ts 6	清tsʰ 1	從dz 0	
		心s 5		邪z 0	
	莊組	莊tʂ 0	初tʂʰ 0	崇dʐ 0	
		生ʂ 2		俟ʐ 0	
	章組	章tɕ 3	昌tɕʰ 1	船dʑ 0	日ɲ 0
		書ɕ 3		常ʑ 2	羊j 4
牙喉音	見組	見k 17	溪kʰ 3	群g 0	疑ŋ 2
		曉h 2		匣ɦ 6	
		影ʔ 7			云ɦ 4
120 (121)		60	8	16	37
		49.6%	6.6%	13.2%	30.6%

그렇다면, 일관성 유지를 위하여 중국 사서의 '121 外椋部(外掠部), 116 上部, 104 方領, 144 鄕導, 101 文督' 등도 백제어 표음자의 범주에 넣어야 하지 않을까? 이에 답하기 위해 한자어식 관명을 논의 대상에 넣어서 중국 사서의 백제 표음자 목록을 다시 작성해 볼필요가 있다.

(28) 중국 기타 사서의 백제 표음자 목록 수정본 (157자)

干 杆 犍 慶 椋 季 古 固 高 穀 昆 空 官 句 久 口 寇 國 軍 郡
宮 貴 克 剋 瑾 衿 紀 吉 那 內 奈 寧 肉 日 達 擔 大 長 張 德
點 貞 刀 都 徒 導 綢 督 竹 中 得 知 智 陳 對 羅 歷 領 禮 盧

魯 婁 流 陸 隆 另 隣 麻 馬 邁 面 名 明 牟 慕 木 沐 苗 武 茂
文 麋 博 方 法 辟 辯 夫 部 簿 弗 毗 苩 沙 舍 上 西 先 宣 涉
聖 率 首 氏 士 市 司 施 斯 塞 阿 安 楊 於 餘 燕 映 乂 五 王
外 于 右 虞 威 遣 恩 爵 璋 將 姐 前 佐 左 支 晉 眞 振 錯 贊
昌 太 泰 腆 平 下 瑕 巷 鄕 賢 另 會 孝 後 暈 暉 解

중국 기타 사서의 백제 관명 표기자 중에서 새로 추가된 글자는
다음의 37자이다.

(29) 추가된 37자 (한자어식 관명 표기자)
穀 空 官 口 寇 軍 郡 宮 內 肉 日 長 點 都 徒 導 綢 督 領 馬
博 簿 方 辟 舍 上 士 市 司 五 外 將 前 振 巷 鄕 後

이 중에도 음가를 대체해야 할 것이 있다. (24)의 100번 '武督'과
101번 '文督'에 나오는 '督'은 『광운』에서 입성 沃韻의 '篤'소운에 속
한다. 따라서 '督'을 동일 소운의 '篤'으로 대체한다. 139번 '綢簿'의
'綢'는 『광운』에서 평성 豪韻의 '饕'소운에 속한다. 동일 소운에 속하
므로 '綢'를 '饕'로 대체한다.

한자어식 관명을 포함할 경우에, 중국 사서의 백제어 표음자는 모
두 157자가 된다. 이들의 성모를 분석해 보면 아래의 (30)과 같다.

(30)을 (27)과 대비해 보면 약간의 변동이 있음을 알 수 있다.
한자어식 관명을 포함하면 全淸字와 不淸不濁字의 비율이 각각
2.1%와 2.8% 줄어든 대신에 全濁字와 次淸字의 비율은 각각
3.9%와 1.0%씩 늘었다. 가장 큰 변화는 전탁자의 비율이 크게 늘었
다는 점일 것이다.

(30) 중국 기타 사서의 백제 단어 표음자 수정본(157자) 성모 분포

중국 기타 사서의 백제 단어 표음자 수정본(157자) 성모 분포			全清	次清	全濁	不清不濁
脣音	幫組		幫p 2	滂pʰ 0	並b 6	明m 13
	非組		非f 4	敷fʰ 0	奉v 0	微ɱ 1
舌音	端組		端t 9	透tʰ 4	定d 4	泥n 4
	來組					來l 12
	知組		知ʈ 6	徹ʈʰ 0	澄ɖ 2	娘ɳ 0
齒音	精組		精ts 7	清tsʰ 1	從dz 1	
			心s 6		邪z 0	
	莊組		莊tʂ 0	初tʂʰ 0	崇dʐ 1	
			生ʂ 2		俟ʐ 0	
	章組		章tɕ 4	昌tɕʰ 1	船dʑ 0	日ɲ 2
			書ɕ 4		常ʑ 4	羊j 4
牙喉音	見組		見k 21	溪kʰ 6	群g 1	疑ŋ 4
			曉h 3		匣ɦ 8	
			影ʔ 7			云ɦ 4
157 (158)			75	12	27	44
			47.5%	7.6%	17.1%	27.8%

이런 변화가 있기는 하지만 "유의미한 서열 중에서, 유성자음의 용례가 무성자음의 용례보다 더 많은 서열이 있다"는 백제어 표음자의 특징이 여전히 유지된다. 脣音 幫組의 幫母字가 두 자인 데에 비하여 並母字는 여섯 자이고, 牙喉音의 曉母字가 세 자인 데에 비하여 匣母字는 여덟 자이다. 그렇다면 한자어식 관명에 나오는 한자를 백제어 표음자에 포함하더라도 큰 문제가 발생하지 않는다.

백제의 한자 및 한자 문화 수용은 신라에 비하여 아주 빨랐다. Song(2007)에 따르면 신라보다 약 150년 앞선다. 『梁書』(636년) 권54 東夷列傳 신라편에서 "(신라의) 언어는 백제의 통역이 있어야 소통할 수 있다"고[45] 했는데, 이것은 다음의 두 가지를 암시한다. 첫째, 7세기

초에 이미 백제가 한자어를 자유자재로 구사할 수 있는 단계에 있었다. 둘째, 漢語로 통역할 때에는 한자어를 항상 음독해야 하므로 백제에서는 상당수의 한자어를 음독했다. 그렇다면 한자어식 관명도 백제에서는 이미 음독했을 가능성이 크다. 이 점을 강조하여 차후의 논의에서는 수정된 표음자 즉 (28)에 제시한 표음자를 기준으로 삼을 것이다.

3.6. 『舊唐書』·『唐書』의 백제 고유명사 표기자

『舊唐書』·『唐書』는 편찬의 시기가 각각 945년과 1,060년이므로 앞에서 거론한 중국 기타 사서와 구별할 필요가 있다. 기타 사서가 백제가 존속할 때에 편찬된 데에 비하여 이 두 사서는 백제가 멸망한 이후 약 300년이 흐른 뒤에 편찬되었기 때문이다. 이 시차를 중시하여 중국 사서를 두 부류로 나눈 바 있다. 이 두 부류의 사서에 기록된 백제 고유명사 표기자 상호간에 큰 차이가 없다는 것이 확인된다면 그때 가서 하나의 부류로 통합해도 늦지 않을 것이다.

먼저 『구당서』·『당서』에 수록된 백제 고유명사 항목을 宋基中·南豊鉉·金永鎭(1994)에서 추출해 보면 다음과 같다.

(31) 『구당서』·『당서』의 백제 고유명사 항목

　가. 인명

　　01 國氏 (당서 중340)

　　02 道琛 (구당 중132, 당서 중366)　03 劦氏 (당서 중340)

　　04 隆 (구당 중72)　　　　　　　　05 木氏 (당서 중340)

---

45 語言待百濟而後通焉.

06 苗氏 (당서 중340)　　　　　07 文思 (구당 중129, 당서 중274)

08 福信 (구당 중132, 당서 중266)　09 扶餘 (구당 중158)

10 扶餘敬 (구당 중199, 당서중342)　11 扶餘義慈 (구당 중72)

12 扶餘璋 (구당중71, 당서 중340)　13 扶餘昌 (구당 중341)

14 扶餘忠勝 (구당 중133, 당서 중267)

15 扶餘忠志 (구당 중133, 당서 중267)

16 沙氏 (당서 중340)

17 沙吒相如 (구당 중133, 당서 중267)

18 常之 (구당 중134)

19 小王孝演 (구당 중197, 당서 중341)

20 信福 (구당 중196)　　　　　21 餘勇 (구당 중135)

22 餘豊 (구당 중133)

23 禰植 (구당 중130, 당서 중274)　24 牛師獎 (구당 중155)

25 義慈 (구당 중129, 당서 중273)

26 苜氏(苗氏) (당서 중340)[46]

27 璋 (구당 중196, 당서 중341)　　28 貞氏 (당서 중340)

29 遲受信 (구당 중133, 당서 중267)

30 眞氏 (당서 중340)　　　　　31 親信 (당서 중341)

32 泰 (구당 중129, 당서 중273)　　33 解氏 (당서 중340)

34 劦氏 (당서 중340)

35 黑齒常之 (구당 중77, 당서 중226)

나. 지명

36 其都城 (당서 중340)　　　　37 獨山 (구당 중131, 당서 중276)

---

46 宋基中·南豊鉉·金永鎭(1994)가 판독한 '苜氏'의 '苜'는 '苗'의 이체자일 것이다.

38 薄城 (구당 중197, 당서 중266)   39 沙井 (구당 중197)

40 尹城 (구당 중197)

41 任存城 (구당 중132, 당서 중266)

42 任孝城 (당서 중341)

43 周留城 (구당 중133, 당서 중267)

44 支羅城 (구당 중197 당서 중341)

45 眞都城 (당서 중273)   46 豊達 (당서 중270)

다. 관명 및 일반명사

47 郡將 (당서 중270)

48 內頭佐平 (구당 중195, 당서 중339)

49 內法佐平 (구당 중195, 당서 중339)

50 內臣佐平 (구당 중195, 당서 중339)

51 兵官佐平 (구당 중195, 당서 중340)

52 西部 (당서 중270)

53 五部 (구당 중197, 당서 중341)

54 衛士佐平 (구당 중195, 당서 중339)

55 朝廷佐平 (구당 중195, 당서 중339)

56 酋渠 (구당 중197, 당서 중341)   57 酋渠長 (당서 중341)

58 酋領 (당서 중267)   59 酋帥 (당서 중267)

60 酋長 (당서 중341)

『구당서』・『당서』에 나오는 백제어 고유명사는 모두 75개 항목에
이른다. 이 중에서 '霜岑, 神丘, 府城'처럼 고유명사라고 하기 어려운
것과 '大山, 東明, 白江, 熊津'처럼 훈차의 혐의가 있는 것들을 제외하
면, 위의 60개 항목이 된다. 중국 기타 사서에 적용했던 방법대로,
이들 항목에서 표음자를 추출해 보면 다음과 같다.

(32) 『구당서』·『당서』의 백제 표음자 목록 (84자)

渠 敬 官 國 郡 其 內 如 褥 任 達 長 貞 廷 道 都 獨 朝 頭 遲
羅 刕 領 留 隆 木 苗 文 法 兵 福 扶 部 薄 沙 相 常 西 小 受
帥 勝 氏 植 信 臣 士 思 師 餘 演 五 王 勇 牛 衛 尹 義 璋 獎
將 井 存 佐 周 之 支 志 眞 慈 昌 酋 齒 親 吒 泰 忠 琛 平 豊
刕 孝 黑 解

이 중에도 음가를 대체해야 할 것이 있다. (31)의 54번 '衛士佐平'에
나오는 '衛'는 한국 중세 한자어에 나오지 않으므로 다른 글자의 음가
로 대체한다. '衛'는 『광운』에서 거성 祭韻의 '衛'소운(于歲切)에 속하
고 이 소운에 '篲'가 포함되어 있으므로, '衛'를 '篲'로 대체할 수 있다.
이에 따르면 衛(篲)[邪合AB去脂]=siu^{R}가 되어, 예상을 크게 벗어난다.
따라서 '于歲切'을 이용하여 '衛'의 음가를 재구한다. '于'는 云母이고
'歲'는 合口AB等去聲祭韻이므로, '衛'의 음가는 [云合AB去祭]='uiəi^R
로 재구할 수 있다. 이 글에서는 이 재구음을 채택하기로 한다.

(31)의 02번 '道琛'의 '琛'도 음가를 재구한다. 이 글자는 『광운』에
서 평성 侵韻의 '琛'소운(丑林切)에 속하지만, 이것을 대체할 글자가
얼른 떠오르지 않는다. '丑林切'의 '丑'은 徹母이고 '林'은 中立AB平聲
侵韻이다. 이에 따라 '琛'의 음가를 [徹中AB平侵]=t^{h}im^{L}으로 재구할
수 있다. 56~60번에 나오는 '酋'는 『광운』에서 평성 尤韻의 '酋'소운
(自秋切)에 속한다. 이것도 재구할 필요가 있는데, '自秋切'의 '自'는
從母이고 '秋'는 中立C等平聲尤韻이므로 '酋'의 음가를 [從中C平
尤]=c^{h}iu^{L}로 재구할 수 있다.

(32)에 정리한 84자의 성모를 마찬가지 방법으로 분석해 보면 아
래의 (33)과 같다.

(33) 『구당서』·『당서』의 백제 단어 표음자 (84자) 성모 분포

『구당서』·『당서』의 백제 단어 표음자 (84자) 성모 분포			全清	次清	全濁	不清不濁
脣音	幫組		幫p 1	滂p^h 0	並b 3	明m 2
	非組		非f 2	敷f^h 1	奉v 1	微ɱ 1
舌音	端組		端t 1	透t^h 1	定d 6	泥n 1
	來組					來l 5
	知組		知ʈ 4	徹$ʈ^h$ 1	澄ɖ 2	娘ɳ 1
齒音	精組		精ʦ 4	清$ʦ^h$ 1	從dz 3	
			心s 5		邪z 0	
	莊組		莊ʈʂ 0	初$ʈʂ^h$ 0	崇dʐ 1	
			生ʂ 3		俟ʐ 0	
	章組		章ʨ 6	昌$ʨ^h$ 2	船dʑ 0	日ɲ 2
			書ɕ 1		常ʑ 5	羊j 4
牙喉音	見組		見k 3	溪k^h 0	群g 3	疑ŋ 3
			曉h 2		匣ɦ 2	
			影ʔ 0			云ɦ 2
84 (85)			32	6	26	21
			37.6%	7.1%	30.6%	24.7%

이 분석 결과는 위의 (30)에 정리한 중국 기타 사서의 백제어 표음자 정리 결과와 아주 다르다. 『구당서』·『당서』에서는 全淸字와 不淸不濁字의 비율이 각각 9.9%와 3.1% 줄어든 반면에 全濁字의 비율은 무려 13.5%가 늘어났다. 이처럼 『구당서』·『당서』에서 전탁자의 비율이 확연히 늘어난 까닭은 아직 알 수 없다. 그렇더라도 5~7세기의 중국 사서와 10~11세기의 『구당서』·『당서』에서 커다란 차이가 있다는 것을 보여주는 데에는 손색이 없다. 이에 따라 이 둘을 별개의 텍스트로 간주한다.

『구당서』·『당서』에서는 전탁자의 비율이 갑자기 높아졌으므로,

이 두 사서에서는 백제어 표음자의 특징이 더욱 잘 드러난다. 脣音의 幇組와 舌音의 端組에서 전청자보다 전탁자의 수가 더 많다. 齒音 章組에서도 書母字보다 常母字가 더 많다. 백제어 표음자의 특징이 여기에서도 여전히 유지된다.

3.7. 『三國史記』地理誌의 백제 지명 표기자

『三國史記』地理誌는 신라 景德王 때에 편찬된 것이 분명하므로 여기에 나오는 지명은 8세기 중엽에 처음으로 기록되었다고 할 수 있다. 이 점에서 지리지에 실린 백제 지명은 여타 권차의 백제 지명이나 인명과는 성격이 다르다. 여타의 백제 고유명사는 『삼국사기』를 편찬할 때 즉 12세기 중엽에 기록된 것이기 때문이다.

『삼국사기』 지리지 권제36과 권제37에 실린 백제 지명을 열거해 보면 (34)와 같다. 권제36의 지명을 기준으로 하되, 권제37에서 '一云'의 형식으로 주석을 단 것은 권제36의 해당 항목 뒤쪽에 덧붙였다. 권제37의 끝에는 마치 부록처럼, 熊津都督府 및 七州 지명이 '尹城縣本悅己'의 형식으로 첨부되어 있다. 아래의 (35)는 이 지명을 정리한 것이다. '尹城縣本悅己' 형식에서 '本' 다음에 온 '悅己'가 백제 지명임은 두말할 나위도 없다. 따라서 이들도 백제 지명으로 간주한다.

(34) 『삼국사기』 지리지 권제36과 권제37의 백제 지명(143 항목) 표기자

    001 熊津 (〉熊州 》公州) 熊川州一云熊津

    002 熱也山 (〉尼山)   003 伐音支 (〉清音)

    004 (〉西原 》清州), 西原一云臂城 一云子谷[47]

---

47 신라 신문왕 5년에 새로 붙인 지명이므로 원래의 지명이 없다.

005 大木岳（〉大麓 》木州）

006 甘買（〉馴雉 》豐歲），其買縣一云林川

007 仇知（〉金池 》全義）　　008 嘉林（〉嘉林）

009 （〉馬山）　　　　　　　010 大山（〉翰山 》鴻山）

011 舌林（〉西林）　　　　　012 寺浦（〉藍浦）

013 比衆（〉庇仁）　　　　　014 槥（〉槥城）

015 伐首只（〉唐津）　　　　016 餘村（〉餘邑 》餘美）

017 沙平（〉新平）

018 所夫里（〉扶餘），所夫里郡一云泗沘

019 珍惡山（〉石山 》石城）

020 悅己（〉悅城 》定山），悅己縣一云豆陵尹城一云豆串城一云尹城，

尹城縣本悅己

021 任存（〉任城 》大興）

022 古良夫里（〉靑正 》靑陽），麟德縣本古良夫里

023 烏山（〉孤山 》禮山）　　024 黃等也山（〉黃山 》連山）

025 眞峴（〉鎭嶺 》鎭岑），眞峴縣一云貞峴

026 （〉珍同）　　　　　　　027 雨迷（〉比豐 》懷德）

028 奴斯只（〉儒城）　　　　029 所比浦（〉赤鳥 》德津）

030 結己（〉潔城）

031 新村（〉新邑 》保寧），散昆縣本新村

032 沙尸良（〉新良 》黎陽）　033 一牟山（〉燕山）

034 豆仍只（〉燕岐）　　　　035 未谷（〉昧谷 》懷仁）

036 基（〉富城）　　　　　　037 省大兮（〉蘇泰）

038 知六（〉地育 》北谷）　　039 （〉湯井 》溫水）

040 牙述（〉陰峯(陰岑) 》牙州）

041 屈直（〉祁梁 》新昌），屈旨縣一云屈直

042 完山 (〉 全州), 完山一云比斯伐一云比自火

043 豆伊 (〉 杜城 》 伊城), 豆伊縣一云往武

044 仇知只 (〉 金溝)　　　　　　045 (〉 高山)

046 古龍 (〉 南原 》 南原), 南原一云古龍郡

047 大尸山 (〉 大山 》 泰山)　　048 井村 (〉 井邑)

049 賓屈 (〉 斌城 》 仁義)　　　050 也西伊 (〉 野西 》 巨野)

051 古眇夫里 (〉 古阜),[48] 古沙夫里郡

052 皆火 (〉 扶寧)

053 欣良買 (〉 喜安 》 保安)　　054 上柒 (〉 尙質)

055 進仍乙 (〉 進禮), 進乃郡一云進仍乙

056 豆尸伊 (〉 伊城 》 富利), 豆尸伊縣一云富尸伊

057 勿居 (〉 淸渠)　　　　　　058 赤川 (〉 丹川 》 朱溪)

059 德近 (〉 德殷 》 德恩)

060 加知奈 (〉 市津), 加知奈縣一云加乙乃

061 只良肖 (〉 礪良)　　　　　062 只伐只 (〉 雲梯)

063 屎山 (〉 臨陂), 屎山郡一云折文 064 甘勿阿 (〉 咸悅)

065 馬西良 (〉 沃溝)　　　　　066 夫夫里 (〉 澮尾)

067 碧骨 (〉 金堤)　　　　　　068 豆乃山 (〉 萬頃)

069 首冬山 (〉 平皋)　　　　　070 乃利阿 (〉 利城)

071 武斤村 (〉 武邑 》 富潤)　　072 道實 (〉 淳化 》 淳昌)

073 礫坪 (〉 磧城)　　　　　　074 堟坪 (〉 九皋)

075 金馬渚 (〉 金馬)　　　　　076 所力只 (〉 沃野)

077 闕也山 (〉 野山 》 朗山)　　078 于召渚 (〉 紆洲 》 紆州)

079 伯伊(伯海) (〉 壁谿 》 長溪), 伯海郡一云伯伊

---

48 이곳의 '眇'는 '沙'의 이체자로 보아, 백제어 표음자 목록에서 제외한다.

080 難珍阿 (〉 鎮安)

081 雨坪 (〉 高澤 》長永(長水))　　082 (〉 任實)

083 馬突 (〉 馬靈), 馬突縣一云馬珍 084 居斯勿 (〉 青雄 》巨寧)

085 (〉 武珍州 》武州 》光州), 武珍州一云奴只

086 未冬夫里 (〉 玄雄 》南平)　　087 伏龍(〉 龍山)

088 屈支 (〉 祁陽 》昌平)

089 分嵯 (〉 分嶺 》樂安), 分嵯郡一云夫沙

090 助助禮 (〉 忠烈 》南陽)　　091 冬老 (〉 兆陽)

092 豆肹 (〉 薑原 》荳原)　　093 比史 (〉 栢舟 》泰江)

094 伏忽 (〉 寶城)　　095 馬斯良 (〉 代勞 》會寧)

096 季川 (〉 季水 》長澤)　　097 烏次 (〉 烏兒 》定安)

098 古馬㳌知 (〉 馬邑 》遂寧)　　099 秋子兮 (〉 秋成 》潭陽)

100 菓支 (〉 玉菓), 菓支縣一云菓兮

101 栗支 (〉 栗原 》原栗)　　102 月奈 (〉 靈巖)

103 半奈夫里 (〉 潘南)　　104 阿老谷 (〉 野老 》安老)

105 古彌 (〉 昆湄)　　106 古尸伊 (〉 岬城 》長城)

107 丘斯珍兮 (〉 珍原)　　108 所非兮 (〉 森溪)

109 武尸伊 (〉 武靈 》靈光)　　110 上老 (〉 長沙)

111 毛良夫里 (〉 高敞)　　112 松彌知 (〉 茂松)

113 欻平 (〉 昇平), 欻平郡一云武平 114 猿村 (〉 海邑 》麗水)

115 馬老 (〉 晞陽 》光陽)　　116 突山 (〉 廬山)

117 欲乃 (〉 谷城)　　118 遁支 (〉 富有)

119 仇次禮 (〉 求禮)　　120 豆夫只 (〉 同福)

121 爾陵夫里 (〉 陵城), 爾陵夫里郡一云竹樹夫里一云仁夫里

122 波夫里 (〉 富里 》福城)

123 仍利阿 (〉 汝湄 》和順), 仍利阿縣一云海濱

124 發羅 (〉 錦山 》羅州)   125 豆肹 (〉 會津)

126 實於山 (〉 鐵冶)

127 水川 (〉 艅艎), 水川縣一云水入伊

128 道武 (〉 陽武 》道康)

129 古西伊 (〉 固安(同安) 》竹山)   130 冬音 (〉 耽津)

131 塞琴 (〉 浸溟 》海南), 塞琴縣一云捉濱

132 黃述 (〉 黃原)   133 勿阿兮 (〉 務安)

134 屈乃 (〉 咸豐)   135 多只 (〉 多岐 》牟平)

136 道際 (〉 海際), 道際縣一云陰海 137 因珍島 (〉 珍島)

138 徒山 (〉 牟山 》嘉興), 徒山縣或云猿山

139 買仇里 (〉 瞻耽 》臨淮)   140 阿次山 (〉 壓海)

141 阿老 (〉 碣島 》六昌), 葛草縣一云阿老一云谷野

142 古祿只 (〉 鹽海 》臨淄), 古祿只縣一云開要

143 居知山(屈知山) (〉 安波 》長山), 居知山縣一云安陵

(35) 삼국사기 지리지 권제37의 熊津都督府 및 7州 지명

144 尹城縣本悅己   145 麟德縣本古良夫里

146 散昆縣新村   147 安遠縣仇尸波知

148 賓汶縣本比勿   149 歸化縣本麻斯良

150 甘蓋縣本古莫夫里   151 奈西縣本奈西兮

152 得安縣本德近支   153 龍山縣本古麻山

154 熊津縣本熊津村   155 鹵辛縣本阿老谷

156 久遲縣本仇知   157 富林縣本伐音村

158 已汶縣本今勿   159 支潯縣本只彡村

160 馬津縣本孤山   161 子來縣本夫首只

162 解禮縣本皆利伊   163 古魯縣本古麻只

164 平夷縣本知留   165 珊瑚縣本沙好薩

166 隆化縣本居斯勿	167 魯山縣本甘勿阿
168 唐山縣本仇知只山	169 淳遲縣本豆尸
170 支牟縣本只馬馬知	171 烏蠶縣本馬知沙
172 阿錯縣本源村	173 古四州本古沙夫里
174 平倭縣本古沙夫村	175 帶山縣本大尸山
176 辟城縣本辟骨	177 佐贊縣本上杜
178 淳牟縣本豆奈只	179 沙泮州本號尸伊城
180 牟支縣本號尸伊村	181 無割縣本毛良夫里
182 佐魯縣本上老	183 多支縣本夫只
184 帶方州本竹軍城	185 至留縣本知留
186 軍那縣本屈奈	187 徒山縣本押山
188 半那縣本半奈夫里	189 竹軍縣本豆肹
190 布賢縣本巴老彌	191 分嵯州本波知城
192 貴旦縣本仇斯珍兮	193 首原縣本買省坪
194 皐西縣本秋子兮	

이 지명 표기에는 곳곳에 훈차자가 섞여 있다. 학자마다 훈차자 판별의 기준이 서로 달라서 훈차자 추출 작업을 객관화하기가 결코 쉽지 않다. 훈차자라고 널리 알려진 것을 우선적으로 추출해 본다.

(36) 『삼국사기』 지리지 백제 지명의 훈차자

　　가. 山 - 010 大山, 019 珍惡山, 024 黃等也山, 033 一牟山,
　　　　　　042 完山, 063 屎山, 116 突山
　　나. 村 - 016 餘村, 031 新村, 048 井村, 114 猿村
　　다. 川 - 058 赤川, 096 季川, 127 水川,
　　라. 水 - 127 水川, 水入伊

마. 濱 - 123 海濱, 131 捉濱

바. 坪 - 073 礫坪, 074 埈坪, 081 雨坪

사. 谷 - 035 末谷, 104 阿老谷, 141 谷野

아. 珍 - 019 珍惡山, 080 難珍阿, 107 丘斯珍兮, 137 因珍島

자. 火 - 042 比自火, 052 皆火

위에서 굵은 글자로 표기한 것은 대개 훈차자로 간주하므로 백제어 표음자에서 이들을 쉽게 제외할 수 있다. (37.가)의 예에서는 '大'의 훈이 '翰'의 음에 대응하므로, 이와 같은 종류의 '雨, 牙, 赤' 등도 음차자 목록에서 쉽게 제외할 수 있다.

(37) 음차자와 훈차자의 대응이 성립하는 듯한 지명의 훈차자

　　가. 大 - 010 大山()翰山)

　　나. 雨 - 027 雨述()比豐)

　　다. 牙 - 040 牙述()陰峯)

　　라. 赤 - 058 赤川()丹川)

(38) 훈차자인지 음차자인지 판별하기 어려운 예

012 寺浦	025 眞峴	042 完山	048 井村
063 屎山	075 金馬渚	101 栗支	112 松彌知
132 黃述	136 陰海	137 因珍島	141 葛草, 谷野
142 開要	143 安陵		

정작 문제가 되는 것은 (38)의 굵은 글자들이다. 이들의 '浦, 峴, 金, 栗, 黃, 島' 등은 확실한 증거는 없지만 각각 '개, 고개, 쇠, 밤, 누르-, 섬' 등으로 새겨 읽었을 가능성이 크다. '開要'와 '安陵'은 한자어식 지명일 가능성이 크다. 따라서 이와 같은 부류의 지명 표기자를

음차자 목록에서 제외하는 것이 좋을 것이다.

　결론적으로, 이 글에서는 (36~38)과 같은 부류의 글자를 백제어 표음자 목록에서 제외한다. 훈차자의 혐의가 있는 글자를 모두 제외하더라도 적지 않은 양의 음차자를 확보할 수 있다. 다음의 155자가 그것이다. 훈차자로 사용된 글자가 다른 항목에서는 음차자로 사용될 때가 있는데, 이런 글자는 이 음차자 목록에 넣었다.

(39) 『삼국사기』 지리지 백제 지명 음차자 목록 (155자)

加嘉甘欿居結季古孤骨菓仇丘軍屈斤近今琴己
其基難乃奈奴熱爾仁任仍多大德徒道突垓冬杜
豆遁竹等知直羅良力禮老龍留六陵利里林麻馬
莫毛牟木武文勿未彌買牟發伐辟碧伏夫富分比
沘非賓伯沙山薩彡上西舌省所槽首樹述尸新實
史寺斯泗塞阿惡安閼也於餘悅烏欲于雨源猿尹
乙音陰伊因一渚折際助存衆只支眞進子自嵯捉
肖秋柒次巴波平浦兮好號忽黃欣肦

　이 중에는 다른 글자로 음가를 대체해야 할 것이 있다. (39)의 '遁'은 『광운』에서 거성 魂韻의 '鈍'소운에 속하므로 '鈍'으로 그 음가를 대체할 수 있다. 그런데 이 '遁'은 상성 混韻의 '囤'소운에도 속하므로 '囤'으로 그 음가를 대체할 수도 있다. 이 둘의 聲母는 定母로 동일하다. '彡'은 『광운』에서 평성 銜韻의 '衫'소운에 속한다. 따라서 그 음가를 '衫'의 음가로 대체할 수 있다.[49] '槽'는 『광운』의 동일 소

---

49 이 '彡'은 『광운』에서 平聲 鹽韻의 '銛'소운에 속하기도 한다. 그러나 이 음가를 대체할 적당한 글자가 없다.

운자 '彗'로 음가를 대체한다. '彗'는 [邪合AB去脂]의 음가를 가지는데, 이 음가가 '혜'와 동떨어진 음가라서 아마도 의아할 것이다. 그러나 후대의 한국 한자음 '혜'가 慧[匣合4去齊]에 유추된 것이라고 하면 수긍이 갈 것이다. '闕'은 『광운』에서 평성 先韻 '煙'소운, 평성 仙韻 '焉'소운, 입성 月韻의 '謁'소운, 입성 曷韻의 '遏'소운 등 네 개의 음가를 가진다. 한국에서는 이 '闕'이 셋째의 음가로 널리 알려져 있으므로 '闕'의 음가를 '謁'로 대체한다. '柒'은 '漆'과 同字 관계이므로 '柒'의 음가를 '漆'의 음가로 대신한다.

(40) 『삼국사기』 지리지 백제 지명 음차자(155자) 성모 분포

『삼국사기』 지리지 백제지명 음차자(155자) 성모 분포			全淸		次淸		全濁		不淸不濁	
脣音	幇組	幇p	9	滂p^h	1	並b	1	明m	8
	非組	非f	4	敷f^h	0	奉v	2	微ɱ	4
舌音	端組	端t	4	透t^h	0	定d	8	泥n	4
	來組							來l	13
	知組	知ʈ	2	徹ʈ^h	0	澄ɖ	1	娘ɳ	0
齒音	精組	精ʦ	4	淸ʦ^h	3	從dz	2		
		心s	7			邪z	2		
	莊組	莊ʈʂ	1	初ʈʂ^h	1	崇ɖʐ	1		
		生ʂ	5			俟ʐ	0		
	章組	章ʨ	6	昌ʨ^h	0	船dʑ	3	日ɲ	5
		書ɕ	2			常ʑ	3	羊j	5
牙喉音	見組	見k	16	溪k^h	3	群g	4	疑ŋ	1
		曉h	4			匣ɦ	3		
		影ʔ	11					云ɦ	3
155 (156)[50]			75		8		30		43
			49.4%		5.0%		18.1%		27.5%

(39)의『삼국사기』지리지 백제 지명 음차자의 성모를 분석해 보면 위의 (40)과 같다.

앞의 여러 텍스트에서는 두 가지 이상의 서열에서 전청자보다 전탁자의 수효가 많았다.『삼국사기』의 백제 지명 표음자에서도 두 군데 서열 즉 舌音 端組, 齒音 章組의 書母·常母에서 전탁자의 수효가 많다. 지리지에서도 백제어 표음자의 특징이 여전히 유지된다.

3.8.『三國史記』기타 권차의 백제 고유명사 표기자

이제『三國史記』卷第36과 卷第37 이외의 권차에 나오는 백제 고유명사를 정리해 보기로 한다. 앞에서 이미 말한 바 있지만 기타 권차에 나오는 백제 고유명사는 그 기록 시기가『삼국사기』가 편찬된 때 즉 12세기 중엽이다. 물론 그 전부터 전해 오던 史書를 종합하여『삼국사기』를 편찬했다는 점에서는 기타 권차의 고유명사를 기록한 시기를 더 앞당길 수 있다. 그러나 그 기록 시기가 언제인지 확정되지 않는다는 점을 고려하여 이들 고유명사가 12세기 중엽에 기록된 것으로 간주한다.

앞에서와 마찬가지 방법으로, 宋基中·南豊鉉·金永鎭(1994)에서 백제 고유명사 항목을 추출하되,[51] 장세경(2007)에서 확인되는 항목 위주로 선정하면 다음과 같다.

---

50 모 집단이 하나 늘어난 것은 '省'이 心母와 生母의 두 가지 음가를 가지기 때문이다.

51 宋基中·南豊鉉·金永鎭(1994)에서는 百濟의 고유명사와 後百濟의 고유명사를 나누지 않고 모두 '百'으로 분류했다. 따라서 이 텍스트를 이용할 때에는 30여 개의 후백제 고유명사를 제외해야 한다는 점에 주의할 필요가 있다.

(41) 『삼국사기』 기타 권차의 백제 고유명사 표기자

가. 인명

001 加 (사26.6)　　　　　002 覺伽(사5.16)

003 盖鹵 (사18.3)　　　　004 盖婁 (사23.1)

005 桀婁 (사25.12)　　　　006 敬 (사28.12)

007 慶 (사3.10)　　　　　008 慶司 (사25.7)

009 季 (사27.3)　　　　　010 堦伯 (사5.15)

011 高壽 (사24.5)　　　　012 古爾萬年 (사25.12)

013 古爾王 (사24.1)　　　014 高興 (사24.9)

015 昆奴 (사24.5)　　　　016 昆優 (사23.8)

017 昆支 (사26.1)　　　　018 仇首王 (사24.1)

019 久爾辛王 (사25.5)　　020 仇台 (사23.2)

021 國智牟 (사20.9)　　　022 貴須 (사24.1)

023 近蓋婁 (사25.7)　　　024 近仇首王 (사24.1)

025 近肖古王 (사24.1)　　026 己婁王 (사23.1)

027 岐王範 (사32.12)　　　028 多婁王 (사23.1)

029 達己 (사26.10)　　　　030 都彌 (사48.1)

031 道琛 (사6.4)　　　　　032 豆知 (사25.1)

033 摩牟 (사26.3)　　　　034 莫古解 (사24.9)

035 明禮王 (사43.2)　　　036 明王 (사27.3)

037 牟大王 (사26.5)　　　038 牟都 (사26.6)

039 木劦滿致 (사25.12)　　040 苗加 (사26.5)

041 武 (사25.2)　　　　　042 武寧王 (사26.1)

043 武德 (사6.4)　　　　　044 武守 (사5.18)

045 武王 (사27.1)　　　　046 文思 (사28.8)

047 文周 (사3.10)　　　　048 汶州 (사26.1)

049 文周王 (사26.1)　　050 苩加 (사26.3)

051 苩奇 (사27.5)　　052 法王 (사27.1)

053 福信 (사6.4)　　054 扶餘慶 (사18.12)

055 扶餘隆 (사6.5)　　056 扶餘璋 (사6.6)

057 扶餘忠勝 (사28.11)　　058 扶餘豊 (사6.4)

059 汾西王 (사24.1)　　060 比流王 (사24.1)

061 毗有王 (사25.1)　　062 毗陁 (사26.4)

063 沙乞 (사4.17)　　064 斯紀 (사24.9)

065 沙豆 (사25.3)　　066 斯摩 (사26.6)

067 沙泮 (사24.1)　　068 沙若思 (사26.3)

069 沙烏 (사26.8)　　070 沙吒相如 (사28.11)

071 三斤王 (사26.1)　　072 常永 (사5.15)

073 常之 (사28.11)　　074 宣 (사27.3)

075 契王 (사24.7)[52]　　076 聖王 (사26.1)

077 成忠 (사28.4)　　078 素古 (사23.12)

079 須 (사25.7)　　080 首彌 (사7.11)

081 阿尓夫人 (사24.10)　　082 阿芳 (사25.2)

083 阿莘王 (사25.1)　　084 若思 (사26.3)

085 餘禮 (사25.7)　　086 餘隆 (사26.8)

087 餘信 (사25.4)　　088 餘璋 (사25.12)

089 演 (사28.8)　　090 燕突 (사26.4)

091 燕謨 (사26.8)　　092 燕文進 (사27.4)

093 燕信 (사18.12)　　094 燕會 (사26.9)

---

52 宋基中·南豊鉉·金永鎭(1994)는 '契王'을 '설왕'으로 읽었으나 '계왕'이 맞을
것이다.

095 映 (사25.4)   096 禰軍 (사7.10)

097 溫祚王 (사15.4)   098 王辯那 (사27.3)

099 王孝隣 (사27.4)   100 優豆 (사24.5)

101 優福 (사24.7)   102 于召 (사5.2)

103 優壽 (사24.4)   104 優永 (사19.3)

105 威德王 (사27.1)   106 惟己(惟已) (사24.5)

107 允忠 (사5.3)   108 隆 (사5.16)

109 殷相 (사5.9)   110 乙音 (사23.2)

111 義慈王 (사28.1)   112 義直 (사5.8)

113 仁守 (사5.18)   114 因友 (사26.8)

115 壬乞 (사26.2)   116 任子 (사42.2)

117 自簡 (사5.18)   118 自堅 (사42.1)

119 璋 (사20.9)   120 長貴 (사7.11)

121 張茂 (사25.7)   122 腆支(腆攴)王 (사25.1)

123 正武 (사5.17)   124 正福 (사42.1)

125 正仲 (사42.1)   126 淨忠 (사28.4) (=成忠)

127 祖彌桀取 (사25.12)   128 助服 (사6.2)

129 宗祐 (유2.34)   130 宗訓 (사50.15)

131 仲常 (사41.9) (=忠常)   132 遲受信 (사6.5)

133 志忠 (사26.8)   134 直支 (사25.4)

135 眞可 (사24.5)   136 眞嘉謨 (사18.5)

137 眞高道 (사24.10)   138 眞果 (사23.13)

139 眞男 (사26.2)   140 眞老 (사26.2)

141 眞武 (사25.2)   142 眞勿 (사24.3)

143 辰斯 (사25.1)   144 辰斯王 (사25.1)

145 眞義 (사24.7)   146 眞淨 (사24.8)

147 眞忠 (사24.3)　　148 眞會 (사23.8)

149 質 (사24.3)　　150 昌王 (사27.3)

151 責稽王 (사24.1)　　152 千福 (사5.16)

153 碟禮 (사25.4)[53]　　154 靑稽 (사24.5)

155 肖古王 (사23.1)　　156 忠常 (사5.15) (=仲常)

157 忠勝 (사6.5)　　158 忠志 (사6.5)

159 枕流王 (사24.1)　　160 泰 (사28.8)

161 波伽 (사6.2)　　162 八須夫人 (사25.4)

163 豊 (사28.10)　　164 解丘 (사25.5)

165 解仇 (사24.6)　　166 解婁 (사23.7)

167 解明 (사26.6)　　168 解須 (사25.4)

169 解讐 (사27.4)　　170 解忠 (사25.4)

171 惠王 (사27.1)　　172 洪 (사25.3)

173 茴會 (사23.13)　　174 孝 (사28.8)

175 孝順 (사27.3)　　176 訓解 (사25.4)

177 譚須 (사24.9)　　178 黑齒常之 (사28.11)

179 屹于 (사23.7)　　180 興首 (사28.7)

나. 지명

181 加弗 (사19.4)　　182 加兮城 (사41.6)

183 居勿城 (사6.4)　　184 居列城 (사6.4)

185 古馬彌知縣 (사28.7)　　186 高木城 (사23.8)

187 古彌縣 (사11.11)　　188 古泗 (사28.10)

189 古沙比城 (사5.15)　　190 古省城 (사7.12)

---

[53] '碟禮'를 宋基中·南豊鉉·金永鎭(1994)는 '첩례'로 읽었으나 '설례'가 맞을 것이다.

191 昆彌川 (사23.3)　　192 關彌城 (사18.6)

193 狗原行宮 (사25.2)　　194 今突城 (사5.15)

195 金馬山 (사50.8)　　196 伎伐浦 (사5.16)

197 獨山城 (사4.6)　　198 禿山城 (사3.2)

199 豆良伊城(豆良尹城) (사5.19)　　200 豆陵尹城 (사6.5)

201 豆率城 (사42.9)　　202 豆尸原嶽 (사5.17)

203 馬利城 (사50.14)　　204 馬韓 (사28.8)

205 武州 (사50.16)　　206 武珍州 (사26.5)

207 弥鄒忽 (사23.1)　　208 牛乞壤 (사24.9)

209 父木辛王 (사25.1)　　210 負兒嶽 (사23.1)

211 扶餘 (사46.4)　　212 北岳 (사28.4)

213 北漢山城 (사23.11)　　214 北漢城 (사24.7)

215 沙口城 (사25.5)　　216 沙道城 (사23.1)

217 泗沘山城 (사6.5)　　218 泗沘城 (사5.17)

219 蛇城 (사24.5)　　220 沙平城 (사6.4)

221 涉羅 (사19.3)　　222 省熱城 (사41.6)

223 所夫里城 (사5.17)　　224 松生 (사12.10)

225 松述城 (사4.11)　　226 述川城 (사23.6)

227 十濟 (사23.1)　　228 阿且城 (사24.5)

229 關也山城 (사4.11)　　230 于述川 (사23.13)

231 旭里河 (사25.12)　　232 慰礼城 (사23.1)

233 尹城 (사28.10)　　234 爾禮城 (사5.18)

235 一利川 (사50.18)　　236 一善 (사50.18)

237 任存城 (사6.5)　　238 仍利阿縣 (사26.10)

239 助川城 (사47.9)　　240 周留城 (사6.5)

241 走壤 (사23.4)　　242 支羅城 (사28.10)

243 地理山 (사50.9) 244 眞都城 (사28.7)

245 進禮 (사41.10) 246 靑木山 (사23.3)

247 就利山 (사6.6) 248 八坤城 (사25.1)

249 淇河 (사23.4) 250 漢江 (사23.4)

251 漢北 (사26.1) 252 漢山城 (사25.3)

253 漢城 (사18.12) 254 漢水 (사23.1)

다. 관명

255 季德 (사24.4) 256 固德 (사24.4)

257 郡將 (사4.3) 258 克虞 (사24.4)

259 剋虞 (사40.20) 260 奈率 (사24.4)

261 內原部 (사40.20) 262 內頭佐平 (사24.4)

263 內法佐平 (사24.4) 264 內臣佐平 (사24.4)

265 達率 (사5.18) 266 對德 (사24.4)

267 大常卿(太常卿) (사32.12) 268 大率 (사40.21)

269 大佐平 (사5.16) 270 德率 (사24.4)

271 刀部 (사40.20) 272 馬部 (사40.20)

273 木部 (사40.20) 274 武督 (사24.4)

275 文督 (사24.4) 276 方領 (사40.21)

277 方佐 (사40.21) 278 方鎭 (사40.21)

279 法部 (사40.20) 280 別部將 (사28.11)

281 兵官佐平 (사24.4) 282 北部 (사23.7)

283 北門頭 (사40.21) 284 司空部 (사40.20)

285 司寇部 (사40.21) 286 司軍部 (사40.20)

287 司徒部 (사40.20) 288 司馬 (사6.15)

289 上部 (사40.21) 290 上佐平 (사5.16)

291 西部 (사23.13) 292 施德 (사24.4)

293 市部 (사40.21)	294 外扃部 (사40.20)
295 外舍部 (사40.21)	296 右輔 (사23.2)
297 衛士佐平 (사24.4)	298 恩率 (사5.18)
299 日官部 (사40.21)	300 將軍 (사4.6)
301 將德 (사24.4)	302 長吏 (사40.21)
303 前內部 (사40.20)	304 前部 (사40.21)
305 點口部 (사40.21)	306 正卿 (사6.7)
307 朝廷佐平 (사24.4)	308 佐軍 (사24.4)
309 左輔 (사23.8)	310 左將 (사24.3)
311 佐平 (사4.8)	312 主簿 (사7.11)
313 綢簿 (사40.21)	314 中部 (사40.21)
315 振武 (사24.4)	316 下部 (사40.21)
317 扞率(杆率) (사24.4)	318 後宮部 (사40.20)
319 後部 (사40.21)	

　宋基中・南豊鉉・金永鎭(1994)에서 백제의 고유명사를 모두 추출하면 500여 개의 항목이 나온다. 이 중에는 後百濟의 고유명사가 30여 개 들어 있고, 확인 결과 백제어 항목이 아닌 것도 일부 들어 있다. 이들을 백제어 항목에서 우선적으로 제외하면 460여 개가 되고, 이 중에서 훈차의 가능성이 있거나 한자어(차용어)임이 분명한 것을 다시 제외할 필요가 있다. 이런 방법으로 정리한 것이 위의 319 항목이다.

　중국 기타 사서에서와 마찬가지로 (41.가)의 인명은 대부분 음차자로 표기되었다. 인명 표기 중에서 008번의 '慶司', 044번의 '武守', 107번의 '允忠', 157번의 '忠勝', 175번의 '孝順', 176번의 '訓解' 등이 한자어식 인명일 가능성이 있으므로 이들도 백제어 표음자에서 제외해야 할지도 모른다. 그런데 077번의 '成忠'이 126번의 '淨忠'으로도 표기되고, 131번의 '仲常'이 '忠常'으로도 표기된다는 사실을 감안해야 할 것이다. 이들은 이른바 同名異表記의 예이다. 이러한 同名異表記는 이 부류의 한자어식 인명이 음차 표기임을 증명해 준다. 따라서 이들을 백제어 음차자 항목에 포함하는 방법을 택하기로 한다.

지명 표기에서는 훈차 표기가 음차 표기보다 많다. 전체 470여 백제어 항목을 319개 항목으로 줄일 때에, 지명 표기를 가장 많이 제외했다. 지명은 인명에 비하여 의미적 有緣性이 큰데, 실제로 훈독해야 할 글자가 적지 않다. 특히 寺刹名은 한자어식 이름이 많으므로 모두 제외했고, 水谷城·赤峴城·斧峴·耳山·牛頭城·長嶺城·猪山島 등을 모두 훈차 표기로 간주했다. 반면에, 181번의 '加弗', 182번의 '加兮', 193번의 '狗原行', 194번의 '今突', 229번의 '關也', 230번의 '于述' 등은 음차 표기일 가능성이 크므로, 이들은 음차자 목록에 포함한다.

(41.다)의 관명 표기는 중국 사서에서 이미 검증한 것처럼 대부분을 음차자로 간주한다. (41)에 나오는 음차자를 모두 모아 정리해 보면 다음의 306자가 된다.

(42) 『삼국사기』 기타 권차의 백제 고유명사 표음자 목록 (306자)

可 加 伽 嘉 覺 杆 簡 盖 居 乞 屹 桀 堅 原 慶 敬 卿 季 堦 稽
契 古 固 高 坤 昆 空 果 官 關 仇 口 久 丘 狗 寇 國 軍 郡 宮
貴 克 剋 斤 近 今 金 己 伎 岐 奇 紀 那 男 奈 禰 寧 奴 禮 若
如 年 熱 爾 仁 仍 日 壬 任 兒 內 多 達 大 長 張 德 點 廷 刀
徒 道 都 綢 禿 獨 督 突 朝 豆 頭 中 仲 地 知 智 遲 直 鎭 對
羅 良 列 領 禮 老 鹵 婁 流 留 隆 陵 吏 利 里 理 隣 摩 馬 莫
萬 滿 明 牟 謨 木 苗 武 茂 文 汶 門 勿 彌 半 泮 方 芳 伐 範
法 辭 別 兵 輔 福 服 父 夫 扶 負 部 簿 北 汾 弗 比 沘 毗 伯

苩 沙 三 舍 蛇 上 相 常 西 宣 善 涉 成 聖 省 所 素 率 松 召
守 首 受 須 壽 讐 順 述 勝 尸 市 施 信 辛 莘 臣 辰 十 士 泗
司 思 斯 生 阿 閼 也 餘 演 燕 永 映 烏 溫 王 外 于 友 右 優
虞 旭 原 威 慰 衛 有 惟 允 尹 恩 殷 乙 音 義 伊 因 一 將 璋
前 正 淨 濟 助 祚 祖 存 左 佐 主 州 周 走 之 支 志 振 眞 進
質 子 自 慈 且 昌 千 靑 肖 鄒 取 就 齒 枕 責 吒 陁 泰 腆 忠
致 琛 台 波 八 浿 平 豐 下 漢 韓 行 荔 兮 惠 忽 洪 苩 會 孝
後 訓 諱 黑 興 解

이 중에도 음가를 대체해야 할 것이 있다. 261번의 '內原部'와 294
번의 '外原部'에 나오는 '原'은 백제 목간의 '椋'과 같은 글자로 판단한
다. 백제 목간에서는 '外椋卩'(쌍북280 2)로 기록된 바 있기 때문이다.
따라서 '原'의 음가를 '椋(京)'의 음가로 대체한다. 312번의 '主簿'와
313번의 '綢簿'에 나오는 '簿'는『광운』에서 상성 姥韻의 '簿'소운에
속한다. 이 소운에 마침 '部'가 있으므로, '簿'의 음가를 '部'의 음가로
대체한다. '蛇'는『광운』에서 평성 支韻 '移'소운, 평성 麻韻 '蛇'소운,
상성 麻韻 '野'소운의 세 가지 음가를 가진다. 이 세 음가를 소운 대표
자 '移', '蛇', '野'의 음가로 대체한다.

『광운』과 이토 지유키(2007)의 자료편을 이용해도 음가 대체와
음가 재구가 불가한 것으로 '碟'이 있다. 이것을 제외하면『삼국사기』
기타 권차의 백제 고유명사 표음자는 306자가 된다. 이 306자의 성
모를 분석해 보면 아래의 (43)과 같다.

이 분석표에서도 "유의미한 서열 중에서, 유성자음의 용례가 무성
자음의 용례보다 더 많은 서열이 있다"는 백제어 표음자의 특징이 여
전히 유지된다. 脣音 非組의 非母字가 여섯 자인데 비하여 奉母字는
여덟 자이고, 舌音 端組의 端母字는 일곱 자인데 비하여 定母字는

열한 자이다. 齒音 章組의 書母字가 일곱 자인데 비하여 常母字는 열네 자이며, 牙喉音의 曉母字가 여덟 자인 데에 비하여 匣母字는 열한 자이다. 이처럼 네 개의 서열에서 全淸字보다 全濁字가 많은 것은 전탁자가 차지하는 비율이 24.3%로 아주 높다는 데에 기인할 것이다. 이것은 불청불탁자의 23.3%보다도 더 큰 비율이다.

(43) 『삼국사기』 기타 권차의 백제 고유명사 표기자(306자) 성모 분포

『삼국사기』의 백제 고유명사 표기자(306자) 성모 분포			全淸	次淸	全濁	不淸不濁
脣音	幫組	幫p 10	滂p^h 1	並b 7	明m 12
	非組	非f 6	敷f^h 2	奉v 8	微ɱ 5
舌音	端組	端t 7	透t^h 5	定d 11	泥n 7
	來組				來l 17
	知組	知ʈ 10	徹$ʈ^h$ 1	澄ɖ 4	娘ɳ 2
齒音	精組	精ts 8	淸ts^h 4	從dz 7	
		心s 15		邪z 1	
	莊組	莊tʂ 1	初$tʂ^h$ 0	崇dʐ 3	
		生ʂ 5		俟ʐ 0	
	章組	章tɕ 12	昌$tɕ^h$ 2	船dʑ 2	日ɲ 11
		書ɕ 7		常ʑ 14	羊j 8
牙喉音	見組	見k 31	溪k^h 13	群g 8	疑ŋ 4
		曉h 8		匣ɦ 11	
		影ʔ 16			云ɦ 7
306 (313)[54]		136	28	76	73
		43.5%	8.9%	24.3%	23.3%

이와 더불어 次淸字가 차지하는 비율이 아주 높다는 점도 눈길을 끈다. 지금까지 정리한 텍스트 중에서 『구당서』·『당서』에서의 차청

---

54 이 306자 중에서 '禮 長 別 父 蛇 省 施'의 일곱 자가 성모가 둘이다.

자 비율이 7.1%로 가장 높았는데, 이보다도 1.8%가 더 높다. 『구당서』가 10세기 중엽에, 『당서』가 11세기 중엽에, 『삼국사기』가 12세기 중엽에 편찬된 것을 감안하면, 편찬 시기가 늦을수록 次淸字의 비율이 높아지는 경향을 보인다.

『삼국사기』 기타 권차의 백제 고유명사 표기가 『구당서』・『당서』의 표기와 유사한 것이 또 하나 있다. 『구당서』・『당서』에서는 독특하게도 全濁字의 비율(30.6%)이 不淸不濁字의 비율(24.7%)보다 높았다. 그런데 『삼국사기』에서도 이 현상이 보인다. 전탁자의 비율이 불청불탁자보다 1.0% 높은 것이다.

위의 두 가지 특징을 기준으로 하면, 『삼국사기』 지리지 권제36・권제37의 백제 지명 표기와 기타 권차의 백제 고유명사 표기를 서로 나누어 별개의 텍스트로 간주해야 할 것이다. 다음 표에서 볼 수 있듯이, 기타 권차의 백제 고유명사 표기는 지리지의 표기보다는 『구당서』・『당서』의 표기에 더 가깝다.

(44) 『삼국사기』 지리지 권제36・권제37과 기타 권차 자료의 대비

성모 / 텍스트	全淸字	次淸字	全濁字	不淸不濁字
지리지 (권36, 37)	49.4%	5.0%	18.1%	27.5%
기타 권차	43.5%	8.9%	24.3%	23.3%
『구당서』・『당서』	37.6%	7.1%	30.6%	24.7%

3.9. 『三國遺事』의 백제 고유명사 표기자

이제 마지막으로 『三國遺事』에 나오는 백제 고유명사를 정리해 보기로 한다. 宋基中・南豊鉉・金永鎭(1994)에서 백제 고유명사 항목을 추출하면 220개 가까운 항목이 나온다. 이 중에는 40여 개의 후백

제 인명이 포함되어 있으므로 이들을 우선적으로 제외하고, 장세경
(2007)에서 확인되는 항목 위주로 선정하면 170개 항목이 된다. 이
중에서 한자어식 항목임이 분명한 것과 훈차의 방법으로 표기된 것을
제외하면 다음과 같다.

(45) 『삼국유사』의 백제 고유명사 표기 항목

가. 인명

001 盖鹵 (유역.8)	002 盖婁 (유역.4)
003 慶司 (유역.7)	004 季 (유역.10)
005 契王 (유역.6)	006 古爾 (유역.5)
007 古爾王 (유2.27)	008 仇首王 (유역.4)
009 久爾辛 (유역.7)	010 貴須 (유역.4)
011 近盖鹵王 (유역.7)	012 近仇首王 (유역.6)
013 近肖古王 (유역.6)	014 己婁王 (유역.2)
015 年大 (유역.8)	016 多婁王 (유역.2)
017 麻帝 (유역.8)	018 明 (유역.9)
019 明禮 (유역.8)	020 武康 (유역.10)
021 武王 (유1.10)	022 文明 (유역.8)
023 文思 (유1.33)	024 文周王 (유역.8)
025 法王 (유역.10)	026 扶餘 (유1.35)
027 扶餘隆 (유역.8)	028 汾西王 (유역.5)
029 比流王 (유역.5)	030 毗有王 (유역.7)
031 斯摩 (유역.8)	032 沙泮王 (유역.4)
033 沙沸王 (유2.27)	034 沙夷□ (유역.4)
035 沙伊王 (유2.27)	036 三乞王 (유역.8)
037 三斤王 (유역.8)	038 宣 (유역.10)

039 聖王 (유역.8)　　　　　040 成忠 (유1.30)

041 素古 (유역.4)　　　　　042 阿芳 (유역.7)

043 阿非知 (유3.18)　　　　044 阿莘王 (유역.7)

045 腆 (유역.7)　　　　　　046 餘大 (유역.8)

047 演 (유1.33)　　　　　　048 溫祚王 (유역.1)

049 威德王 (유역.9)　　　　050 隆 (유1.33)

051 義慈王 (유역.10)　　　052 義直 (유1.32)

053 一耆篩德 (유역.10)　　054 璋 (유2.27)

055 腆支(腆攴)王 (유역.7)　056 貞福 (유1.33)

057 知命法師 (유2.28)　　　058 眞支(眞攴)王 (유역.7)

059 辰斯王 (유역.7)　　　　060 責稽王 (유역.5)

061 肖故 (유역.5)　　　　　062 肖古王 (유역.4)

063 枕流王 (유역.7)　　　　064 泰 (유1.33)

065 解 (유2.26)　　　　　　066 偕伯(階伯) (유1.32)

067 獻王 (유역.10)　　　　068 惠王 (유역.10)

069 惠現 (유5.21)　　　　　070 孝 (유1.33)

071 孝順 (유역.10)　　　　072 興首 (유1.32)

나. 지명

073 居扶城(居都城) (유2.25)　074 居西(居昌) (유2.3)

075 古馬旀知之縣 (유1.32)　　076 固麻城 (유2.25)

077 金馬山 (유1.4)　　　　　　078 伎伐浦 (유1.31)

079 達拏山 (유5.21)　　　　　080 堁石(燦石) (유2.27)

081 馬利城 (유2.33)　　　　　082 馬韓 (유1.33)

083 弥雛忽 (유2.26)　　　　　084 薄城 (유1.33)

085 薄津 (유1.32)　　　　　　086 卞山 (유1.10)

087 負兒岳 (유2.26)　　　　　088 扶餘 (유1.31)

089 北漢城 (유2.26) 090 沙弗城 (유2.29)

091 泗沘城 (유1.10) 092 蛇川 (유역.1)

093 孫梁 (유1.31) 094 十濟 (유2.26)

095 五方城 (유2.25) 096 吳山 (유2.27)

097 慰礼城 (유2.26) 098 任存 (유2.33)

099 地理山 (유2.30) 100 只火浦 (유1.31)

101 漢江 (2.25) 102 漢山城 (유1.36)

다. 관명

103 渠長 (유1.33) 104 大阿干 (유2.34)

105 將軍 (유1.32) 106 宰相 (유2.27)

107 左承 (유2.34) 108 佐平 (유1.30)

109 酋長 (유2.27)

위의 109개 항목 중에서 인명 표기는 대부분 음차 표기이다. (45. 가)의 인명 표기에서 제외된 것은 '薯童, 虎王, 虎寧王' 등에 불과하다. '薯童'은 훈차 표기일 가능성이 많으므로 제외한 것이고, '虎王'과 '虎寧王'의 '虎'는 고려 惠宗의 諱가 '武'이므로 고려시대의 避諱法에 따라 武를 대신했던 글자였다. 이 '虎'는 백제의 표기가 아니라 고려시대의 표기이므로 백제어의 표음자 목록에서 제외한다.

(45.나)의 지명 표기에서는 거꾸로 음차 표기의 예가 적은 것으로 간주한다. 훈차 표기나 한자어식 표기로 간주하여 (45.나)에서 제외한 것을 들어보면 다음과 같다.

(46) 지명의 훈차 표기

桐藪 白江 浮山 龍嵓 北原 熊津 熊川 長嵓 沈峴 炭峴 墮死岩

(47) 한자어 방식의 표기

康州 京山 光州 尙州 林州 江南 東明 河南 薯蕷 彌勒寺 修德寺 水源 寺 烏會寺 王興寺 資福寺

(45.다)의 관명 표기는 모두 음차 표기인 것으로 간주한다. 일반명 사 '薯蕷'는 고유어 '마'에 대한 한자어로 간주하여, 이 목록에서 제외 했다.

위의 논의에 따라, 『삼국유사』에서 백제의 고유명사를 표기할 때 에 사용된 음차자 목록을 만들어 보면 다음과 같다.

(48) 『삼국유사』의 백제 고유명사 표음자 목록 (143자)

干 康 盖 居 渠 乞 慶 季 契 稽 階 古 故 固 久 仇 軍 貴 斤 近 金 己 伎 耆 拏 年 禰 爾 任 兒 多 達 大 長 德 貞 帝 埃 知 地 直 礼 鹵 婁 流 隆 利 理 麻 摩 馬 命 明 武 文 彌 泮 方 芳 伐 法 卞 福 負 扶 薄 北 汾 弗 沸 比 沘 毗 非 伯 沙 三 蛇 相 西 宣 成 聖 素 孫 須 首 順 承 辛 莘 辰 十 泗 思 司 斯 篩 阿 餘 演 映 五 吳 溫 威 慰 有 義 伊 夷 一 璋 將 濟 祚 存 佐 左 周 之 只 支 眞 慈 宰 肖 酋 雛 忠 枕 責 泰 膘 平 漢 獻 現 惠 忽 孝 興 解

위의 표음자에도 음가를 대체하거나 재구해야 할 것이 있다. '拏'는 『광운』에서 평성 麻韻의 '拏'소운(女加切)에 속한다. '女加切'의 '女' 가 娘母와 日母의 두 가지 성모를 가지므로, '拏'의 음가를 [娘開2平 麻]=na^{L}와 [日開2平麻]=za^{L}의 두 가지로 재구할 수 있다. '篩'는 『광운』에서 평성 脂韻의 '師'소운에 속한다. 따라서 이 글자의 음가 를 '師'의 음가로 대신한다.

『삼국유사』의 백제 고유명사 표음자는 (48)의 143자이다. 이들의 성모를 분석해 보면 다음과 같다.

(49) 『삼국유사』의 백제 고유명사 표기자(143자) 성모 분포

『삼국유사』의 백제 고유명사 표기자(143자) 성모 분포								
		全清		次清		全濁		不清不濁	
脣音	幫組	幫p	4	滂pʰ	1	並b	4	明m	6
	非組	非f	6	敷fʰ	1	奉v	4	微ɱ	2
舌音	端組	端t	3	透tʰ	2	定d	4	泥n	1
	來組							來l	7
	知組	知ʈ	4	徹ʈʰ	0	澄ɖ	2	娘ɳ	2
齒音	精組	精ts	5	清tsʰ	0	從dz	4		
		心s	14			邪z	0		
	莊組	莊tʂ	1	初tʂʰ	0	崇dʐ	1		
		生ʂ	2			俟ʐ	0		
	章組	章tɕ	7	昌tɕʰ	0	船dʑ	1	日ɲ	5
		書ɕ	2			常ʑ	5	羊j	4
牙喉音	見組	見k	15	溪kʰ	4	群g	5	疑ŋ	3
		曉h	5			匣ɦ	3		
		影ʔ	7					云ɦ	1
143 (147)[55]		75		8		33		31	
		51.0%		5.4%		22.4%		21.1%	

이 분포표에서도 "유의미한 서열 중에서, 유성자음의 용례가 무성자음의 용례보다 더 많은 서열이 있다"는 백제어 표음자의 특징이 여전히 유지된다. 舌音 端組의 전청자와 전탁자의 비율이 3:4이며, 齒音 章組의 書母字와 常母字는 2:5의 비율이다. 그렇다면 역시 백제어 자음체계의 특징을 『삼국유사』의 백제 고유명사 표기에서도 발견할 수 있다.

---

55 '拏, 禯, 長, 蛇'의 네 글자는 두 개의 성모를 가진다.

『삼국유사』에서는 전탁자의 점유 비율이 불청불탁자의 비율보다 높다. 8세기 중엽 이전의 자료에서는 모두 전탁자의 비율보다 불청불탁자의 비율이 높다. 그런데 10~11세기의 『구당서』·『당서』, 12세기의 『삼국사기』, 13세기의 『삼국유사』에서는 전탁자의 비율이 불청불탁자의 비율보다 높다. 이것은 다음의 두 가지를 말해 준다. 첫째, 『삼국사기』의 지리지에 수록된 백제 지명과 기타 권차에 수록된 백제 고유명사를 서로 구별하여 기술해야 한다. 둘째, 백제어 표음자 자료는 8세기 중엽 이전에 편집된 것과 그 이후에 편집된 것의 두 가지로 크게 나눌 수 있다.

3.10. 백제어 표음자 종합

지금까지 백제어 고유명사 표기 자료를 9종으로 나누어 정리하였다. 백제 목간에서 147자, 경흥의 반절자에서 85자, 『일본서기』의 백제 고유명사에서 267자, 마한 국명에서 77자, 중국 기타 사서에서 157자, 『구당서』·『당서』에서 84자, 『삼국사기』 지리지 권제36과 권제37에서 155자, 『삼국사기』의 기타 권차에서 306자, 『삼국유사』에서 143자를 추출하였다. 9종의 자료에 나오는 백제어 표음자를 무작위로 모두 합하면 1,421자가 된다.

그런데 중복된 표음자를 공제해야만 정확한 백제어 표음자 목록이 나온다. 예컨대, '古'는 8종의 텍스트에서 사용되었으므로 1,421자의 목록에는 '古'가 8회 나온다. 이처럼 중복된 것을 공제하고 계산하면, 백제어 표음자는 모두 694자가 된다. 달리 말하면 '古[見中1上模]ㄱ=ko^R' 형식으로 백제어 표음자 코퍼스에 등록되는 표제항이 모두 694자라는 뜻이다.[56] 이것은 字形을 기준으로 한 것이다.

(50) 백제어 표음자 목록 694(707자)

可 加 伽 嘉 賈 角 各 覺 干 杆 簡 甘 堪 欲 感 監 甲 康 蓋 巨
居 渠 乾 韃 乞 屹 桀 格 見 堅 結 耿 庚 徑 椋 慶 敬 卿 季 契
稽 階 古 故 苦 固 高 孤 谷 穀 坤 昆 骨 工 公 空 果 菓 官 關
光 翹 九 仇 口 久 丘 句 狗 寇 臼 拘 國 匈 鞠 軍 郡 屈 宮 勸
跪 貴 鬼 糺 克 剋 斤 近 瑾 今 衿 金 琴 及 急 己 伎 岐 奇 飢
其 基 紀 耆 吉 改 開 那 拏 難 南 男 乃 奈 禰 年 寧 奴 怒 禮
腦 若 如 熱 冉 遠 柔 肉 二 爾 人 仁 仍 日 壬 任 兒 內 多 旦
段 達 擔 曇 答 大 殺 長 張 德 適 嫡 佃 點 丁 頂 貞 廷 弖 提
帝 第 刀 到 徒 塗 道 導 都 綢 禿 獨 督 敦 突 堗 冬 東 朝 彤
調 杜 豆 頭 遁 竹 中 仲 得 登 等 騰 地 池 知 智 遲 直 珍 陳
鎭 代 對 帶 臺 羅 洛 藍 臘 亮 良 郎 量 呂 力 歷 連 列 令 聆
領 禮 老 魯 盧 鹵 路 彔 龍 婁 流 柳 留 六 陸 栗 隆 勒 悷 陵
吏 利 里 理 離 刕 隣 林 臨 立 來 馬 麻 摩 磨 莫 萬 滿 末 亡
邁 免 面 眠 冥 命 名 明 鳴 毛 母 車 慕 謨 木 沐 目 妙 苗 毋
武 茂 文 汶 門 勿 未 味 尾 麋 彌 昧 買 博 薄 半 泮 潘 發 方
芳 伐 範 法 辟 碧 卜 辨 辯 別 兵 保 菩 輔 伏 福 服 本 烋 父
夫 負 扶 富 部 簿 北 分 汾 濆 不 弗 沸 比 沘 毗 非 卑 鼻 賓
背 白 伯 苩 沙 山 薩 乡 三 桑 舍 邪 蛇 上 尙 相 常 西 敍 夕
石 射 昔 席 錫 先 宣 善 舌 涉 葉 成 聖 城 省 所 疏 素 蘇 速
孫 率 宋 送 小 召 昭 韶 松 守 須 水 枌 首 受 雖 帥 樹 壽 讐
宿 淳 順 述 習 承 勝 尸 氏 市 時 施 寔 植 信 辛 莘 臣 新 身

56 무작위로 합한 1,421자나 중복을 공제한 694자가 확정적인 수치는 아니다.
5章에서 논의하겠지만, 이 중에는 순수한 백제어 표음자에서 제외해야 할 것도 포함
되어 있다. 이들은 논의의 결과를 기다려 추후에 제외하면 될 것이다.

辰 室 實 深 十 士 司 史 使 寺 思 斯 師 篩 四 泗 駟 塞 索 生
襄 阿 我 惡 安 閼 也 夜 耶 藥 陽 楊 於 憶 言 嚴 與 餘 演 燕
緣 悅 蘗 永 映 營 乂 羿 五 吳 烏 屋 溫 臥 日 王 外 欲 勇 容
用 于 牛 友 右 優 嵎 虞 雨 旭 雲 暈 原 源 爰 猿 遠 衛 尉 威
慰 謂 爲 有 惟 由 遺 允 尹 恩 殷 乙 音 陰 邑 矣 意 義 伊 已
以 夷 因 一 者 灼 雀 爵 墻 章 璋 將 獎 姐 渚 寂 積 前 折 占
井 正 淨 靜 制 際 齊 濟 助 祖 祚 存 佐 左 坐 罪 照 從 走 主
周 州 酒 洲 衆 卽 之 只 支 至 志 止 祇 振 晉 眞 津 進 質 執
集 子 杏 自 慈 資 宰 嵯 捉 錯 贊 且 昌 千 川 捷 靑 初 楚 總
聰 肖 鄒 秋 酋 春 取 就 齒 親 漆 侵 枕 次 責 他 吒 陀 乇 涿
彈 誕 太 泰 天 腆 輒 丑 忠 致 琛 台 宅 巴 波 八 湏 平 浦 蒲
豊 皮 下 河 瑕 漢 韓 巷 行 向 鄕 許 獻 峴 現 賢 劦 兮 槥 惠
慧 戶 乎 呼 好 胡 號 或 忽 洪 紅 和 花 華 活 皇 黃 灰 會 茴
孝 後 候 訓 暉 諱 休 黑 欣 欠 興 肦 解 奚

그런데 하나의 글자가 두 가지 이상의 聲母를 가질 때가 있는데, (51)의 13자가 그것이다. 따라서 성모를 기준으로 하면 백제어 표음자는 모두 707자가 된다. 이것을 694(707)자로 표기하기로 한다. 聲調·韻母·等 등이 둘 이상인 것도 모두 따로 계산하여 합산하면 모두 753자가 백제어 표음자로 등록된다.

(51) 성모가 둘인 二反字 (13자)
乾 谷 挐 禮 長 別 父 背 射 邪 蛇 省 施

백제어의 음운체계를 분석할 때에는 표음자의 용례가 많을수록 좋다. 표음자를 694(707)자 정도 모은 것으로 백제어의 자음체계를 분석할 수 있을까? 694(707)자의 모 집단만으로는 부족할 것이다. 그렇더라도 이 정도의 모 집단이라면 백제어 자음체계의 분석을 시도할 수 있다. 이토 지유키(2007)의 자료편에 수록된 한국 중세 한자음 항목이 모두 5,262개임을 감안하면 백제어 표음자 전체 항목 753개는 그 14.3%에 해당한다.[57] 이 정도의 비율이라면 백제어의 성모 체계를 밝힐 수 있다고 가정하고 성모 분석 작업을 진행할 것이다.

(52) 백제어 표음자 성모 분포

백제어 표음자 694(707)자 성모 분포					
		全淸	次淸	全濁	不淸不濁
脣音	幫組	幫p 20	滂p^h 3	並b 16	明m 32
	非組	非f 12	敷f^h 2	奉v 10	微ɱ 10
舌音	端組	端t 26	透t^h 9	定d 27	泥n 12
	來組				來l 46
	知組	知ʈ 15	徹$ʈ^h$ 2	澄ɖ 7	娘ɳ 3
齒音	精組	精ts 24	淸ts^h 11	從dz 17	
		心s 34		邪z 8	
	莊組	莊tʂ 2	初$tʂ^h$ 3	崇dʐ 3	
		生ʂ 13		俟ʐ 0	
	章組	章tɕ 28	昌$tɕ^h$ 4	船dʑ 5	日ɲ 18
		書ɕ 13		常ʑ 25	羊j 29
牙喉音	見組	見k 70	溪k^h 21	群g 18	疑ŋ 16
		曉h 20		匣ɦ 31	
		影ʔ 25			云ɦ 17
694 (707)		302	55	167	183
		42.7%	7.8%	23.6%	25.9%

---

57 이토 지유키(2007)에서는 성모, 운모가 둘 이상일 때에 이들을 각각 별개의 항목으로 등록했다. 이 방법에 따르면 백제어 항목은 모두 753개가 된다.

백제어의 표음에 사용된 694(707)자의 성모를 분석해 보면 위의 (52)와 같다.

9종의 백제어 텍스트를 종합하더라도 앞에서 가정했던 결론은 변하지 않는다. 유기자음은 전체의 7.8%에 지나지 않으나 유성자음은 그 세 배인 23.6%에 이른다. 또한 齒音 章組의 무성자음인 書母字가 13자인데 비하여 유성자음인 常母字는 25자이다. 牙喉音 見組의 무성음 曉母字는 20자이지만 유성음 匣母字는 31자에 이른다. 舌音 端組에서도 端母字가 26자인 데에 비하여 定母字는 27자이다. 이 세 개의 서열에서 무성자음보다 유성자음의 용례가 더 많다. 따라서 "유의미한 서열 중에서, 유성자음의 용례가 무성자음의 용례보다 더 많은 서열이 있다"는 백제어의 특징을 잘 보여준다.

(53) 무성자음과 유성자음의 텍스트별 정리

텍스트 \ 용례	精〈從	幇〈並	端〈定	曉〈匣	書〈常
마한 국명(3C)	x	x	o	o	o
백제 목간(6~7C)	=	x	o	o	o
중국 사서(5~7C)	x	o	x	o	=
경흥 반절(7~8C)	o	x	x	o	x
일본서기(8C)	x	o	x	o	o
삼국사기 지리지(8C)	x	x	o	x	=
구당서 당서(10~11C)	x	o	o	=	o
삼국사기 기타 권차 (12C)	x	x	x	o	o
삼국유사(13C)	x	=	o	x	o
종합	x	x	o	o	o
	24:17	21:16	26:27	20:31	13:25

위에서 텍스트별로 나누어 정리했던 것을 한 군데로 모아보면 위의 (53)과 같다. 이 표에서 볼 수 있는 것처럼, 從母字는 1종의 텍스

트에서 端母字보다 많고, 並母字는 3종의 텍스트에서 幇母字보다 많다. 定母字가 端母字보다 많은 것은 5종이며, 常母字가 書母字보다 많은 것은 6종이다. 특히 匣母字는 8종의 텍스트에서 曉母字보다 많으므로 유성자음으로 설정될 가능성이 크다. 그러나 무성자음과 유성자음의 상대적 비율을 기준으로 하면, 常母字가 匣母字보다 그 가능성이 더 커진다.

(53)의 표에서 'x'로 표기한 것은 무성자음이, 'o'로 표기한 것은 유성자음이 더 많다는 것을 뜻한다. 경흥의 반절자와 마한 국명의 표음자는 모 집단이 크지 않아서 신빙성이 상대적으로 떨어지는 것은 사실이다. 그런데 유성자음의 유무에 관한 한, 마한 국명의 표음자는 백제 목간의 표음자와 가장 가깝다. 이 두 자료가 백제 멸망 이전 즉 7세기 중엽 이전의 기록으로서 일치도가 높다는 점이 흥미롭다. 반면에 경흥의 반절자, 『일본서기』의 표음자, 『삼국사기』 지리지의 음차자는 백제 멸망 이후 즉 7세기 말엽 이후의 기록인데, 상호간의 일치도는 상대적으로 높지 않은 편이다. 10세기 이후의 자료인 『구당서』·『당서』, 『삼국사기』의 기타 권차, 『삼국유사』 등의 3종에서도 상호간의 일치도가 높지 않다.

만약 백제어에서 유성자음을 인정한다면, 첫째 후보는 常母 /z/이고 둘째 후보는 匣母 /ɦ/일 것이다. 그러나 (52)의 분석표만으로 백제어의 자음체계를 논의하는 것은 섣부른 감이 있다. 각 聲母의 음운론적 분포 상황이나 대립 관계를 본격적으로 논의한 다음에야 비로소 자음체계를 논의할 수 있기 때문이다. 이에 대해서는 5章에서 다루기로 한다.

위에서 우리는 백제어 표음자를 대상으로 전청·차청·전탁·불청불탁의 상대적 점유 비율을 정리했다. 이 비율을 『廣韻』에서의 점유 비율과 대비해 보는 것도 꼭 필요한 작업이다. 『광운』과의 정확한 대비를 위해서는 『광운』의 총 수록자 26,194자를 모두 조사해서 그 점유 비율을 이용해야 한다. 이 비율을 아직 구하지 못하여, 이 글에서는 편의상 『광운』의 小韻字 3,822자를 대상으로 조사한 비율을 활용하기로 한다.[58]

(54) 백제어 표음자와 『광운』 소운자의 성모별 점유 비율 대비

성모 텍스트	全淸	次淸	全濁	不淸不濁
백제어 표음자	302	55	167	183
694 (707)	42.7%	7.8%	23.6%	25.9%
『광운』 소운자	1,509	710	884	719
3,822	39.5%	18.6%	23.1%	18.8%

이 대비에 따르면 전청과 전탁에서는 백제어 표음자와 『광운』의 小韻字 상호 간에 큰 차이가 없다. 특히 전탁은 점유 비율이 거의 같다. 그렇다면 『광운』에서 유성자음 계열을 인정하듯이, 백제어 표음자에서도 유성자음 계열을 인정해야 할 것이다. 반면에 차청에서는 아주 큰 차이가 난다. 『광운』 소운자에서 18.6%인 차청자의 점유 비율이 백제어 표음자에서는 7.8%로 뚝 떨어진다. 이에 따르면 백제어에 유기자음이 없었을 가능성이 커진다. 기존의 고대 한국어 연구에서 차청 즉 유기자음이 없었다는 연구 결과가 적지 않은데, 이들은 차청자의 점유 비율이 낮다는 사실과 연결되어 있다. 여기에서 한국의 고대 한자음 연구자들이 차청에 대해서 유독 관심을 많이 가졌던 까닭을 알 수 있다.

그러나 차청에 대한 관심만으로는 부족하다. 백제어 표음자의 전

---

[58] 이 통계를 내어 주신 신용권 교수께 이 자리를 빌려 깊이 감사드린다.

탁자가 23.6%에 이른다면 『광운』에서처럼 백제어에 유성자음이 존재했을 가능성이 크다. 그런데도 이에 대해서 침묵하거나 무시하였다면 그것은 중세적 편견일 가능성이 크다. 즉 한국 中世 한자음의 음운체계에 전탁 계열이 없으므로 古代 한국어에서도 유성자음이 없었다고 보았을 가능성이 크다. 이 시각에 따라 百濟語에도 유성자음이 없었다고 보는 것은 잘못된 유추이다. 한국 중세 한자음이 백제어 한자음을 이어받은 것이라는 점이 아직 증명된 바 없기 때문이다.

그렇다면 백제 한자음을 『광운』의 한자음과 대비하는 것이 올바른 방법일 것이다. 이 둘을 대비해 보면 (54)에서 볼 수 있듯이, 전탁자가 차지하는 비율이 거의 일치한다. 따라서 『광운』에서 유성자음의 존재를 인정하듯이, 백제어에도 유성자음이 있었다고 유추하거나 추론해야 할 것이다.

결론적으로, 백제어 次淸字의 점유 비율(7.8%)이 낮은 것을 논거로 삼아 백제어에 유기자음이 없었다고 추론한다면, 백제어 全濁字의 점유 비율이 23.6%라는 점을 논거로 삼아 백제어에 유성자음이 있었다는 추론이 성립한다. 이것이 균형 잡힌 추론이다. 반면에, 한국 中世 한자음에 全濁音이 없었다는 점을 논거로 백제어에도 유성자음이 없었다고 추론하려면, 한국 중세 한자음이 新羅 한자음이 아니라 百濟 한자음을 기반으로 삼아 성립했다는 것을 먼저 증명해야 한다. 중세 한자음이 신라 한자음을 기반으로 성립했다는 주장은(河野六郎 1968) 이미 나와 있지만, 백제 한자음을 기반으로 성립했다는 주장은 여태껏 들어본 적이 없다. 따라서 한국 중세 한자음에 全濁音이 없었으므로 백제 한자음에도 유성자음이 없었다는 추론은 성립하지 않는다.

4. 백제어의 음절

앞에서 정리한 694(707)자의 백제어 표음자는 백제어 음운론 연구의 기초 자료이다. 이것을 잘 활용하면 백제어의 음운체계는 물론이요 음운규칙이나 음절구조에 대한 논의도 가능해진다.

4.1. 두음법칙

백제어의 음절구조에 대한 논의로 넘어가기 전에, 백제어의 음운규칙에 대해 잠깐 언급해 두기로 한다. 지금까지 제기된 백제어의 음운규칙은 두음법칙에 관한 것이 유일하다. 兪昌均(1983: 111)은 마한 국명 표음자를 분석하면서 어두에 /l-/이 온 예를 찾을 수가 없다고 하였다. 이것은 백제어에 頭音法則이 있었다는 의미가 된다(權仁瀚 2012).

(1) 백제어 항목(1,245)의 어두 來母字 (15 항목)

　가. 마한 국명 : 45 臨素半[1]

　나. 백제 목간 : 61 彔■ (쌍북현내 6), 85 栗嵎城 (관북 5)

　다. 중국 사서 : 04 禮 (위서 상479), 05 劦氏 (수서 중56)

---

1 兪昌均(1983: 87)은 '臨素半'의 '臨'이 '臣'의 오자일 가능성이 크다고 했으나 그 근거를 제시하지 않았다.

라. 일본서기 : 136 禮塞敦 ライソクトン, 166 令斤 リャウコン, 173 令威 リャウヰ, 172 聆照 リャウセウ, 177 令開 リャウケ, 183 悷貴文 リャウクキモン, 208 隆 リウ

마. 지리지 : 101 栗支

바. 구당서・당서 : 04 隆 (구당 중72), 03 劦氏 (당서 중340)

3章에서 거론된 백제어 표음자 항목은 모두 1,245개이다.[2] 여기에서 來母 즉 /l/이 어두 위치에 온 항목을 골라 보면 위의 (1)과 같다. 두음법칙을 위반하는 항목은 모두 15개 항목이므로 전체의 1.2%에 해당한다. 예외가 이 정도에 불과하다면 백제어에 두음법칙이 있었다고 믿을 수 있다. 위의 15개 항목 중에서 '劦氏, 隆'의 두 개 항목이 중복되므로 중복을 감안하면 두음법칙의 예외가 더욱 줄어들게 된다.

그런데 두음법칙의 예외에서 발견되는 첫째 특징은 예외의 대부분이 인명 표기 항목이라는 점이다. 백제 목간의 '栗嵎城'과 지리지의 '栗支'를 제외하면[3] 모두가 인명 표기 항목이다. 인명 '隆' 등의 바로 앞에서 성씨가 생략되었다고 기술하면 두음법칙의 예외는 더욱 줄어든다. 둘째로 중요한 것은 『일본서기』에 유독 예외가 많다는 점이다. 고대 일본어에도 어두에 /r/이 나타나지 않는다는 음운규칙이 있었다. 이것은 일본어와 알타이어와의 비교 연구에서 항상 언급되는 고대 일본어의 특징이다. 그런데 일본어가 한국어와 다른 점이 있다. 한국어에서는 한자어에 대해서도 두음법칙을 적용하지만 일본어에서는 그렇지 않았다는 점이다.[4] 이 차이점을 강조하면, 고대 일본인들이

---

2 경흥의 반절자는 여기에서 제외했다. 자연 언어가 아니기 때문이다.

3 '栗'을 '밤'으로 훈독하면 두음법칙의 예외가 더욱 줄어든다.

4 이에 대해서는 伊藤貴祥 군의 협력을 얻었음을 밝혀 감사드린다.

백제어의 인명·지명·관명 등을 마치 한자어의 일부인 것처럼 이해했을 가능성이 있다. 위의 두 가지 특징을 감안하면 백제어에 두음법칙이 적용되었을 가능성이 크다.

두음법칙이라고 하면 대개 'ㄹ'이 어두에 오지 못하는 제약을 가리킨다. 그런데 한국어에서는 /ŋ/도 어두 위치에 오지 못한다. 백제어에서도 이런 제약이 있었는지 검토해 본다.

한어 음운학에서는 /ŋ/가 疑母에 해당한다. 백제어 표음자 중에서 疑母字는 열여섯 자인데, 이 중에서 상당수의 글자가 백제어 항목의 첫머리에 온다.

(2) 疑母 /ŋ/로 시작하는 백제어 항목
　가. 242 羿眞子ケイシンシ (일본)
　나. 119 五部 (수서 중56), 53 五部 (구당 중197, 당서 중341), 120 五巷 (수서 중56), 095 五方城 (유사 2.25)
　다. 59 吳加宋工 (쌍북현내 1), 096 吳山 (유사 2.27)
　라. 93 外椋冂(쌍북280 2), 121 外椋部(外掠部) (주서 상512, 북사 상631), 294 外㡡部 (사기 40.20), 122 外舍部 (주서 상512, 북사 상631), 295 外舍部 (사기 40.21)
　마. 24 牛師獎 (구당 중155)
　바. 66 嵎或 (관북 2)
　사. 172 源村 (지리)
　아. 193 義慈ギジ (일본), 25 義慈 (구당 중129, 당서 중273), 111 義慈 (사기 5.3), 51 義慈 (유사 1.30), 112 義直 (사기 5.8), 52 義直 (유사 1.32)

전체 열여섯 자 중에서 여덟 자가 백제어 항목의 첫머리에 온다.

이 점을 강조하면 백제어에 /ŋ/로 시작하는 단어가 있었다고 보아야 할 듯하다. 그런데 관점을 달리하면 정반대의 결론이 나온다. (2)에 열거한 항목 중에서 '五部, 五巷, 五方, 外椋ㅁ, 外舍部, 牛師獎, 源村, 義慈, 義直' 등은 한자어식 조어일 가능성을 배제할 수 없다. 이 점을 감안하면 순수하게 疑母 /ŋ/로 시작하는 항목은 '羿眞子, 吳加宋工, 峼或' 등으로 한정된다. 전체 백제어 항목은 1,243개 항목인데, 이중에서 疑母 /ŋ/로 시작하는 항목은 1%도 되지 않는다. 이 점을 강조하면 /ŋ/로 시작하는 단어가 백제어에 없었다고 말할 수 있다.

4.2. 음절말 자음

이제, 백제어의 音節構造에 대한 논의로 넘어간다. 한국 중세 한자음은 음절말 위치에서 漢語 中古音의 양성운미 /-m, -n, -ŋ/은 물론이요, 입성운미 /-p, -t, -k/도 유지하는 대표적인 한자음이다. 한어 중고음의 舌內 入聲韻尾 /-t/가 모두 '-ㄹ'로 바뀐다는 것만 제외하면 음절말 자음에 관한 한, 한국 중세 한자음은 한어 중고음과 다를 것이 거의 없다. 이것은 고대 한국어에서 /-m, -n, -ŋ/과 /-p, -t, -k/의 여섯 개 자음이 음절말 위치에 올 수 있었음을 말해 주는 중요한 논거가 된다(Lee 2013a).

그런데, 고대 한국어에 CVC 음절 즉 閉音節이 존재하지 않았다는 주장이 심심치 않게 눈에 띈다. 대개는 일본어학 계통의 학자들이 고대 한국어의 CVC 음절을 부정한다. 이들은 고대 일본어의 음절구조를 참고하여 이러한 주장을 펴는 것 같다. 실제로, 『古事記』와 『日本書紀』에 수록된 記紀歌謠에서는 입성자를 거의 사용하지 않는다. '吉, 末, 鶯, 憶, 易' 등의 입성자가 간혹 사용되기도 하지만 이들이 차지하는 비율이 전체 萬葉假名의 1%도 되지 않는다(미즈노 슌페이

2009: 85). 따라서 고대 일본어에서는 /-p, -t, -k/ 등의 자음이 음절말 위치에 오지 않는다고 일반화할 수 있다. 이것을 한국어에 그대로 적용하여 고대 한국어에도 폐음절이 없었다고 주장하는 경향이 강하다.

한국의 학자도 중세 한국어의 CVC 음절이 고대 한국어의 CVCV 음절에서 온 것이라고 주장할 때가 있다. '고·마'(熊)가 ':곰'으로, '드·르'(野)가 ':들'로 변화하는 현상을 기술할 때에 이 모델이 가장 적합한 것은 사실이다. 그러나 이것을 모든 단어에 일반화하여 고대 한국어 전반에 걸쳐 CVC 음절이 없었다고 보는 것은 자칫하면 일반화의 오류에 빠질 수 있다.

이 주장이 옳은 것인지 앞에서 정리한 백제어 표음자 694(707)자를 대상으로 검토해 보기로 한다. 9종의 백제어 기록 텍스트 중에서 경흥의 반절자는 논의 대상에서 제외한다. 경흥의 반절자는 백제어의 표음자에 속하지만, 백제어 고유명사나 단어를 표기한 것이 아니기 때문이다. 달리 말하면 경흥의 반절자는 자연 언어가 아니다. 나머지 8종의 텍스트는 자연 언어이므로 시기별 언어 변화의 내용까지도 보여줄 수 있다.

3章의 (22)에 정리한 마한 국명 표기자를 대상으로 하여, 입성자와 양성운미자의 목록을 제시하면 다음과 같다. 마한 국명 표기자는 모두 77자이지만, 이 중에서 '不'과 '索'은 운미가 있는 것과 없는 것의 두 가지 음가를 가진다. 따라서 전체 모 집단을 79자인 것으로 계산한다.

(3) 마한 국명 표기자 77(79)자의 입성자 및 양성운미자 목록
  /-p/ : 臘 捷 (2)
  /-t/ : 日 不 一 活 (4)

/-k/ : 國 莫 目 伯 辟 索 石 速 逐 (9)

/-m/ : 感 監 冉 藍 林 臨 占 侵 (8)

/-n/ : 乾 難 旦 萬 半 濆 山 臣 新 雲 爰 誕 (12)

/-ŋ/ : 桑 襄 (2)

(4) 마한 국명 표기자 77(79)자의 입성자 및 양성운미자 비율[5]

	⁻p	⁻t	⁻k	⁻m	⁻n	⁻ŋ
마한 국명 표기자 (79자)	2.5% (2)	5.1% (4)	11.4% (9)	10.1% (8)	15.2% (12)	2.5% (2)
마한 국명 표기자 (79자)	19.0% (15)			27.8% (22)		
마한 국명 표기자 (79자)	46.8% (37)					
후대 한자 평균 (9,622자)	2.3% (217)	5.2% (504)	10.4% (997)	5.1% (490)	15.5% (1492)	16.5% (1583)
후대 한자 평균 (9,622자)	17.9% (1718)			37.1% (3565)		
후대 한자 평균 (9,622자)	54.9% (5,283)					

마한 국명 표기자는 77자밖에 되지 않기 때문에 자료의 신빙성이 떨어질 것으로 예상했으나, 예상과는 달리 뚜렷한 경향성을 보이고 있어서 오히려 주목된다. 入聲字 비율에서는 후대 한자 평균과 큰 차이를 보이지 않는다. 모 집단이 적은데도 불구하고, 입성자가 후술할 백제 목간이나 『일본서기』의 표음자와 거의 같은 비율로 나타난다는 점이 인상적이다.

그런데 이 비율이 정말로 언어학적으로 의미가 있는 것인지를 밝히려면 비교 집단이 있어야 한다. 이 비교 집단으로 후대의 光州『千字文』, 『訓蒙字會』, 이토 지유키(2007)의 자료편을 이용했다. 『千字

---

5 이처럼 입성자와 양성운미자의 점유 비율을 적극적으로 활용한 연구로는 森博達 (1985)가 있다. 森博達(1985)는 『三國志』 魏書倭人傳에 나오는 한자 중에서 운미가 있는 한자의 비율을 계산하여, 당시의 일본어에 閉音節이 존재하지 않았을 가능성이 크다고 했다.

文』은 1,000자, 『訓蒙字會』는 3,360자, 이토 지유키(2007)의 자료편은 5,262자를 수록했으므로 이들을 모두 합하면 9,622자가 된다. 光州『千字文』은 일부의 단어에서 백제 계통의 訓을 가지고 있고 (李基文 1972다) 한자 학습의 입문서이다. 『訓蒙字會』는 한자음이 가장 많이 수록된 텍스트이고 한자음 연구의 권위자인 崔世珍이 편찬한 것이다. 이토 지유키(2007)의 자료편은 한국 중세 시기의 현실 한자음을 망라한 텍스트이다. 따라서 이 세 텍스트를 비교 자료로 채택했다. 이때에는 『訓蒙字會』의 한자음이 결과적으로 두 번 계산된다는 문제가 남는다. 이토 지유키(2007)의 자료편에 『訓蒙字會』가 이미 포함되어 있기 때문이다. 그렇더라도 『訓蒙字會』가 한자 학습에서 차지하는 비중이 아주 컸다는 점과 정통 한자음이 수록되어 있다는 점을 감안하여 중복 계산을 허용하기로 한다. 한국 현대 한자음은[6] 중세 한자음과 다른 것이 많으므로 비교 집단에서 제외한다.

이 세 가지 텍스트에서 입성자와 양성운미자가 차지하는 비율을 산출해 보면 아래의 (5)와 같다. 이것의 평균을 취한 것이 (4)의 아래쪽에 덧붙인 '후대 한자 평균'이다.

(5)의 세 가지 텍스트를 서로 비교해 보면, 대개 1.5% 정도의 차이밖에 나지 않는다. 이 오차 범위를 벗어난 것으로는 光州『千字文』에서 /-ŋ/의 비율이 유독 높다는 것뿐이다.[7] 이처럼 양성운미자에서는 편차가 클 때가 있지만, 입성자에서는 세 텍스트 상호간의 편차

---

6 11,000여 자가 전자화되어 있는 현대의 Unihan_Readings.txt에서의 비율을 참고삼아 제시하면 '-ㅂ'이 3.1%, '-ㄹ'이 6.4%, '-ㄱ'이 10.2%, '-ㅁ'이 5.8%, '-ㄴ'이 19.2%, '-ㅇ'이 16.9%이다. 이 비율에 대해서는 박진호 교수의 도움을 받았음을 밝혀 감사드린다. 전반적으로 한국 중세 한자음에 비하여 현대 한자음은 입성자와 양성운미자가 차지하는 비율이 커진다.

7 현대의 Unihan_Readings.txt에서는 /-n/의 비율이 갑자기 높아진다.

가 1.5% 미만으로 일정하다.

(5) 후대 텍스트에서의 입성자와 양성운미자의 비율

	-p	-t(ㄹ)	-k	-m	-n	-ŋ
광주 천자문	2.0% (20)	4.3% (43)	11.0% (110)	3.8% (38)	15.1% (151)	20.3% (203)
	17.3%			39.2%		
	56.5%					
훈몽자회	2.2% (74)	4.9% (165)	10.4% (349)	5.2% (175)	14.9% (501)	16.4% (551)
	17.6%			36.2%		
	53.8%					
이토 지유키 (2007)	2.3% (123)	5.6% (296)	10.2% (538)	5.3% (277)	16.0% (840)	15.8% (829)
	18.2% (957)			37.0% (1946)		
	55.2% (2903)					

이제 다시 (4)로 돌아가서, 마한 국명 표기자에서 입성자가 차지하는 비율을 후대의 평균과 비교해 본다. 이 둘 사이에 큰 차이가 없음을 금방 확인할 수 있다. 한국 중세 한자음에서는 음절말 자음 /-p, -l(〈 -t), -k/가 있었고, 이들이 차지하는 비율이 각각 2.3%, 5.2 %, 10.4%이다. 그렇다면 음절말 자음 /-p, -t, -k/의 점유 비율이 각각 2.5%, 5.1%, 11.4%인 3세기의 마한어에서도 이 세 자음이 음절말 위치에 올 수 있었다고 보아야 한다.

한편, 마한 국명 표기자에서는 /-m/ 운미자 비율이 아주 높은 반면에, /-ŋ/ 운미자의 비율이 아주 낮다. 마치 이 둘이 서로 반비례 관계인 것처럼 보인다. 3세기 무렵의 마한어에서는 아마도 /-ŋ/가 음소로 정착하지 않았을 것 같다. 이러한 추론이 가능한 것은 마한 국명 표음자에서의 /-ŋ/ 운미자 비율이 2.5%에 지나지 않는데, 그 이후의 자료인 백제 목간에서는 비율이 8.8%로 커지고 『일본서기』에서는 14.4%로 더 커지기 때문이다(후술). 반면에 /-m/ 운미자에서는 마한 국명 자료가 여타 자료에 비하여 점유 비율이 가장 높다. /-m/ 운미자의 비율은 마한 국명 표음자가 10.1%로 가장 높은데에 비하여, 백제 목간에서는 2.7%로, 『일본서기』에서는 4.4%로 낮아진다. 이 두 가지 사실을 하나로 종합하여 마한 국명의 /-m/ 운미자와 /-ŋ/ 운미자가 반비례 관계에 있다고 말할 수 있다. 이 관계에서, 마한어의 /-m/ 운미자가 백제어의 /-ŋ/ 운미자로 변화했을 가능성이 제기된다. 이러한 통시적 변화를 함의하고 있다는 점에서 마한 국명의 표음자는 비록 소수의 예이기는 하지만 아주 귀중한 가치를 가진다.

다음으로, 백제 목간 음차자의 입성자 및 양성운미자에 대한 논의로 넘어간다. 3章의 (5)에 정리한 백제 목간의 표음자 중에서 입성자와 양성운미자를 골라보면 다음과 같다.

(6) 백제 목간 음차자 147(148)자의[8] 입성자 및 양성운미자 목록

  /-p/ : 及 急 法 習 邑 (5)

  /-t/ : 日 達 栗 不 率 悅 漆 八 (8)

  /-k/ : 谷 匊 德 竹 得 彔 目 白 夕 席 錫 藥 雀 寂 丑 或 (16)

  /-m/ : 堪 今 三 欠 (4)

  /-n/ : 干 扞 官 人 佃 滿 眠 文 分 山 淳 信 安 源 遠 前 進 眞
       川 彈 漢 韓 暈 (23)

  /-ŋ/ : 椋 工 丁 亮 明 冥 方 上 宋 墻 靜 行 向 (13)

---

8 '不'에 운미가 있는 것과 없는 것의 두 가지 음가가 있으므로, 모 집단이 하나 늘었다.

(7) 백제 목간 음차자 147(148)자의 입성자 및 양성운미자 비율

	-p	-t	-k	-m	-n	-ŋ
백제 목간 표음자 (148자)	3.4% (5)	5.4% (8)	10.8% (16)	2.7% (4)	15.5% (23)	8.8% (13)
	19.6% (29)			27.0% (40)		
	46.6% (69)					
후대 한자 평균	2.3%	5.2%	10.4%	5.1%	15.5%	16.5%
	17.9%			37.1%		
	54.9%					

(7)의 표에서 볼 수 있듯이 백제 목간에도 의외로 입성자가 많이 나온다. /-p, -t, -k/의 입성자를 모두 합하면 29자인데, 이것은 전체 148자의 19.6%에 이른다. 이것은 후대의 평균보다도 높다. 이 정도의 입성자 비율이라면 백제 목간에서 /-p, -t, -k/가 음절말 위치에 올 수 있었다고 보는 것이 합리적이다.

/-m, -n, -ŋ/의 양성운미자만 모두 합하면 40자이고, 이것은 전체의 27.0%에 이른다. 후대의 평균보다 대략 10%가 낮은 수치인데, /-m/과 /-ŋ/에서 각각 2.4%와 7.7%씩 차이가 난다. 그렇더라도 양성운미자도 백제어의 음절말 위치에 올 수 있었다고 보아야 한다. 백제 목간에서 /-m/과 /-ŋ/이 차지하는 비율을 마한 국명의 비율과 대비하면 이 둘이 마치 반비례 관계에 있는 것처럼 보인다. 10.1%와 2.5%의 비율이 각각 2.7%와 8.8%의 비율로 바뀌었기 때문이다.

다음으로 중국 기타 사서의 표기자에 대한 논의로 넘어간다. 3章의 (28)에 정리한 중국 기타 사서의 백제 표음자 157자 중에서 입성자와 양성운미자를 골라내면 다음과 같다.

(8) 중국 사서의 표기자 157(158)자의[9] 입성자 및 양성운미자 목록

/-p/ : 法 涉 劦 (3)

/-t/ : 吉 日 達 弗 率 (5)

/-k/ : 穀 國 克 尅 肉 德 督 竹 得 歷 陸 木 沐 博 辟 簿 苩 塞
　　　爵 錯 (19)

/-m/ : 衿 擔 點 (3)

/-n/ : 干 杆 鞬 昆 官 軍 郡 瑾 陳 隣 面 文 辯 先 宣 安 燕 恩
　　　前 晉 眞 振 贊 腆 賢 暈 (26)

/-ŋ/ : 慶 椋 空 宮 寧 長 張 貞 中 領 隆 名 明 方 上 聖 楊 映
　　　王 璋 將 昌 平 巷 鄕 (25)

(9) 중국 사서의 표기자 157(158)자의 입성자 및 양성운미자 비율

	-p	-t	-k	-m	-n	-ŋ
중국 사서 표음자 (158자)	1.9% (3)	3.2% (5)	12.0% (19)	1.9% (3)	16.5% (26)	15.8% (25)
	17.1%(27)			34.2%(54)		
	51.3%(81)					
후대 한자 평균	2.3%	5.2%	10.4%	5.1%	15.5%	16.5%
	17.9%			37.1%		
	54.9%					

　　중국 사서의 표음자에서는 입성운미 /-p, -t, -k/가 차지하는 비율
이 후대 한자의 평균 비율과 거의 같다. 따라서 여기에서도 /-p, -t,
-k/가 음절말 위치에 올 수 있었다고 보아야 한다. 후대 한자 평균과
비교할 때에, /-t/의 비율이 2.0% 작은 데에 비하여 /-k/의 비율이
1.6% 크다는 점을 덧붙여 둔다.

　　양성운미에서는 /-m/의 비율이 낮은 데에 비하여 /-ŋ/의 비율이

---

9 '塞'은 음가가 두 개이다.

15.8%로 아주 높아졌다. 마한 국명의 2.5%, 백제목간의 8.8%에 비하여 중국 사서에서는 15.8%이므로 5~7세기의 백제어에서는 이미 /-ŋ/가 음절말 위치에 올 수 있었다고 할 수 있다.

다음으로, 『일본서기』 백제 고유명사 표기자(267자)의 입성자와 양성운미자 목록을 정리해 보면 다음과 같다.

> (10) 『일본서기』 백제 고유명사 표기자 267(270)자의[10] 입성자 및 양성운미자 목록
>
> /-p/ : 甲 答 法 葉 執 集 (6)
>
> /-t/ : 吉 日 達 末 不 率 室 日 (8)
>
> /-k/ : 角 覺 谷 國 德 適 嫡 得 直 勒 莫 木 白 辟 服 福 塞 石 昔 速 宿 寔 憶 屋 灼 積 卽 乇 宅 (29)
>
> /-m/ : 甘 今 金 南 任 曇 林 三 深 嚴 侵 枕 (12)
>
> /-n/ : 干 杆 昆 軍 勸 斤 難 仁 旦 段 敦 珍 連 萬 滿 文 汶 潘 辨 炖 分 山 宣 善 孫 淳 辛 新 身 信 安 言 燕 緣 尹 恩 辰 晉 眞 進 津 贊 天 千 春 峴 (46)
>
> /-ŋ/ : 徑 掠 光 寧 長 丁 頂 東 登 騰 郞 良 量 令 聆 隆 悷 明 上 尙 成 聖 城 勝 陽 楊 用 王 將 章 正 從 衆 昌 總 聰 忠 平 豊 (39)

아래의 (11)에서 볼 수 있는 것처럼, 『일본서기』 표기자에서의 입성자와 양성운미자 비율은 후대 한자에서의 비율과 거의 같다. 가장 크게 차이가 나는 것은 /-t/ 운미자인데, 그 차이는 2.2%에 불과하다. 『일본서기』 표음자의 사례 수가 많기 때문에 이처럼 일치도가 높

---

10 '不, 塞, 宿'의 세 글자가 두 가지 음을 가진다.

아졌을 것이다. 이러한 비율이라면 『일본서기』 표음자에서도 /-p, -t, -k/, /-m, -n, -ŋ/ 등이 음절말 위치에 올 수 있었다고 보아야 한다.

(11) 『일본서기』 표기자 267(270)자의 입성자 및 양성운미자 비율

	-p	-t	-k	-m	-n	-ŋ
일본 서기 표음자 (270자)	2.2% (6)	3.0% (8)	10.7% (29)	4.4% (12)	17.0% (46)	14.4% (39)
	15.9% (43)			35.9% (97)		
	51.9% (140)					
후대 한자 평균	2.3%	5.2%	10.4%	5.1%	15.5%	16.5%
	17.9%			37.1%		
	54.9%					

다음으로 『삼국사기』 지리지의 백제지명 음차자에 대한 논의로 넘어간다. 3章의 (39)에 정리한 백제지명 음차자를 대상으로 입성자와 양성운미자를 뽑아보면 다음과 같다.

(12) 『삼국사기』 지리지 백제지명 표기자 155(156)자의[11] 입성자 및 양성운미자 목록

/-p/ : (0)

/-t/ : 結 骨 屈 熱 突 埃 勿 發 伐 薩 舌 述 實 閼 悅 乙 一 折 柒 忽 肦 (21)

/-k/ : 德 竹 直 力 六 莫 木 辟 碧 伏 伯 塞 惡 欲 捉 (15)

/-m/ : 甘 欲 今 琴 任 林 彡 音 陰 (9)

---

11 '塞'에는 운미의 유무에서 차이가 나는 두 개의 음가가 있으므로, 항목이 하나 늘었다.

/-n/ : 軍 斤 近 難 仁 仍[12] 遁 文 半 分 賓 山 新 安 源 猿 尹 因
　　　 存 眞 進 欣 (22)

/-ŋ/ : 冬 等 良 龍 陵 上 省 衆 平 黃 (10)

(13) 『삼국사기』 지리지 백제지명 표기자 155(156)자의 입성자 및 양성
운미자 비율

	−p	−t	−k	−m	−n	−ŋ
삼국사기 지리지 표음자 (156자)	0.0% (0)	13.5% (21)	9.6% (15)	5.8% (9)	14.1% (22)	6.4% (10)
	23.1% (36)			26.3% (41)		
	49.4% (77)					
후대 한자 평균	2.3%	5.2%	10.4%	5.1%	15.5%	16.5%
	17.9%			37.1%		
	54.9%					

『삼국사기』 지리지에서는 입성자 /-t/의 비율이 여타 텍스트에 비
하여 아주 높다. 여타의 텍스트에서는 3.0%~5.4%로 일정한 비율을
보였는데, 『삼국사기』 지리지에서는 13.5%로 급상승한 것이다. 마한
국명, 백제 목간, 중국의 기타 사서, 『일본서기』 등의 백제 고유명사
표기에서는 항상 /-k/ 운미자가 /-t/ 운미자보다 2배 이상 많았다.
그런데 『삼국사기』 지리지에서는 /-t/ 운미자가 /-k/ 운미자보다 용
례가 더 많다.

이것이 혹시 표기법의 변화를 암시하는 것은 아닐까? 마한 국명은
확실하지 않지만, 백제 목간, 중국의 기타 사서, 『일본서기』 등의 백
제 고유명사 표기는 기본적으로 백제인에 의해 이루어진 것이다. 이
에 반해 『삼국사기』 지리지의 백제 고유명사 표기는 신라인에 의해

---

12 '仍'은 [日開C平蒸]에 속하는데, 한국 중세 한자음이 '신, 잉'의 두 가지이다.
여기서는 '신'을 표준으로 간주했다.

이루어졌다. 이 차이 때문에『삼국사기』지리지에서 입성자 /-t/의 비율이 갑자기 높아진 것이라는 가정이 성립한다. 뒤에서 제시하겠지만,『삼국사기』의 기타 권차에서는 이 /-t/와 /-k/의 비율이 6.5%로 같다. 그렇다면『삼국사기』는 그 이전의 여타 자료에 비하여 입성자 /-t/의 비율이 높다는 것이 확실하다.

또 하나의 특징을 지적해 둘 필요가 있다.『삼국사기』지리지의 양성운미자 /-ŋ/의 비율이 여타 자료에 비하여 현저히 낮다는 점이다. 마한어에서는 /-ŋ/가 음소의 자격을 가지지 못했던 듯하지만, 그 이후의 백제어 자료에서는 꾸준히 /-ŋ/의 점유 비율이 높아진다. 백제 목간에서 8.8%, 중국의 기타 사서에서 15.8%,『일본서기』에서 14.4%로 나타나므로, 지리지의 6.4%는 이해하기 어려울 정도로 갑자기 비율이 낮아진 것이다.『삼국사기』의 기타 권차에서 /-ŋ/가 13.7%의 비율을 보인다는 점을 고려하면, 지리지의 6.4%는 특히나 낮은 수치임이 분명하다.

이처럼 급격히 수치가 낮아진 원인은 지명 표기의 특수성에서 찾을 수 있다.『삼국사기』지리지 권제36·권제37은 오로지 지명만을 다룬 텍스트이다. 여타의 텍스트에서는 지명뿐만 아니라 인명, 관명, 물명 등을 포괄한다.『삼국사기』지리지에서 /-t/ 운미자의 용례가 갑자기 많아지고 반면에 /-ŋ/ 운미자의 용례가 갑자기 적어진 것은 바로 이 차이에서 비롯되었을 것이다.

다음으로,『舊唐書』·『唐書』의 백제 표음자에 대한 논의로 넘어간다. 3章의 (32)에 정리한 표음자 목록에서 입성자와 양성운미자를 뽑아보면 다음과 같다.

(14)『구당서』·『당서』의 백제 표음자 84자의 입성자 및 양성운미자 목록

/-p/ : 法 劦 (2)

/-t/ : 達 (1)

/-k/ : 國 德 獨 木 薄 福 植 黑 (8)

/-m/ : 金 任 琛 (3)

/-n/ : 官 郡 文 信 臣 安 演 尹 存 眞 親 (11)

/-ŋ/ : 敬 長 貞 廷 領 隆 明 兵 相 常 勝 王 勇 璋 獎 將 井 昌
　　　 忠 平 豊 (21)

(15) 『구당서』・『당서』의 표음자 84자의 입성자 및 양성운미자 비율

	-p	-t	-k	-m	-n	-ŋ
구당서 당서의 표음자 (84자)	2.4% (2)	1.2% (1)	9.5% (8)	3.8% (3)	13.1% (11)	25.0% (21)
	13.1% (11)			42.6% (36)		
	54.8% (46)					
후대 한자 평균	2.3%	5.2%	10.4%	5.1%	15.5%	16.5%
	17.9%			37.1%		
	54.9%					

『구당서』・『당서』의 백제 표음자에서는 입성자 /-t/의 예가 현저히 적은 데에 비하여, 양성운미자 /-ŋ/의 예가 두드러지게 많다. 이것은 『삼국사기』 지리지와 정반대되는 특징이다. 이 점에서 지명 표기의 예가 많아지면 /-t/의 예가 많아지고, 적어지면 상대적으로 /-ŋ/의 예가 많아진다고 말할 수 있다. 실제로 『구당서』・『당서』에서 지명을 표기한 표음자는 인명 표음자보다 많지 않은 편이다.

이제, 『삼국사기』의 기타 권차에 나오는 백제 고유명사 표기자를 검토해 보기로 한다. 3장의 (42)에 정리한 『삼국사기』 기타 권차의 표음자에서 입성자와 양성운미자를 골라보면 다음과 같다.

林 臨 範 彡 三 深 嚴 音 陰 占 侵 枕 琛 欠 (32)

/-n/ : 干 杆 簡 乾 韃 見 堅 坤 昆 官 關 軍 郡 勸 斤 近 瑾 難
年 人 仁 仍 旦 段 佃 敦 遁 珍 陳 鎭 連 隣 萬 滿 免 面
眠 文 汶 門 半 泮 潘 辨 辯 本 炑 分 汾 濆 賓 山 先 宣
善 孫 淳 順 信 辛 莘 臣 新 身 神 辰 安 言 演 燕 緣 溫
雲 暈 原 源 爰 猿 遠 允 尹 恩 殷 因 前 存 振 晉 眞 津
進 贊 千 川 春 親 彈 誕 天 腆 漢 韓 獻 峴 現 賢 訓 欣
(108)

/-ŋ/ : 康 耿 庚 徑 椋 慶 敬 卿 工 公 空 光 宮 寧 禮 長 張 丁
頂 貞 廷 冬 東 中 仲 登 等 騰 亮 良 郎 量 令 聆 領 龍
隆 悷 陵 亡 冥 命 名 明 鳴 方 芳 兵 桑 上 尙 相 常 成
聖 城 省 宋 送 松 承 勝 生 襄 陽 楊 永 映 營 王 勇 容
用 墻 章 璋 將 獎 井 正 淨 靜 從 衆 昌 靑 總 聰 忠 平
豊 巷 行 向 鄕 洪 紅 皇 黃 興 (100)

(22) 백제어 표음자 694(702)자의 입성자 및 양성운미자 비율

	⁻p	⁻t	⁻k	⁻m	⁻n	⁻ŋ
백제어 표음자 (702자)	2.4% (17)	5.8% (41)	10.8% (76)	4.6% (32)	15.4% (108)	14.2% (100)
	19.1% (134)			34.2% (240)		
	53.3% (374)					
후대 한자 평균	2.3%	5.2%	10.4%	5.1%	15.5%	16.5%
	17.9%			37.1%		
	54.9%					

백제어 표음자의 입성자 및 양성운미자 비율을 계산해 보면 후대 한자의 평균치와 거의 대부분 일치한다. /-ŋ/ 운미에서는 2.3%의 차이가 나지만 나머지 운미에서는 0.6% 이하의 오차밖에 나지 않는다. 그렇다면 백제 한자음은 한국 중세 한자음처럼 /-p, -t, -k/, /-m,

-n, -ŋ/ 등의 음절말 자음을 가지고 있었다고 보아야 한다. 일본의 『古事記』와 『日本書紀』에 수록된 記紀歌謠에서는 입성자의 비율이 1%도 채 되지 않으므로 고대 일본어에서는 CVC 음절을 인정할 수 없다. 반면에 백제어 표음자에서는 입성자가 19.1%의 비율을 가진다. 이처럼 높은 비율을 무시하고 백제어에 CVC 음절이 없었다고 주장하는 것은 얼른 이해하기 어렵다. 따라서 이 글에서는 /-p, -t, -k/ 셋을 모두 백제어의 음절말 자음으로 인정한다. 마찬가지 논리로, 양성운미 /-m, -n, -ŋ/도 백제어의 음절말 자음으로 인정한다.

이와는 다른 방법으로 백제어에 음절말 자음이 있었음을 논증할 수 있다. 일본의 上代 표기법을 이용하는 방법이다. 그 표기법 중에 이른바 聯合假名라는 것이 있다. 폐음절(즉 CVC의 음절)의 음절말 자음과 뒤에 오는 음절의 자음이 동일하게 하거나, 폐음절의 음절말 자음 /-m/과 /-n/ 등을 이용하여 후행하는 자음이 유성자음임을 나타내는 표기법이다. 그런데 馬淵和夫(1982)는 稻荷山古墳出土鐵劍銘에 나오는 '獲巨[ワケ]'라는 표기에 주목하여 아주 중요한 결론을 내린 바 있다. '獲巨[ワケ]'에 적용된 聯合假名 표기는 폐음절을 모국어로 하는 도래인만이 이용할 수 있는 표기라는 것이다.[16] 이것은 백제어에 폐음절 즉 CVC의 음절이 있었음을 증명해 준다.

앞에서 텍스트별로 나누어 각각의 음절말 자음이 차지하는 비율을 논의한 바 있다. 이제 이들을 종합하여 하나의 표를 만들어 보면 아래의 (23)과 같다.

이 표를 통하여 위에서 논의된 것 이외에도 다음과 같은 사실을 덧붙일 수 있다.

---

16 推古遺文을 대상으로 하여 大野透(1962: 51)가 추출한 聯合假名의 예들도 도래인이 표기한 것이라고 할 수 있다(미즈노 슌페이 1997).

(23) 텍스트별 음절말 자음 종합 (%)

텍스트 \ 운미	-p	-t	-k	-m	-n	-ŋ	입성운미	양성운미	운미종합
마한 국명	2.5	5.1	11.4	10.1	15.2	2.5	19.0	27.8	46.8
백제목간	3.4	5.4	10.8	2.7	15.5	8.8	19.6	27.0	46.6
중국 사서	1.9	3.2	12.0	1.9	16.5	15.8	15.8	34.2	51.3
일본서기	2.2	3.0	10.7	4.4	17.0	14.4	15.9	35.9	51.9
지리지	0.0	13.5	9.6	5.8	14.1	6.4	23.1	26.3	49.4
구당서 당서	2.4	1.2	9.5	3.8	13.1	25.0	13.1	42.6	54.8
삼국사기	1.0	6.5	6.5	3.5	15.6	13.7	14.0	32.9	46.9
삼국유사	0.7	4.9	4.2	2.8	16.1	12.6	9.8	31.5	41.3
전체 종합	2.4	5.8	10.8	4.6	15.4	14.2	19.1	34.2	53.3
후대 평균	2.3	5.2	10.4	5.1	15.5	16.5	17.9	37.1	54.9

첫째, 음절말 자음의 분포 비율은 대체적으로 '/-p/ 〈 /-m/, /-t/ 〈 /-k/, /-ŋ/ ≦ /-n/'의 순서를 보인다.

둘째, 양성운미의 점유 비율은 후대로 내려갈수록 높아진다. 이 변화에서 『삼국사기』 지리지는 예외적이다.

셋째, /-k/는 후대로 갈수록 점유 비율이 낮아지는 반면에 /-ŋ/은 점점 높아진다. 중국 사서에서 이 둘의 점유 비율이 역전된다.

넷째, 마한어와 백제어에서는 /-n/의 비율이 /-ŋ/보다 높지만, /-ŋ/의 비율이 높아짐에 따라 조선시대에는 결국 역전된다. 『구당서』·『당서』는 예외적이다.

다섯째, 마한어에서는 /-ŋ/가 음소의 자격을 갖지 않았을 것이다. 그러나 백제 목간, 중국 사서, 『일본서기』 등의 텍스트에서 /-ŋ/의 점유 비율이 상승한 것을 보면, 5~7세기에는 /-ŋ/가 음소의 자격을 얻었을 것이다.

여섯째, 마한어에서는 음절말 자음 /-m/이 많았으나 이것이 점차

/-ŋ/로 변화했을 것이다. 이 변화는 백제어 단계에서 음절말 자음 /-ŋ/가 음소의 자격을 획득한 것과 관련된다.

일곱째, 『삼국사기』 지리지 권제36·권제37의 지명 표기와 『삼국사기』 기타 권차의 고유명사 표기를 준별하여, 이 둘을 서로 다른 별개의 텍스트라고 해야 할 것이다. 음절말 자음 /-t/, /-k/, /-m/, /-ŋ/ 등이 차지하는 비율에서 이 둘은 현격하게 차이가 나기 때문이다. 지리지는 /-t/의 점유 비율이 13.3%로 아주 높은 데에 반하여 /-ŋ/의 점유 비율은 6.3%로 아주 낮다. 여러 텍스트 중에서 『삼국사기』 지리지의 비율이 가장 특이하다. 이 특이성의 원인은 아마도 지리지가 '지명만을 수록한' 텍스트라는 데에 있을 것이다.

여덟째, 입성운미의 비율이 상대적으로 낮은 편이라는 점에서 『구당서』·『당서』, 『삼국사기』 기타 권차, 『삼국유사』의 세 가지 텍스트를 하나의 부류로 묶을 수 있다. 이 세 텍스트는 편찬의 시기가 늦다는 공통점도 가지고 있다. 반면에 마한 국명, 백제 목간, 중국 사서, 『일본서기』의 네 가지 텍스트를 하나의 부류로 묶을 수 있다. 이 4종의 텍스트에서는 입성자의 비율이 비교적 일정하고 양성운미자의 비율이 점진적으로 높아진다.

4.4. 舌內 입성운미 /-t/의 변화 여부

한어 중고음의 舌內 入聲韻尾 /-t/가 한국 중세 한자음에서는 /-l/로 실현된다. 이것은 한국 한자음의 여러 특징 중에서도 아주 독특한 것이라서 일찍부터 관심의 대상이었다. 이 변화의 원인과 시기에 대해서는 Lee(2013a)에서 우리의 견해를 이미 피력한 바 있으므로 여기에서는 그 요지만 간단히 소개하기로 한다.

백제어에서는 '/-t/ 〉 /-l/'의 변화가 일어나지 않았다. 이 변화는 백제에서 일어난 것이 아니라 신라에서 일어났고, 변화 시기는 7세기 중엽이었던 것으로 추정된다.

위의 결론에 따르면 백제어에서는 멸망할 때까지 한어의 설내 입성운미 /-t/가 그대로 유지되었다. 이것은 일본의 한자음에서 확인된다. 일본의 吳音은 백제에서 수용한 것이라고 하고 漢音은 당 나라로부터 직접 수용한 것이라고 한다. 이 두 층의 일본 한자음에서 한어의 /-t/가 /-ts(u)/ 또는 /-ts(i)/로 유지된다. 그렇다면 거꾸로 백제 한자음에서도 /-t/가 유지되었다고 해야 합리적이다. 만약 백제어에서 이미 '/-t/ 〉 /-l/'의 변화가 일어났다고 하면 적어도 일본의 吳音에서도 -l의 흔적이 남아 있어야 한다. 그런데 이 /-l/이나 이것의 일본어적 수용형인 /-ru/ 또는 /-ri/가 문증되지 않는다.[17] 오히려 /-t/의 일본어적 수용형인 /-ts(u)/ 또는 /-ts(i)/가 문증될 뿐이다. 이것은 일본이 오음을 수용할 당시의 백제 한자음이 /-t/였음을 말해 준다.

이러한 논리에 따르면 한국 중세 한자음의 /-l/을 어떻게 설명할 것인가 하는 문제가 뒤따른다. 한국 중세 한자음은 百濟 한자음이 아니라 新羅 한자음을 기반으로 했을 가능성이 크다. 신라 한자음에서는 7세기 중엽에 '/-t/ 〉 /-l/'의 변화가 일어났다. 그 논거로는 다음의 목간 자료를 들 수 있다.

---

17 이러한 예가 일부 보고된 바 있다. 『삼국사기』의 '奈麻/奈末'에 『일본서기』의 '奈麻禮'가 대응하는 예(河野六郎 1968), 『삼국사기』의 '達'이 일본의 여러 자료에서 'tari'로 표기되는 예, 『삼국사기』의 '毛末'이 『일본서기』에 나오는 '毛麻利叱智'의 '毛麻利'에 대응하는 예(藤井茂利 1996: 57) 등을 들 수 있다. 그러나 이들은 전부 신라의 예이지 백제의 예가 아니다.

(24) 咸安城山山城 목간의 穀名 '牟'과 '原'

　　가. [… ■■村以■牟石 〉] (咸安 城山山城 53-1)

　　나. [… 只伐支原石　　　　] (咸安 城山山城 195-1)

　咸安 城山山城 53호 목간에 '牟石'이, 195호 목간에 '原石'이 나온다. 이 목간은 다른 곳에서 함안의 성산산성으로 곡물을 부칠 때에 그 곡물에 부착했던 꼬리표(荷札) 목간이다. 목간의 형태나 목간의 마지막 글자가 '石'이라는 점에서 이것을 알 수 있다. 꼬리표 목간에서는 단위명사 '石' 앞에 곡명이 오고 그 앞에는 발송지와 발송자가 오는 것이 일반적이다. 이 점에서 (24.가)의 '牟'과 (24.나)의 '原'은 곡명임이 확실하고, 각각 그 앞에 온 '以■'와 '只伐支'는 발송자임이 분명하다.

　그렇다면 이 '牟'과 '原'이 어느 곡명에 해당할까? 이 둘을 음독하면 곡명이 되지 않으므로 훈독해 본다. 이들을 훈독하되, '牟'과 '原'에 공통되는 훈은 '밑/믿'이다. '밑/믿'이 곡명이라니 얼른 믿기지 않을 것이다. 그러나 이것은 '밀'(小麥)의 先代形일 가능성이 아주 크다. 이 '밑/믿'에 '/-t/ 〉 /-l/'의 변화를 대입하면 후대의 곡명 '밀'이 된다. 한자음에서 일어난 이 변화에 휩쓸려 곡명 '밑/믿'이 '밀'로 바뀌었다고 본다. 곡명 '밑/믿'은 한자음과 마찬가지로 차용어로 인식되어 이 변화를 겪었지만, '低, 本, 基'의 의미를 가지는 '밑/믿'은 고유어였으므로 이 변화를 겪지 않았다.

　함안 성산산성 목간은 6세기 중엽의 목간이다. 이에 따르면 '/-t/ 〉 /-l/'의 변화가 6세기 중엽까지는 일어나지 않았다. 신라에서 이 변화가 일어난 것은 7세기 중엽 이후인 듯하다.[18] 7세기 중엽은 동아시

----

18 李敦柱(1995: 281)는 眞平王代(재위 579~631년)에 불린 '薯童謠'에 대격조

아에 큰 전쟁이 일어나, 羅唐 연합군에 의해 백제와 고구려가 멸망한 시기이다. 이 시기 이후에 '/-t/ 〉 /-l/'의 변화가 일어났다면, 설내 입성운미 /-t/가 일본의 吳音이나 漢音에서 /-ts(u)/ 또는 /-ts(i)/로 반영되는 현상을 아주 자연스럽게 기술할 수 있다. 설내 입성운미가 7세기 중엽 이후에 신라에서만 /-l/로 바뀌었으므로, 일본 한자음에서는 /-l/이 보이지 않는다.[19]

　요약하자면, '/-t/ 〉 /-l/'의 변화는 백제 한자음에서는 일어나지 않았고 7세기 중엽 이후에 신라 한자음에서만 일어난 변화이다.

사 '乙'이 나오는 것으로 보아 7세기에 '/-t/ 〉 /-l/'의 변화가 일어났다고 보았다.

　19 兪昌均(1991: 391)에서는 '伐音 〉 富林'과 같은 예를 들어 백제어에서 이미 '/-t/ 〉 /-l/'의 변화가 일어났다고 보았다. 이에 따르면 일본의 오음에서 /-r(i)/나 /-r(u)/가 발견되지 않는 까닭을 설명하기 어렵다. 姜信沆(2003: 71)은 한국 한자음에서의 '/-t/ 〉 /-l/'化는 고대 한국어 자료들이 보여주듯이, 한국어 음절말 자음 /-l/의 특징에서 그 원인을 찾아야 될 것이라고 하였다.

5. 표음자의 성모 분석

漢字音 기술을 통하여 음운체계를 분석해 내는 일은 쉬운 일이 아니다. 그렇더라도 몇 가지 기준을 세워서 백제어의 음운체계를 재구해 볼 수 있다.

첫째, 사용된 聲母의 상대적 비율이 높을수록 그 성모가 音素로 설정될 가능성도 상대적으로 커진다. 이 기준에 따르면 사용된 적이 없는 성모는 백제어 자음 음소 목록에서 당연히 제외하고, 사용 비율이 현저히 낮은 성모도 음운론적 기술이 가능하다면 목록에서 제외할 것이다. 이것은 계량적 분석법의 일종이다.

둘째, 음절편향이나 음절구조제약이 적용될 수 있는지를 살핀다. 이것은 한국 한자음을 연구하는 학자들 사이에서 단골 메뉴로 등장하는 방법이다. 河野六郎(1968)가 적극적으로 이 방법을 이용하였고, 이토 지유키(2007)도 기본적으로 이 방법을 따르고 있다. 이 방법을 우리는 구조 분석법이라 지칭한다.

셋째, 성모 상호간의 상보적 분포 여부를 확인한다. 두 성모가 음운론적으로 아주 가까운 관계에 있는데, 마침 이 두 성모가 상보적 분포를 이룬다면, 이 둘을 하나의 음소로 기술하는 것이 일반적이다. 반면에, 두 개의 한자가 韻母, 聲調, 等, 開合 등이 모두 동일하면서도 유독 聲母에서만 차이가 날 때가 있다. 聲母를 기준으로 할 때에, 이런 두 한자는 최소대립 쌍이 된다. 최소대립을 이루는 두 성모는 음운론적으로 변별되므로 각각 별개의 독자적인 음소로 등록된다.

이 방법은 프라그 학파의 음소 분석 이론에서 정립된 바 있다. 우리는 상보적 분포와 최소대립 쌍을 중심으로 백제어의 자음을 설정하게 되는데, 이것을 분포 분석법이라 부르기로 한다.

5.1. 성모의 계량적 정리

이제 성모의 용례를 계량적으로 정리해 보기로 한다. 3章의 (50)에 제시한 백제어 표음자 694(707)자를 대상으로, 聲母의 출현 횟수를 텍스트별로 정리하여 다음과 같은 표를 만들 수 있다.

(1) 성모의 사용 비율에 따른 자료별 정리

성모	자료		마한	목간	중국	경홍	일본	지리	당서	사기	유사	합계
1	俟z	0	0	0	0	0	0	0	0	0	0	0
2	莊tʂ	2	0	0	0	0	0	1	0	1	1	3
3	徹ʈʰ	2	0	1	0	0	0	0	1	1	0	3
4	敷fʰ	2	0	0	0	0	1	0	1	2	1	5
5	滂pʰ	3	0	0	0	0	1	1	0	1	1	4
6	初tʂʰ	3	1	1	0	0	1	1	0	0	0	4
7	娘ɳ	3	0	0	0	0	1	0	1	2	2	6
8	崇dʐ	3	0	1	1	0	0	1	1	3	1	8
9	昌tɕʰ	4	0	1	1	0	2	0	2	2	0	8
10	船dʑ	5	0	0	0	0	1	3	0	2	1	7
11	澄ɖ	7	1	0	2	0	3	1	2	4	2	15
12	邪z	8	1	3	0	0	1	2	0	1	0	8
13	透tʰ	9	0	1	4	1	3	0	1	5	2	17
14	奉v	10	1	0	0	0	2	2	1	8	4	18
15	微ɱ	10	1	2	1	2	7	4	1	5	2	25
16	淸tsʰ	11	1	2	1	1	4	3	1	4	0	17

성모＼자료	마한	목간	중국	경흥	일본	지리	당서	사기	유사	합계
17 泥n 12	3	3	4	0	7	4	1	7	1	30
18 非f 12	1	6	4	0	8	4	2	6	6	37
19 生ʂ 13	1	4	2	1	5	5	3	5	2	28
20 書ɕ 13	1	1	4	2	8	2	1	7	2	28
21 知ʈ 15	1	3	6	2	6	2	4	10	4	38
22 疑ŋ 16	1	4	4	4	5	1	3	4	1	29
23 並b 16	1	2	6	0	8	1	3	7	4	32
24 云ɦ 17	3	3	4	3	3	3	2	7	1	29
25 從dz 17	1	5	1	2	5	2	3	7	4	30
26 群g 18	2	2	1	1	5	4	3	8	5	31
27 日ɲ 18	4	5	2	1	5	5	2	11	5	40
28 曉h 20	1	2	3	3	3	4	2	8	5	31
29 幫p 20	4	3	2	1	7	9	1	10	4	41
30 溪k^h 21	0	3	6	1	3	3	0	13	4	33
31 精ts 24	2	5	7	1	13	4	4	8	5	49
32 常z 25	2	4	4	1	10	3	5	14	5	48
33 影ʔ 25	3	3	7	6	10	11	0	16	7	63
34 端t 26	2	6	9	4	18	4	1	7	3	54
35 定d 27	3	8	4	3	10	8	6	11	4	57
36 章tɕ 28	3	4	4	4	14	6	6	12	7	60
37 羊j 29	1	7	4	4	11	5	4	8	4	48
38 匣ɦ 31	3	9	8	8	5	3	2	11	3	52
39 明m 32	5	11	13	5	13	8	2	12	6	75
40 心s 34	10	7	6	1	16	7	5	15	14	81
41 來l 46	9	8	12	8	20	13	5	17	7	99
42 見k 70	6	17	21	15	28	16	3	31	15	152
합계 (707)	79	147	158	85	273	156	85	313	147	1443

이 표는 위에서 아래로 내려갈수록 수치가 대체적으로 커진다. 위에 온 성모는 백제어의 자음체계에서 제외될 가능성이 크고, 아래로

내려갈수록 백제어의 음소로 설정될 가능성이 커진다. 이 표의 맨 위쪽에 온 齒音 莊組의 俟母는 용례가 아예 없으므로 백제어의 자음 목록에서 당연히 제외된다. 대부분의 언어는 20개 안팎의 자음을 가지기 때문에, 나머지 41개의 자음 중에서 백제어의 자음 목록에 들어가는 것은 반 정도라고 예상할 수 있다.

이 표를 이해할 때에, 맨 왼쪽의 聲母 칸에 직접 적어 넣은 수치와 맨 오른쪽의 합계 수치가 서로 달라 의아할 것이다. 맨 왼쪽 칸의 수치는 9종의 백제어 자료에서 중복되는 표음자를 공제한 수치 즉 3章 (52)의 수치이고, 맨 오른쪽 칸의 수치는 중복되더라도 공제하지 않은 수치이다. 달리 말하면 왼쪽 수치는 성모의 用字 수치이고, 오른쪽 합계 수치는 성모의 用字가 9종의 텍스트에 중복 사용된 것을 모두 포함하는 수치이다.

음운체계를 재구할 때에 둘 이상의 텍스트에서 중복 사용된 표음자가 중요하다. 이 점에서는 왼쪽 수치보다 오른쪽 수치가 더 중요할 것이다. 이 오른쪽 합계 수치를 기준으로 42개 성모를 다시 배열하면 다음과 같다.

(2) 성모의 용례 수치로 배열한 순서

1. 俟 (0)	2. 莊 (3)	3. 徹 (3)	4. 滂 (4)
5. 初 (4)	6. 敷 (5)	7. 娘 (6)	8. 船 (7)
9. 昌 (8)	10. 崇 (8)	11. 邪 (8)	12. 澄 (15)
13. 透 (17)	14. 淸 (17)	15. 奉 (18)	16. 微 (25)
17. 生 (28)	18. 書 (28)	19. 云 (29)	20. 疑 (29)
21. 從 (30)	22. 泥 (30)	23. 群 (31)	24. 曉 (31)
25. 並 (32)	26. 溪 (33)	27. 非 (37)	28. 知 (38)
29. 日 (40)	30. 幫 (41)	31. 常 (48)	32. 羊 (48)

33. 精 (49)　　34. 匣 (52)　　35. 端 (54)　　36. 定 (57)

37. 章 (60)　　38. 影 (63)　　39. 明 (75)　　40. 心 (81)

41. 來 (99)　　42. 見 (152)

(1)의 순서를 택하든 (2)의 순서를 택하든 뒤쪽으로 갈수록 음소로 설정될 가능성이 커진다. 그렇다고 하여 위의 몇 번까지는 백제어의 음소가 아니고 몇 번부터 음소의 자격을 갖는다고 말할 수가 없다. 용례가 적지만 음운론적 대립을 이루는 음소가 있는가 하면, 용례가 많지만 변이음의 자격밖에 가지지 못하는 것이 있기 때문이다.

이 점에서 계량적 분석이 가지는 한계는 명백하다. 따라서 한자음 분석에서는 음절편향이나 음절구조제약과 같은 구조 분석법이나, 음운론적 환경을 기준으로 분석하는 분포 분석법을 적용할 필요가 있다. 이 두 분석 방법은 일반언어학의 음소 분석 방법으로 널리 이용되고 있으므로, 백제어의 음소 목록을 설정할 때에도 이들을 사용한다.

5.2. 脣音

이제 본격적으로 백제어의 자음체계에 대해 논의하기로 한다. 脣音이 가장 간단하므로 순음에 대한 논의부터 시작한다. 백제어 표음자 694(707)자 중에서 성모가 脣音인 것은 다음의 105자이다. 그 분포를 보이면 다음과 같다.

(3) 백제어 표음자의 脣音 105자의 분포

脣音	全淸		次淸		全濁		不淸不濁	
	幫p	非f	滂p^h	敷f^h	並b	奉v	明m	微m
	20	12	3	2	16	10	32	10

5.2.1. 滂母・敷母

일부의 학자들이 고대 한국어에 유기자음이 없었다고 주장한다(河野六郎 1968: 419, 박병채 1971: 311, 조규태 1986: 73~4). 백제어 표음자의 脣音에서도 이것이 확인된다. 유기자음 즉 次淸에 속하는 것은 滂母字인 '泮, 潘, 浦'와 敷母字인 '芳, 豊'밖에 없다. 그런데 중요한 것은 이들이 9종의 백제어 텍스트 중에서 편찬 시기가 상대적으로 늦은 『일본서기』, 지리지, 『구당서』・『당서』, 『삼국사기』, 『삼국유사』 등에만 나타난다는 점이다.

(4) 滂母字와 敷母字의 용례

　가. 泮[滂中1去桓] - 067 沙泮 (사기), 032 沙泮王 (유사)

　　潘[滂中1平桓] - 153 潘量豊ハンリャウフ (일본)

　　浦[滂中1上模] - 012 寺浦 (지리)

　나. 芳[敷中C平陽] - 082 阿芳 (사기), 042 阿芳 (유사)

　　豊[敷中C平東] - 153 潘量豊ハンリャウフ, 194 豊章ホウシャウ

　　(일본), 46 豊達 (당서), 058 扶餘豊 (사기)

(4.가)의 '泮'은 유기자음인 滂母 /p^h/에 속하므로, 원칙적으로는 한국 중세 한자음이 '판'이어야 한다. 그런데도, '반'인 것은 奉母字인 '半' 등에 대한 유추의 결과이다(이토 지유키 2007: 102). (4.가)에 든 '潘量豊'의 '潘'도 원칙적으로는 한국 중세 한자음이 '판'이어야 한다. 그런데도 무기자음인 '반, 번'으로 注音된 것은 "악센트에 의한 것이든지, 並母 '蟠(반ʰ)'의 유추 아니면 敷母 元韻에 속하는 '飜・幡・旛(번ʰ)' 등의 '番' 聲字에 감염된 것으로 보인다"(이토 지유키 2007: 102). (4.가)의 '浦'는 滂母의 음가가 한국 중세 한자음에 그대로 유지된 예에 속한다.

그런데 8세기 이전의 텍스트에서는 滂母字가 백제어 표기에 사용된 적이 전혀 없다. 이 점을 중시하여 백제어에 滂母 즉 /pʰ/가 없었다고 가정할 수 있다. 뒤에서 자연스럽게 확인되겠지만, 백제어의 음소로 설정되는 성모는 8세기 초엽까지의 텍스트에서 대부분 확인된다.

(4.나)의 '芳'은 초성이 유기자음인 敷母 /fʰ/에 속하므로, 원칙적으로는 한국 중세 한자음이 'ꥵ팡'이어야 한다. 그런데도 '방'으로 나타나는 것은 非母字인 '方'에 유추된 결과이다. (4.나)의 '豊'에서 볼 수 있듯이 敷母가 한국 중세 한자음에서 ㅍ에 대응하는 예가 적지 않다는 점을 고려하면, '芳'의 한국 한자음 '방'은 유추나 음절편향이 일어난 결과라고 말할 수 있다.

(4.나)의 '豊'은 『일본서기』의 후리가나 표기에서 'フ'와 'ホゥ'의 두 가지로 표음되어 눈길을 끈다. 특히 韻尾가 있을 때와 없을 때의 모음이 서로 다르다는 점이 주목된다. 이것을 어떻게 이해해야 할지 아직 분명하지 않지만, 운미의 유무가 모음에 영향을 준 것만은 확실하다. 한국 중세 한자음에서는 이 운미가 초성 자음에 영향을 준 듯하여 흥미롭다. 한국 중세 한자음에서 '妃, 菲, 斐, 費, 悱' 등의 敷母字는 '비'로 표음되지만, '肺'는 '폐'로 '豊'은 '풍'으로 표음된다. 초성이 'ㅂ'으로 표음된 것은 모두 [敷中C微]¹ 즉 微韻字이므로 운미가 없다. 반면에 '肺'는 한어 중고음에서 [敷中C去廢] 즉 廢韻이고 '豊'은 [敷中C平東] 즉 東韻이므로, 각각 운미 /-i/와 /-ŋ/를 가진다. 이 구별에 따라, 한국 중세 한자음에서 운미가 있는 敷母字의 초성은 'ㅍ'으로, 없는 敷母字는 'ㅂ'으로 표음된 듯하다.

그런데 이러한 음절편향이나 음절구조제약을 백제어 표음자 연구

---

1 이들의 성조가 서로 일치하지 않으므로 성조 표시는 제외했다.

에 적용할 수 있을까? 한국 중세 한자음이 백제 한자음을 이어받은 것이라고 증명할 수 있다면 가능하다. 여태껏 이것이 증명된 바 없으므로, 중세 한자음에 나타나는 음절편향이나 음절구조제약을 이용하여 백제 시기의 한자음을 재구하는 것은 방법론적으로 옳지 않다. 즉 음절편향이나 음절구조제약과 같은 구조 분석법은 한자의 음가가 음소문자나 음절문자로 표기되어 있을 때에만 적용할 수 있다.

그렇다면 백제어 표음자를 어떻게 연구할 것인가? 백제어 표음자를 이용하여 백제어의 음운체계를 재구하는 방법론이 없지 않다. 예컨대, 백제어에서 滂母 /pʰ/와 敷母 /fʰ/가 음소의 자격을 가지지 못했음을 논증할 수 있다. 음절편향이나 음절구조제약 대신에, 상보적 분포와 최소대립 쌍의 유무를 논거로 삼아 滂母와 敷母를 백제어의 자음체계에서 제외하는 방법이다. 뒤에서 구체적으로 논의하겠지만, 프라그 학파의 音韻對立의 개념을 잘 활용하면 音素의 자격을 가지는 성모와 變異音의 지위에 머무는 성모를 구별할 수 있다.

5.2.2. 明母 · 微母

백제어 표음자에는 脣音 非組의 微母字가 의외로 많다. 幇組의 明母字가 32자인데 비하여 非組의 微母字가 10자에 달하여 그 세력이 적지 않다. 이 두 성모가 음운대립을 이루는지를 확인하기 위하여 明母字와 微母字의 분포를 확인해 보기로 한다. 이 두 성모의 뒤에 오는 攝을 음운론적 환경의 일종으로 간주하고, 이 攝에 따라 明母字 32자와 微母字 10자를 서로 대비해 보면 아래의 (5)와 같다.

(5)의 맨 왼쪽 칸에 둔 攝은 주모음(또는 핵모음)이 비슷한 것을 하나로 묶은 집합이다. 따라서 하나의 攝에 여러 개의 韻이 있을 수 있다. 예컨대, 맨 왼쪽 칸에서 아래첨자로 열거한 것처럼, 遇攝에 模韻 · 魚韻 · 虞韻 등이 있다.

(5) 明母字와 微母字의 분포

攝 \ 脣音	不清不濁		
	明母m 32		**微母ŋ 10²**
果攝 歌$_1$ 戈$_1$ 戈$_3$	磨$_戈$ 摩$_戈$		
假攝 麻$_{2AB}$	馬$_麻$ 麻$_麻$		
遇攝 模$_1$ 魚$_C$ 虞$_C$	慕$_模$ 謨$_模$		亡$_虞$ 毋$_虞$ 武$_虞$
效攝 豪$_1$ 肴$_2$ 宵$_A$ 蕭	毛$_豪$ 妙$_宵$ 苗$_宵$		
流攝 侯$_1$ 尤$_C$	母$_侯$ 茂$_侯$ 牟$_尤$		
止攝 支$_{A,B,AB}$ 之$_C$ 微$_C$ 脂$_{A,AB}$	彌$_支$ 靡$_支$		未$_微$ 味$_微$ 尾$_微$
蟹攝 咍$_1$ 灰$_1$ 泰$_1$ 齊$_4$ 祭 夬 佳$_2$	邁$_夬$ 昧$_灰$ 買$_佳$		
梗攝 庚$_{2B}$ 清$_{AB}$ 青$_4$	冥$_青$ 明$_庚$ 鳴$_庚$ 命$_庚$ 名$_清$		
咸攝 談$_1$ 覃$_1$ 鹽$_{AB}$ 嚴$_C$ 凡$_C$ 咸 銜 添			
山攝 寒$_1$ 桓$_1$ 先$_4$ 仙$_{AB}$ 元$_C$ 山$_2$	滿$_桓$ 末$_桓$ 免$_仙$ 面$_仙$ 眠$_先$		萬$_元$
宕攝 唐$_1$ 陽$_C$	莫$_唐$		亡$_陽$
江攝 江			
深攝 侵$_{AB}$			
臻攝 魂$_1$ 欣$_C$ 眞$_{AB}$ 文$_C$ 痕$_1$ 諄$_{AB}$	門$_魂$		文$_文$ 汶$_文$ 勿$_文$
曾攝 登$_1$ 蒸$_C$ 職			
通攝 東$_{1C}$ 鍾$_C$ 冬	木$_東$ 目$_東$ 沐$_東$		

하나의 攝 안에서, 주모음뿐만 아니라 그 앞에 오는 介音과 뒤에 오는 韻尾까지도 동일한 집합을 韻이라고 한다. 앞에서 이미 거론한 대로, 이 韻을 대표하는 韻母를 아래첨자로 표시하였다.

이 분포 분석표에서 순음의 明母字와 微母字를 상호 대비해 보면 흥미로운 결과가 나온다. 韻母를 기준으로 했을 때에, 이 두 성모가 예외 없이 상보적 분포를 이룬다. 攝을 기준으로 할 때에는 이 두 성

---

2 微母字인 '亡'은 虞韻과 陽韻의 두 가지가 있으므로, 실제로는 微母字의 용례가 11자로 늘어났다.

모가 상보적 분포가 아니지만, 韻母를 기준으로 하면 상보적 분포임이 분명하다. 遇攝의 경우에 明母는 模韻의 앞에 오지만 微母는 虞韻의 앞에 온다. 宕攝에서는 明母가 唐韻의 앞에 오지만 微母는 陽韻의 앞에 오고, 臻攝에서도 明母는 魂韻의 앞에 오지만 微母는 文韻의 앞에 온다. 이것은 明母와 微母가 상보적 분포임을 뜻한다.

그렇다면 明母와 微母는 음운대립을 이루지 못한다. 프라그 학파의 음소 분석 이론에서는 상보적 분포인 두 음성을 하나의 음소로 간주하므로, 백제어의 표음자에서도 明母와 微母를 하나의 음소 /m/으로 묶을 수 있다.

5.2.3. 幫母·非母와 並母·奉母

위의 분포 분석법에 따라, 이제 순음 幫組의 幫母·並母가 각각 순음 非組의 非母·奉母와 상보적 분포였는지 여부를 검토해 본다. 이 성모들의 분포를 확인하기 위하여 위와 마찬가지 방법으로 표를 만들어 보면 아래의 (6)과 같다.

먼저 全淸字 안에서, 幫母字와 非母字의 분포를 살펴보면 두 성모가 상보적 분포를 이룬다. 止攝의 경우에 幫母는 脂韻과 支韻의 앞에 오는 데에 비하여 非母는 微韻의 앞에 온다. 臻攝의 경우에도 幫母는 魂韻과 眞韻의 앞에 오는 데에 비하여 非母는 文韻의 앞에 온다. 이것은 幫母와 非母가 음운론적으로 대립하지 않았음을 의미하므로 이두 성모를 하나의 음소로 간주한다.

다음으로, 全濁인 並母와 奉母의 분포를 살펴보자. 이 두 성모도 상보적 분포를 이룬다. 遇攝의 경우에 並母는 模韻의 앞에 오지만 奉母는 虞韻의 앞에 오고, 山攝에서도 並母는 仙韻의 앞에 분포하지만 奉母는 元韻의 앞에 분포한다. 이처럼 並母와 奉母의 분포가 상호 배타적이므로 이 두 성모도 음운대립을 이루지 못한다.

(6) 순음의 全淸字·次淸字·全濁字의 분포

脣音 / 攝	全淸		次淸	全濁	
	幫母p 20	非母f 12[3]	滂·敷 5	並母b 16	奉母v 10
果攝 歌 戈	$_1$波$_{戈}^{L}$				
假攝 麻	$_2$巴$_{麻}^{L}$				
遇攝 模魚虞		$_C$父$_{虞}^{R}$ $_C$夫$_{虞}$	$_1$浦$_{模}^{R}$	$_1$苦$_{模}^{L}$ $_1$蒲$_{模}^{L}$	$_C$父$_{虞}^{R}$ $_C$輔$_{虞}^{R}$ $_C$扶$_{虞}$
效攝 豪肴宵蕭	$_1$保$_{豪}^{R}$				
流攝 侯尤		$_C$富$_{尤}^{D}$ $_C$不$_{尤}^{L/R}$		$_1$部$_{侯}^{R}$ $_1$簿$_{侯}^{R}$	$_C$負$_{尤}^{R}$
止攝 支之微脂	$_A$比$_{脂}^{D}$ $_A$卑$_{支}^{L}$ $_A$沘$_{脂}^{R}$	非$_{微}$ $_C$沸$_{微}^{D}$		$_A$鼻$_{脂}^{D}$ $_A$毗$_{脂}^{L}$ $_B$皮$_{支}^{L}$	
蟹攝 咍灰泰齊 祭夬佳	$_1$背$_{灰}^{D}$ $_1$湏$_{泰}^{D}$			$_1$背$_{灰}^{D}$	
梗攝 庚淸靑	$_A$辟$_{淸}$ $_2$伯$_{庚}$ $_B$碧$_{庚}^{E}$ $_B$兵$_{庚}^{L}$			$_2$白$_{庚}^{E}$ $_B$苜$_{庚}^{E}$ $_B$平$_{庚}^{L}$	
咸攝 談覃鹽嚴 凡咸銜添		$_C$法$_{凡}^{E}$			$_C$範$_{凡}^{R}$
山攝 寒桓先仙 元山	$_1$半$_{桓}^{D}$ $_2$八$_{山}$ $_B$別$_{仙}^{E}$	$_C$發$_{元}^{E}$	$_C$泮$_{桓}^{D}$ 潘$_{桓}$	$_B$卞$_{仙}^{D}$ $_B$辨$_{仙}^{R}$ 辯$_{仙}$ $_B$別$_{仙}^{E}$	$_1$伐$_{元}^{E}$
宕攝 唐陽	$_1$博$_{唐}^{E}$	$_C$方$_{陽}^{L}$	$_C$芳$_{陽}^{L}$	$_1$薄$_{唐}^{L}$	
江攝 江					
深攝 侵					
臻攝 魂欣眞文 痕諄	$_1$本$_{魂}^{R}$ $_1$烋$_{魂}^{R}$ $_A$賓$_{眞}$	$_C$分$_{文}^{L}$ $_C$不$_{文}$ $_C$弗$_{文}^{L}$			$_C$濆$_{文}^{L}$ $_C$汾$_{文}$
曾攝 登蒸職	$_1$北$_{登}^{E}$				
通攝 東鍾冬		$_C$福$_{東}^{E}$	$_C$豊$_{東}^{L}$		$_C$服$_{東}^{E}$ $_C$伏$_{東}^{E}$

---

3 '不'은 文韻과 尤韻의 두 운모를 가지므로 실제로는 13개가 된다.

이 논의에 따르면, 백제어에서는 脣重音과 脣輕音의 구별이 없었다고 할 수 있다. 달리 말하면 순음에서는 /p/와 /f/의 구별이 없었고, 마찬가지로 /b/와 /v/의 구별도 없었다. 앞에서 기술한 바 있듯이, 不淸不濁의 明母 /m/과 微母 /ɱ/도 서로 변별되지 않았다. 그렇다면 脣音 전체에서 脣重音과 脣輕音이 변별되지 않았다는 결론이 나온다.

이것은 漢語 中古音 중에서 唐代 이전 시기 즉 前期 中古音의 특징이다. 이 점에서 백제어는 일단 전기 중고음의 특성을 그대로 보여준다고 할 수 있다. 나아가서 백제어 표음자가 『切韻』의 한어 中古音 체계와 정확하게 일치함을 암시하기도 한다. 상보적 분포에서 하나의 예외도 없으므로, 한어 중고음의 정확성을 논의할 때에 백제어 표음자를 첫 번째로 거론해야 할지도 모른다. 이 점에서 백제어 표음자가 동아시아적 보편성을 가지고 있다고 해도 무방할 것이다.

그런데 만만치 않은 반론이 우리를 기다리고 있다. 한어 중고음으로 백제어 표음자의 음운체계를 분석하게 되면, 한어에서와 마찬가지로 백제어에서도 脣重音과 脣輕音이 상보적 분포일 수밖에 없다는 반론이다. 이 반론은 논리적으로 맞다. 그런데 다음의 네 가지 점에서 우리의 연구 방법을 고수하기로 한다. 첫째, 분석 대상이 漢語가 아니라 백제어 표음자이다. 둘째, 백제어 표음자를 분석하는 기준으로는 한어 중고음이 가장 적합하다. 백제어의 사용 시기와 한어 중고음의 시기가 일치할 뿐만 아니라 한어 중고음 만큼 연구가 잘 되어 있는 음운체계를 달리 찾을 수가 없다. 셋째, 백제어 표음 자료를 한어 중고음으로 분석한다고 하여 그 결과가 미리 예측되는 것은 아니다. 백제어 표음자의 분석 결과가 한어 上古音의 특징을 보일지 前期 中古音 또는 後期 中古音의 특징을 보일지 예측할 수 없다.[4] 따라서 백제어 표음자의 분석 결과가 南北朝 시기의 한어 분석 결과와 동일하다고 하여 우리의 연구 방법론이 잘못 되었다고 말할 수 없다. 넷째, 백제어 표음자를 한어 중고음으로 분석한다고 하여 이 둘의 분석 결과가 항상 같아지는 것은 아니다. 뒤에서 논의하겠지만, 백제어 표음자에서는 見母 /k/와 曉母 /h/가 상보적 분포를 이룬다. 이에 반하여 한어 중고음에서는 이 두 성모가 상보적 분포가 아니다. 이러한 예가 있다는 것은 한어 중고음으로 분석하더라도 백제어 표음자의 독자성을 찾아낼 수 있다는 것을 의미한다. 이러한 네 가지를 종합하여 우리의 분석 방법을 고수한다.

이제 次淸에 대한 논의로 넘어간다. 순음의 차청자는 앞에서 이미 논의한 것처럼 다섯 개밖에 없다. 滂母字 '泮, 潘, 浦'와 敷母字 '芳, 豊'과 음운론적으로 대립하는 것이 있는지 (6)의 분석표에서 검토해 본다. 언뜻 보기에, 通攝에서 次淸字인 '豊'이 全濁字인 '奉'과 마치 음운대립을 이루는 것처럼 보인다. 그런데 이 둘은 聲調가 서로 다르다. 이 둘은 聲調도 다르고 聲母도 다르므로 최소대립 쌍이 아니다. 이와는 달리, 山攝의 幫母字 '半'과 滂母字 '泮'은 최소대립 쌍이다.

(7) 전청인 幫母와 차청인 滂母의 최소대립 쌍

山攝 - $_1$半$_桓^D$: $_1$泮$_桓^D$

---

4 『切韻』이 반영하는 음운체계가 古今南北의 언어음을 종합한 것이라서 한어 중고음을 어느 한 시기의 어느 한 방언 또는 언어에 국한된 것이 아닐 수도 있다. 『切韻』의 음운체계를 凡時的인 것으로 간주하는 이 종합체계설에 따르면 한어 중고음을 특정 시기의 특정 방언 또는 언어에 귀속시키기가 어렵다. 董同龢(1972: 79), 王力(1956: 177~8), 王力(1980~82: 135) 등이 이 견해를 내세운 적이 있다. 이에 대해서 邵榮芬 (1982: 1)은 『切韻』의 기초 음운체계는 洛陽音系이며 그것이 흡수한 방언은 주로 金陵話(지금의 남경어)라고 주장한 바 있으나, 현재는 낙양 선비들의 文言音(독서음) 이라는 학설(周祖謨 1966: 472)이 지배적이다. 이 문언음(독서음)은 남북에 통용될 수 있고 실제에 맞는 정음(표준어)을 정할 때에 기초가 되었다.

‘半’은 한어 중고음으로 [幇中1去桓]의 음가를 가지고, ‘泮’은 [滂中1去桓]의 음가를 가진다. 이 둘은 聲母에서만 차이가 날 뿐이고 나머지 開合 · 等 · 聲調 · 韻 등의 네 가지 음운론적 요소가 모두 동일하다. 따라서 ‘半’과 ‘泮’이 최소대립 쌍임이 분명하다. 이에 따르면 백제어에서 幇母 /p/와 滂母 /pʰ/가 음운대립을 이룬다고 보아야 한다.

(8) ‘半’의 음가와 용례

　半[幇中1去桓] - 38 支半, 45 臨素半 (마한), 103 半奈夫里, 188 半奈夫
　　里 (지리), 208 半乞壤 (사기)

그런데 백제어 항목의 기록 시기가 문제가 된다. (8)에서 볼 수 있듯이, ‘半’은 이른 시기의 마한 국명뿐만 아니라 『삼국사기』 지리지와 기타 권차에서 사용되었다. 반면에, (4.가)에서 이미 제시한 것처럼 ‘泮’은 『삼국사기』의 기타 권차와 『삼국유사』에만, 즉 12세기 이후의 기록에만 나타난다. 12세기에 처음으로 기록된 ‘沙泮(王)’의 ‘泮’을 기다려서야 비로소 전청인 幇母 /p/와 차청인 滂母 /pʰ/가 최소대립을 이룬다. 이러한 대립을 백제어의 음운대립이라고 할 수 있을까?

이 질문에 대해 연구자가 취할 수 있는 태도는 다음의 두 가지이다. 첫째는 (7)의 최소대립 쌍이 존재하므로 백제어에서 전청인 幇母 /p/와 차청인 滂母 /pʰ/가 음운론적으로 대립했다고 보는 태도이다. 둘째는 이 최소대립 쌍을 인정하면서도 최소대립을 이루게 된 시점까지를 고려하는 태도이다. 두 대립 항 중에서 기록 시기가 늦은 항이 대립 성립의 시점이 된다는 것은 두말할 필요도 없다. 이 태도에 따르면 (7)의 幇母와 滂母가 음운론적으로 대립한 시점은 12세기가 되므로, 백제 멸망 이전에 이 음운대립이 있었다고 말하기가 어렵다.

우리는 음운대립의 성립 시점까지도 고려하는 둘째 태도를 따르기로 한다. 8세기 중엽 이전의 자료에는 '泮'이 전혀 나오지 않는다. 그렇다면 (4.가)의 '沙泮'에 나오는 '泮'은 통일신라나 고려 시대의 표기에서 잘못 표기된 것일지도 모른다. 아니나 다를까, 이 왕명은 원래는 "仇首王在位二十一年薨, 長子沙伴嗣位"의[5] '沙伴(王)'으로 표기되었던 것인데 통일신라 이후에 '沙泮(王)'으로 바뀐 것이다. 즉 좌변 'イ'의 행서체를 후대에 'シ'로 잘못 판독한 것이다. 일본의 『姓氏錄』에서는 이 왕명을 '沙半王'으로 표기했다(장세경 2007: 530). 이에 따르면 '泮'을 '伴' 또는 '半'으로 수정할 수 있다. 이처럼 수정하게 되면 백제어 표음자 목록에서 '泮'을 제외해야 하고, 그러면 (7)의 최소대립 쌍, 즉 幫母와 滂母의 최소대립 쌍이 없어지므로, 백제어에서는 전청인 幫母 /p/와 차청인 滂母 /pʰ/가 음운대립을 이루지 못한다. 따라서 滂母 /pʰ/를 백제어의 자음 목록에서 제외한다.

(7)의 예에서처럼, 늦게서야 최소대립이 성립하는 것은 항상 의심의 대상이 된다. 출전을 다시 확인해 보니 이 예에서는 후대의 대립 항이 誤字였다. 여기에서 최소대립의 대립 항에 대해서는 특별히 원전을 다시 확인해야 한다는 점을 알게 된다. 뒤의 논의에서도 최소대립 항은 반드시 원전을 다시 확인할 것이다.

이제, 백제어 표음자에서 全淸과 全濁이 음운론적으로 대립했는지를 검토하기로 한다. 앞에서 논의한 바에 따라, 幫母字와 非母字를 하나로 묶으면 全淸字는 모두 32자가 된다. 並母字와 奉母字를 합치면 全濁字는 모두 26자가 된다. 전청자와 전탁자가 상보적 분포를 이루는지 조사해 보면, 이번에는 다른 결과가 나온다.

---

5 '沙伴王'은 234년에 즉위했으나 곧 폐위된 것으로 전한다. '沙泮'으로 표기되기도 한다. 아버지는 구수왕이다. 『삼국사기』 고이왕 즉위 조에서 구수왕이 사망하자 그의 맏아들인 사반왕이 왕위를 계승했다(『한국민족문화대백과사전』의 '沙伴王' 항목에서 인용).

(9) 全淸인 幇母와 全濁인 並母의 최소대립 쌍

　가. 止攝 - $_A$比$_脂^D$: $_A$鼻$_脂^D$

　나. 梗攝 - $_2$伯$_庚^E$: $_2$白$_庚^E$

　다. 梗攝 - $_B$兵$_庚^L$: $_B$平$_庚^L$

　라. 宕攝 - $_1$博$_唐^E$: $_1$薄$_唐^E$

(10) 全淸인 非母와 全濁인 奉母의 최소대립 쌍

　가. 遇攝 - $_C$夫$_虞^L$: $_C$扶$_虞^L$

　나. 流攝 - $_C$不$_尤^{L/R}$: $_C$負$_尤^{R6}$

　다. 山攝 - $_C$發$_元^E$: $_C$伐$_元^E$

　라. 臻攝 - $_C$分$_文^L$: $_C$濆$_文^L$

　마. 臻攝 - $_C$分$_文^L$: $_C$汾$_文^L$

　바. 通攝 - $_C$福$_東^E$: $_C$服$_東^E$

　사. 通攝 - $_C$福$_東^E$: $_C$伏$_東^E$

(9)와 (10)에 열거한 쌍은 운모뿐만 아니라 성조·등·개합이 서로
일치한다. 이들은 성모에서만 차이가 나므로 최소대립 쌍임이 분명
하다. 전청의 幇母와 전탁의 並母가 음운론적으로 대립하는 쌍은 네
쌍이나 된다. 이들 전청자와 전탁자의 용례를 구체적으로 들어 보면
다음과 같다.

(11) 최소대립을 이루는 全淸의 幇母字와 全濁의 並母字 용례

　가. 比[幇中A去脂] - 28 比高 (나주), 60 首²比 (쌍북현내), 115 燕比善

---

6 이곳의 '不'는 평성과 상성의 두 가지 성조를 가진다. 이럴 때에는 대립 항과
동일한 성조를 택하여 '不'가 '負'와 최소대립을 이루는 것으로 간주한다. 뒤에서도
마찬가지이다.

那エンヒセンナ, 230 四比福夫シヒフクフ, 234 烌日比子ホンニ
チヒシ (일본), 013 比衆, 029 所比浦, 042 比斯伐, 比自火, 093
比史, 148 比勿 (지리), 060 比流王, 189 古沙比城 (사기), 029
比流 (유사)

鼻[並中A去脂] - 103 鼻利莫古ビリマクコ (일본)

나. 伯[幇中2入庚] - 08 伯濟 (마한), 079 伯伊(伯海) (지리), 010 堉伯
(사기), 066 偕伯(階伯) (유사)

白[並中2入庚] - 02 加■白加 (능산), 037 白村ハクスキ, 054 沙白
サハク, 180 白昧ハクマイ, 185 白加ヒャクカ (일본)

다. 兵[幇中B平庚] - 51 兵官佐平 (구당, 당서), 281 兵官佐平 (사기)

平[並中B平庚] - 83 晉平 (송서), 138 佐平 (주서, 북사, 수서), 001
佐平サイヘ (일본), 017 沙平, 113 欲平 (지리), 48 內頭佐平 (구
당, 당서), 220 沙平城, 262 內頭佐平, 269 大佐平, 290 上佐平
(사기), 108 佐平 (유사)

라. 博[幇中1入唐] - 102 博士 (삼국)

薄[並中1入唐] - 38 薄城 (구당, 당서), 084 薄城 (유사)

위의 최소대립 쌍 중에서 대립 성립의 시기가 가장 이른 것은 (11.
나)이다. (11.나)의 대립 항 '伯'은 마한 국명에, '白'은 백제 목간에
나온다. 02번의 '加■白加'은 부여 능산리사지 목간에 나오는 인명이
다. 능산리사지 목간은 6세기 3/4분기에 제작된 것이 분명하므로 이
미 이 시기에는 순음의 全淸과 全濁이 음운론적으로 대립했다고 할
수 있다. 대립 성립의 시기가 두 번째로 이른 것은 (11.가)이다. 28번
의 '比高'가 나오는 나주 복암리 목간은 7세기 초엽에 제작되었고,
103번의 '鼻利莫古'가 나오는 『일본서기』는 720년에 편찬되었다. 따
라서 이 최소대립 쌍에서는 幇母와 並母의 대립 시기가 8세기 초엽

이 된다. 이 두 예를 감안하면 백제어에서 순음의 全淸과 全濁이 음운론적으로 서로 대립했다는 결론이 나온다. 즉 백제어에 무성자음 /p/에 대립하는 유성자음 /b/가 있었다.

이 결론은 (10)의 최소대립 쌍에서 다시 확인된다. 일곱 쌍에서 全淸의 非母와 全濁의 奉母가 음운론적으로 대립한다. 이 최소대립의 대립 항은 다음의 텍스트에 나온다.[7]

(12) 최소대립을 이루는 全淸의 非母字와 全濁의 奉母字 및 그 출전

　　가. 夫[非中C平虞] (목간, 중국, 일본, 지리, 사기)

　　　　扶[奉中C平虞] (중국, 당서, 사기, 유사)

　　나. 不[非中C上尤] (마한, 목간, 일본)

　　　　負[奉中C上尤] (사기, 유사)

　　다. 發[非中C入元] (지리)

　　　　伐[奉中C入元] (지리, 사기, 유사)

　　라. 分[非中C平文] (목간, 일본, 지리)

　　　　濆[奉中C平文] (마한)

　　마. 分 (위의 '라'와 동일)

　　　　汾[奉中C平文] (사기, 유사)

　　바. 福[非中C入東] (일본, 당서, 사기, 유사)

　　　　服[奉中C入東] (일본, 사기)

　　사. 福 (위의 '바'와 동일)

　　　　伏[奉中C入東] (지리)

일곱 쌍 중에서 대립 성립의 시기가 이른 것은 (12.가)와 (12.라)이

---

7 여기에서는 번거로움을 피하여 텍스트 이름만 들어 둔다.

다. (12.가)의 '夫'는 부여 쌍북리 280번지 목간의 44번 '上夫'에 나온다. 부여 쌍북리 280번지 목간은 '戊寅年六月中 佐官貸食記'라는 干支와 記名을 가지고 있고 이때의 '戊寅年'은 618년으로 추정된다. (12.가)의 '扶'는 『後漢書』(432년)에 기록된 21번 '扶餘璋'에 처음 나온다. 따라서 非母字 '夫'와 奉母字 '扶'의 음운론적 대립 시점은 7세기 초엽이 된다. (12.라)의 '濆'은 마한 국명의 07번 '臣濆活'과 52번 '不斯濆邪'에 나오고, '分'은 나주 목간의 41번 '■■■分'에 나온다. 나주 목간은 7세기 초엽의 자료이므로 이때에는 이미 全淸의 非母와 全濁의 奉母가 음운론적으로 대립했다고 할 수 있다.

그렇다면 백제어에서 전청의 幫母는 전탁의 並母와 음운론적으로 대립하고, 전청의 非母는 전탁의 奉母와 음운론적으로 대립했다는 결론이 나온다. 앞에서 이미 논의한 것처럼 전청의 幫母와 非母는 상보적 분포이고, 전탁의 並母와 奉母도 상보적 분포였다. 이 두 가지 사실을 하나로 종합하여, 백제어에서 전청의 무성자음 /p/와 전탁의 유성자음 /b/를 독자적인 음소로 설정할 수 있다.

그런데 (6)의 분포 분석표에는 전청자이기도 하면서 동시에 전탁자이기도 한 二反字가 있다. 이들을 '동일 최소대립 쌍'이라고 부르기로 한다.

(13) 동일자가 성모만 다른 예

　가. 遇攝 - $^{非}_{C}$父$_{虞}^{R}$: $^{奉}_{C}$父$_{虞}^{R}$

　나. 蟹攝 - $^{幫}_{1}$背$_{灰}^{D}$: $^{並}_{1}$背$_{灰}^{D}$

이들은 하나의 글자 안에서 성모가 음운론적으로 대립하므로 백제어의 전청이 전탁과 서로 별개의 음소임을 말해줄 수 있다. 이와는 반대로 이들이 동일자임을 강조하여 이들을 최소대립 쌍에서 제외할 수도 있다. 최소대립의 범위를 엄격히 한정하는 둘째 태도를 택하여 우리는 이들을 최소대립 쌍의 예에서 제외한다. '동일 최소대립 쌍'을 제외하더라도 무성자음 /p/와 유성자음 /b/의 최소대립 쌍은 모두 열한 쌍이나 된다. 아주 많은 예에서 순음의 全淸과 全濁이 음운대립을 이루므로, 이 둘을 각각 독자적인 음소 /p/와 /b/로 설정한다.

脣音에 대한 논의를 종합하면 다음과 같다. 백제어 脣音에는 全淸의 /p/, 全濁의 /b/, 不淸不濁의 /m/ 등, 세 자음이 있었다.

5.3. 舌音

이제, 舌音에 대한 논의로 넘어 간다. 백제어 표음자 694(707)자 중에서 성모가 舌音인 것은 모두 147자이다. 전청자가 41자, 차청자가 11자, 전탁자가 34자, 불청불탁자가 61자이다. 次淸의 徹母字는 두 자, 不淸不濁의 娘母字는 세 자에 불과한 반면에 不淸不濁의 來母字는 46자나 된다.

(14) 백제어 표음자의 舌音

舌音	全淸		次淸		全濁		不淸不濁		
	端t	知ʈ	透tʰ	徹ʈʰ	定d	澄ɖ	泥n	來l	娘ɳ
	26	15	9	2	27	7	12	46	3

5.3.1. 不淸不濁의 泥母, 來母, 娘母

전체 42개의 운모 중에서 來母字는 見母字 다음으로 많다. 따라서 來母가 백제어의 음소 목록에 등록된다는 것은 두 말할 나위도 없다.

(15) 舌音 泥母字, 來母字, 娘母字의 분포

舌音 / 攝	不清不濁		
	泥n 12	來l 46	娘ȵ 3
果攝 歌戈	開 1那歌 L	開 1羅歌 L	
假攝 麻			開 2拏麻 L
遇攝 模魚虞	1奴模 L 1怒模 R	C呂魚 L 1盧模 L 1鹵模 R 1路模 D 1魯模 R	
效攝 豪肴宵蕭	1腦豪 R	1老豪 R	
流攝 侯尤		1婁侯 L C留尤 L C流尤 L C柳尤 R	
止攝 支之微脂		開AB離支 L/D 開C吏之 D 開C里之 R 開C理之 開AB刕脂 L 開AB利脂	
蟹攝 咍灰泰齊 祭夬佳	開 奈泰 D 合 內灰 D 開 1乃咍 R	4禮齊 R 開來咍 L 開4刕齊 L	開 2𥅆佳 R
梗攝 庚清青	開 4寧青 L	開AB令清 L/D 4聆青 L 開4歷青 E 開AB領清 R	
咸攝 談覃鹽嚴 凡咸銜添	1南覃 L 1男覃 L	1藍談 L 1臁談 L	
山攝 寒桓先仙 元山	開 1難寒 L/D 開 4年先 L	開AB連仙 L 開AB列仙 E	
宕攝 唐陽		開1洛唐 L C亮陽 D 開C良陽 L 1郎唐 L 開C量陽 L/D	
江攝 江			
深攝 侵		AB林侵 L AB臨侵 L AB立侵 E	
臻攝 魂欣眞文 痕諄		開AB栗眞 E 開AB隣眞 L	
曾攝 登蒸職		開C力蒸 E 開1勒登 E 開C陵蒸 L 1㥀蒸 L	
通攝 東鍾冬		C彔鍾 E C六東 E C陸東 E C龍鍾 L C隆東 L	C穠鍾 L

이 來母가 泥母와 상보적 분포를 이룰 가능성이 전혀 없지만 정리를 위하여 이 둘을 대비해 보면 위의 (15)와 같다. 이 두 성모와의 대비를 위하여 娘母도 덧붙였다.

泥母字와 來母字의 대비를 통하여 다음의 여섯 쌍에서 泥母와 來母가 최소대립을 이루고 있음을 알 수 있다. 이 최소대립 쌍의 대립항이 나오는 용례도 함께 제시한다.

(16) 泥母와 來母의 최소대립 쌍

가. 果攝 - $^{開}_{1}那_{歌}^{L}$: $^{開}_{1}羅_{歌}^{L}$

나. 遇攝 - $_{1}奴_{模}^{L}$: $_{1}盧_{模}^{L}$

다. 遇攝 - $_{1}怒_{模}^{R}$: $_{1}鹵_{模}^{R}$

라. 遇攝 - $_{1}怒_{模}^{R}$: $_{1}魯_{模}^{R}$

마. 效攝 - $_{1}腦_{豪}^{R}$: $_{1}老_{豪}^{R}$

바. 梗攝 - $^{開}_{4}寧_{青}^{L}$: $^{開}_{4}聆_{青}^{L}$

(17) 최소대립을 이루는 泥母字와 來母字의 용례

가. 那[泥開1平歌] - 27 ■那 (나주), 46 佃麻那 (쌍북280), 53 那■■ (쌍북102), 12 木干那 (남제), 56 王辯那 (북사, 수서), 015 谷那コクナ, 022 久麻那利クマナリ/コムナリ, 082 麻那王マナキシ (일본), 098 王辯那 (사기)

羅[來開1平歌] - 80 毛羅 (나주), 87 邁羅城 (궁남), 80 涉羅 (후한, 북사), 96 邁羅王 (남제), 151 於羅瑕(於羅暇) (북사, 주서), 018 甘羅城カムラノサシ, 043 久斯牟羅クシムラ, 056 木羅斤資クラコンシ (일본), 124 發羅 (지리), 44 支羅城 (구당, 당서), 219 涉羅, 242 支羅城 (사기)

나. 奴[泥中1平模] - 029 奴受利山ヌズリノムレ, 049 久麻奴利城クマノリノサシ, 057 沙沙奴跪ササトグ[8] (일본), 028 奴斯只,

085 奴只 (지리), 015 昆奴 (사기)

盧[來中1平模] - 09 速盧不斯, 15 咨離牟盧, 18 莫盧, 23 拘盧,

30 駟盧, 33 萬盧, 40 捷盧, 41 牟盧卑離, 43 莫盧 (마한), 97

邁盧王 (남제), (음26) 籠盧江反 (경흥) 055 盖盧カフロ (일본)

다. 怒[泥中1上模] - 13 怒藍 (마한), 162 余怒ヨヌ (일본)

鹵[來中1上模] - 01 跣加鹵 (능산), 093 麻鹵マロ (일본), 003 盖鹵

(사기), 001 盖鹵, 011 近盖鹵王 (유사)

라. 怒(위의 '다'와 동일)

魯[來中1上模] - 150 擔魯(檐魯) (양서, 남사)

마. 腦[泥中1上豪] - 04 靜腦 (능산)

老[來中1上豪] - 091 冬老, 104 阿老谷, 110 上老, 115 馬老, 141

阿老 (지리), 140 眞老 (사기)

바. 寧[泥開4平靑] - 16 武寧王 (남사), 071 武寧王ムネイワウ (일본),

042 武寧王 (사기)

聆[來開4平靑] - 172 聆照リャウセウ (일본)

(17.가)에서 '那'를 표기한 나주 목간, 부여 쌍북리 280번지 목간,
부여 쌍북리 102번지 목간은 7세기 전반기의 목간으로 추정된다.
'木干那'가 기록된 『南齊書』는 537년에 편찬되었고, '王辯那'가 기
록된 『北史』와 『隋書』는 각각 644년과 7세기 중엽에 편찬되었다.
(17.가)에서 '羅'를 표기한 나주 목간과 부여 궁남지 목간은 7세기
전반기의 목간이다. '涉羅'를 기록한 『後漢書』는 432년에, 『北史』는
644년에 편찬되었다. '邁羅王'를 기록한 『南齊書』는 537년에, '於羅

---

8 이 예에서는 '奴'를 'ㅏ'로 주음했다. 이 'ㅏ'는 탈비음화(denasalization)의 영향
을 입은 일본 漢音이다.

瑕(於羅瑕)'를 기록한 『周書』는 636년에 편찬되었다. 이 여러 예를 종합하면, 『南齊書』(537년)가 대립 성립의 시점이 되므로 늦어도 6세기 중엽에는 泥母와 來母가 음운론적으로 대립했다.

(17.다)의 '怒'는 마한 국명에, '鹵'는 부여 능산리사지 목간에 나온다. 능산리사지 목간은 6세기 3/4분기에 제작되었으므로 泥母 /n/과 來母 /l/의 음운론적 대립은 이 시기에 이미 성립되어 있었다. 그렇다면 백제어에서 /n/과 /l/을 각각 독자적인 자음 음소로 설정할 수 있다.

이제 娘母에 대한 논의로 넘어간다. 백제어 표음자 중에서 娘母에 속하는 것은 '拏, 襛, 穠'의 세 자뿐이다. 이 세 자 중에서 '拏, 穠'의 두 자는 日母에 속하기도 하는 二反字이다. 그런데 흥미롭게도 '襛'과 최소대립을 이루는 來母字가 있다. 이 음운대립의 대립 항과 용례도 함께 제시한다.

(18) 娘母와 來母의 최소대립 쌍

通攝 - $_C$襛$_{鍾}^L$: $_C$龍$_{鍾}^L$

(19) 최소대립을 이루는 娘母字와 來母字의 용례

襛[娘中C平鍾] - 035 明襛王 (사기), 019 明襛 (유사)

龍[來中C平鍾] - 046 古龍, 087 伏龍 (지리)

'襛'은 『삼국사기』와 『삼국유사』에 나온다. 『삼국사기』나 『삼국유사』까지 내려와서야 비로소 娘母가 來母와 음운론적으로 대립하기 시작한 것이다. 앞에서 검토했던 泥母와 來母의 대립은 이미 6세기 중엽에 성립되어 있었다. 이에 비해 娘母와 來母의 대립이 12세기 이후에야 성립한다면, 이 대립은 순수 백제어에서의 음운대립이라고 하기가 어렵다.

이 최소대립을 의심하여 대립 항을 다시 조사해 보았다. (19)의 '明禮'은 백제 26대 聖王의 諱인데, 이것은 신라 文武王의 회고담에 처음 나온다(장세경 2007: 107). 『梁書』 백제전에서는 성왕을 '明'이라 했고, 『일본서기』에서는 성왕을 '明王' 또는 '聖明王'이라 했으므로, '明禮王'의 '禮'은 통일신라에서 덧붙인 것이다. 따라서 이 '禮'은 백제인이 표기한 것이 아니다. 따라서 '明禮王'을 순수 백제어 항목에서 제외할 수 있다.

그렇다면 (18)의 최소대립 쌍은 사실은 백제어의 최소대립 쌍에서 제외해야 한다. 이 점을 감안하여 백제어의 음소 목록에서 娘母를 제외한다.

5.3.2. 泥母 · 日母

(15)의 분포 분석표에서 주목해야 할 것으로 泥母字의 분포가 있다. 來母字가 대부분의 攝에 골고루 분포하는 데에 비하여 泥母字는 특정 攝에 편향되어 나타난다. 또한 來母字가 46자나 되는 데에 비하여 泥母字는 12자밖에 되지 않는다. 언어 보편성에 따르면, /n/과 /l/의 출현 빈도가 이렇게 크게 차이가 나지는 않는다. 이 두 가지 특징을 감안하여 泥母字를 새로이 日母字와 대비해 볼 필요를 느낀다. 泥母와 日母의 상호 관계는 娘母의 위상을 해석할 때에도 중요한 척도가 된다. 백제어 표음자에 등록된 '拏, 禮'의 두 글자는 娘母字이면서 동시에 日母字이기 때문이다.

韻母만을 기준으로 하더라도 舌音 泥母字와 齒音 日母字가 상보적 분포임을 아래의 대비 표에서 금방 알 수 있다. 이에 따라 泥母와 日母를 하나의 음소로 통합하기로 한다. 그리하여 그 용례를 합산하면 30자가 되므로, 비로소 泥母字의 용례가 來母字 46자에 가까워진다. 그렇다면 日母를 굳이 자음 음소로 설정할 필요가 없다.

(20) 舌音 泥母字와 齒音 日母字의 대비

聲母 / 攝	舌音 泥n 12	齒音 日n 18⁹
果攝 歌 戈	那歌	
假攝 麻		拏麻 若麻
遇攝 模 魚 虞	奴模 怒模	如魚
效攝 豪 肴 宵 蕭	腦豪	遶宵
流攝 侯 尤		柔尤
止攝 支 之 微 脂		二脂 尒支 兒支
蟹攝 咍 灰 泰 齊 祭 夬 佳	奈泰 內灰 乃咍	
梗攝 庚 清 青	寧青	
咸攝 談 覃 鹽 嚴 凡 咸 銜 添	南覃 男覃	冉鹽
山攝 寒 桓 先 仙 元 山	難寒 年先	熱仙
宕攝 唐 陽		若陽
江攝 江		
深攝 侵		任侵 壬侵
臻攝 魂 欣 眞 文 痕 諄		人眞 仁眞 日眞
曾攝 登 蒸 職		仍蒸
通攝 東 鍾 冬		穠鍾 肉東

백제어 표음자의 日母字는 항상 介音 /j/나 모음 /i/의 앞에 온다. 止攝 支韻의 '兒'가 예외인 것 같으나 사실은 그렇지 않다. '兒'가 한국 중세 한자음에서는 'ᅀᆞ'이지만, 한어 중고음에서는 止攝 支韻을 ˙i로 재구하므로 '兒'의 모음도 ˙i일 가능성이 크다. 이에 따르면 백제어의 日母는 예외 없이 항상 /j/나 /i/의 앞에 온다. 等으로 말하면, 泥母는 1等 아니면 4等인데 비하여 日母는 대부분 3等이다.[10] 따라서 백

---

9 '若'은 麻韻과 陽韻의 두 가지가 있으므로 실제로는 19개 항목이다.

10 '拏'는 2等字이므로 예외이다. 日母가 3等字 앞에만 나타나는 것은 한어 중고음 자체의 음운제약이므로 백제어의 음운체계와는 관련이 없는 것이라고 할 수도 있다.

제어 표음자의 日母가 泥母 /n/의 變異音임이 분명하다. 개음 /j/와 모음 /i/는 구개음화를 일으키는 환경이므로 日母의 음가를 [ɲ]으로 추정해 온 것은 정확하다.

한국 중세 한자음에서 日母가 'ㅿ'으로 표음된다는 점을 기준으로 할 때에는 日母를 齒音의 일종으로 분류해야 맞다. 그러나 백제어에서는 사정이 다르다.

(21) 日母字 '二'와 '日'
　가. 二[日開AB去脂] - 36 好二□西 (나주), 111 二◼口卂 (미륵사지)
　나. 日[日開AB入眞] - 10 日華 (마한), 127 日官部 (주서), 128 日宮部
　　　(북사), 108 日古卂 (미륵사지), 234 烌日比子ホンニチヒシ (일
　　　본), 299 日官部 (사기)

익산 미륵사지 목간에 나오는 (21.가)의 '二◼口卂'과 (21.나)의 '日古卂'은 둘 다 중세 한국어의 수사 '닐곱/닐굽'(七)에 대응한다. '二'가 '니'에 대응하고 '日'이 '닐'에 대응하므로, 백제어의 日母를 ˚z가 아니라 ˚n으로 재구해야 한다(李丞宰 2011). 이 재구는 일본의 吳音에서 日母가 /n/으로 반영된다는 점과도 잘 맞아떨어진다. 예컨대, (21.나)의 '烌日比子'에 나오는 '日'이 『일본서기』의 후리가나 표기에서 오음인 'ニチ'로 표음되었다. 일본이 백제를 거쳐서 吳音을 받아들였다고 하는 것이 통설이다. 이것을 뒤집어서 다음과 같이 말할 수 있다. "日母의 일본 오음이 ˚n이라면 백제어의 日母도 마땅히 ˚n이라야 한다." 그런데 이것이 미륵사지 목간의 '二◼口卂'과 '日古卂'을 통하여 실증된다. 따라서 이 글에서는 백제어 표음자의 日母를 ˚z가 아니라 ˚n으로 재구한다.

이러한 논의에 따르면 백제어의 日母는 齒音으로 분류하는 것보다

舌音으로 분류하는 것이 좋다. 舌音으로 분류하려면 설음의 不淸不濁 안에 日母를 넣을 자리가 있어야 한다. 백제어 표음자에서는 不淸不濁의 娘母가 음소의 지위를 갖지 못한다. 이 점을 활용하여 舌音 知組의 娘母 자리에 日母를 넣을 수 있다. 이렇게 하면 음운체계 상으로도 균형이 맞고 반듯한 설음 체계가 된다. 娘母字 세 자 중에서 두 자가 日母字이기도 하다는 사실도 이것을 지지해 준다.

5.3.3. 설음의 全淸·次淸·全濁

앞에서와 같은 분포 분석법으로 全淸의 端母字와 知母字, 次淸의 透母字와 徹母字, 全濁의 定母字와 澄母字를 합하여 설음의 분포 분석표를 작성해 보면 다음과 같다.

(22) 설음의 全淸字·次淸字·全濁字의 분포

舌音 / 攝	全淸		次淸		全濁	
	端t 26[11]	知ʈ 15	透tʰ 9	徹ʈʰ 2	定d 27	澄ɖ 7
果攝 歌戈	開1多歌^L		開1他歌^L		開1陀歌^L	
假攝 麻		開2吒麻^D				
遇攝 模魚虞	1都模^L				1徒模^L 1塗模^L 1杜模^R	
效攝 豪肴宵蕭	刀豪^L 1到豪^D 4彫蕭^L		AB朝宵^L	1綢豪^L	1道豪^R 1導豪^D 4調蕭^{L/D}	
流攝 侯尤				C丑尤^R	1頭侯^L 1豆侯^R	
止攝 支之微脂		開AB知支^{L/D} 開AB智支^D 開AB致脂^D			開AB地脂^D	開AB池支^L 開AB遲脂^L
蟹攝 咍灰	開4氐齊^L		開1台咍^L		開1大泰^D	

攝＼舌音	全清		次清		全濁	
	端t 26[11]	知ʈ 15	透tʰ 9	徹ʈʰ 2	定d 27	澄ɖ 7
泰齊祭夬佳	開4旦齊^R 開4帝齊^D 合1對灰^D 開1帶泰^D 合1祋泰^D		開太泰^D 開1泰泰^D		開4提齊^L 開4第齊^D 開1代哈^D 開1臺哈^L	
梗攝 庚清	開4適青^E 開4嫡青^E 開4丁青^L 開4頂青^R	開AB貞清^L			開4廷青^L	開2宅庚^E
咸攝 談覃鹽嚴凡咸銜添	答覃^E 1擔覃$^{L/D}$ 4點添^R	AB覘鹽^E			1曇覃^L	
山攝 寒桓先仙元山	開1旦寒^D 合1祋桓^D		開4天先^L 開4腆先^R		合1段桓^D 開1達寒^E 開4佃先^L 開1彈寒$^{L/D}$ 開1誕寒^R	
宕攝 唐陽		開C長陽^R 開C張陽^L	1乇唐^E			開C長陽^L
江攝 江		2涿江^E				
深攝 侵			AB琛侵^L			
臻攝 魂欣眞文痕諄	合1敦魂^L	開AB珍眞^L 開AB鎭眞^D			合1突魂^E 合1埃魂^E 合1遁魂$^{R/D}$	開AB陳眞^D
曾攝 登蒸職	開1德登^E 開1得登^E 開1登登^L 1等登^R				開1騰登^L	開C直蒸^E
通攝 東鍾冬	1東東^L 1督冬^E 1冬冬^L	C竹東^E C中東$^{L/D}$ C忠東^L	1禿東^E		1獨東^E	C仲東^D

---

11 '祋'가 二反字라서, 실제로는 하나가 늘어난 27자이다.

이 표를 이용하여 전청의 端母字와 知母字를 서로 대비해 보면, 이 둘이 상보적 분포임이 금방 드러난다. 效攝의 豪韻과 蕭韻 앞에는 端母가 오는 데에 비하여 效攝의 宵韻 앞에는 知母가 온다. 梗攝의 靑韻 앞에는 端母가 오는 데에 비하여 梗攝의 淸韻 앞에는 知母가 온다. 臻攝의 魂韻 앞에는 端母가 오는 데에 비하여 臻攝의 眞韻 앞에는 知母가 온다. 이와 같이 端母와 知母는 항상 상보적 분포를 이룬다.

이와 마찬가지로 차청의 透母와 徹母도 분포가 상호 배타적이다. 전탁에서도 상보적 분포가 다시 확인된다. 止攝의 定母字 '$^{開}_{AB}$地$_{脂}^{D}$'와 澄母字 '$^{開}_{AB}$遲$_{脂}^{L}$'가 마치 최소대립 쌍인 것처럼 보이지만, 이 둘은 성조가 서로 다르므로 최소대립 쌍이 아니다. 定母와 澄母도 상보적 분포를 보이므로 이 둘을 하나의 음소로 합쳐야 한다.

그렇다면 백제어에서는 漢語의 前期 中古音과 마찬가지로 舌頭音과 舌上音의 구별이 없었다고 할 수 있다.[12] 달리 말하면, 舌音 端組의 /t, tʰ, d/ 등이 舌音 知組의 /ʈ, ʈʰ, ɖ/ 등과 각각 변별되지 않았다.

고대 한국어에서 유기자음인 次淸의 설정 여부는 매우 중요한 연구 대상이다. 앞 절의 脣音에서는 次淸이 백제어의 음소로 설정되지 않았는데, 舌音에서는 어떠할까? 차청의 透母字·徹母字가 전청자와 최소대립을 이루는 것을 (22)의 분석표에서 찾아보면 다음과 같다.

(23) 차청인 透母와 전청인 端母의 최소대립 쌍

　가. 果攝 - $^{開}_{1}$他$_{歌}^{L}$: $^{開}_{1}$多$_{歌}^{L}$

---

12 한어 중고음에서도 端組와 知組는 거의 상보적 분포에 가깝고, 重紐 때문에 음운대립이 성립한다. 따라서 용례의 수가 적을 때에는 한어에서도 상보적 분포인 것처럼 나타날 수 있다.

나. 效攝 - ${}_{1}$綢${}_{\text{豪}}^{L}$: ${}_{1}$刀${}_{\text{豪}}^{L}$

다. 蟹攝 - ${}^{\text{開}}_{1}$太${}_{\text{泰}}^{D}$: ${}^{\text{開}}_{1}$帶${}_{\text{泰}}^{D}$

라. 蟹攝 - ${}^{\text{開}}_{1}$泰${}_{\text{泰}}^{D}$: ${}^{\text{開}}_{1}$帶${}_{\text{泰}}^{D}$

차청의 透母字는 아홉 자에 지나지 않는데, 이 透母字가 무려 네 쌍에서 전청의 端母字와 최소대립을 이룬다. 이 대립에 참여하는 대립 항의 용례를 조사해 보면 다음과 같다.

(24) 최소대립을 이루는 차청자와 전청자의 용례

가. 他[透開1平歌] - (音38) 態古文能[他代反] (경흥)

多[端開1平歌] - 43 固淳多 (쌍북280), 75 牟多 (구아), 048 枕彌多禮トムタレ, 074 末多王マタウ (일본), 135 多只 (지리), 028 多婁 (사기), 015 多婁 (유사)

나. 綢[透中1平豪] - 139 綢簿 (주서, 북사), 313 綢簿 (사기)

刀[端中1平豪] - 52 刀ㆍ邑佐 (쌍북280), 78 刀先城 (주서, 북사), 93 刀部(주서, 북사) 109 刀士巳 (미륵사지), 271 刀部 (사기)

다. 太[透開1去泰] - 10 牟太 (남제, 양서), 50 餘太 (남사), 178 太良未太タラミタ (일본)

帶[端開1去泰] - 138 汶休帶山モンキウタイサン (일본)

라. 泰[透開1去泰] - 69 泰 (남사), 32 泰 (구당, 당서), 160 泰 (사기), 064 泰 (유사)

帶 (위의 '다'와 동일)

(23)의 네 개 대립 쌍에서 대립 성립의 시기가 이른 것은 (24.가)와 (24.나)이다. (24.가)의 '他'는 경흥의 반절자로서 유기자음 /t^h/를 표음한 것이 분명하다. 이에 대립하는 '多'는 부여 쌍북리 280번지 목간,

『일본서기』, 『삼국사기』 지리지 등에 나온다. 경흥의 반절자는 7세기 말엽이나 8세기 초엽의 자료이므로 (24.가)의 대립이 성립된 시기는 바로 이 시기일 것이다. (24.나)의 '綢'는 『周書』(636년)와 『삼국사기』에 쓰였다. 이 '綢'와 최소대립을 이루는 '刀'는 부여 쌍북리 280번지 목간, 미륵사지 목간, 『周書』, 『北史』(644년) 등에 나온다. 따라서 (24.나)의 음운론적 대립은 7세기 전반기에 성립되었다고 할 수 있다.

위의 논의에 따르면 舌音의 透母 /tʰ/와 端母 /t/가 백제어에서 음운론적으로 대립했다는 결론이 나온다. 이 결론은 기존의 상식과 어긋나는 듯하여 일단 의심스러울 것이다. 그런데 차청의 透母字가 전탁의 定母字와 음운론적으로 대립하는 쌍이 많다는 점을 참고하면 의심이 풀릴 것이다. (22)의 분석표를 잘 살펴보면, 次淸의 透母字가 全濁의 定母字와 음운론적으로 대립하는 쌍이 무려 여섯 쌍이나 된다. 이 최소대립에 참여하는 대립 항의 용례도 함께 제시한다.

(25) 차청인 透母와 전탁인 定母의 최소대립 쌍

가. 果攝 - $_1^{開}$他$_歌^L$: $_1^{開}$陀$_歌^L$

나. 蟹攝 - $_1^{開}$太$_泰^D$: $_1^{開}$大$_泰^D$

다. 蟹攝 - $_1^{開}$泰$_泰^D$: $_1^{開}$大$_泰^D$

라. 蟹攝 - $_1^{開}$台$_咍^L$: $_1^{開}$臺$_咍^L$

마. 山攝 - $_4^{開}$天$_先^L$: $_4^{開}$佃$_先^L$

바. 通攝 - $_1$禿$_東^E$: $_1$獨$_東^E$

(26) 최소대립을 이루는 차청자와 전탁자의 용례

가. 他 (위의 '24.가와 동일)

陀[定開1平歌] - 088 淳陀 ジュンタ, 152 王有悢陀 ワウウリャウダ,

158 進陀 シンダ (일본)

나. 太 (위의 '24.다와 동일)

大[定開1去泰] - 05 大石索 (마한), 10 大貴 (능산), 82 大礼村 (나주), 07 牟大 (남제, 남사), 34 餘大 (양서), 238 吉大尙 キチタイシャウ (일본), 005 大木岳, 037 省大兮, 047 大尸山 (지리), 037 牟大, 267 大常卿, 269 大佐平 (사기), 015 年大, 046 餘大 (유사)

다. 泰 (위의 '24.라'와 동일)

　　大 (위의 '나'와 동일)

라. 台[透開1平咍] - 107 新台巨 (미륵사지), 020 仇台 (사기)

　　臺[定開1平咍] - 241 臺久用善 タイクヨウセン (일본)

마. 天[透開4平先] - 113 東城道天 トウジャウドウテン (일본)

　　佃[定開4平先] - 45 佃目之, 46 佃麻那, 51 佃首行 (쌍북280)

바. 禿[透中1入東] - 198 禿山城 (사기)

　　獨[定中1入東] - 37 獨山 (구당, 당서), 197 獨山城 (사기)

　대립 성립의 시기가 이른 것은 (26.나)와 (26.다)이다. (26.나)의 대립 항인 '太'는 『南齊書』(537년), 『梁書』(636년), 『南史』(644년)에 나오고, 대립 항 '大'는 마한 국명(3세기 후반)에 이미 나온다. 따라서 『南齊書』(537년)가 대립 성립의 시기가 되므로, 6세기 전반기에 이미 透母字 '太'와 定母字 '大'가 음운론적으로 대립했다. (26.다)의 대립 항 '泰'는 『南史』(644년)에 나오므로, 7세기 중엽에도 透母와 定母의 대립이 유지되었다. 이들을 논거로 삼아 백제어에서 透母 /t^h/와 定母 /d/가 일찍부터 변별되었다고 본다.

　그렇다면 차청의 透母 /t^h/가 전청의 端母 /t/뿐만 아니라 전탁의 定母 /d/와도 음운론적으로 대립했다고 보아야 할 것이다. 어느 한쪽에서만 음운대립이 확인되는 것이 아니라 양쪽에서 모두 대립이 확인되기 때문에 차청의 透母 /t^h/를 백제어의 음소로 인정한다.

　이 논의에서 정작 중요한 것은 전탁의 定母 /d/를 백제어의 음소로 인정할 수 있는가 하는 문제이다. 이것을 확인하기 위하여 (22)의 분포 분석표에서 전청과 전탁이 음운론적으로 대립하는 최소대립 쌍을 찾아보기로 한다.

(27) 전청인 端母·知母와 전탁인 定母·澄母의 최소대립 쌍

가. 果攝 - ${}^{開}_1多_歌{}^{L}$: ${}^{開}_1陀_歌{}^{L}$

나. 遇攝 - ${}_1都_模{}^{L}$: ${}_1徒_模{}^{L}$

다. 遇攝 - ${}_1都_模{}^{L}$: ${}_1塗_模{}^{L}$

라. 效攝 - ${}_1到_豪{}^{D}$: ${}_1導_豪{}^{D}$

마. 效攝 - ${}_4彫_蕭{}^{L}$: ${}_4調_蕭{}^{L/D}$

바. 止攝 - ${}^{開}_{AB}知_支{}^{L/D}$: ${}^{開}_{AB}池_支{}^{L}$

사. 止攝 - ${}^{開}_{AB}致_脂{}^{D}$: ${}^{開}_{AB}地_脂{}^{D}$

아. 蟹攝 - ${}^{開}_4氐_齊{}^{L}$: ${}^{開}_4提_齊{}^{L}$

자. 蟹攝 - ${}^{開}_4帝_齊{}^{D}$: ${}^{開}_4第_齊{}^{D}$

차. 咸攝 - ${}_1擔_覃{}^{L/D}$: ${}_1曇_覃{}^{L}$

카. 宕攝 - ${}^{開}_C張_陽{}^{L}$: ${}^{開}_C長_陽{}^{L}$

타. 臻攝 - ${}^{開}_{AB}鎭_眞{}^{D}$: ${}^{開}_{AB}陳_眞{}^{D}$

파. 曾攝 - ${}^{開}_1登_登{}^{L}$: ${}^{開}_1騰_登{}^{L}$

하. 通攝 - ${}_C中_東{}^{L/D}$: ${}_C仲_東{}^{D}$

최소대립 쌍이 무려 열네 쌍이나 되므로 놀라지 않을 수 없다. 전청의 端母와 知母가 상보적 분포이므로 하나의 단위로 묶고 전탁의 定母와 澄母도 마찬가지로 하나의 단위로 묶어서 이 대립 쌍을 추출했다. 따라서 여기에는 전청의 端母字와 전탁의 定母字가 최소대립을 이루는 것뿐만 아니라 전청의 知母字가 전탁의 澄母字가 최소대립을 이루는 것도 포함되어 있다.[13]

번거로움을 피하기 위해, (27)의 최소대립 쌍 중에서 대립 성립의 시기가 이른 것 다섯 쌍만 골라 그 용례를 들기로 한다.

(28) 최소대립을 이루는 전청자와 전탁자의 용례

　가. 都[端中1平模] - 08 車都 (남제, 양서, 남사), 35 餘都 (송서), 94 都市部 (주서), (晋27) 抵[都禮反] (경흥), 030 都都支留山ツツキルノムレ, 068 新齊都シセツ, 232 末都師父マツシフ (일본), 36 其都城, 45 眞都城 (당서), 030 都彌, 038 車都, 244 眞都城 (사기)

　　徒[定中1平模] - 31 夜之■徒 (나주), 113 司徒部 (주서, 북사), (晋16) 殆[徒改反], (晋28) 突[徒骨反], (晋42) 跌[徒結反] (경흥), 138 徒山 (지리), 287 司徒部 (사기)

　나. 都 (위의 '가'와 동일)

　　塗[定中1平模] - 42 臣蘇塗, 48 楚山塗卑離 (마한)

　다. 到[端中1去豪]- 27 到利國 (마한)

　　導[定中1去豪] - 144 鄕導 (위서)

　라. 知[知開AB平支] - 76 久知下城 (주서, 북사), 098 己知部 コチフ, 196 知積 チシャク (일본), 007 仇知, 038 知六, 044 仇知只, 060 加知奈, 098 古馬旀知, 112 松彌知, 143 居知山 (지리), 032 豆知, 185 古馬彌知縣 (사기), 043 阿非知, 057 知命, 075 古馬旀知之縣 (유사)

　　池[澄開AB平支] - 53 爰池 (마한)

　마. 張[知開C平陽] - 61 張茂 (위서, 북사), 62 張塞 (남제), 63 張威

---

13 이 대립 쌍은 모두 이 평행적 대립관계인데, (27.사)만은 예외적으로 전청의 知母字가 전탁의 定母字와 대립한다.

(송서, 남사), 121 張茂 (사기)

長[澄開C平陽] - 132 長史 (송서, 남제, 위서, 북사, 수서), 200 長福
チャウフク (일본), 57 酋渠長, 60 酋長 (당서), 120 長貴, 302
長吏 (사기), 103 渠長, 109 酋長 (유사)

(28.가)의 대립 항 '都'는 『宋書』(488년), 『南齊書』(537년), 『梁
書』(636년), 『南史』(644년) 등에 나온다. 이에 대립하는 '徒'는 나주
목간과 『周書』(636년), 『北史』(644년) 등에 나오고, (28.나)의 '塗'는
마한 국명에 나온다. 여기에서 '都'와 '塗'의 음운대립은 5세기 말엽에
이미 성립했다고 말할 수 있다. (28.다)의 '到'는 마한 국명에 나오고
'導'는 『魏書』(559년)에 나오므로, 이 둘의 대립 시기는 6세기 중엽이
된다. (28.라)의 '知'는 『주서』와 『북사』에 나오고, '池'는 마한 국명에
나온다. (28.마)의 '張'은 『송서』, 『남제서』, 『위서』, 『북사』, 『남사』
등에 나오고, '長'은 『송서』, 『남제서』, 『위서』, 『북사』, 『隋書』(636~
656년) 등에 나온다. 이들 중국 사서 중에서 편찬 시기가 가장 이른
것은 488년에 편찬된 『송서』이다. 이것을 기준으로 하면 5세기 말엽
의 백제어에서 이미 知母字 '張'과 澄母字 '長'이 음운론적으로 대립
했다고 말할 수 있다. 따라서 무성자음 /t/뿐만 아니라 유성자음 /d/
도 백제어의 음소로 설정한다.

舌音에 대한 지금까지의 논의를 종합해 보기로 한다. 이 글에서는
상보적 분포인 성모는 하나로 합치고, 최소대립을 이루는 성모는 별
개의 독자적 음소로 설정하는 방법을 적용하였다. 이것은 가장 기초
적인 음소 분석 방법론인데, 이것만으로도 백제어의 표음자를 정확하
게 분석할 수 있다.

이 방법에 따르면, 백제어 표음자에서 설음의 음소로 설정될 수 있
는 것은 不淸不濁의 /n/과 /l/, 全淸의 /t/, 次淸의 /tʰ/, 全濁의 /d/

등 다섯 개다. 앞에서 이미 논의한 脣音에서는 불청불탁의 /m/, 전청의 /p/, 전탁의 /b/가 설정된 바 있다. 설음을 순음과 대비해 보면, 설음에서는 순음과 달리 次淸이 음소로 설정된다. 순음에서는 전청의 /p/와 전탁의 /b/가 대립하는 二肢的 대립이었지만 설음에서는 全淸의 /t/, 次淸의 /tʰ/, 全濁의 /d/가 서로 대립하는 三肢的 대립이다.

(29) 순음의 二肢的 대립과 설음의 三肢的 대립

가.　/p/　　　　　　　　나.　　/t/

　　｜　(6세기 3/4분기)　　　　／　＼

　　/b/　　　　　　　　　　/d/　　/tʰ/

다.　　　　　　　　/t/

　　(5세기 말엽)　　／　＼　(7세기 전반)

　　　　/d/ ── /tʰ/

　　　　(6세기 전반)

프라그 학파의 음소 분석 이론에서는[14] 二肢的 대립과 三肢的 대립을 각각 (29.가)와 (29.나)처럼 그린다. 음운론적으로 대립하는 두 음소 사이에 직선을 그어서 대립을 표시한다. 그러면서도 (29.나)의 /d/와 /tʰ/ 사이에 직선을 긋지 않는 것이 일반적이다. 그런데 우리는 三肢的 대립을 (29.다)와 같이 그리기로 한다. 즉, (29.나)와는 달리 (29.다)에서는 /d/와 /tʰ/ 사이에도 직선을 긋는다. 이 직선은 /d/와 /tʰ/가 음운론적으로 대립함을 표시한다. 프라그 학파에서는 직선 두 개로 三肢的 대립이 성립하는 것으로 보지만 우리는 직선 세 개를

---

14 음운대립의 개념은 소쉬르에서 시작되지만, 꽃을 피운 것은 Trubetzkoy (1939)를 거쳐 Jakobson(1962)에 와서의 일이다.

모두 그을 수 있을 때에만 삼지적 대립을 인정한다. 즉 우리의 삼지적 대립이 훨씬 엄격하고 한정적인 것이라고 할 수 있다.

그런데 더 중요한 것은 (29.다)에 기입해 넣은 대립 성립의 시점이다. /t/가 /d/와 대립하는 시점은 5세기 말엽이므로 아주 이른 시기에 무성자음과 유성자음의 대립이 성립했다. 이에 비하여 /t/와 /tʰ/의 대립이 성립하는 시점은 7세기 전반기이고, /d/와 /tʰ/의 시점은 6세기 전반기이다. 이처럼 차이가 날 때에 /tʰ/가 음소로 등록되는 시기를 어느 때로 잡아야 할까? 백제어에서 유기자음이 음소로 등록되는 시기와 관련되므로 이 문제는 아주 중요하다.

우리는 그 답으로 7세기 전반기를 택한다. 음성학적으로 /tʰ/는 /t/와 아주 가까운 반면에 /d/와는 사뭇 차이가 크다. 따라서 이 세 자음 중에서 /tʰ/와 /t/가 가장 늦게서야 분화했을 것이다. 음운론적으로도 /tʰ/와 /t/는 양면대립인 데에 반하여 /tʰ/와 /d/는 다면대립이다. 다면대립일 때에는 서로 다른 음성이라는 것이 금방 인식되지만 양면대립의 차이는 바로 구별되지 않을 때가 많다. 이에 따르면, 6세기 전반기에 등장한 변이음 [tʰ]가 바로 이때에 이미 유성자음 /d/와 변별되었지만, 무성자음 /t/와는 변별되지 않았다고 할 수 있다. 그러다가 7세기 전반기에 '무기 : 유기'의 대립이 새로 등장하여 /t/와 차이가 나는 음소 /tʰ/가 인식되기에 이른다. 즉, 음소 /tʰ/의 성립 시점은 7세기 전반기일 것이다. 이것이 아마도 가장 자연스러운 기술일 것이다.

次清의 /tʰ/가 백제어의 음소로 자리 잡기 시작한 것은 7세기 전반기이고, 全濁의 /d/가 확인되는 시기는 5세기 말엽이다. 따라서 유성자음은 백제어에 원래부터 있었지만, 유기자음은 백제 말기에 새로 등장했다고 할 수 있다. 이 통시적 변화를 통하여 다음과 같은 논의를 이끌어낼 수 있다. 원래에는 原始韓語의 자음체계에는 '무성 : 유성'의 대립체계밖에 없었다. 그런데 차츰 차청 즉 유기자음이 확산됨으로써 이 대립체계가 '무기 : 유기'의 대립체계로 대체되었다. 마침 이 대체를 金完鎭(1958: 69~70)에서 다음과 같이 기술한 바가 있다.

(30) 음운론적 대립체계의 통시적 변화
국어에서 sonorité를 상관징표로 하는 대립이 aspiration을 상관징표로 하는 대립으로 대체되었다. 이 경우에 상실된 것은 정확히 말하여 음운으로서의 유성음이 아니라 유성자음과 무성자음 간의 구별이다. 이에 parallel하게 몽고어에서도 sonorité에 의한 대립이 점차 세력을 잃어가고 있다. 이는 국어의 자음체계가 겪은 현상과 심히 유사하나 시간상으로는 현격한 차이가 있다.[15]

이 기술의 sonorité는 우리의 voiced에 해당한다. 따라서 (30)의 기술은 우리의 견해와 거의 일치한다. 약간의 차이가 있다면 대립 성립의 시기를 구체적으로 밝힐 수 있느냐의 여부이다. 설음의 경우에 전청 /t/와 전탁 /d/의 음운대립은 5세기 말엽에 성립했고, 전탁 /d/와 차청 /tʰ/의 대립 시점은 6세기 전반기였다. 그런데 6세기 전반기에는 차청이 전청 /t/와 음운론적으로 대립하지 않았으므로 이때에는 차청이 변이음 [tʰ]의 자격밖에 갖지 못했다. 그러다가 7세기 전반기가 되면 전청 /t/와 차청 /tʰ/의 음운대립이 새로 성립한다. 드디어 차청 /tʰ/가 독자적인 음소로 설정되는 것이다. 이처럼 대립 성립의 시기를 구체적으로 밝힐 수 있다는 점이 우리의 장점이다.

---

15 서양 학자들은 알타이 제어의 자음체계가 'fortis' 자음과 'lenis' 자음이 대립하는 체계라고 할 때가 많다. 서양 학자들은 이것을 '유·무성' 대립으로 이해하지만, 성백인(1978)은 '유·무기' 대립으로 이해한 바 있다.

백제어의 유성자음 계열은 백제 한자음과 일본 吳音의 관계를 설명할 때에 아주 중요하다. 日母를 기술할 때에 이미 적용한 논리를 여기에도 적용할 수 있다. 일본의 오음에서 무성자음과 유성자음이 음운론적으로 대립한다면 백제어에서도 이 대립을 찾을 수 있어야 한다. 백제의 한자음에서 무성자음과 유성자음의 대립이 이미 있었다고 해야만, 일본 吳音의 유·무성 대립을 쉽게 설명할 수 있기 때문이다. 만약 백제어에 유·무성 대립이 없었다면, 백제 한자음을 이어받은 일본 吳音에서도 유·무성 대립이 없어야 한다. 이것이 차용 음운론(loan phonology)의 원칙이다. 그런데 실제로는 일본 오음에 유·무성 대립이 있으므로, 백제어에서도 유·무성 대립이 있었다고 보아야 한다. 백제어 표음자의 음소 분석을 통하여 유성자음 계열인 순음의 전탁 /b/와 설음의 전탁 /d/를 찾아냄으로써, 이제 백제 한자음과 일본 오음의 관계를 가장 자연스럽고도 합리적인 방법으로 설명할 수 있게 되었다.

5.4. 齒音

齒音에는 무려 15개의 聲母가 있다. 이 중에서 心母·生母·書母는 전청의 마찰음이고 邪母·俟母·常母는 전탁의 마찰음인데, 백제어 표음자 694(707)자 중에서 이 마찰음 계통은 93자에 달한다. 나머지는 모두 파찰음 계통인데, 精母·莊母·章母의 전청자가 54자이고 淸母·初母·昌母의 차청자가 18자이며 從母·崇母·船母의 전탁자가 25자이다. 파찰음 97자를 마찰음 93자에 더하면 전체 齒音字는 190자에 달한다. 적지 않은 양이다.

(31) 백제어 표음자의 齒音

		全清		次清		全濁		
齒音	精組	精ts 24	心s 34	淸tsʰ 11		從dz 17	邪z 8
	莊組	莊tʂ 2	生ʂ 13	初tʂʰ 3		崇dʐ 3	俟ʐ 0
	章組	章tɕ 28	書ɕ 13	昌tɕʰ 4		船dʑ 5	常ʑ 25

(31)의 통계표에는 不淸不濁이 제외되어 있다는 점에 주의할 필요
가 있다. 日母를 치음의 불청불탁에 넣을 수 있지만 앞에서 거론한
것처럼 백제어 표음자 체계에서는 日母를 설음의 불청불탁인 泥母에
합치는 것이 바람직하다. 또한 羊母를 치음의 불청불탁으로 분류하
지만 치음 章組의 전탁 자리에 넣을 수도 있다. 羊母에 대해서는 뒤
에서 따로 논의하기로 한다.

치음에는 치조음으로 추정되는 精組, 권설음으로 추정되는 莊組,[16]
경구개음으로 추정되는 章組의 세 가지 서열이 있다. 이들이 백제어
에서 음운론적으로 대립했는지가 우리의 주요 관심사이다. 백제어 표
음자에서 莊組의 莊母字는 두 자뿐이고 俟母字는 아예 보이지 않는
다. 따라서 莊組가 백제어의 자음체계에서 우선적으로 제외될 가능
성이 가장 크다. 또한 치음의 차청을 백제어의 자음으로 등록할 것인
지의 여부도 중요한 관심사이다.

5.4.1. 차청의 淸母·初母·昌母

기존의 통설에 따르면 유기자음이 늦게서야 발달했다고 한다. 그
런데 설음에서 이미 보았듯이 백제 말기에 차청인 透母 /tʰ/가 음소로
설정된다. 백제어 표음자 중에서 설음 透母字는 아홉 자이고, 치음

---

16 이와 다른 견해도 있다. 唐作藩(1991: 110)과 이재돈(2007: 141)에서는 莊
母·初母·崇母·生母·俟母의 음가를 각각 /tʃ·tʃʰ·dʒ·ʃ·ʒ/로 추정했다.

淸母字는 열한 자이다. 이 수치만 놓고 보면, 치음의 차청도 백제어의 음소로 설정될 가능성이 있다.

논의의 편의상, 次淸의 淸母·初母·昌母를 먼저 대비하기로 한다. 이들의 분포를 분석해 보면 다음과 같다.

(32) 차청의 淸母字·初母字·昌母字의 분포

齒音 / 攝	次淸		
	淸 tsʰ 11	初 tʃʰ 3[17]	昌 tɕʰ 4
果攝 歌 戈			
假攝 麻	$_{開}$ $_{AB}$且$_{麻}$^{R}	$_{開}$ $_2$嵯$_{麻}$^{L}	
遇攝 模 魚 虞	$_C$取$_{虞}$^{R}	$_C$初$_{魚}$^{L} $_C$楚$_{魚}$^{R}	
效攝 豪 肴 宵 蕭			
流攝 侯 尤	$_C$秋$_{尤}$^{L}		
止攝 支 之 微 脂	$_{AB}$次$_{脂}$^{D}		$_C$齒$_{之}$^{R}
蟹攝 咍 灰 泰 齊 祭 夬 佳		$_{開}$ $_2$嵯$_{佳}$^{L}	
梗攝 庚 淸 靑	$_{開}$ $_4$靑$_{靑}$^{L}		
咸攝 談 覃 鹽 嚴 凡 咸 銜 添			
山攝 寒 桓 先 仙 元 山	$_{開}$ $_4$千$_{先}$^{L}		$_{合}$ $_{AB}$川$_{仙}$^{L}
宕攝 唐 陽	$_{開}$ $_{AB}$錯$_{唐}$^{E}		$_{開}$ $_C$昌$_{陽}$^{L}
江攝 江			
深攝 侵	$_{AB}$侵$_{侵}$^{L}		
臻攝 魂 欣 眞 文 痕 諄	$_{AB}$漆$_{眞}$^{E} $_{開}$ $_{AB}$親$_{眞}$^{L}		$_{合}$ $_{AB}$春$_{諄}$^{L}
曾攝 登 蒸 職			
通攝 東 鍾 冬	$_1$聰$_{東}$^{L}		

(32)의 분석표를 언뜻 훑어보면, 차청의 세 성모 淸母, 初母, 昌母가 서로 상보적 분포임이 금방 드러난다. 假攝의 淸母字 ^{開}$_{AB}$且$_{麻}$^{R}를

---

17 '嵯'가 두 개의 운모를 가지므로 실제로는 4개의 용례이다.

初母字 $^{開}_2$嵯$_{麻}^L$와 대비해 보면, 이 둘은 聲調와 等에서 차이가 나므로 최소대립 쌍이 아니다. 이것은 거꾸로 차청 전체를 묶어서 하나의 단위로 합칠 수 있음을 뜻한다. 이 차청이 백제어의 음소로 설정될 수 있는지의 여부는 뒤에서 논의하기로 하고, 여기에서는 치음의 淸母·初母·昌母를 하나의 단위로 묶어서 기술해야 한다는 점만 강조해 둔다.

5.4.2. 전청 마찰음 心母·生母·書母

치음의 전청 마찰음에는 心母·生母·書母의 세 가지가 있다. 心母는 치조음 /s/로, 生母는 권설음 /ʂ/로, 書母는 경구개음 /ɕ/로 추정하는 것이 일반적이다. 백제어에서 이들이 음운론적으로 서로 대립했는지 논의하기로 한다. 백제어 표음자의 心母·生母·書母가 어떤 분포였는지를 다음의 표에 정리했다.

(33) 마찰음이고 全淸인 心母·生母·書母의 분포

齒音 攝	全淸		
	心s 34[18]	生ʂ 13	書ɕ 13
果攝 歌 戈			
假攝 麻		$^{開}_2$沙$_{麻}^L$	$_{AB}^{開}$舍$_{麻}^D$
遇攝 模 魚 虞	$_1$素$_{模}^D$ $_1$蘇$_{模}^L$ $_C$須$_{虞}^L$	$_C$所$_{魚}^R$ $_C$疏$_{魚}^L$	
效攝 豪 肴 宵 蕭	$_{AB}$小$_{宵}^R$ $_{AB}$肖$_{宵}^D$		
流攝 侯 尤	$_C$宿$_{尤}^D$		$_C$首$_{尤}^R$ $_C$守$_{尤}^R$
止攝 支 之 微 脂	$_{AB}^{合}$雖$_{脂}^L$ $_{AB}^{開}$斯$_{支}^L$ $_{}^{開}$四$_{脂}^D$ $_{}^{開}$泗$_{支}^D$ $_{AB}^{}$馴$_{脂}^D$ $_C$司$_{之}$ $_C^{開}$思$_{之}^L$	$_{AB}^{開}$使$_{之}^{R/D}$ $_{AB}^{開}$師$_{脂}$ $_C^{開}$史$_{之}$ $_{AB}^{合}$帥$_{脂}$ $_{AB}^{開}$篩$_{脂}^L$	$_{AB}^{合}$水$_{脂}^R$ $_{AB}^{開}$時$_{之}^L$ $_{AB}^{開}$施$_{支}^{L/D}$ $_{AB}^{開}$尸$_{脂}$

齒音 \\ 攝	全清		
	心 s 34[18]	生 ʂ 13	書 ɕ 13
蟹攝 哈灰泰齊祭夬佳	$^{開}_{4}$西$_{齊}^{L}$ $^{開}_{1}$塞$_{哈}^{D}$ $^{開}_{1}$索$_{哈}^{D}$		
梗攝 庚清青	$^{開}_{AB}$昔$_{清}^{E}$ $^{開}_{AB}$省$_{清}^{R}$ $^{開}_{4}$錫$_{青}^{E}$	$^{開}_{2}$省$_{庚}^{R}$ $^{開}_{2}$生$_{庚}^{L}$	$^{開}_{AB}$聖$_{清}^{D}$
咸攝 談覃鹽嚴凡咸銜添	$_{1}$三$_{談}^{L}$	$_{2}$彡$_{銜}^{L}$	$_{AB}$葉$_{鹽}^{E}$
山攝 寒桓先仙元山	$^{開}_{4}$先$_{先}^{L/D}$ $^{開}_{1}$薩$_{寒}^{E}$ $^{合}_{AB}$宣$_{仙}^{L}$	$^{開}_{2}$山$_{山}^{R}$	
宕攝 唐陽	$^{開}_{C}$相$_{陽}^{L/D}$ $^{開}_{1}$桑$_{唐}^{L}$ $^{開}_{C}$襄$_{陽}^{L}$		
江攝 江			
深攝 侵			$_{AB}$深$_{侵}^{L}$
臻攝 魂欣眞文痕諄	$^{合}_{1}$孫$_{魂}^{L}$ $_{AB}$辛$_{眞}^{L}$ $^{開}_{AB}$新$_{眞}^{L}$ $^{開}_{AB}$信$_{眞}^{L}$ $^{開}_{AB}$莘$_{眞}^{L}$	$^{合}_{AB}$率$_{眞}^{L}$	$^{開}_{AB}$身$_{眞}^{L}$ $^{開}_{AB}$室$_{眞}^{E}$
曾攝 登蒸職	$^{開}_{1}$塞$_{登}^{E}$ $^{開}_{1}$索$_{登}^{E}$		$^{開}_{C}$勝$_{蒸}^{D}$
通攝 東鍾冬	$_{1}$速$_{東}^{E}$ $_{1}$宋$_{冬}^{D}$ $_{1}$送$_{東}^{D}$ $_{C}$宿$_{東}^{E}$		

이 분석표에서 心母가 生母와 최소대립을 이루는 쌍을 열심히 찾아보아도 눈에 띄지 않는다. 止攝에서 心母의 '$^{開}_{C}$司$_{之}^{L}$'와 '$^{開}_{C}$思$_{之}^{L}$'가 生母의 '$^{開}_{C}$史$_{之}^{R}$'와 음운대립을 이루는 듯하지만 성조가 서로 다르므로 이들은 최소대립 쌍이 아니다. 心母의 '$^{開}_{AB}$四$_{脂}^{D}$', '$^{開}_{AB}$泗$_{脂}^{D}$', '$^{開}_{AB}$駟$_{脂}^{D}$' 등이 生母의 '$^{開}_{AB}$師$_{脂}^{L}$'와 최소대립을 이루는 듯하지만 역시 성조가 서로 다르다. 최소대립 쌍을 찾을 수 없으므로 백제어에서는 心母 /s/와 生母 /ʂ/가 음운론적으로 대립하지 않았다고 할 수 있다.

이번에는 生母와 書母를 대비해 본다. (33)의 분석표에서 生母와 書母의 최소대립 쌍을 찾아보면 다음과 같다.

---

18 '宿, 塞, 索' 등 二反字가 세 자이므로, 실제로는 37자이다.

(34) 生母와 書母의 최소대립 쌍

　가. 止攝 - $^{開}_{AB}師_{脂}^{L}$: $^{開}_{AB}尸_{脂}^{L}$

　나. 止攝 - $^{開}_{AB}簁_{脂}^{L}$: $^{開}_{AB}尸_{脂}^{L}$

(35) 최소대립을 이루는 生母字와 書母字의 용례

　가. 師[生開AB平脂] - 084 法師君ハフシキシ, 232 末都師父マツシフ

　　　(일본), 24 牛師獎 (구당)

　　尸[書開AB平脂] - 032 沙尸良, 047 大尸山, 056 豆尸伊, 富尸伊,

　　　106 古尸伊, 109 武尸伊, 147 仇尸波知, 169 豆尸, 175 大尸山,

　　　179 號尸伊城 (지리), 202 豆尸原嶽 (사기)

　나. 簁[生開AB平脂] - 053 一耆簁德 (유사)

　　尸 (위의 '가'와 동일)

(35.가)의 대립 항 '師'는 『일본서기』와 『구당서』에 나오고, '尸'는 『삼국사기』 지리지와 『삼국사기』에 나온다. (35.나)의 대립 항 '簁'는 『삼국유사』에 나온다. 이에 따르면 生母와 書母의 대립은 빨라야 8세기 중엽에 성립한다. 8세기 중엽 이후에 성립하는 生母와 書母의 최소대립을 백제어의 음운대립이라고 할 수 있을까?

　生母와 書母의 최소대립에 참여하는 (34)의 '尸'는 8세기 초엽까지의 백제어 텍스트에서 전혀 찾을 수 없다. 마한 국명과 백제 목간뿐만 아니라 『일본서기』의 백제 고유명사 표기에서도 '尸'가 사용된 적이 없다. 『구당서』·『당서』를 포함하여 중국의 각종 사서에서도 백제의 고유명사 표기에 사용된 '尸'를 찾을 수 없다.[19] '尸'는 오로지 『삼국사기』에만 나온다. 이것을 강조하여 李丞宰(2013)에서는 이 '尸'를 신라 표기법의 일종이라 하였다. 지리지와 鄕歌에서 '尸'가

---

19 경흥의 반절자에도 '尸'가 사용되지 않았다.

'시'를 표기한 것이 아니라 음절말 자음 '-ㄹ'을 표기한 것이 많다는 사실도 중요하다. 이것을 강조하면 (34)의 최소대립 쌍이 없어진다. 따라서 (35)에 든 '032 沙尸良, 047 大尸山' 등의 백제 지명은 신라 표기법에 굴절되거나 오염된 백제 지명임이 분명하다. 그렇다면 (34)의 최소대립 쌍을 순수 백제어의 음운대립에서 제외할 수 있다. 결국, 백제어에서는 生母 /ṣ/와 書母 /ɕ/가 음운론적으로 대립하지 않았다는 결론에 도달한다.

반면에, 心母 /s/와 書母 /ɕ/는 백제어에서 음운론적으로 대립했다. 이것을 확인하기 위하여 (33)의 분석표에서 이들의 최소대립 쌍을 찾아본다.

(36) 心母와 書母의 최소대립 쌍

가. 止攝 - $^{開}_{AB}$斯$_支^L$: $^{開}_{AB}$施$_支^{L/D}$

나. 止攝 - $^{開}_C$思$_之^L$: $^{開}_C$時$_之^L$

다. 臻攝 - $^{開}_{AB}$辛$_眞^L$: $^{開}_{AB}$身$_眞^L$

(37) 최소대립을 이루는 心母字와 書母字의 용례

가. 斯[心開AB平支] - 09 速盧不斯, 35 臼斯烏旦, 52 不斯濆邪 (마한), 65 已斯卩 (궁남), 108 弗斯侯 (남제, 위서, 북사), 043 久斯牟羅 クシムラ, 081 斯麻王 シマキシ, 083 斯我君 シガキシ (일본), 028 奴斯只, 095 馬斯良, 107 丘斯珍兮 (지리), 066 斯摩, 143 辰斯 (사기), 031 斯摩, 059 辰斯王 (유사)

施[書開AB平/去支] - 117 施德 (주서, 북사, 수서), 008 施德 セトク (일본), 292 施德(사기)

나. 思[心開C平之] - 07 文思 (구당, 당서), 046 文思, 068 沙若思 (사기), 023 文思 (유사)

時[書開C平之] - (음의3) 尙[時亮反] (경흥)

다. 辛[心開AB平眞] - 025 得爾辛 トクジシン, トクニシ, 066 久爾辛 ク

ニシ (일본), 019 久爾辛, 209 父木辛王 (사기), 009 久尔辛 (유

사)

身[書開AB平眞] - 171 味身 ミシン (일본)

세 개의 최소대립 쌍 중에서 대립 성립의 시기가 이른 것은 (37.가)
이다. 이곳의 '斯'는 마한 국명,『남제서』(537년),『위서』(559년),『북
사』(644년), 7세기 전반기의 부여 궁남지 목간,『일본서기』등에 나온
다.『일본서기』를 제외하면 이들은 모두 7세기 중엽 이전의 자료이
다. '斯'의 대립 항 '施'는『주서』(636년),『북사』,『수서』(636~656년),
『일본서기』등에 나온다. 그렇다면 이 대립은 백제가 멸망하기 이전
에 구체적으로는 7세기 전반기에 확인되므로 순수 백제어에서의 음
운대립이라 할 수 있다. 이 대립을 인정하여 心母 /s/와 書母 /ɕ/를
각각 백제어의 자음 음소로 등록한다.

　지금까지의 논의를 잠깐 종합해 보자. 3세기의 마한 국명에서 13세
기 중엽의『삼국유사』에 이르기까지의 텍스트에서 心母, 書母와 음
운론적으로 대립하는 生母의 용례를 찾을 수 없다. 따라서 권설음인
生母 /ʂ/를 백제어의 자음 목록에서 제외한다.『일본서기』까지의 자
료는 백제어를 제대로 반영하는데, 이들 텍스트에서 치조음인 心母
/s/와 경구개음인 書母 /ɕ/가 음운론적으로 대립한다. 따라서 이들을
백제어의 자음 목록에 넣는다. 生母와 書母는 둘 다 13자의 용례를
가지는데, 生母는 음소 목록에서 제외되고 書母는 음소 목록에 등록
되므로 음운론적 대립의 중요성을 실감하게 된다.

5.4.3. 전탁 마찰음 邪母 · 常母

위에서 정리한 결론은 치음 전탁의 마찰음에서도 평행적으로 확인

된다. 全淸의 권설음인 生母 /ʂ/가 백제어의 자음 목록에서 제외된 바 있는데, 全濁의 권설음 俟母 /ʐ/도 마찬가지이다. 백제어 표음자 694(707)자 중에는 俟母字가 하나도 없다. 이것은 백제어에서는 권설음 서열이 음소의 자격을 얻지 못했음을 말해 준다.

(38) 마찰음이고 全濁인 邪母·常母의 분포

齒音 / 攝	全濁	
	邪z 8	常z 25
果攝 歌 戈		
假攝 麻	開AB邪麻 L	
遇攝 模 魚 虞	C敍魚 R	C樹虞 D C桇虞 L
效攝 豪 肴 宵 蕭		AB韶宵 L AB召宵 D
流攝 侯 尤		C受尤 R C壽尤 R C讐尤 L
止攝 支 之 微 脂	合AB槥支 D 開C寺之 D	開AB氏支 R 開C市之 R
蟹攝 咍 灰 泰 齊 祭 夬 佳		
梗攝 庚 清 青	開AB夕清 E 開AB席清 E	開AB石清 E 開AB成清 L 開AB城清 L
咸攝 談 覃 鹽 嚴 凡 咸 銜 添		AB涉鹽 E
山攝 寒 桓 先 仙 元 山		開AB善仙 R
宕攝 唐 陽		開C上陽 R C尚陽 L/D 開C常陽 L
江攝 江		
深攝 侵	AB習侵 E	AB十侵 E
臻攝 魂 欣 眞 文 痕 諄		合AB淳諄 L 合AB順諄 L 開AB臣眞 L 開AB辰眞 L
曾攝 登 蒸 職		開C寔蒸 E 開C承蒸 L 開C植蒸 E
通攝 東 鍾 冬	C松鍾 L	

이제 전탁의 마찰음 중에서 치조음인 邪母 /z/와 경구개음인 常母 /ʑ/가 음운론적으로 대립하는지를 논의하기로 한다. 먼저, 이들의 분포를 정리해 보면 위의 (38)과 같다. 이 분석표에서 최소대립 쌍을

찾아내고, 대립 항의 용례를 덧붙인다.

(39) 全濁인 邪母와 常母의 최소대립 쌍

가. 梗攝 - $^{開}_{AB}夕^{E}_{淸}$: $^{開}_{AB}石^{E}_{淸}$

나. 梗攝 - $^{開}_{AB}席^{E}_{淸}$: $^{開}_{AB}石^{E}_{淸}$

다. 深攝 - $_{AB}習^{E}_{侵}$: $_{AB}十^{E}_{侵}$

(40) 全濁인 邪母字와 常母字의 용례

가. 夕[邪開AB入淸] - 09 至夕, 13 欠夕 (능산)

石[常開AB入淸] - 04 小石索, 05 大石索 (마한), 036 石城セ

キサシ (일본), 080 埃石 (유사)

나. 席[邪開AB入淸] - 79 眠席 (능산)

石 (위의 '가'와 동일)

다. 習[邪中AB入侵] - 48 習利 (쌍북280)

十[常中AB入侵] - 227 十濟 (사기), 094 十濟 (유사)

(39.가)의 邪母字 '夕'과 (39.나)의 邪母字 '席'은 부여 능산리사지 목간에 나오고, 이에 각각 대립하는 (39.가~나)의 常母字 '石'은 마한 국명, 『일본서기』, 『삼국유사』 등에 나온다. 이 두 대립 쌍을 논거로 삼아, 邪母 /z/와 常母 /ʑ/의 음운론적 대립은 늦어도 6세기 3/4분기에는 성립되었다고 할 수 있다. 능산리사지 목간이 제작된 시기는 6세기 3/4분기임이 확실하기 때문이다. 그렇다면 치조 유성 마찰음 /z/와 경구개 유성 마찰음 /ʑ/을 백제어의 자음 목록에 넣을 수 있다.

지금까지의 논의를 간단히 종합해 둔다. 치음의 무성 마찰음에서는 치조음인 心母 /s/가 경구개음인 書母 /ɕ/와 음운론적으로 대립한다. 이 둘의 유성음 짝인 邪母 /z/와 常母 /ʑ/도 음운론적으로 서로 대립하므로 치조 마찰음 /s, z/과 경구개 마찰음 /ɕ, ʑ/를 각각 독자적인 음소로 설정한다.

5.4.4. 전청 마찰음인 心母, 書母와 전탁 마찰음인 邪母, 常母

이제, 무성 마찰음인 心母 /s/, 書母 /ɕ/가 유성 마찰음인 邪母 /z/, 常母 /z/와 음운론적으로 대립했는지 논의한다. 이때에는 (33)과 (38)의 분포 분석표를 합하여 대비해 보는 것이 좋다. 이 둘을 합할 때에, 음소의 자격을 갖지 못하는 전청의 권설음 生母는 일단 제외하기로 한다.

(41) 전청인 心母·書母와 전탁인 邪母·常母의 분포

齒音 \ 攝	全清		全濁	
	心s 34	書ɕ 13	邪z 8	常z 25
果攝				
假攝		開$_{AB}$舍$_{麻}^{D}$	開$_{AB}$邪$_{麻}^{L}$	
遇攝	$_{1}$素$_{模}^{D}$ $_{1}$蘇$_{模}^{L}$ $_{C}$須$_{虞}$		$_{C}$敍$_{魚}^{R}$	$_{C}$樹$_{虞}^{D}$ $_{C}$枓$_{虞}^{L}$
效攝	$_{AB}$小$_{宵}^{R}$ $_{AB}$肖$_{宵}^{D}$			$_{AB}$韶$_{宵}^{L}$ $_{AB}$召$_{宵}^{D}$
流攝	$_{C}$宿$_{尤}^{D}$	$_{C}$首$_{尤}^{R}$ $_{C}$守$_{尤}^{R}$		$_{C}$受$_{尤}^{R}$ $_{C}$壽$_{尤}^{R}$ 讐$_{尤}^{L}$
止攝	合$_{AB}$雖$_{脂}^{L}$ 開$_{AB}$斯$_{支}^{L}$ 開$_{AB}$四$_{脂}^{D}$ 開$_{AB}$泗$_{脂}$ 開$_{AB}$駟$_{脂}^{D}$ 開$_{C}$司$_{之}^{L}$ 開$_{C}$思$_{之}^{L}$	合$_{AB}$水$_{脂}^{R}$ 開$_{C}$時$_{之}^{L}$ 開$_{AB}$施$_{支}^{L/D}$ 開$_{AB}$尸$_{脂}^{L}$	合$_{AB}$槎$_{支}^{D}$ 開$_{C}$寺$_{之}^{D}$	開$_{AB}$氏$_{支}^{R}$ 開$_{C}$市$_{之}^{R}$
蟹攝	開$_{4}$西$_{齊}^{L}$ 開$_{AB}$塞$_{哈}^{D}$ 開$_{1}$索$_{哈}^{D}$			
梗攝	開$_{AB}$昔$_{清}^{E}$ 開$_{AB}$省$_{清}^{R}$ 開$_{4}$錫$_{青}^{E}$	開聖$_{清}^{D}$	開$_{AB}$夕$_{清}^{E}$ 開$_{AB}$席$_{清}$	開$_{AB}$石$_{清}^{E}$ 開$_{AB}$成$_{清}^{L}$ 開$_{AB}$城$_{清}$
咸攝	$_{1}$三$_{談}^{L}$	$_{AB}$葉$_{鹽}^{E}$		$_{AB}$涉$_{鹽}^{E}$
山攝	開$_{4}$先$_{先}^{L/D}$ 開$_{1}$薩$_{寒}^{E}$ 合$_{AB}$宣$_{仙}^{L}$			開$_{AB}$善$_{仙}^{R}$

齒音	全清		全濁	
攝	心s 34	書ɕ 13	邪z 8	常z 25
宕攝	開C相陽^{L/D} 開1桑唐^L 開C襄陽^L			開C上陽^R 開C常陽^L 開C尚陽^{L/D}
江攝				
深攝		AB深侵^L	AB習侵^E	AB十侵^E
臻攝	合1孫魂^L 開AB辛眞^L 開AB新眞^L 開AB信眞^L 開AB莘眞^L	開身眞^L 開AB室眞^E		合AB淳諄^L 合AB順諄^D 開AB臣眞^L 開AB辰眞^L
曾攝	開1塞登^E 開1索登^E	開C勝蒸^D		開C寔蒸^E 開C植蒸^E 開C承蒸^L
通攝	速東^E 1宋冬^D 送東^D C宿東^D		C松鍾^L	

(41)의 분석표를 이용하여 전청 心母와 전탁 邪母의 최소대립 쌍을 찾아내면 다음과 같다.

(42) 전청 心母와 전탁 邪母의 최소대립 쌍

　가. 梗攝 - ^{開}_{AB}昔清^E : ^{開}_{AB}夕清^E

　나. 梗攝 - ^{開}_{AB}昔清^E : ^{開}_{AB}席清^E

(43) 전청의 心母字와 전탁의 邪母字의 용례

　가. 昔[心開AB入清] - 184 昔麻帝彌 シャクマタイミ (일본)

　　　夕[邪開AB入清] - 09 至夕 (능산), 13 欠夕 (능산)

　나. 昔 (위의 '가'와 동일)

　　　席[邪開AB入清] - 79 眠席 (능산)

(43.가~나)의 心母字 '昔'은 『일본서기』에 나오고, 이에 대립하는 (43.가)의 邪母字 '夕'과 (43.나)의 邪母字 '席'은 부여 능산리사지 목간에 나온다. 『일본서기』는 720년에 편찬되었으므로 이때에는

心母 /s/와 邪母 /z/가 대립했다고 할 수 있다.

그런데 이때는 백제가 이미 멸망한 이후이므로 이 대립의 성립 시기를 어떻게 잡아야 할지 머뭇거려진다. 우선, 백제가 660년에 이미 멸망했으므로 이 대립이 백제어에 없었다고 할 수 있다. 이와는 반대로, 백제가 이미 멸망했지만 8세기 전반기까지 백제어가 유지되었다는 점을 들어 이 대립이 백제어의 음운대립이라고 인정할 수도 있다. 일반적으로 언어의 치환이 수 세대에 걸쳐 점진적으로 이루어진다는 점을 감안하면 둘째 견해가 타당할 것이다. 이에 따르면 경흥의 반절자나 『일본서기』의 표음자를 대립 항으로 하여 성립하는 음운대립도 백제어의 음운대립에 포함할 수 있다.

이제 (41)의 분석표를 이용하여, 전청의 書母와 전탁의 常母가 음운론적으로 대립하는 짝을 찾아보면 다음과 같다. 물론 대립 항의 용례도 덧붙인다.

(44) 전청인 書母와 전탁인 常母의 최소대립 쌍

가. 流攝 - $_C$首$_尤^R$: $_C$受$_尤^R$

나. 流攝 - $_C$首$_尤^R$: $_C$壽$_尤^R$

다. 流攝 - $_C$守$_尤^R$: $_C$受$_尤^R$

라. 流攝 - $_C$守$_尤^R$: $_C$壽$_尤^R$

마. 咸攝 - $_{AB}$葉$_鹽^E$: $_{AB}$涉$_鹽^E$

바. 臻攝 - $_{AB}^{開}$身$_眞^L$: $_{AB}^{開}$臣$_眞^L$

사. 臻攝 - $_{AB}^{開}$身$_眞^L$: $_{AB}^{開}$辰$_眞^L$

(45) 전청의 書母字와 전탁의 常母字의 용례

가. 首[書中C上尤] - 68 贊首流 (남제), 51 佃首行 (쌍북280), 60 首^{2}比 (쌍북현내), 168 首信シュシン (일본), 015 伐首只, 069 首冬山, 161 夫首只 (지리) 018 仇首王, 024 近仇首王, 080 首彌, 180

興首 (사기), 008 仇首王, 012 近仇首王, 072 興首 (유사)

受[常中C上尤] - 029 奴受利山ヌズリノムレ, 222 金受コムジュ (일본), 29 遲受信 (구당, 당서), 132 遲受信 (사기)

나. 首 (위의 '가'와 동일)

壽[常中C上尤] - 011 高壽, 103 優壽 (사기)

다. 守[書中C上尤] - 044 武守, 113 仁守 (사기)

受 (위의 '가'와 동일)

라. 守 (위의 '다'와 동일)

壽 (위의 '나'와 동일)

마. 葉[書中AB入鹽] - (音03) 惛[倚葉反] (경흥), 125 掠葉禮ケイセフライ (일본)

涉[常中AB入鹽] - 80 涉羅 (후한, 북사), 221 涉羅 (사기)

바. 身[書開AB平眞] - 171 味身ミシン (일본)

臣[常開AB平眞] - 07 臣濆活, 21 臣□, 42 臣蘇塗, 46 臣雲新 (마한), 50 內臣佐平 (구당, 당서), 264 內臣佐平 (사기)

사. 身 (위의 '바'와 동일)

辰[常開AB平眞] - 061 辰斯シンシ, 137 王辰爾ワウジンニ (일본), 144 辰斯王 (사기), 059 辰斯王 (유사)

(44)에서 볼 수 있듯이, 전청의 書母와 전탁의 常母가 음운론적으로 대립하는 예는 아주 많다. 이 대립 짝 중에서 대립 성립의 시기가 가장 이른 것은 (45.마)이다. 여기에서는 경흥의 반절자로 사용된 '葉'이 『후한서』(432년)와 『북사』(644년) 등에 나오는 '涉'과 대립한다. 그렇다면 전청의 書母와 전탁의 常母가 음운론적으로 대립한 시점은 경흥이 반절을 베푼 시점 즉 7세기 말엽이나 8세기 초엽이 된다. 이 시기는 전청의 心母와 전탁의 邪母가 대립한 시기 즉 『일본서기』가

편찬된 8세기 초엽과 아주 가깝다.

백제어 표음자에서 전청 心母 /s/·書母 /ɕ/가 전탁 邪母 /z/·常母 /z/와 처음으로 대립한 것이 7세기 말엽이나 8세기 초엽이라는 사실을 그대로 받아들일 수 있을까? 전청의 心母가 전탁의 邪母와 대립하는 것은 (42)의 두 쌍에 지나지 않는데, 전청의 書母가 전탁의 常母와 대립하는 것은 (44)의 일곱 쌍이라는 불균형은 또 어떻게 이해해야 할까? 일반적으로 유성자음에서보다 무성자음에서 최소대립의 쌍을 쉽게 찾을 수 있는데 백제어에서는 정반대 결과가 나왔다. 따라서 방법론적으로 문제가 없었는지 되돌아볼 필요가 있다.

앞에서 전청의 心母·生母·書母의 분포를 분석하여 生母가 음소의 자격을 가지지 못한다고 한 바 있다. 그리하여 生母字 13자를 (41)의 분포 분석표에서 제외하였다. 바로 여기에 잘못이 있었던 것은 아닌지 되돌아보기로 한다.

음소의 자격을 가지지 못하는 성모를 처리하는 방법에는 두 가지가 있다. 첫째는 (41)에서처럼 변이음에 속하는 성모를 음소 분석에서 모두 제외하는 방법이다. 둘째는 이 성모를 다른 성모에 편입하여 음소 분석의 대상으로 삼는 방법이다. 음소 분석 이론에서는 둘째 방법이 타당하다. 변이음에 불과하다 하여 분석 대상에서 완전히 제거하는 것은 오히려 잘못된 음소 분석 방법론이다. 변이음도 공시적으로는 어느 한 음소의 변이음이고 음운론적으로는 그 음소에 속하기 때문이다. 따라서 이 글에서는 변이음에 불과한 성모를 음소의 자격을 갖는 성모에 편입하여 기술하는 방법을 택한다. 앞에서 순음과 설음을 논의할 때에도 변이음을 다른 성모에 편입하여 기술한 바 있다.

이제 둘째 방법을 택하여 논의를 수정해 보기로 한다. 음소의 자격을 갖지 못하는 生母字 13자를 일단 心母 또는 書母에 편입한다.[20] 그런 다음에 이들을 전탁의 邪母字·常母字와 대비한다. 이처럼 수정을 가하면, 다음의 최소대립 쌍을 추가할 수 있다.

(46) 추가할 수 있는 최소대립 쌍

　가. 遇攝 - $_C$所$_魚$^{R} (生母) : $_C$敍$_魚$^{R} (邪母)

　나. 止攝 - ^開_C史$_之$^{R} (生母) : ^開_C市$_之$^{R} (常母)

(47) 추가된 최소대립 쌍의 용례

　가. 所[生中C上魚] - (音39) 師[所飢反] (경흥), 018 所夫里, 029 所比
　　　浦, 076 所力只, 108 所非兮 (지리), 223 所夫里 (사기)

　　　敍[邪中C上魚] - 046 任敍利ニジユリ (일본)

　나. 史[生開C上之] - 132 長史 (송서, 남제, 위서, 북사, 수서), 093 比史
　　　(지리)

　　　市[常開C上之] - 94 都市部 (주서), 118 市部 (북사), 293 市部 (사
　　　기)

(46.가)의 生母字 '所'와 邪母字 '敍'가 대립하는 시점은 (47.가)
에서 볼 수 있듯이 『일본서기』의 시점이다. 이와는 달리, (46.나)의
生母字 '史'와 常母字 '市'가 대립하는 시점은 『주서』(636년)를 기준
시점으로 잡으면 7세기 전반기가 된다. 이것을 중시하면 무성자음인
心母 /s/와 유성자음인 邪母 /z/의 음운론적 대립과, 무성자음인 書母
/ɕ/와 유성자음인 常母 /z/의 대립을 확정할 수 있다. 다만, 이들의
대립이 성립하는 시점이 빨라야 7세기 전반기라는 점을 기억해 두기
로 한다.

---

20 13자에 이르는 生母字를 일괄적으로 心母 또는 書母에 편입할 것인지, 임의로
나누어서 두 성모에 편입할 것인지는 결정하기 어렵다. 다른 곳에서와는 달리 편입의
방향이 두 방향이라서 사실은 문제가 된다.

지금까지의 논의를 종합해 보면, 치음의 마찰음에는 다음의 네 개 음소가 등록된다.

(48) 치음 마찰음의 목록

		全淸	全濁
齒音	精組	心s 34	邪z 8
	章組	書ɕ 13	常ʑ 25

心母 /s/와 書母 /ɕ/는 치조 마찰음과 경구개 마찰음의 차이로 대립하고, 邪母 /z/와 常母 /ʑ/도 마찬가지이다. 무성자음인 心母 /s/는 유성자음인 邪母 /z/와 유·무성의 차이로 대립하고, 書母 /ɕ/와 常母 /ʑ/도 마찬가지이다. 백제어의 순음을 논의하면서 유성자음인 並母 /b/를 음소로 등록한 바 있고, 설음에서는 유성자음인 定母 /d/를 음소로 설정한 바 있다. 이와 마찬가지로 치음의 마찰음에서도 유성자음인 邪母 /z/와 常母 /ʑ/가 음소로 설정된다.

5.4.5. 전청 파찰음 精母, 莊母, 章母

이제, 치음의 전청 파찰음에 대한 논의로 넘어간다.

치음의 파찰음에는 전청의 精母·莊母·章母, 차청의 淸母·初母·昌母, 전탁의 從母·崇母·船母가 있다.

먼저 전청의 세 성모가 음운론적으로 대립하는지를 논의하기로 한다. 精母·莊母·章母의 분포를 정리하면 아래의 (49)와 같다. 치음 파찰음의 莊母에 속하는 백제어 표음자는 아주 희소하여 '責'과 '捉'의 둘 뿐이다.

(49) 치음 전청인 精母·莊母·章母의 분포

齒音＼攝	全淸		
	精 ʦ 24	莊 ʈʂ 2	章 ʨ 28
果攝	開1佐歌 D　開1左歌 R		
假攝	開AB姐麻 R		開AB者麻 R
遇攝	1祖模 R		C渚魚　C主虞 R
效攝			AB照宵 D　AB昭宵 L
流攝	1走侯 R　C酒尤 R		C周尤 L　C州尤 L　C洲尤 L
止攝	開C子之 R　開AB咨脂 L　開AB資脂 L		開C之之 L　開C止止 R　開C志志 D　開C支支 L　開AB只支 R　開AB至脂 D　開AB祇脂 L
蟹攝	開4濟齊 R/D　開1宰咍 R　開AB際祭 D		開AB制祭 D
梗攝	開AB積淸 E　開AB井淸 R	開2責庚 E	開AB正淸 L/D
咸攝			AB占鹽 L
山攝	開1贊寒 D		開折仙 E
宕攝	開C雀陽 E　開C將陽 L　開C爵陽 E　開C獎陽 L		開C灼陽 L　開C章陽 L　開C瑋陽 L
江攝		2捉江 E	
深攝			AB執侵 E　AB枕侵 R
臻攝	開AB晉眞 D　開AB進眞 D　開AB津眞 L		開AB振眞 D　開AB眞眞 L　開AB質眞 E
曾攝	開C卽蒸 E		
通攝	1總東 R		C衆東 D

　　성모의 용례가 적을수록 그 성모가 최소대립을 이룰 가능성이 낮아지고, 용례가 많을수록 가능성이 높아지는 것은 자연의 이치이다. 아니나 다를까, 이 두 莊母字가 精母字나 章母字와 최소대립을 이루는 쌍을 찾을 수 없다. 따라서 권설자음 莊母 /ʈʂ/를 백제어의 자음 목록에서 제외한다.

반면에, 파찰음에서 치조음인 精母字와 경구개음인 章母字를 대비해 보면 아주 많은 최소대립 쌍을 찾을 수 있다. 이 두 성모는 용례가 많은 만큼, 무려 열네 개의 최소대립 쌍을 가진다.

(50) 치조 파찰음인 精母와 경구개 파찰음인 章母의 최소대립 쌍

　가. 果攝 - $^{開}_{AB}$姐$_{麻}$^{R} : $^{開}_{AB}$者$_{麻}$^{R} (중국, 일본 : 마한)

　나. 止攝 - $^{開}_{C}$子$_{之}$^{R} : $^{開}_{C}$止$_{之}$^{R} (경흥, 일본, 지리, 사기, 유사 : 경흥)

　다. 止攝 - $^{開}_{AB}$咨$_{脂}$: $^{開}_{AB}$祇$_{脂}$ (마한 : 일본)

　라. 止攝 - $^{開}_{AB}$資$_{脂}$^{L} : $^{開}_{AB}$祇$_{脂}$^{L} (목간, 일본, 유사 : 일본)

　마. 蟹攝 - $^{開}_{AB}$際$_{祭}$^{D} : $^{開}_{AB}$制$_{祭}$^{D} (지리 : 경흥)

　바. 宕攝 - $^{開}_{C}$雀$_{陽}$^{E} : $^{開}_{C}$灼$_{陽}$^{E} (목간 : 일본)

　사. 宕攝 - $^{開}_{C}$爵$_{陽}$^{E} : $^{開}_{C}$灼$_{陽}$^{E} (중국 : 일본)

　아. 宕攝 - $^{開}_{C}$將$_{陽}$^{L} : $^{開}_{C}$章$_{陽}$^{L} (중국, 일본, 당서, 사기, 유사 : 일본)

　자. 宕攝 - $^{開}_{C}$奬$_{陽}$^{L} : $^{開}_{C}$章$_{陽}$^{L} (당서 : 일본)

　차. 宕攝 - $^{開}_{C}$將$_{陽}$^{L} : $^{開}_{C}$璋$_{陽}$^{L} (중국, 일본, 당서, 사기, 유사 : 중국, 당서, 사기, 유사)

　카. 宕攝 - $^{開}_{C}$奬$_{陽}$^{L} : $^{開}_{C}$璋$_{陽}$^{L} (당서 : 중국, 당서, 사기, 유사)

　타. 臻攝 - $^{開}_{AB}$晉$_{眞}$^{D} : $^{開}_{AB}$振$_{眞}$^{D} (중국, 일본 : 중국, 사기)

　파. 臻攝 - $^{開}_{AB}$進$_{眞}$^{D} : $^{開}_{AB}$振$_{眞}$^{D} (목간, 중국, 일본, 지리, 사기 : 중국, 사기)

　하. 臻攝 - $^{開}_{AB}$津$_{眞}$^{L} : $^{開}_{AB}$眞$_{眞}$^{L} (일본 : 목간, 중국, 일본, 지리, 당서, 사기, 유사)

이 중에서 대립의 시기가 상대적으로 이른 것은 (50.가), (50.차), (50.타), (50.파) 등이다. 이들의 용례를 모두 들어 보면 다음과 같다.

(51) 치조 파찰음 精母字와 경구개 파찰음 章母字의 용례

　가. 姐[精開AB上麻] - 64 姐瑾 (남제), 085 姐彌文貴 サミモムクヰ (일
　　　본)

　　　者[章開AB上麻] - 11 古誕者 (마한)

　나. 將[精開C平陽] - 85 郡將 (주서), 130 將軍 (북사), 131 將德 (주서,
　　　북사, 수서), 007 將德 シヤウトク (일본), 47 郡將 (당서), 257 郡
　　　將, 280 別部將, 300 將軍 (사기), 105 將軍 (유사)

　　　璋[章開C平陽] - 21 扶餘璋 (후한), 47 餘璋 (북사, 수서), 12 扶餘璋
　　　(구당, 당서), 056 扶餘璋 (사기), 054 璋 (유사)

　다. 晉[精開AB去眞] - 83 晉平郡 (송서), 225 谷那晉子 コクナシンシ
　　　(일본)

　　　振[章開AB去眞] - 141 振武 (주서, 북사, 수서), 315 振武 (사기)

　라. 進[精開AB去眞] - 34 麻進 (나주 3), 68 得進 (구아), 53 燕文進
　　　(북사, 수서), 157 進奴 シンヌ, 158 進陀 シンダ, 214 余自進 ヨジ
　　　シン (일본), 055 進仍乙 (지리), 092 燕文進, 245 進禮 (사기)

　　　振 (위의 '다'와 동일)

　(51.가)의 精母字 '姐'가 나오는 텍스트는 『남제서』(537년)와 『일본
서기』(720년)이고, 章母字 '者'가 나오는 것은 『삼국지』(3세기 후반)이
다. 여기에서 精母와 章母의 대립이 늦어도 6세기 전반기에는 성립
되었다고 할 수 있다. (51.나~라)에서는 모두 7세기 전반기가 대립
성립의 시점이다. (50)에서 볼 수 있듯이 精母와 章母는 최소대립
쌍이 아주 많을 뿐만 아니라, 대립 성립의 시기도 아주 이른 편이다.
　그렇다면 치조 파찰음인 精母 /ʦ/와 경구개 파찰음인 章母 /ʨ/를
백제어의 자음 목록에 넣을 수 있다. 이것은 앞에서 논의한 바 있는
치음의 마찰음과 평행적이다. 치조 마찰음인 心母 /s/와 경구개 마찰

음인 書母 /ɕ/가 각각 독자적인 음소로 등록된 바 있다.

5.4.6. 전탁 파찰음 從母·崇母·船母

이제, 치음 파찰음의 全濁인 從母·崇母·船母를 분석해 보기로 한다.

(52) 치음 전탁인 從母·崇母·船母의 분포

攝 \ 歯音	全濁 從dz 17	崇dʐ 3	船dʑ 5
果攝	$^{合}_{1}$坐$_{戈}^{R}$		
假攝			$^{開}_{AB}$蛇$_{麻}^{L}$
遇攝	$_{1}$胙$_{模}^{D}$	$_{C}$助$_{魚}^{D}$ $_{C}$鄒$_{虞}^{D}$	
效攝			
流攝	$_{C}$酋$_{尤}^{L}$ $_{C}$就$_{尤}^{D}$		
止攝	$^{開}_{AB}$自$_{脂}^{D}$ $^{開}_{C}$慈$_{之}^{L}$	$^{開}_{C}$士$_{之}^{R}$	
蟹攝	$^{開}_{4}$齊$_{齊}^{L}$ $^{合}_{1}$罪$_{灰}^{R}$		
梗攝	$^{開}_{4}$寂$_{青}^{E}$ $^{開}_{AB}$淨$_{清}^{D}$ $^{開}_{AB}$靜$_{清}^{R}$		$^{開}_{AB}$射$_{清}^{E}$
咸攝	$_{AB}$捷$_{鹽}^{E}$		
山攝	$^{開}_{4}$前$_{先}^{L}$		$^{開}_{AB}$舌$_{仙}^{E}$
宕攝	$^{開}_{C}$墙$_{陽}^{L}$		
江攝			
深攝	$_{AB}$集$_{侵}^{E}$		
臻攝	$^{合}_{1}$存$_{魂}^{L}$		$^{開}_{AB}$賓$_{眞}^{E}$ $^{合}_{AB}$述$_{諄}^{E}$
曾攝			
通攝	$_{C}$從$_{鍾}^{L}$		

위의 분석표에서 알 수 있듯이, 從母·崇母·船母 상호간에 최소 대립을 이루는 쌍이 없다. 從母字 '$^{開}_{AB}$靜$_{清}^{R}$'과 船母字 '$^{開}_{AB}$射$_{清}^{E}$'가

최소대립의 후보이지만, 이 둘은 성조가 다르므로 최소대립 쌍이 아니다. 崇母와 船母는 희귀 성모이므로, 백제어의 음소 목록에서 이들이 제외되는 것은 어찌 보면 당연하다.

치조 파찰음이고 전탁인 從母가 백제어의 자음 목록에 들어갈까? 전탁의 從母가 음운론적 대립을 이루지 못하고 고립되어 있었다면, 從母가 음소의 자격을 가지는지를 확인하기가 어려울 것이다. 그런데 從母는 고립 음소가 아니다. 후술하겠지만, 전탁의 從母 /dz/가 전청의 精母 /ʦ/와 음운론적으로 대립하기 때문이다.

5.4.7. 파찰음인 전청의 精母, 차청의 淸母, 전탁의 從母

마지막으로, 치음 파찰음인 전청의 精母, 차청의 淸母, 전탁의 從母가 음운론적으로 대립했는지 논의하기로 한다. 이들의 분포를 분석해 보면 아래의 (53)과 같다. 이 분석표에서 精母와 淸母의 최소대립 쌍을 찾아보면 (54)와 같다. 이들의 대립 항이 나오는 텍스트도 함께 들어 둔다.

(53) 치음 파찰음인 精母·淸母·從母의 분포

齒音 / 攝	全淸 精ʦ 24	次淸 淸ʦʰ 11	全濁 從dz 17
果攝	$_{開1}$佐$_歌^D$ $_{開1}$左$_歌^R$		$_{合1}$坐$_戈$
假攝	$_{開AB}$姐$_麻$	$_{開AB}$且$_麻^R$	
遇攝	$_1$祖$_模^R$	$_C$取$_虞^R$	$_1$胙$_模^D$
效攝			
流攝	$_1$走$_侯^R$ $_C$酒$_尤^R$	$_C$秋$_尤^L$	$_C$酋$_尤^L$ $_C$就$_尤^D$
止攝	$_{開C}$子$_之^R$ $_{開AB}$呰$_脂^L$ $_{開AB}$資$_脂^L$	$_{開AB}$次$_脂^D$	$_{開AB}$自$_脂^D$ $_{開C}$慈$_之^L$
蟹攝	$_{開4}$濟$_齊^{R/D}$ $_{開1}$宰$_咍^R$ $_{開AB}$祭$_祭^D$		$_{開4}$齊$_齊^L$ $_{合1}$罪$_灰^R$

齒音 攝	全淸	次淸	全濁
	精ts 24	淸tsʰ 11	從dz 17
梗攝	$^{開}_{AB}$積$_{淸}^{E}$ $^{開}_{AB}$井$_{淸}^{R}$	$^{開}_{4}$靑$_{靑}^{L}$	$^{開}_{4}$寂$_{靑}^{E}$ $^{開}_{AB}$淨$_{淸}^{D}$ $^{開}_{AB}$靜$_{淸}^{E}$
咸攝			$^{開}_{AB}$捷$_{鹽}^{E}$
山攝	$^{開}_{1}$贊$_{寒}^{D}$	$^{開}_{4}$千$_{先}^{L}$	$^{開}_{4}$前$_{先}^{L}$
宕攝	$^{開}_{C}$雀$_{陽}^{E}$ $^{開}_{C}$將$_{陽}^{L}$ $^{開}_{C}$爵$_{陽}^{E}$ $^{開}_{C}$獎$_{陽}^{L}$	$^{開}_{1}$錯$_{唐}^{E}$	$^{開}_{C}$墻$_{陽}^{L}$
江攝			
深攝		$^{開}_{AB}$侵$_{侵}^{L}$	$^{開}_{AB}$集$_{侵}^{L}$
臻攝	$^{開}_{AB}$晉$_{眞}^{D}$ $^{開}_{AB}$進$_{眞}^{D}$ $^{開}_{AB}$津$_{眞}^{L}$	$^{開}_{AB}$漆$_{眞}^{E}$ $^{開}_{AB}$親$_{眞}^{L}$	$^{合}_{1}$存$_{魂}$
曾攝	$^{開}_{C}$卽$_{蒸}^{E}$		
通攝	$_{1}$總$_{東}^{R}$	$_{1}$聰$_{東}^{L}$	$_{C}$從$_{鍾}^{L}$

(54) 전청인 精母와 차청인 淸母의 최소대립 쌍

　가. 假攝 - $^{開}_{AB}$姐$_{麻}^{R}$: $^{開}_{AB}$且$_{麻}^{R}$ (중국, 일본 : 사기)

　나. 臻攝 - $^{開}_{AB}$津$_{眞}^{L}$: $^{開}_{AB}$親$_{眞}^{L}$ (일본 : 당서)

　이 자료에 따르면 精母 /ts/와 淸母 /tsʰ/의 음운론적 대립이 『삼국사기』나 『당서』에서, 즉 11세기 이후의 사서에서 비로소 확인된다. 이에 따르면 백제어에서는 무기자음인 精母와 유기자음인 淸母의 대립이 없었다고 할 수 있다.

　그런데 치음 마찰음에서와 마찬가지로 변이음의 자격밖에 가지지 못하는 차청의 初母字 세 자와 昌母字 네 자를 차청의 淸母字에 편입하게 되면 사정이 달라진다. 이 편입은 차청자 내부에서 일어나므로 全淸과 次淸의 음운론적 대립 관계를 확인할 때에는 전혀 잘못될 것이 없다. 이 편입에 따라 추가되는 최소대립 쌍은 다음의 두 쌍이다.

(55) 추가할 수 있는 최소대립 쌍

　가. 宕攝 - ${}^{開}_{C}將^{L}_{陽}$ (精母) : ${}^{開}_{C}昌^{L}_{陽}$ (昌母)

　나. 宕攝 - ${}^{開}_{C}獎^{L}_{陽}$ (精母) : ${}^{開}_{C}昌^{L}_{陽}$ (昌母)

(56) 추가된 최소대립 쌍의 용례

　가. 將 (위의 '51.나'와 동일)

　　　昌[昌開C平陽] - 22 扶餘昌 (주서), 49 餘昌 (북제, 북사, 수서), 139

　　　餘昌ヨシャウ (일본), 13 扶餘昌 (구당), 150 昌王 (사기)

　나. 獎[精開C平陽] - 24 牛師獎 (구당)

　　　昌 (위의 '가'와 동일)

　최소대립을 이루는 (55.가)의 精母字 '將'은 7세기 전반기의 사서인 『주서』, 『북사』, 『수서』 등에 나오고, 昌母字 '昌'은 동 시기의 『북제서』, 『주서』, 『북사』, 『수서』 등에 나온다. 이에 따라, 전청 /ʦ/과 차정 /ʦʰ/의 음운론적 대립이 7세기 전반기에 이미 성립했다고 말할 수 있다.

　앞에서 치음 마찰음을 논의하면서 변이음의 자격밖에 없는 生母字 13자를 일단 心母 또는 書母에 편입한 바 있다. 그리하여 7세기 전반기에 전청의 心母 /s/와 書母 /ɕ/가 각각 전탁의 邪母 /z/와 常母 /ʑ/와 음운론적으로 대립한다고 하였다. 치음 파찰음의 전청과 차청이 음운론적으로 대립하는지를 확인하는 과정에서도 변이음에 불과한 차청의 初母·昌母를 淸母에 편입했더니 평행적인 결과가 나왔다. 그렇다면 변이음을 음소의 자격을 가지는 쪽으로 편입하여 분석하는 것이 올바른 분석 방법이라고 할 수 있다.

　다음으로, (53)의 분석표에서 全淸의 精母와 全濁의 從母를 대비해 보자. 이 대비에서 세 개의 최소대립 쌍을 찾을 수 있다. 여기에서 주목해야 할 것은 (57.나)의 최소대립이다.

(57) 전청인 精母와 전탁인 從母의 최소대립 쌍

　가. 梗攝 - $^{開}_{AB}$井$_{清}^{R}$: $^{開}_{AB}$靜$_{清}^{R}$ (당서 : 목간)

　나. 宕攝 - $^{開}_{C}$將$_{陽}^{L}$: $^{開}_{C}$墻$_{陽}^{L}$ (중국, 일본, 당서, 사기, 유사 : 목간)

　다. 宕攝 - $^{開}_{C}$獎$_{陽}^{L}$: $^{開}_{C}$墻$_{陽}^{L}$ (당서 : 목간)

(58) 精母字 '將'과 從母字 '墻'의 용례

　將 (위의 '51.나'와 동일)

　墻[從開C平陽] - 29 墻人 (나주)

　精母字 '將'은 7세기 전반기의 사서인 『주서』, 『북사』, 『수서』 등에 나오고, 從母字 '墻'은 7세기 초엽의 나주 목간에 나온다. 따라서 精母와 從母의 음운대립은 7세기 전반기에 이미 성립했다고 말할 수 있다.

　그런데 변이음의 자격밖에 없는 전탁의 崇母字 세 자와 船母字 다섯 자를 從母字에 편입하면, 전청과 전탁의 최소대립 쌍에 다음의 두 쌍을 추가할 수 있다. 이 두 쌍은 7세기 말엽 또는 8세기 초엽에 음운론적 대립이 성립한다.

(59) 추가할 수 있는 최소대립 쌍

　가. 止攝 - $^{開}_{C}$子$_{之}^{R}$ (精母) : $^{開}_{C}$士$_{之}^{R}$ (崇母), (경흥, 일본, 지리, 사기, 유사 : 목간, 중국, 당서, 사기)

　나. 梗攝 - $^{開}_{AB}$積$_{清}^{E}$ (精母) : $^{開}_{AB}$射$_{清}^{E}$ (船母), (일본, 사기, 유사 : 일본)

　이제, 차청의 淸母字와 전탁의 從母字가 최소대립을 이루는 쌍을 찾아보기로 한다. 初母와 昌母를 淸母에 편입함으로써 추가되는 최소대립 쌍과 대립 항의 용례도 함께 보인다.

(60) 차청인 淸母와 전탁인 從母의 최소대립 쌍

　가. 流攝 - $_{C}秋_{尤}^{L}$: $_{C}酋_{尤}^{L}$

　나. 止攝 - $^{開}_{AB}次_{脂}^{D}$: $^{開}_{AB}自_{脂}^{D}$

　다. 山攝 - $^{開}_{4}千_{先}^{L}$: $^{開}_{4}前_{先}^{L}$

　라. 宕攝 - $^{開}_{C}昌_{陽}^{L}$: $^{開}_{C}墙_{陽}^{L}$ (昌母 : 從母)

(61) 淸母字와 從母字의 용례

　가. 秋[淸中C平尤] - 099 秋子兮 (지리)

　　酋[從中C平尤] - 56 酋渠 (구당, 당서), 58 酋領 (당서), 59 酋帥

　　(당서), 60 酋長 (당서), 109 酋長 (유사)

　나. 次[淸開AB去脂] - 30 ■戸智次, 32 法戸匊次 (나주), 117 斯那奴

　　次酒シナノシシユ, 130 馬次文メシモン, 135 科野次酒シナノ

　　シシユ, 141 文次モンシ, 156 己麻次コマシ (일본), 097 烏次,

　　119 仇次禮, 140 阿次山 (지리)

　　自[從開AB去脂] - 201 自斯ジシ, 214 余自進ヨジシン (일본) 042

　　比自火 (지리), 117 自簡, 118 自堅 (사기)

　다. 千[淸開4平先] - (音41) 蹉[千阿反] (경흥), 209 沙宅千福サタクセ

　　ンフク (일본), 152 千福 (사기)

　　前[從開4平先] - 98 前卩 (구아), 133 前內部 (주서, 북사), 134

　　前部 (주서, 북사), 303 前內部, 304 前部 (사기)

　라. 昌 (위의 '56.가'와 동일)

　　墙[從開C平陽] - 29 墙人 (나주)

　　淸母와 從母가 최소대립을 이루는 쌍은 (60.가~다)의 세 쌍이고, (60.라)는 昌母와 初母를 淸母에 편입함으로써 추가되는 대립 쌍이다. 이 중에서 대립 성립의 시기가 이른 것은 (60.라)이다. 대립 항 '昌'이 7세기 전반기의 중국 사서에 나오고, 대립 항 '墙'이 7세기 초엽의 나주 목간에 나온다. 따라서 淸母 /ʦʰ/와 從母 /dz/의 대립 시점은 7세기 전반기가 된다.

치음의 파찰음에 대한 지금까지의 논의를 모두 종합하면 다음과 같다.

(62) 백제어 치음 파찰음 목록

齒音		全淸	次淸	全濁
齒音	精組	精ʦ 24	淸ʦʰ 11	從dz 17
	章組	章ʨ 28		

이것을 (48)에 정리한 치음 마찰음의 목록과 합하여 전체 백제어 치음 목록을 작성해 보면 다음과 같다.

(63) 백제어 치음 목록

齒音		全淸	次淸	全濁
齒音	치조	精ʦ 24	淸ʦʰ 11	從dz 17
		心s 34		邪z 8
	경구개	章ʨ 28		
		書ɕ 13		常ʑ 25

백제어의 치음에는 /ʦ, ʦʰ, dz, s, z, ʨ, ɕ, ʑ/ 등 무려 여덟 개가 있었다. (63)에서는 다음의 두 가지가 눈길을 끈다.

첫째, 설음의 유기자음 透母 /tʰ/와 마찬가지로, 치음의 차청에서도 유기자음인 淸母 /ʦʰ/가 음소로 설정된다. 透母 /tʰ/가 음소로 설정되는 시기는 7세기 전반기인데, 淸母 /ʦʰ/도 이와 동일하다. 따라서 백제어에서 유기자음이 음소로 자리 잡은 시점은 백제 말기, 구체적으로는 7세기 전반기라고 할 수 있다.

둘째, 치조음이면서 전탁 즉 유성자음인 자리가 빈 칸으로 남아 있다. 한어 중고음에서는 이 자리에 船母 /dz/가 온다. 백제어에서는 이 船母를 음소로 설정할 수 없으므로 이 자리가 비게 된다. 그런데 체제 일치(pattern congruity)를 위하여 이 자리를 羊母 /j/로 채울 수 있다. 船母字이면서 동시에 羊母字이기도 한 것으로 '射'와 '蛇'가 있다. 이들은 船母와 羊母가 매우 긴밀한 관계임을 말해 주므로, 船母의 위치인 빈 칸을 羊母로 채울 수 있다.

5.4.8. 치음의 경구개음 羊母

현대 언어학에서는 /j/를 활음 또는 반모음이라 하여 자음이 아닌 것으로 분류하지만 한어 음운학에서는 羊母 /j/를 자음 쪽에 넣어서 기술한다. 羊母 /j/는 구개음화를 일으키는 동화주 역할을 할 때가 많으므로 羊母를 경구개음 서열인 章母·書母·常母와 대비해 본다.

(64) 羊母와 경구개음인 章母·書母·常母의 분포

齒音 \ 攝	全清		全濁	不清不濁
	章ʨ 28	書ɕ 13	常ʑ 25	羊j 29[21]
果攝				
假攝	開 AB 者麻 R	開 AB 舍麻 D		開 AB 耶麻 L 開 AB 邪麻 L 開 AB 射麻 R/E 開 AB 夜麻 L 開 AB 蛇麻 D 開 AB 也麻 L
遇攝	C 渚魚 R C 主虞 R		C 樹虞 D C 杸虞 L	C 與魚 L C 餘魚 L
效攝	AB 照宵 D AB 昭宵 L		AB 韶宵 L AB 召宵 D	
流攝	C 周尤 L C 州尤 L C 洲尤 L	首尤 R 守尤 R	C 受尤 R C 壽尤 R C 讎尤 L	C 由尤 L
止攝	開 C 之 L 開 C 止 R 開 AB 志 D 開 AB 支 L 開 AB 只支 L 開 AB 至脂 L 開 AB 祇脂 L	合 AB 水脂 R 開 AB 時之 L 開 C 施支 L/D 開 AB 尸脂 L	開 AB 氏支 R 開 C 市之 R	開 C 已之 R 開 C 以之 R 合 AB 遺脂 L/D 開 AB 夷脂 L 開 AB 惟脂 L 開 AB 蛇支 L 開 AB 施支 D

齒音 攝	全清		全濁	不清不濁
	章 tɕ 28	書 ɕ 13	常 z 25	羊 j 29[21]
蟹攝	$^{開}_{AB}$制$^{D}_{祭}$			
梗攝	$^{開}_{AB}$正$^{L/D}_{清}$	$^{開}_{AB}$聖$^{D}_{清}$	$^{開}_{AB}$石$^{E}_{清}$ $^{開}_{AB}$成$^{L}_{清}$ $^{開}_{AB}$城$_{清}$	$^{合}_{AB}$營$^{L}_{清}$ $^{開}_{AB}$射$^{E}_{清}$
咸攝	$_{AB}$占$^{L}_{鹽}$	$_{AB}$葉$^{E}_{鹽}$	$_{AB}$涉$^{E}_{鹽}$	
山攝	$^{開}_{AB}$折$^{E}_{仙}$		$^{開}_{AB}$善$^{R}_{仙}$	$^{合}_{AB}$緣$^{L}_{仙}$ $^{合}_{AB}$悅$^{L}_{仙}$ $^{開}_{AB}$演$^{R}_{仙}$
宕攝	$^{開}_{C}$灼$^{E}_{陽}$ $^{開}_{C}$章$^{L}_{陽}$ $^{開}_{C}$璋$^{L}_{陽}$		$^{開}_{C}$上$^{R}_{陽}$ $^{開}_{C}$常$^{L}_{陽}$ $^{開}_{C}$尚$^{L/D}_{陽}$	$^{開}_{C}$藥$^{E}_{陽}$ $^{開}_{C}$陽$^{L}_{陽}$ $^{開}_{C}$楊$^{L}_{陽}$
江攝				
深攝	$_{AB}$執$^{E}_{侵}$ $_{AB}$枕$^{R}_{侵}$	$_{AB}$深$^{L}_{侵}$	$_{AB}$十$^{E}_{侵}$	
臻攝	$^{開}_{AB}$振$^{D}_{眞}$ $^{開}_{AB}$眞$^{L}_{眞}$ $^{開}_{AB}$質$^{E}_{眞}$	$^{開}_{AB}$身$^{E}_{眞}$ $^{開}_{AB}$室$^{E}_{眞}$	$^{合}_{AB}$淳$^{L}_{諄}$ $^{合}_{AB}$順$^{D}_{諄}$ $^{開}_{AB}$臣$^{L}_{眞}$ $^{開}_{AB}$辰$^{L}_{眞}$	$^{合}_{AB}$尹$^{R}_{諄}$ $^{合}_{AB}$允$^{R}_{諄}$
曾攝		$^{開}_{C}$勝$^{D}_{蒸}$	$^{開}_{C}$寔$^{E}_{蒸}$ $^{開}_{C}$植$^{E}_{蒸}$ $^{開}_{C}$承$^{L}_{蒸}$	
通攝	$_{C}$衆$^{D}_{東}$			$_{C}$容$^{L}_{鍾}$ $_{C}$用$^{D}_{鍾}$ $_{C}$谷$^{E}_{鍾}$ $_{C}$勇$^{R}_{鍾}$ $_{C}$欲$^{E}_{鍾}$

위의 분석표에서 아주 많은 양의 최소대립 쌍을 찾아낼 수가 있다.

(65) 章母와 羊母의 최소대립 쌍과 대립 쌍의 출전

　가. 假攝 - $^{開}_{AB}$者$^{R}_{麻}$: $^{開}_{AB}$射$^{R}_{麻}$ (마한 : 일본)

　나. 假攝 - $_{C}$周$^{L}_{尤}$: $_{C}$由$^{L}_{尤}$ (당서, 사기, 유사 : 경흥)

　다. 流攝 - $_{C}$州$^{L}_{尤}$: $_{C}$由$^{L}_{尤}$ (일본, 사기 : 경흥)

　라. 流攝 - $_{C}$洲$^{L}_{尤}$: $_{C}$由$^{L}_{尤}$ (일본 : 경흥)

　마. 止攝 - $^{開}_{C}$止$^{R}_{之}$: $^{開}_{C}$已$^{R}_{之}$ (경흥 : 목간, 일본)

　바. 止攝 - $^{開}_{C}$止$^{R}_{之}$: $^{開}_{C}$以$^{R}_{之}$ (경흥 : 목간)

　사. 止攝 - $^{開}_{AB}$祇$^{L}_{脂}$: $^{開}_{AB}$夷$^{L}_{脂}$ (일본 : 유사)

---

21 '射, 蛇'는 운모가 두 개씩이므로 실제로는 31자이다.

아. 宕攝 - $^{開}_{C}灼_{陽}^{E}$: $^{開}_{C}藥_{陽}^{E}$ (일본 : 목간)

자. 宕攝 - $^{開}_{C}章_{陽}^{L}$: $^{開}_{C}陽_{陽}^{L}$ (일본 : 일본)

차. 宕攝 - $^{開}_{C}章_{陽}^{L}$: $^{開}_{C}楊_{陽}^{L}$ (일본 : 중국, 일본)

카. 宕攝 - $^{開}_{C}璋_{陽}^{L}$: $^{開}_{C}陽_{陽}^{L}$ (중국, 당서, 사기, 유사 : 일본)

타. 宕攝 - $^{開}_{C}璋_{陽}^{L}$: $^{開}_{C}楊_{陽}^{L}$ (중국, 당서, 사기, 유사 : 중국, 일본)

(66) 書母와 羊母의 최소대립 쌍과 대립 쌍의 출전

가. 假攝 - $^{開}_{AB}舍_{麻}^{D}$: $^{開}_{AB}夜_{麻}^{D}$ (중국, 사기 : 목간)

나. 假攝 - $^{開}_{AB}舍_{麻}^{D}$: $^{開}_{AB}蛇_{麻}^{D}$ (중국, 사기 : 사기, 유사)

다. 假攝 - $^{開}_{AB}舍_{麻}^{D}$: $^{開}_{AB}也_{麻}^{D}$ (중국, 사기 : 지리, 사기)

라. 止攝 - $^{開}_{AB}施_{支}^{L/D}$: $^{開}_{AB}蛇_{支}^{L}$ (중국, 일본, 사기 : 사기, 유사)

(67) 常母와 羊母의 최소대립 쌍과 대립 쌍의 출전

가. 流攝 - $_{C}讐_{尤}^{L}$: $_{C}由_{尤}^{L}$ (사기 : 경흥)

나. 止攝 - $^{開}_{C}市_{之}^{R}$: $^{開}_{C}已_{之}^{R}$ (중국, 사기 : 목간)

다. 止攝 - $^{開}_{C}市_{之}^{R}$: $^{開}_{C}以_{之}^{R}$ (중국, 사기 : 목간)

라. 梗攝 - $^{開}_{AB}石_{淸}^{E}$: $^{開}_{AB}射_{淸}^{E}$ (마한, 일본 : 일본)

마. 山攝 - $^{開}_{AB}善_{仙}^{R}$: $^{開}_{AB}演_{仙}^{R}$ (일본, 사기, 유사 : 당서, 사기, 유사)

바. 宕攝 - $^{開}_{C}常_{陽}^{L}$: $^{開}_{C}陽_{陽}^{L}$ (당서, 사기 : 사기)

사. 宕攝 - $^{開}_{C}常_{陽}^{L}$: $^{開}_{C}楊_{陽}^{L}$ (당서, 사기 : 중국, 일본)

아. 宕攝 - $^{開}_{C}尙_{陽}^{L}$: $^{開}_{C}陽_{陽}^{L}$ (일본, 사기, 유사 : 사기)

자. 宕攝 - $^{開}_{C}尙_{陽}^{L}$: $^{開}_{C}楊_{陽}^{L}$ (일본, 사기, 유사 : 중국, 일본)

위에서 볼 수 있는 것처럼 羊母는 章母, 書母, 常母 등과 모두 음운론적으로 대립한다. 위의 최소대립 쌍 중에서 대립의 시기가 가장 이른 것은 (65.타), (66.가), (67.나~다) 등이다. 이들의 용례를 들어보면 다음과 같다.

(68) 시기가 이른 羊母字의 최소대립 용례

　가. 璋[章開C平陽] - 21 扶餘璋 (후한), 47 餘璋 (북사, 수서), 12 扶餘璋

　　　(구당, 당서), 056 扶餘璋 (사기), 054 璋 (유사)

　　楊[羊開C平陽] - 27 楊茂 (남제), 087 段楊爾ダンヤウニ (일본)

　나. 舍[書開AB去麻] - 122 外舍部 (주서, 북사), 295 外舍部 (사기)

　　夜[羊開AB去麻] - 31 夜之■徒 (나주)

　다. 市[常開C上之] - 94 都市部 (주서), 118 市部 (북사), 293 市部 (사

　　　기)

　　已[羊開C上之] - 64 已達, 65 已斯冂 (궁남)

　라. 市 (위의 '다'와 동일)

　　以[羊開C上之] - 110 以如巳 (미륵사지)

　(68.가)의 대립 항 '璋'은 『후한서』(432년)에 나오고 대립 항 '楊'은
『남제서』(537년)에 나오므로 章母와 羊母의 대립은 6세기 전반기에
이미 성립한다. (68.나)의 '外舍部'는 7세기 전반기의 사서인 『주서』,
『북사』에 나오고, '夜之■徒'가 기록된 나주 목간은 7세기 초엽의 목
간이다. 따라서 7세기 전반기의 시점에서 書母와 羊母의 대립이 확
인된다. (68.다)의 부여 궁남지 목간도 7세기 전반기의 목간이므로
常母와 羊母의 음운론적 대립이 확인되는 시기는 바로 이때이다. 따
라서 羊母 /j/를 백제어의 자음 목록에 등록한다.

5.5. 牙喉音

　훈민정음에서는 牙音과 喉音을 구별하였다. 이 두 서열이 밀접한
관계가 있기 때문에 우리는 이 둘을 하나로 묶어서 牙喉音이라 부르
기로 한다. 백제어 표음자 694(707)자 중에서 牙音은 125자이고 喉音

은 93자이므로 전체적으로 牙喉音은 218자에 이른다.

(69) 백제어 표음자의 牙喉音

	全淸	次淸	全濁	不淸不濁
牙喉音	見k 70	溪kʰ 21	群g 18	疑ŋ 16
	曉h 20		匣ɦ 31	
	影ʔ 25			云ɦ 17

5.5.1. 牙音의 見母·群母와 후음의 曉母·匣母

牙喉音의 논의에서 가장 중요한 것은 牙音과 喉音이 변별되었는가 하는 문제이다. 이것을 논의하기에 앞서, 아음의 전청 見母와 전탁 群母, 후음의 전청 曉母와 전탁 匣母의 분포를 먼저 살펴본다.

우선, 아음의 전청 見母와 전탁 群母가 서로 대립했는지를 (70)의 분포 분석표에서 검토해 보기로 한다. 이 두 성모를 대비해 보면, 아래의 (71)에서 볼 수 있듯이 많은 양의 최소대립 쌍을 찾을 수 있다.

(70) 아음 見母, 群母와 후음 曉母, 匣母의 분포

牙喉音 / 攝	全淸 見k 70^{22}	全濁 群g 18^{23}	全淸 曉h 20	全濁 匣ɦ 31^{24}
果攝	合$_1$果$_戈^D$ 合$_1$菓$_戈^D$	開$_C$伽$_戈^L$		開$_1$河$_歌^L$ 合$_1$和$_戈^{L/D}$
假攝	開$_2$加$_麻^L$ 開$_2$嘉$_麻^L$ 開$_2$賈$_麻^D$		合$_2$花$_麻^L$	開$_2$下$_麻^{R/D}$ 合$_2$華$_麻^{L/D}$ 開$_2$瑕$_麻^L$
遇攝	賈$_模^R$ $_1$古$_模^L$ $_1$固$_模^D$ $_1$故$_模^D$ $_1$孤$_模^L$ $_C$巨$_魚^L$ $_C$居$_魚^L$ $_1$句$_虞^D$ $_C$拘$_虞^L$	$_C$渠$_魚^L$	$_C$許$_魚^R$ $_1$呼$_模^L$	$_1$戶$_模^R$ $_1$乎$_模^L$ $_1$胡$_模^L$
效攝	$_1$高$_豪^L$ $_A$糾$_幽^R$	$_{AB}$翹$_宵^L$ $_4$翹$_蕭^L$	$_1$好$_豪^{R/D}$ $_2$孝$_肴^D$	$_1$號$_豪^{L/D}$
流攝	$_1$狗$_侯^R$ $_C$九$_尤^R$ $_C$久$_尤^R$	$_C$臼$_尤^R$ $_C$仇$_尤^L$	$_C$休$_尤^L$	$_1$候$_侯^D$ $_1$後$_侯^R$

牙喉音 · 攝	全清 見k 70[22]	全濁 群g 18[23]	全清 曉h 20	全濁 匣ɦ 31[24]
止攝	合A季脂^D 開C基之^L 開己之^R 開C紀之^R 合C貴微^D 合C鬼微^R 開B飢脂^L	合B跪支^R 開C其之^L 開A岐支^L 開A奇支^L 開A伎支^R 開A耆脂^L	合C暉微^L 合C諱微^L	
蟹攝	開1改咍^D 開1蓋泰^L 開4稽齊^L 開2揩皆^L		合1灰灰^L	合4慧齊^D 開2解佳^R 合4惠齊^D 開4奚齊^L 開4兮齊^L 合1會泰^R 合1固灰^R
梗攝	開2格庚^E 開2庚庚^L 開2椋庚^L 開B敬庚^D 開4徑青^D 開2耿耕^R			開2行庚^L/D
咸攝	1甘談^L 1感覃^R 2監銜^L 2甲銜^E			4劦添^E
山攝	開1干寒^L 開1乾寒^L 開1杆寒^R 開4見先^D 開4堅先^L 開4結先^E 合1官桓^L 開C鞬元^L 開2簡山^R 合2關刪^L	開B乾仙^L 開B桀仙^R	開1漢寒^D 開C獻元^D	開1韓寒^L 開4峴先^R 開4現先^D 合1活桓^E 開4賢先^L
宕攝	開1各唐^E 合1光唐^L		開C向陽^D 開C鄉陽^L	開1行唐^L/D 合1皇唐^L 合1黃唐^L
江攝	2角江^E 2覺江^E			2巷江^D
深攝	B今侵^L B金侵^L B衿侵^L B急侵^E	B及侵^E B琴侵^L		
臻攝	合1昆魂^L 開1骨魂^E 合C軍文^L 開C斤欣^L 開A吉眞^E	合C郡文^D 開C近欣^R/D 開B瑾眞^R	合1忽魂^E 開C欣欣^L 開B昐眞^L 合C訓文^D	
曾攝	合1國登^E		開1黑登^E 開C興蒸^L/D	合1或登^E
通攝	1谷東^E 1穀東^E 1工東^L 1公東^L C匊東^E C鞠東^E C宮東^L		C旭鍾^E	1紅東^L 1洪東^L

228　한자음으로 본 백제어 자음체계

(71) 見母와 群母의 최소대립 쌍과 대립 항의 출현 텍스트

가. 遇攝 - ᴄ巨魚ᴸ : ᴄ渠魚ᴸ (경흥, 지리 : 당서, 유사)

나. 遇攝 - ᴄ居魚ᴸ : ᴄ渠魚ᴸ (경흥, 지리, 사기, 유사 : 당서, 유사)

다. 流攝 - ᴄ九尤ᴿ : ᴄ臼尤ᴿ (목간 : 마한)

라. 流攝 - ᴄ久尤ᴿ : ᴄ臼尤ᴿ (목간, 중국, 일본, 사기, 유사 : 마한)

마. 止攝 - 開ᴄ基之ᴸ : 開ᴄ其之ᴸ (지리 : 경흥, 일본, 지리, 당서)

바. 深攝 - ʙ急侵ᴱ : ʙ及侵ᴱ (목간 : 목간)

사. 深攝 - ʙ今侵ᴸ : ʙ琴侵ᴸ (목간, 일본, 지리, 사기 : 지리)

아. 深攝 - ʙ金侵ᴸ : ʙ琴侵ᴸ (일본, 당서, 사기, 유사 : 지리)

자. 深攝 - ʙ衿侵ᴸ : ʙ琴侵ᴸ (중국 : 지리)

차. 臻攝 - 合₁骨魂ᴱ : 合₁忽魂ᴱ (경흥, 지리 : 지리, 사기, 유사)

여기에서 대립 시기가 이른 것은 (71.다~라), (71.바) 등이다. 이들의 대립 항이 나오는 용례를 들면 다음과 같다.

(72) 見母字와 群母字의 최소대립 쌍의 용례

가. 九[見中Cᴸ尤] - 57 ▣九▣ (쌍북현내)

　　臼[群中Cᴸ尤] - 35 臼斯烏旦 (마한)

나. 久[見中Cᴸ尤] - 84 久川▣▣ (나주), 76 久知下城 (주서, 북사),

　　022 久麻那利 クマナリ, コマナリ, 043 久斯牟羅 クシムラ, 049

　　久麻奴利城 クマノリノサシ, 050 久氏 クテイ, 066 久爾辛 クニ

　　シ, 241 臺久用善 タイクヨウセン (일본), 019 久爾辛王 (사기),

22 '賈'의 운모가 두 가지라서 사실은 71자로 늘어난다.
23 '翹'의 운모가 두 가지라서 사실은 19자로 늘어난다.
24 '行'의 운모가 두 가지라서 사실은 32자로 늘어난다.

009 久尔辛 (유사)

臼 (위의 '가'와 동일)

　다. 急[見中B入侵] - 03 急明 (능산)

　　及[群中B入侵] - 56 ■及酒 (쌍북현내)

(72.가)의 부여 쌍북리 현내들 목간은 서체의 관점에서 7세기 1/4분기의 목간으로 추정된다. 이에 따르면 見母字 '九'와 群母字 '臼'가 음운론적으로 대립한 시점은 바로 이 시기가 된다. (72.다)도 부여 쌍북리 현내들 목간으로 대립이 성립하므로 여기에서도 7세기 1/4분기가 대립 성립의 시점이 된다. (72.나)의 나주 목간은 7세기 초엽의 목간이므로 見母字 '久'와 群母字 '臼'가 음운론적으로 대립한 시점은 바로 이 시기가 된다. 위의 세 예를 통하여 7세기 1/4분기에는 見母와 群母가 음운론적으로 대립했음을 알 수 있다. 따라서 무성자음 /k/와 유성자음 /g/를 백제어의 독자적인 음소로 등록한다.

마찬가지 방법으로 (70)의 분포 분석표를 이용하여 曉母와 匣母의 최소대립 쌍을 찾아본다.

(73) 曉母와 匣母의 최소대립 쌍

　가. 假攝 - $^{合}_2$花$_麻$^{L} : $^{合}_2$華$_麻$$^{L/D}$ (일본 : 마한, 목간)

　나. 遇攝 - $_1$呼$_模$^{L} : $_1$乎$_模$^{L} (경흥 : 목간)

　다. 遇攝 - $_1$呼$_模$^{L} : $_1$胡$_模$^{L} (경흥 : 목간, 경흥)

　라. 效攝 - $_1$好$_豪$$^{R/D}$: $_1$號$_豪$$^{L/D}$ (지리 : 지리)

　마. 蟹攝 - $^{合}_1$灰$_灰$^{L} : $^{合}_1$茴$_灰$^{L} (경흥 : 사기)

曉母와 匣母의 최소대립 쌍은 다섯 쌍인데, 이 중에서 대립의 시점이 이른 것은 (73.가~다)의 세 쌍이다. 喉音의 曉母 /h/와 匣母 /ɦ/

가 음운론적으로 대립한 시점은 경흥과 『일본서기』의 시점이므로, 7세기 말엽이나 8세기 초엽이 대립 성립의 시기이다. 그런데 바로 뒤에서 논의하겠지만 曉母와 匣母는 백제어에서 독자적인 음소로 설정되지 않는다. 이 사실과 대립 성립의 시기가 늦다는 사실이 아마도 관련되어 있는 듯하다.

이제, 牙音과 喉音이 음운론적으로 대립했는지 검토하기로 한다. (70)의 분포 분석표에서 아음의 見母 /k/와 후음의 曉母 /h/가 음운론적으로 대립하는 쌍을 찾아보면 다음과 같다.

(74) 見母 /k/와 曉母 /h/의 최소대립 쌍

　가. 遇攝 - $_1$孤$_模$^{L} : $_1$呼$_模$^{L} (지리 : 경흥)

　나. 臻攝 - ^開_C斤$_欣$^{L} : ^開_C欣$_欣$^{L} (일본, 지리, 사기, 유사 : 지리)

눈치 빠른 독자라면 음운대립의 성립 시점이 아주 늦다는 사실을 금방 알 수 있을 것이다. 두 개의 최소대립 쌍이 모두 『삼국사기』 지리지를 기다려서야 비로소 음운대립이 성립한다. 순음의 滂母와 敷母를 논의하면서 『일본서기』, 지리지, 『당서』, 『삼국사기』, 『삼국유사』 등 편찬 시기가 늦은 텍스트에만 순음의 次淸字가 사용되었다는 점을 지적한 바 있다. 이 점을 들어 순음의 次淸이 백제어의 음소가 아니었을 가능성을 제기했고, 이것을 입증할 수 있어서 결국은 백제어의 음소 목록에서 순음의 次淸을 제외했었다. 또한, 순음의 전청인 幇母 /p/와 차청인 滂母 /p^h/의 최소대립 쌍이 존재하지만 이 대립 쌍이 12세기에 와서야 비로소 성립한다는 점을 들어 滂母 /p^h/의 존재를 의심했고 결국에는 백제어의 음소 목록에서 제외한 바 있다. 이 태도를 일관되게 유지하려면 (74)의 최소대립 쌍에 대해서도 대립 항을 면밀히 조사할 필요가 있다.

(74.가)의 대립 항 '孤'는 지리지 160번의 '馬津縣本孤山'에만 나오고, (74.나)의 대립 항 '欣'도 지리지 053번의 '欣良買'에만 나온다. 백제어 항목으로는 둘 다 유일 예일 뿐만 아니라 '孤'와 '欣'이 신라의 표기법에서만 주로 사용되었다는 점에 주목할 필요가 있다. 백제 고유의 표기에는 이들이 나오지 않는다. 지금까지의 논의를 통하여 확보한 경험적 증거를 여기에 덧붙일 수 있다. 즉, "백제어의 자음 목록에 등록되는 것들은 모두 8세기 초엽까지의 텍스트에서 이미 최소대립이 성립한다." 이들을 모두 고려하여 (74)의 대립 쌍을 백제어의 최소대립 쌍에서 제외하기로 한다. 이에 따르면 순수 백제어에서는 아음의 見母 /k/와 후음의 曉母 /h/가 음운론적 대립을 이루지 못하므로 이 둘을 하나의 음소 /k/로 간주한다.

이 태도가 옳다는 것은 아음의 群母 /g/와 후음의 匣母 /ɦ/에서 다시 확인된다. (70)의 분포 분석표에서 이 둘의 최소대립 쌍을 찾아보기로 하자. 눈을 씻고 찾아보아도 최소대립 쌍을 찾을 수 없다. 群母字는 18자이고 匣母字는 31자이므로 분량이 적지 않다. 그런데도 최소대립 쌍이 보이지 않는다. 아음인 群母 /g/의 분포가 후음인 匣母 /ɦ/의 분포와 상보적이다.[25] 그렇다면 이 둘을 하나의 음소로 합쳐야 한다. 이 둘을 대표하는 음소로 群母 /g/를 택해 둔다.

결론적으로, 아음의 見母 /k/와 후음의 曉母 /h/를 하나로 합치고 아음의 群母 /g/와 후음의 匣母 /ɦ/를 하나로 합칠 수 있다. 이것은 백제어에 아음과 후음의 구별이 없었다는 것을 뜻한다.

여기에서 백제어 표음자의 분석 결과가 한어 중고음과 다르게 나

---

25 이것은 한어 중고음에서도 마찬가지이다. 唐作藩(1991: 111)에서는 群母와 匣母의 상보적 분포가 等으로 결정된다고 했다. 群母는 모두 3等이지만 匣母는 모두 1, 2, 4等이다.

온다는 점이 주목된다. 한어 중고음에서는 見母 /k/와 曉母 /h/가 상보적 분포가 아닌 데에 반하여 백제어 표음자에서는 이 둘이 실질적으로 상보적 분포를 이룬다. 백제어 표음자 중에서 見母字는 70자에 달하고 曉母字는 20자에 달하므로 결코 적은 양이라고 할 수 없다. 그런데도 최소대립 쌍을 찾을 수 없다. 따라서 한어 중고음으로 분석한다고 하여 백제어 표음자를 분석한 결과가 반드시 전기 중고음의 분석 결과와 같아진다고 할 수 없다. 한어 중고음에서는 曉母 /h/가 독자적인 음소로 설정되지만, 백제어 표음자에서는 이 曉母가 見母 /k/의 변이음에 불과하다.

이제, 見母와 曉母를 합하여 見·曉母 /k/로, 群母와 匣母를 합하여 群·匣母 /g/라 칭하기로 한다. 이렇게 되면 지금까지 유성자음 계열이 무성자음 계열보다 용례가 더 많았던 현상이 제대로 해명이 된다. 아음의 무성자음 見母字는 70자에 달하므로 유성자음 群母字의 18자에 비하여 압도적으로 용례가 많았다. 반면에 후음에서는 무성자음 曉母字가 20자인데 비하여 유성자음 匣母字가 31자이므로 유성자음의 용례가 더 많았다. 후음에서 유성자음의 용례가 더 많은 것은 분명히 언어 보편성에서 벗어난 것이다. 그런데 見母와 曉母를 見·曉母로 합치고 群母와 匣母를 群·匣母로 합쳐 놓고 보면, 이제는 무성자음 見·曉母 /k/의 용례가 90자, 유성자음 群·匣母 /g/의 용례가 49자가 되므로 보편성을 회복하게 된다. 이 점에서도 백제어에서는 아음과 후음의 구별이 없었다고 보는 것이 좋다.

흥미로운 것 하나를 덧붙여 둔다. (70)의 분석표에서 아음 見母와 후음 曉母가 聲調에서 서로 상보적일 때가 특히 많다. 대부분은 平聲과 仄聲의 대립이지만 (75.마)에서는 上聲과 去聲이 대립하기도 한다. 백제어의 성조와 관련하여 주목해야 할 특징일 것 같아, 특별히 언급해 둔다.

(75) 아음 見母와 후음 曉母의 성조 분포

> 가. 遇攝 - $_c$巨魚^L, $_c$居魚^L : $_c$許魚^R
>
> 나. 效攝 - $_1$高豪^L : $_1$好豪$^{R/D}$
>
> 다. 流攝 - $_c$九尤^R, $_c$久尤^R : $_c$休尤^L
>
> 라. 止攝 - ^合_c貴微^D, ^合_c鬼微^R : ^合_c暉微^L, ^合_c諱微^L
>
> 마. 山攝 - $^開_1$干寒^L, $^開_1$乾寒^L, $^開_1$杆寒^R : $^開_1$漢寒^D
>
> 바. 山攝 - ^開_c鞬元^L : ^開_c獻元^D
>
> 사. 臻攝 - ^合_c軍文^L : ^合_c訓文^D

5.5.2. 牙喉音의 見·曉母, 溪母, 群·匣母

다음으로, 牙喉音에서 차청의 溪母를 음소로 인정할 것인지 여부를 논의해 보자.

(76) 아음인 見母·溪母·群母의 분포

牙喉音 \ 攝	全清	次清	全濁
	見k 70[26]	溪k^h 21	群g 18[27]
果攝	$^合_1$果戈^D $^合_1$菓戈^D	$^開_1$可歌^R	^開_c伽戈^L
假攝	$^開_2$加麻^L $^開_2$嘉麻^L $^開_2$賈麻^D		
遇攝	$_1$賈模$^{R/D}$ $_1$古模^R $_1$固模^D $_1$故模^D $_1$孤模^L $_c$巨魚^L $_c$居魚^L $_c$句虞^D $_c$拘虞^D	$_1$苦模^R	$_c$渠魚^L
效攝	$_1$高豪^L $_A$紏幽^R		$_{AB}$翹宵^L $_4$翹蕭^L
流攝	$_1$狗侯^R $_c$九尤^R $_c$久尤^R	$_1$口侯^R $_c$丘尤^L $_1$寇侯^D	$_c$臼尤^R $_c$仇尤^L
止攝	^合_A季脂^D ^開_c基之^L ^開_c己之^R ^開_c紀之^R ^合_c貴微^D ^開_c鬼微^R $_B$飢脂^L		^合_B跪支^R ^開_c其之^L ^開_A岐支^L $_B$奇支^L ^開_c伎支^R ^開_A耆脂^L
蟹攝	$^開_1$改咍^D $^開_1$蓋泰^D $^開_4$稽齊^L $^開_2$揩皆^L	$^開_1$開咍^L $^開_4$契齊^D	
梗攝	$^開_2$格庚^E $^開_1$庚庚^L $_B$椋庚^L ^開_c敬庚^D $^開_4$徑青^L $^開_2$耿耕^R	^開_B慶庚^D ^開_B卿庚^L	

攝 ＼ 牙喉音	全清 見k 70[26]	次清 溪kʰ 21	全濁 群g 18[27]
咸攝	$_1$甘$^L_談$ $_1$感$^R_覃$ $_2$監$^R_銜$ $_2$甲$^E_銜$	$_1$堪$^L_覃$ $_1$欲$^R_覃$ $_c$欠$^D_嚴$	
山攝	$^開_1$干$^L_寒$ $^開_1$乾$^L_寒$ $^開_1$杅$^R_寒$ $^開_4$見$^D_先$ $^開_4$堅$^L_先$ $^開_4$結$^E_先$ $^合_1$官$^L_桓$ ^開_c鞬$^L_元$ $^開_2$簡$^R_山$ $^合_2$關$^L_刪$	^合_c勸$^D_元$	^開_B乾$^L_仙$ ^開_B桀$^E_仙$
宕攝	$^開_1$各$^E_唐$ $^合_1$光$^L_唐$	$^開_1$康$^L_唐$	
江攝	$_2$角$^E_江$ $_2$覺$^E_江$		
深攝	$_B$今$^L_侵$ $_B$金$^L_侵$ $_B$衿$^L_侵$ $_B$急$^E_侵$		$_B$及$^E_侵$ $_B$琴$^L_侵$
臻攝	$^合_1$昆$^L_魂$ $^合_1$骨$^E_魂$ ^合_c軍$^L_文$ ^開_c斤$^L_欣$ ^開_A吉$^E_眞$	$^合_1$坤$^L_魂$ $^開_1$乙$^E_欣$ ^合_c屹$^E_欣$ ^合_c屈$^E_文$	^合_c郡$^D_文$ ^開_B瑾$^D_眞$ ^開_c近$^{R/D}_欣$
曾攝	$^合_1$國$^E_登$	$^開_1$克$^E_登$ $^開_1$剋$^E_登$	
通攝	$_1$谷$^E_東$ $_1$穀$^E_東$ $_1$工$^L_東$ $_1$公$^L_東$ $_c$匊$^E_東$ $_c$鞠$^L_東$ $_c$宮$^L_東$	$_1$空$^L_東$	

이 분석표를 이용하여 전청의 見母와 차청의 溪母가 최소대립을 이루는 쌍을 찾아보면 다음과 같다. 대립 항이 기록된 텍스트도 덧붙인다.

(77) 見母와 溪母의 최소대립 쌍과 대립 항의 출현 텍스트

　가. 遇攝 - $_1$古$^R_模$: $_1$苦$^R_模$ (마한, 목간, 중국, 경흥, 일본, 지리, 사기, 유사 : 경흥)

　나. 流攝 - $_1$狗$^R_侯$: $_1$口$^R_侯$ (사기 : 목간, 중국, 사기)

　다. 梗攝 - ^開_B椋$^L_庚$: ^開_B卿$^L_庚$ (목간, 중국, 일본, 사기 : 사기)

　라. 梗攝 - ^開_B敬$^D_庚$: ^開_B慶$^D_庚$ (당서, 사기 : 중국, 사기, 유사)

---

26 '賈'의 운모가 두 가지라서 사실은 71자로 늘어난다.
27 '魁'의 운모가 두 가지라서 사실은 19자로 늘어난다.

마. 咸攝 - $_1$感$_覃$^{R} : $_1$欲$_覃$^{R} (마한 : 지리)

바. 臻攝 - $^合_1$昆$_魂$^{L} : $^合_1$坤$_魂$^{L} (중국, 일본, 사기 : 사기)

사. 通攝 - $_1$工$_東$^{L} : $_1$空$_東$^{L} (목간 : 중국, 사기)

아. 通攝 - $_1$公$_東$^{L} : $_1$空$_東$^{L} (경흥 : 중국, 사기)

이 중에서 대립 성립의 시기가 이른 것은 (77.사)이다. 그 대립 항의 용례를 구체적으로 들어 보면 다음과 같다.

(78) 見母字와 溪母字의 최소대립 항의 용례

工[見中1平東] - 59 吳加宋工 (쌍북현내)

空[溪中1平東] - 110 司空部 (주서, 북사), 284 司空部 (사기)

(78)의 부여 쌍북리 현내들 목간은 7세기 1/4분기에 제작된 것으로 추정되고, 『주서』와 『북사』는 7세기 전반기의 사서이다. 따라서 見母 와 溪母의 최소대립이 성립하는 시기는 7세기 전반기가 된다. 결론적 으로, 見母 /k/와 溪母 /k^h/의 음운론적 대립이 성립한 시기는 백제 말기, 구체적으로는 7세기 전반기가 된다. 이 시기는 설음의 차청인 透母 /t^h/, 치음의 차청인 淸母 /ʦ^h/가 음소로 등장한 시기이기도 하 다. 그렇다면, 안심하고 아음의 차청인 溪母 /k^h/도 백제어의 독자적 인 음소로 설정할 수 있다.

이 기술은 한국 중세 한자음에서의 상황과 아주 다른 것이라서 의아 하게 느껴질 것이다. 널리 알려져 있듯이 중세 한자음에서는 'ㅋ'을 성모로 하는 한자가 아주 희소하다. '쾌'로 읽히는 '快, 夬' 등이 있을 뿐이다. 따라서 백제어에서 溪母 /k^h/를 음소로 설정하는 것은 중세 한자음의 현실과 너무나 동떨어진 것이라서 의심을 살 만하다. 그러나 이 의심에는 두 가지 전제가 숨겨져 있다. 첫째는 한국 중세 한자음이 백제의 한자음을 그대로 이어받은 것이라는 전제이고, 둘째는 백제의 한자음과 신라의 한자음이 같았다는 전제이다. 이 두 가지 전제는 아직 증명된 바가 없다. 증명되지 않은 것을 전제로 하여 백제어에 유기자음 /k^h/가 없었다고 하는 것은 중세적 편견에 지나지 않는다.

오히려 다음과 같은 시나리오가 더 논리적일지도 모른다. 백제 말기에 /t^h, ʦ^h, k^h/ 등 세 개의 유기자음이 발생했고 신라어에는 /p^h, t^h, ʦ^h/ 등 세 개의 유기자음이 있었다. 그런데 백제 멸망 이후에 신라의 한자음이 널리 확산됨으로써 /k^h/가 잊혀졌다. 그리하여 한국 중세 한자음의 단계에서는 /k^h/의 예가 두어 개밖에 남지 않았다. 이것은 물론 시나리오이기는 하지만, 15~16세기의 중세 한자음을 무턱대고 바로 백제 한자음과 연결 짓는 방법론보다는 설득력이 있다. 따라서 중세의 선입견을 버리고, 백제어 표음자가 함의하고 있는 음운체계를 곧이곧대로 충실하게 기술하는 것이 바람직할 것이다.

백제어 표음자 694(707)자 중에서 아음의 차청자 즉 溪母字는 21자인데, 이것은 적지 않은 양이다. 또한 전청의 見母 /k/와 차청의 溪母 /k^h/가 최소대립을 이루는 쌍이 여덟 쌍이나 된다. 나아가서 이 대립 쌍 중에서 세 개의 대립 시점이 모두 8세기 초엽 이전이다. 이 세 가지 사실을 곧이곧대로 기술하면 백제의 말기에 溪母 /k^h/가 음소로 자리를 잡았다고 할 수 있다.

이 결론이 맞는지 아음의 차청 溪母와 전탁 群母를 대비하여 확인하기로 한다. (76)의 분석표에서 이 두 성모가 음운론적으로 대립하는 것은 (79)의 한 예에 불과하지만, 후음의 匣母를 아음의 群母에 편입하면 상황이 달라진다.

(79) 차청 溪母와 전탁 群母의 최소대립 쌍과 대립 항의 출현 텍스트
　　 流攝 - $_c$丘$_{尤}$^{L} : $_c$仇$_{尤}$^{L} (지리, 당서, 사기, 유사 : 지리, 사기, 유사)

(80) 추가할 수 있는 최소대립 쌍

가. 遇攝 - ₁苦模^R (溪母) : ₁戶模^R (匣母), (경홍 : 목간)

나. 遇攝 - ₁寇侯^D (溪母) : ₁候侯^D (匣母), (중국, 사기 : 경홍)

다. 宕攝 - ^開₁康唐^L (溪母) : ^開₁行唐^{L/D} (匣母), (사기 : 목간, 사기)

라. 通攝 - ₁空東^L (溪母) : ₁紅東^L (匣母), (중국, 사기 : 경홍)

마. 通攝 - ₁空東^L (溪母) : ₁洪東^L (匣母), (중국, 사기 : 사기)

여기에서 대립의 시점이 비교적 이른 것을 찾아보면, (80.가~나)와 (80.라)이다. 이 대립 항의 용례를 제시하면 다음과 같다.

(81) 次淸인 溪母字와 全濁인 匣母字의 최소대립 용례

가. 苦[溪中1上模] - (音10) 恢[苦灰切], (音14) 溪亦作谿字[苦奚反] (경홍)

戶[匣中1上模] - 30 ■戶智次, 32 法戶匃次 (나주)

나. 寇[溪中1去侯] - 111 司寇部 (주서, 북사), 285 司寇部 (사기)

候[匣中1去侯] - (音34) 貿[莫候反] (경홍)

다. 空[溪中1平東] - 110 司空部 (주서, 북사), 284 司空部 (사기)

紅[匣中1平東] - (音26) 籠盧紅反 (경홍)

(81.가)의 溪母字 '苦'는 7세기 말엽 또는 8세기 초엽의 경홍 반절자에, 匣母字 '戶'는 7세기 초엽의 나주 목간에 나온다. (81.나~다)의 溪母字 '寇'와 '空'은 각각 7세기 전반기의 중국 사서에, 匣母字 '候'와 '紅'은 경홍의 반절자에 나온다. 따라서 이들 항목의 대립 시점은 모두 7세기 말엽이나 8세기 초엽이 된다.

앞에서 이미 논의한 것처럼, 아음에서 전청 見母와 차청 溪母의 대립이 확인되는 시점은 7세기의 전반기였다. 이 시점과 아음의 차청

溪母와 후음의 전탁 匣母가 음운론적으로 대립하는 시점이 약간 차이가 난다. 그렇더라도 백제 말기에 차청 溪母 /kʰ/가 음소로 설정된다는 것은 분명하다.

이에 따르면 백제어의 차청 즉 유기자음은 설음의 透母 /tʰ/, 치음의 淸母 /tsʰ/, 아음의 溪母 /kʰ/의 세 개가 된다. 이 세 차청이 전청과 음운론적으로 대립하는 시점은 모두 7세기라는 점에서 공통된다. 이 점에서 백제 말기에 세 개의 유기자음이 발생하기 시작했다고 말할 수 있다.

그런데 (81)의 최소대립이 모두 경흥의 반절자를 대립 항으로 한다는 공통점이 눈에 띈다. 만약에 자연 언어가 아니라는 이유를 들어 경흥의 반절자를 백제어 표음자에서 제외하면, 溪母 /kʰ/와 群・匣母 /g/의 최소대립 쌍을 8세기 초엽까지의 텍스트에서는 찾을 수 없게 된다. 이때에는 『삼국사기』 지리지 이후의 텍스트에서 비로소 溪母와 群・匣母의 음운대립이 성립하는데, 우리는 이러한 음운대립을 계속해서 의심해 왔다. 이에 따라 경흥의 반절자를 백제어 표음자에 포함할 때와 제외할 때의 차이를 기술해 둘 필요를 느낀다.

프라그 학파의 음소 분석 방법론에 따르면, 유표항인 溪母 /kʰ/와 역시 유표항인 群・匣母 /g/가 음운대립을 이루지 않더라도 /kʰ/가 음소로 설정된다. 무표항 /k/가 유표항 /g/와 7세기 1/4분기에 이미 음운론적으로 대립하고, 무표항 /k/가 유표항 /kʰ/와 7세기 전반기에 이미 음운론적으로 대립한다는 사실만으로도 /kʰ/를 음소로 설정하기 때문이다. 즉, 프라그 학파에서는 유표항 /g/와 유표항 /kʰ/가 음운론적으로 대립하는지 여부는 따지지 않는다. 프라그 학파에서는 (82.가)와 같은 방법을 따르므로, /kʰ/를 백제어 자음에 당연히 등록하게 된다. 달리 말하면, 백제어 표음자에서 경흥의 반절자를 제외하더라도, 프라그 학파의 관점에서는 溪母 /kʰ/가 음소로 설정된다.

(82) 프라그 학파와 이 글에서의 음소 설정 방법

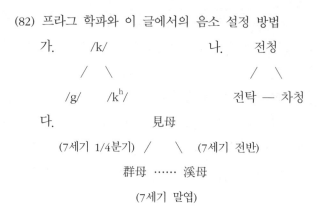

가.　　/k/　　　　　　　　　나.　　전청
　　　／　　＼　　　　　　　　　　／　　＼
　　/g/　　/kʰ/　　　　　　　전탁 ── 차청

다.　　　　　　　　見母
(7세기 1/4분기)　／　　＼　(7세기 전반)
　　　群母 …… 溪母
　　　(7세기 말엽)

　앞에서 이미 언급한 바 있지만, 우리는 이와는 달리 (82.나)의 태도를 택한다. '전청 : 전탁', '전청 : 차청'의 음운대립뿐만 아니라 '차청 : 전탁'의 음운대립도 성립할 때에만 차청을 독자적 음소로 인정한다. 다면대립 관계에 있는 /kʰ/와 /g/의 최소대립 쌍을 찾을 수 있을 때에만 비로소 /kʰ/를 독자적인 음소로 설정하는 방법론이다. 이 엄격한 방법론에 따르다 보니 자연적으로 경흥의 반절자를 백제어 표음자에 포함할 것인가 제외할 것인가 하는 문제가 제기되었다.

　우리의 방법론에 따르면 다음의 두 가지 논의가 가능하다. 첫째, 자연 언어가 아니라는 이유를 들어 경흥의 반절자를 백제어 표음자에서 제외할 때에는 溪母가 아직 음소의 지위를 얻지 못한 변이음 [kʰ]이다. 둘째, 경흥의 반절자를 표음자의 일종으로 보아 백제어 표음자에 포함할 때에는 溪母가 백제어의 자음 목록에 등록되는 음소 /kʰ/이다. 이 두 가지 경우를 모두 고려하여 (82.다)에서는 群母와 溪母 사이를 직선으로 표시하지 않고 점선(…)으로 표시하였다. 뒤에서 음운체계를 종합할 때에는 이 溪母를 (/kʰ/)로 표시하기로 한다. 경흥의 반절자를 처리하는 방법에 따라 溪母를 음소 목록에 넣을 수도 있고 뺄 수도 있다는 뜻이다.

5.5.3. 牙音의 疑母

이제, 남은 성모는 疑母·影母·云母의 셋이다. 이 중에서 疑母는 아음의 불청불탁에 속하므로 아음의 전청·차청·전탁과 먼저 대비해 보기로 한다.

(83) 아음의 見母·溪母·群母·疑母의 분포

牙喉音 / 攝	全清 見k 70	次清 溪kʰ 21	全濁 群g 18	不清不濁 疑ŋ 16
果攝	合$_1$果$_戈^D$ 合$_1$菓$_戈^D$	開$_1$可$_歌^R$	開$_C$伽$_戈^L$	$_1$我$_歌^R$ 合$_1$臥$_戈^D$
假攝	開$_2$加$_麻^L$ 開$_2$嘉$_麻^L$ $_2$賈$_麻^D$			
遇攝	$_1$賈$_模^{R/D}$ $_1$古$_模^R$ $_1$固$_模^D$ $_1$故$_模^D$ $_1$孤$_模^R$ $_C$巨$_魚^D$ $_C$居$_魚^L$ $_C$拘$_虞^L$ $_C$句$_虞^D$	$_1$苦$_模^R$	$_C$渠$_魚^L$	$_1$五$_模^R$ $_1$吳$_模^L$ $_C$嵎$_虞^L$ $_C$虞$_虞^L$
效攝	$_1$高$_豪^L$ $_A$糾$_幽^R$		$_{AB}$翹$_宵^L$ $_4$翹$_蕭^L$	
流攝	$_1$狗$_侯^R$ $_C$九$_尤^R$ $_C$久$_尤^R$	$_1$口$_侯^R$ $_C$丘$_尤^L$ $_1$寇$_侯^D$	$_C$臼$_尤^R$ $_C$仇$_尤^L$	$_C$牛$_尤^L$
止攝	合$_A$季$_脂^D$ 開$_C$基$_之^L$ 開$_C$己$_之^R$ 開$_C$紀$_之^R$ 合$_C$貴$_微^D$ 合$_C$鬼$_微^R$ 開$_B$飢$_脂^L$		合$_B$跪$_支^R$ 開$_C$其$_之^L$ 開$_A$岐$_支^L$ 開$_B$奇$_支^L$ 開$_B$伎$_支^R$ 開$_A$耆$_脂^L$	開$_B$義$_支^D$
蟹攝	開$_1$改$_咍^D$ 開$_1$蓋$_泰^D$ 開$_4$稽$_齊^L$ 開$_2$揩$_皆^L$	開$_1$開$_咍^L$ 開$_4$契$_齊^D$		開$_4$羿$_齊^D$ 合$_1$外$_泰^D$ 開$_C$乂$_廢^D$
梗攝	開$_2$格$_庚^E$ 開$_2$庚$_庚^L$ 開$_2$椋$_庚^L$ 開$_3$敬$_庚^D$ 開$_4$徑$_青^D$ 開$_2$耿$_耕^R$	開$_B$慶$_庚^D$ 開$_B$卿$_庚^L$		
咸攝	$_1$甘$_談^L$ $_1$感$_覃^R$ $_2$監$_銜^L$ $_2$甲$_銜^E$	$_1$堪$_覃^L$ $_1$欿$_覃^R$ $_C$欠$_嚴^L$		$_C$嚴$_嚴^L$
山攝	開$_1$干$_寒^L$ 開$_1$乾$_寒^L$ 開$_1$杆$_寒^R$ 開$_4$見$_先^D$ 開$_4$堅$_先^L$ 開$_4$結$_先^E$	合$_C$勸$_元^D$	開$_B$乾$_仙^L$ 開$_B$桀$_仙^E$	開$_C$言$_元^L$ 開$_B$孽$_仙^E$

牙喉音 攝	全清 見k 70			次清 溪kʰ 21	全濁 群g 18	不清不濁 疑ŋ 16
	$^{合}_{1}官^{L}_{桓}$ $^{開}_{C}鞔^{L}_{元}$ $^{開}_{2}簡^{R}_{山}$ $^{合}_{2}關^{L}_{刪}$					$^{合}_{C}源^{L}_{元}$ $^{合}_{C}原^{L}_{元}$
宕攝	$^{開}_{1}各^{E}_{唐}$ $_{1}光^{L}_{唐}$			$^{開}_{1}康^{L}_{唐}$		
江攝	$_{2}角^{E}_{江}$ $_{2}覺^{E}_{江}$					
深攝	$_{B}今^{L}_{侵}$ $_{B}金^{L}_{侵}$ $_{B}衿^{L}_{侵}$ $_{B}急^{E}_{侵}$				$_{B}及^{E}_{侵}$ $_{B}琴^{L}_{侵}$	
臻攝	$^{合}_{1}昆^{L}_{魂}$ $^{合}_{C}骨^{E}_{魂}$ $^{合}_{C}軍^{L}_{文}$ $^{開}_{C}斤^{L}_{欣}$ $^{開}_{A}吉^{E}_{眞}$			$^{合}_{1}坤^{L}_{魂}$ $^{開}_{C}乞^{E}_{欣}$ $_{C}屹^{L}_{欣}$ $_{C}屈^{E}_{文}$	$^{合}_{C}郡^{D}_{文}$ $^{開}_{B}瑾^{D}_{眞}$ $^{開}_{C}近^{R/D}_{欣}$	
曾攝	$^{合}_{1}國^{E}_{登}$			$^{開}_{1}克^{E}_{登}$ $^{開}_{1}剋^{E}_{登}$		
通攝	$_{1}谷^{E}_{東}$ $_{1}穀^{E}_{東}$ $_{1}工^{L}_{東}$ $_{1}公^{L}_{東}$ $_{C}匊^{E}_{東}$ $_{C}鞠^{E}_{東}$ $_{C}宮^{L}_{東}$			$_{1}空^{L}_{東}$		

위의 분석표를 잘 살펴보면 疑母는 아음의 전청·차청·전탁과 모두 음운론적으로 대립한다.

먼저 전청인 見母字와 불청불탁인 疑母字의 최소대립 쌍과, 대립 항이 나오는 텍스트를 모두 제시해 보면 (84)와 같다. 이 중에서 대립 시점이 이른 것 하나만 골라 용례를 (85)에 정리한다.

(84) 전청인 見母와 불청불탁인 疑母의 최소대립 쌍 및 출현 텍스트

가. 果攝 - $^{合}_{1}菓^{D}_{戈}$: $^{合}_{1}臥^{D}_{戈}$ (지리 : 경흥)

나. 遇攝 - $_{1}賈^{R}_{模}$: $_{1}五^{R}_{模}$ (일본 : 중국, 경흥, 당서, 유사)

다. 遇攝 - $_{1}古^{R}_{模}$: $_{1}五^{R}_{模}$ (마한, 목간, 중국, 경흥, 일본, 지리, 사기, 유사
 : 중국, 경흥, 당서, 유사)

라. 遇攝 - $_{1}孤^{L}_{模}$: $_{1}吳^{L}_{模}$ (지리 : 목간, 유사)

마. 遇攝 - $_{C}拘^{L}_{虞}$: $_{C}嵎^{L}_{虞}$ (마한 : 목간)

바. 遇攝 - $_{C}拘^{L}_{虞}$: $_{C}虞^{L}_{虞}$ (마한 : 중국, 사기)

사. 山攝 - $^{開}_C$鞬$_元^L$: $^{開}_C$言$_元^L$ (중국 : 일본)

(85) 見母字와 疑母字의 최소대립 항의 용례

拘[見中C平虞] - 23 拘盧, 39 拘素, 50 拘奚 (마한)

虞[疑中C平虞] - 86 克虞 (주서), 87 剋虞 (주서, 북사, 수서), 258 克虞,
259 剋虞 (사기)

(85)는 (84.바)의 용례인데, 여기에서 見母와 疑母의 최소대립 성
립 시점이 7세기 전반기임을 알 수 있다. 번거로움을 피하여 (84.다)
와 (84.마)의 용례를 생략했지만 이들도 이 시기가 대립 성립의 시기
가 된다. 따라서 전청인 見母字와 불청불탁인 疑母字의 음운론적 대
립 시점은 7세기 전반기가 된다.

마찬가지 방법으로, 차청인 溪母字와 불청불탁인 疑母字의 최소대
립 쌍을 (86)에 제시한다. 유기자음 溪母는 백제 말기에야 비로소 음
소의 자격을 얻으므로, 음운론적 대립의 시기가 이르다 하여도 7세기
말엽 또는 8세기 초엽이다.

(86) 차청인 溪母와 불청불탁인 疑母의 최소대립 쌍 및 출현 텍스트

가. 果攝 - $^{開}_1$可$_歌^R$: $^{開}_1$我$_歌^R$ (사기 : 일본)

나. 遇攝 - $_1$苦$_模^R$: $_1$五$_模^R$ (경흥 : 중국, 경흥, 당서, 유사)

다. 遇攝 - $_1$苦$_模^R$: $_1$吳$_模^L$ (경흥 : 목간, 유사)

라. 流攝 - $_C$丘$_尤^L$: $_C$牛$_尤^L$ (지리, 당서, 사기, 유사 : 경흥, 당서)

마. 蟹攝 - $^{開}_4$契$_齊^D$: $^{開}_4$羿$_齊^D$ (일본, 사기, 유사 : 일본, 사기, 유사)

다음으로, 전탁인 群母字와 불청불탁인 疑母字의 최소대립 쌍은
(87)의 두 예에 불과하다. 그런데 앞에서 이미 논의한 것처럼 후음의
匣母를 아음의 群母에 합칠 수 있다. 이에 따라 匣母를 群母에 편입

하면, 群母와 疑母의 최소대립 쌍이 큰 폭으로 많아진다.

(87) 전탁인 群母와 불청불탁인 疑母의 최소대립 쌍 및 출현 텍스트

　가. 流攝 - $_C$仇$_尤$^{L} : $_C$牛$_尤$^{L} (지리, 사기, 유사 : 경흥, 당서)

　나. 山攝 - $^{開}_B$桀$_仙$^{E} : $^{開}_B$孼$_仙$^{E} (사기 : 경흥)

(88) 추가할 수 있는 최소대립 쌍과 그 출현 텍스트

　가. 果攝 - $^{合}_1$和$_戈$$^{L/D}$ (匣母) : $^{合}_1$臥$_戈$^{D} (疑母), (경흥 : 경흥)

　나. 遇攝 - $_1$戶$_模$^{R} (匣母) : $_1$五$_模$^{R} (疑母), (목간 : 중국, 경흥, 당서, 유사)

　다. 遇攝 - $_1$乎$_模$^{L} (匣母) : $_1$吳$_模$^{L} (疑母), (목간 : 목간, 유사)

　라. 遇攝 - $_1$胡$_模$^{L} (匣母) : $_1$吳$_模$^{L} (疑母), (목간, 경흥 : 목간, 유사)

이 최소대립 쌍 중에서 대립 성립의 시기가 가장 이른 것은 (88.나) 이다. 이 대립 항의 용례를 구체적으로 들어보면 다음과 같다.

(89) 群·匣母와 疑母의 최소대립 용례

　戶[匣中1上模] - 30 ■戶智次, 32 法戶匈次 (나주)

　五[疑中1上模] - 119 五部, 120 五巷 (수서), (晋46) 僥[五彫古遶二反] 　　(경흥), 53 五部 (구당, 당서), 095 五方城 (유사)

(89)의 '戶'는 7세기 초엽의 나주 목간에, '五'는 중국 사서에 나온 다. 따라서 '戶'와 '五'의 대립 시점은 7세기 전반기가 된다. 번거로움 을 피해 용례를 생략했지만, (88.다)의 대립 항 '乎'가 나오는 부여 구 아리 목간은 7세기 중엽에, '吳'가 나오는 부여 쌍북리 현내들 목간은 7세기 1/4분기에 제작된 것으로 추정된다. 따라서 대립 성립의 시점 은 7세기 중엽이다. (88.라)도 마찬가지이다.

　이처럼 많은 최소대립 쌍이 있고 대립 성립의 시점이 대개 7세기

전반기이므로 疑母가 음소로 설정되는 것은 분명하다. 그런데, 疑母의 음가가 과연 /ŋ/이었을지는 장담할 수 없다. 한국어에는 어두 위치에 /ŋ/이 오지 못한다는 제약이 있기 때문이다. 이런 의문을 제기하면서, 여기에서는 한자음 연구의 일반적인 관례를 따라 疑母의 음가를 일단 /ŋ/로 표기해 둔다.

5.5.4. 喉音의 影母·云母

마지막으로, 전청인 見·曉母와 影母를 대비하고 전탁인 群·匣母와 云母를 대비한다. 대비를 위하여 불청불탁의 疑母를 덧붙인다.

(90) 見母 및 影母와 群·匣母 및 云母의 분포

牙喉音 / 攝	全清		全濁	不清不濁	
	見k 70	影? 25^{28}	群·匣g 49^{29}	云ɦ 17	疑ŋ 16
果攝	$^{合}_1$果$_{戈}^{D}$ $^{合}_1$菓$_{戈}^{D}$	$^{開}_1$阿$_{歌}^{L}$	$^{開}_{C}$伽$_{戈}^{L}$ [30] $^{開}_1$河$_{歌}^{L}$ $^{合}_1$和$_{戈}^{L/D}$		$^{開}_1$我$_{歌}^{R}$ $^{合}_1$臥$_{戈}^{D}$
假攝	$^{開}_2$加$_{麻}^{L}$ $^{開}_2$嘉$_{麻}^{L}$ $^{開}_2$賈$_{麻}^{D}$		$^{開}_2$下$_{麻}^{R/D}$ $^{合}_2$華$_{麻}^{L/D}$ $^{開}_2$瑕$_{麻}^{L}$		
遇攝	$_1$賈$_{模}^{R}$ $_1$古$_{模}^{R}$ $_1$固$_{模}^{D}$ $_1$故$_{模}^{D}$ $_1$孤$_{模}^{L}$ $_{C}$巨$_{魚}^{D}$ $_{C}$居$_{魚}^{L}$ $_{C}$句$_{虞}^{L}$ $_{C}$拘$_{虞}^{L}$	$_1$烏$_{模}^{L}$ $_{C}$於$_{模}^{L}$ $_{C}$於$_{魚}^{L}$	$_{C}$渠$_{魚}^{L}$ $_1$戶$_{模}^{R}$ $_1$乎$_{模}^{L}$ $_1$胡$_{模}^{L}$	$_{C}$于$_{虞}^{L}$ $_{C}$雨$_{虞}^{R}$	$_1$五$_{模}^{R}$ $_1$吳$_{模}^{L}$ $_{C}$嵎$_{虞}^{L}$ $_{C}$虞$_{虞}^{L}$
效攝	$_1$高$_{豪}^{L}$ $_{A}$糾$_{幽}^{R}$		$_{AB}$翹$_{宵}^{L}$ $_4$翹$_{蕭}^{L}$ $_1$號$_{豪}^{L/D}$		
流攝	$_{C}$狗$_{侯}^{R}$ $_{C}$九$_{尤}^{R}$ $_{C}$久$_{尤}^{R}$	$_{C}$優$_{尤}^{L}$	$_{C}$臼$_{尤}^{R}$ $_{C}$仇$_{尤}^{L}$ $_1$候$_{侯}^{D}$ $_1$後$_{侯}^{R}$	$_{C}$友$_{尤}^{R}$ $_{C}$右$_{尤}^{R}$ $_{C}$有$_{尤}^{R}$	$_{C}$牛$_{尤}^{L}$
止攝	$^{合}_{A}$季$_{脂}^{D}$ $^{開}_{C}$基$_{之}^{L}$ $^{開}_{C}$己$_{之}^{R}$ $^{開}_{C}$紀$_{之}^{R}$ $^{合}_{C}$貴$_{微}^{D}$ $^{合}_{C}$鬼$_{微}^{R}$ $^{開}_{B}$飢$_{脂}^{L}$	$^{開}_1$伊$_{脂}^{L}$ $_{C}$尉$_{微}^{D}$ $_{C}$慰$_{微}^{D}$ $^{合}_{C}$威$_{微}^{L}$	$^{合}_{C}$跪$_{支}^{R}$ $^{開}_{C}$其$_{之}^{L}$ $^{開}_{A}$岐$_{支}^{L}$ $^{開}_{B}$奇$_{支}^{L}$ $^{開}_{C}$伎$_{支}^{D}$ $_{A}$耆$_{脂}^{L}$	$^{合}_{C}$謂$_{微}^{D}$ $^{合}_{C}$爲$_{支}^{L/D}$ $^{開}_{C}$矣$_{之}^{R}$	$^{開}_{B}$義$_{支}^{D}$

牙喉音 / 攝	全清		全濁	不清不濁	
	見k / 70	影ʔ / 25[-28]	群·匣g / 49[29]	云ɦ / 17	疑ŋ / 16
		$^{開}_c$意$_{之}^D$			
蟹攝	$^{開}_1$改$_{哈}$ ^{開}蓋$_{泰}^D$ $^{開}_4$稽$_{齊}^L$ $^{開}_2$堦$_{皆}^L$		$^{合}_4$慧$_{齊}^D$ $^{開}_2$解$_{佳}^R$ ^{開}惠$_{齊}^D$ $^{開}_1$奚$_{齊}^L$ ^{開}令$_{齊}^D$ $^{合}_1$會$_{泰}^D$ $^{開}_1$固$_{灰}^L$	$^{合}_{AB}$衛$_{祭}$	$^{開}_4$羿$_{齊}^D$ $^{開}_1$外$_{泰}^D$ $^{開}_c$乂$_{廢}^D$
梗攝	$^{開}_2$格$_{庚}^E$ $^{開}_2$庚$_{庚}^L$ ^{開}椋$_{庚}$ ^{開}敬$_{庚}^D$ $^{開}_4$徑$_{青}^D$ $^{開}_2$耿$_{耕}^R$	$^{開}_B$映$_{庚}^D$	$^{開}_2$行$_{庚}^{L/D}$	$^{合}_B$永$_{庚}^R$	
咸攝	$_1$甘$_{談}^L$ $_1$感$_{覃}^R$ $_2$監$_{銜}^L$ $_2$甲$_{銜}^E$	$_B$陰$_{覃}^L$	$_{14}$劦$_{添}^E$		$_c$嚴$_{嚴}^L$
山攝	$^{開}_1$干$_{寒}^L$ $^{開}_1$乾$_{寒}^L$ $^{開}_1$杆$_{寒}^R$ $^{開}_4$見$_{先}^D$ $^{開}_4$堅$_{先}^L$ $^{開}_4$結$_{先}^E$ $^{合}_1$官$_{桓}^L$ $^{合}_1$顴$_{元}^L$ $^{開}_2$簡$_{山}^R$ $^{合}_2$關$_{刪}^L$	^{開}安$_{寒}^D$ $^{開}_4$燕$_{先}^D$ ^{開}闕$_{元}$	$^{開}_B$乾$_{仙}^L$ $^{開}_4$桀$_{仙}^L$ $^{開}_B$韓$_{寒}^L$ $^{開}_4$峴$_{先}^L$ $^{開}_B$現$_{先}^D$ $^{合}_1$活$_{桓}$ $^{開}_4$賢$_{先}^L$	$^{合}_1$日$_{元}^E$ ^{開}遠$_{元}^R$ ^{合}猿$_{元}^L$ $^{合}_B$爰$_{仙}^D$	$^{開}_c$言$_{元}^L$ $^{開}_B$蘖$_{仙}^L$ $^{開}_c$源$_{元}^L$ $^{合}_c$原$_{元}^L$
宕攝	$^{開}_1$各$_{唐}^E$ $^{合}_1$光$_{唐}^L$	$^{開}_1$惡$_{唐}^D$	$_1$行$_{唐}^{L/D}$ $^{合}_1$皇$_{唐}^L$ ^{合}黃$_{唐}^L$	$^{合}_c$王$_{陽}^{L/D}$	
江攝	$_2$角$_{江}^E$ $_2$覺$_{江}^E$		$_2$巷$_{江}^D$		
深攝	$_B$今$_{侵}^L$ $_B$金$_{侵}^L$ $_B$衿$_{侵}^L$ $_B$急$_{侵}^E$	$_B$音$_{侵}^L$ $_B$陰$_{侵}^L$ $_B$邑$_{侵}^E$	$_B$及$_{侵}^E$ $_B$琴$_{侵}^L$		
臻攝	$^{合}_1$昆$_{魂}^L$ $^{合}_1$骨$_{魂}^E$ $^{合}_c$軍$_{文}$ $^{開}_c$斤$_{欣}$ $^{開}_A$吉$_{眞}$	$^{合}_1$溫$_{魂}^L$ $^{開}_1$恩$_{痕}^L$ $^{開}_B$殷$_{欣}^L$ $^{開}_A$一$_{眞}^E$ $^{開}_A$因$_{眞}^L$ $^{開}_B$乙$_{眞}^E$	$^{合}_c$郡$_{文}^D$ $^{開}_c$近$_{欣}^{R/D}$ $^{開}_B$瑾$_{眞}^D$	$^{合}_c$雲$_{文}^L$ $^{合}_c$暈$_{文}^D$	
曾攝	$^{合}_1$國$_{登}^E$	$^{開}_c$憶$_{蒸}^E$	$^{合}_1$或$_{登}^E$		
通攝	$_1$谷$_{東}^E$ $_1$穀$_{東}^E$ $_1$工$_{東}^L$ $_1$公$_{東}^L$ $_c$匊$_{東}^E$ $_c$鞠$_{東}^E$ $_c$宮$_{東}^L$	$_1$屋$_{東}^E$	$_1$紅$_{東}^L$ $_1$洪$_{東}^L$		

위의 대비에서 알 수 있듯이 見母와 影母가 음운론적으로 대립하는 쌍이 아주 많다. 백제어 표음자 694(707)자 중에서 影母字는 25자인데, 무려 열세 쌍에서 見母와 影母가 최소대립을 이룬다. 따라서 見·曉母 /k/와 影母 /ʔ/를 별개의 독자적인 음소로 등록한다.

(91) 見母와 影母의 최소대립 쌍

가. 遇攝 - $_C$巨$_{魚}^L$: $_C$於$_{魚}^L$ (경흥, 지리 : 중국, 지리)

나. 遇攝 - $_C$居$_{魚}^L$: $_C$於$_{魚}^L$ (경흥, 지리, 사기, 유사 : 중국, 지리)

다. 止攝 - $_C^{合}$貴$_{微}^D$: $_C^{合}$尉$_{微}^D$ (목간, 중국, 일본, 사기, 유사 : 일본)

라. 止攝 - $_C^{合}$貴$_{微}^D$: $_C^{合}$慰$_{微}^D$ (목간, 중국, 일본, 사기, 유사 : 사기, 유사)

마. 梗攝 - $_B^{開}$敬$_{庚}^D$: $_B^{開}$映$_{庚}^D$ (당서, 사기 : 중국, 사기)

바. 山攝 - $_1^{開}$干$_{寒}^L$: $_1^{開}$安$_{寒}^L$ (목간, 중국, 일본, 유사 : 목간, 중국, 경흥, 일본, 지리, 당서)

사. 山攝 - $_4^{開}$堅$_{先}^L$: $_4^{開}$燕$_{先}^L$ (사기 : 중국, 일본, 사기, 유사)

아. 宕攝 - $_1^{開}$各$_{唐}^E$: $_1^{開}$惡$_{唐}^E$ (경흥 : 경흥, 지리,)

자. 深攝 - $_B$急$_{侵}^E$: $_B$邑$_{侵}^E$ (목간 : 목간)

차. 臻攝 - $_1^{合}$昆$_{魂}^L$: $_1^{合}$溫$_{魂}^L$ (중국, 일본, 사기 : 사기, 유사)

카. 臻攝 - $_A^{開}$吉$_{眞}^E$: $_A^{開}$一$_{眞}^E$ (중국, 일본, 사기, 유사 : 마한, 경흥, 지리, 사기, 유사)

타. 通攝 - $_1$谷$_{東}^E$: $_1$屋$_{東}^E$ (목간, 일본 : 일본)

파. 通攝 - $_1$穀$_{東}^E$: $_1$屋$_{東}^E$ (중국 : 일본)

---

28 '於'와 '陰'은 각각 운모가 두 개씩이므로, 실제로는 27개의 용례이다.

29 '魏'와 '行'이 二反字이므로 실제로는 51개의 용례가 된다.

30 수직선 'l' 앞에 둔 것은 群母字이고 뒤에 둔 것은 匣母字이다.

(92) 見母字와 影母字의 최소대립 쌍의 용례

干[見開1平寒] - 12 木干那 (남제), 19 干尔 (능산), 132 灼干那ヤクカ
　　ンナ, 159 汶斯干奴モンシカヌ, 164 次干德 シカントク (일본),
　　104 大阿干 (유사)

安[影開1平寒] - 12 安貴 (능산), 42 至安 (나주), 79 得安城 (주서, 북
　　사), (音22) 蔓[馬安反] (경흥), 035 安得アントク, 147 馬丁安メチャ
　　ウアン (일본)

(91)의 최소대립 쌍 중에서 대립 성립의 시기가 가장 이른 것은
(91.바)이다. 이곳의 대립 항 '干'은 『남제서』(537년)와 부여 능산
리사지 목간(6세기 3/4분기)에 나오고, 대립 항 '安'은 부여 능산리사
지 목간에 나온다. 즉 見母와 影母의 대립 시점은 6세기 3/4분기가
된다. 따라서 見母 /k/와 影母 /ʔ/를 각각 백제어의 독자적인 음소로
등록한다.

　마찬가지 방법으로 (90)의 분석표를 이용하여 群·匣母와 云母의
최소대립 쌍을 찾아본다. 匣母와 云母의 대립 상황도 점검하기 위해
서 여기에서는 특별히 群母에 匣母를 편입하여 분석했다.

(93) 群·匣母와 云母의 최소대립 쌍

가. 流攝 - c臼尤^R : c友尤^R (마한 : 사기)

나. 流攝 - c臼尤^R : c右尤^R (마한 : 중국, 사기)

다. 流攝 - c臼尤^R : c有尤^R (마한 : 일본, 사기, 유사)

(94) 群·匣母字와 云母字의 최소대립 용례

가. 臼[群中C上尤] - 35 臼斯烏旦 (마한)

　　右[云中C上尤] - 59 右賢王 (남사), 296 右輔 (사기)

나. 臼 (위의 '가'와 동일)

有[云中C上尤] - 152 王有悷陀 ワウウリャウダ, 154 丁有陀 チャウ
ウダ (일본), 061 毗有王 (사기), 030 毗有王 (유사)

(93)의 최소대립 쌍과 (94)의 용례를 통하여 흥미로운 사실을 발견
할 수 있다. 우선 群・匣母와 云母의 최소대립 쌍이 아주 적다는 사
실이다. 마한 국명에 나오는 '臼'에 의해서만 群母와 云母의 음운대립
이 성립하는데, 이처럼 단 하나의 글자에 의해서만 대립이 성립할 때
에도 음운대립을 인정할 것인지 의심스럽다. 그러나 최소대립 쌍이
단 하나밖에 없다 하더라도 음운대립을 인정하는 것이 일반적인 통례
이다. 예컨대, 한국 한자음에서 '快'의 'ㅋ'은 '掛'의 'ㄱ'과 음운대립
을 이루는데, 이처럼 'ㅋ'과 'ㄱ'이 최소대립 쌍을 이루는 것은 '쾌'와
'괘' 음절밖에 없다. 그런데도 'ㅋ'과 'ㄱ'을 독자적인 음소로 인정한
다. 이 태도에 따르면 '臼'에 의해서만 최소대립이 성립한다고 하여
(93)의 최소대립 쌍을 무시할 수가 없다.

(94)에서 볼 수 있듯이 대립 성립의 시점도 늦지 않다. (94.가)에서
는 『남사』의 편찬 시점인 644년이 대립의 성립 시점이고, (94.나)에
서는 『일본서기』의 편찬 시점인 720년이 대립의 성립 시점이 된다.
따라서 群・匣母 /g/와 云母 /ɦ/를 백제어의 독자적인 음소로 인정
한다.

또 하나 중요한 사실이 (93)에 숨겨져 있다. 후음의 匣母와 云母에
서는 최소대립이 성립하지 않는다는 사실이다. '臼'는 群母字이므로
이것을 제외하게 되면, (93)에서 匣母가 云母와 대립하는 최소대립
쌍이 없어진다. 이것은 백제어에서 匣母와 云母가 음운론적으로 대
립하지 않았음을 말해 준다. 결론적으로 云母 /ɦ/는 群母 /g/와는 대
립하지만 匣母 /ɦ/와는 대립하지 않았다. 그렇다면 후음 전탁의 자리
에 云母 /ɦ/를 놓을 수 있다.

云母 /ɦ/가 음소로 설정된다면 전청인 影母 /ʔ/와도 음운론적으로
대립하는지 검토할 필요가 있다. 마침 이 둘의 최소대립 쌍이 눈에
띈다. 대립 성립의 시점은 『일본서기』의 720년이다. 따라서 云母는
影母와도 음운론적으로 대립한다고 할 수 있다.

(95) 후음 影母와 云母의 최소대립 쌍

  가. 止攝 - $^{合}_{C}$尉$_{微}$^{D} : $^{合}_{C}$謂$_{微}$^{D} (일본 : 마한)

  나. 止攝 - $^{合}_{C}$慰$_{微}$^{D} : $^{合}_{C}$謂$_{微}$^{D} (사기, 유사 : 마한)

(96) 影母字 '尉'와 云母字 '謂'의 최소대립 용례

  尉[影合C去微] - 021 尉禮 キレ (일본)

  謂[云合C去微] - 16 素謂乾 (마한)

  위의 논의에 따르면 云母가 백제어의 자음체계에 등록된다는 것은
확실하다. 다만 그 음가를 어떻게 추정해야 할지 아직 확실하지 않다.
이토 지유키(2007: 91)를 따라 喉音의 云母를 /ɦ/로 재구하면 그 음가
가 喉音 匣母의 /ɦ/와 같아진다. 이 문제를 해결하기 위하여 이토 지
유키(2007: 91)는 云母를 不淸不濁 자리에 놓았다. 그런데 백제어 표
음자에서는 후음 匣母가 아음 群母에 합쳐지므로, 두 개의 성모가
/ɦ/의 음가를 가진다는 불합리성이 자동적으로 해결된다. 전탁의
群·匣母를 /g/로 재구하고 云母를 /ɦ/로 재구하면 된다. 이 불합리
성이 해소되므로 云母 /ɦ/를 구태여 불청불탁의 자리에 놓을 필요가
없다. 이에 따라 云母 /ɦ/를 전탁 계열에 놓기로 한다.
  마지막으로, 云母를 불청불탁의 疑母와 대비해 보기로 한다. 만약
에 둘 다 불청불탁에 속한다면 이 둘이 음운론적으로 대립하지 않았
을지도 모르기 때문이다.

(97) 云母와 疑母의 최소대립 쌍

　가. 遇攝 - $_C$亐$_{虞}^L$: $_C$嵎$_{虞}^L$ (중국, 경흥, 지리, 사기 : 목간)

　나. 遇攝 - $_C$亐$_{虞}^L$: $_C$虞$_{虞}^L$ (중국, 경흥, 지리, 사기 : 중국, 사기)

　다. 山攝 - $_C^合$曰$_{元}^E$: $_C^合$月$_{元}^E$ (일본 : 지리)

　라. 山攝 - $_C^合$猿$_{元}^L$: $_C^合$源$_{元}^L$ (지리 : 목간, 지리)

　마. 山攝 - $_C^合$猿$_{元}^L$: $_C^合$原$_{元}^L$ (지리 : 사기)

(98) 云母字와 疑母字의 최소대립 용례

　于[云中C平虞] - 58 于西 (송서), (晉18) 暐[于鬼反] (경흥), 078 于召渚

　　(지리), 102 于召, 179 屹于, 230 于述川 (사기)

　嵎[疑中C平虞] - 66 嵎或, 85 栗嵎城 (관북)

　(97)의 최소대립 쌍을 통하여 백제어에서 云母와 疑母가 변별되었
음을 알 수 있다. (97.가)의 云母字 '于'는 『송서』(488년)에 나오고,
이에 대립하는 疑母字 '嵎'는 7세기 2/4분기의 자료인 부여 관북리 목
간에 나온다. (97.나)의 대립도 7세기 전반기에 성립한다. 따라서 疑
母 /ŋ/에 대립하는 云母 /ɦ/를 백제어의 자음체계에 등록한다.

　지금까지 논의된 바를 정리해 보면 다음의 표와 같다. 백제어의 아
후음으로는 見・曉母 /k/, 溪母 (/k^h/), 群・匣母 /g/, 疑母 /ŋ/, 影母
/ʔ/, 云母 /ɦ/의 여섯 개가 등록된다.

(99) 백제어 아후음 목록

		全清	次清	全濁	不清不濁
牙喉音	牙音	見・曉k 90	溪k^h 21	群・匣g 49	疑ŋ 16
	喉音	影ʔ 25		云ɦ 17	

6. 백제어의 자음체계

3章에서 백제어 표음자 694(707)자의 성모를 분석하여 다음과 같은 표를 만든 바 있다.

(1) 백제어 표음자 성모 분석

백제어 표음자 694(707)자 성모 분포							
		全淸		次淸		全濁		不淸不濁	

		全淸		次淸		全濁		不淸不濁	
脣音	幇組	幇p	20	滂pʰ	3	並b	16	明m	32
	非組	非f	12	敷fʰ	2	奉v	10	微ɱ	10
舌音	端組	端t	26	透tʰ	9	定d	27	泥n	12
	來組							來l	46
	知組	知ʈ	15	徹ʈʰ	2	澄ɖ	7	娘ɳ	3
齒音	精組	精ʦ	24	淸ʦʰ	11	從dz	17		
		心s	34			邪z	8		
	莊組	莊ʈʂ	2	初ʈʂʰ	3	崇ɖʐ	3		
		生ʂ	13			俟ʐ	0		
	章組	章ʨ	28	昌ʨʰ	4	船dʑ	5	日ɲ	18
		書ɕ	13			常ʑ	25	羊j	29
牙喉音	見組	見k	70	溪kʰ	21	群g	18	疑ŋ	16
		曉h	20			匣ɦ	31		
		影ʔ	25					云ɦ	17
694 (707)		302		55		167		183	
		42.7%		7.8%		23.6%		25.9%	

5章에서 이미 강조한 바 있듯이, 이 중에는 음소의 자격을 갖는 것도 있지만 어떤 음소의 변이음에 지나지 않는 것도 있다. 전체 42개의 성모 중에서 변이음을 음소 목록에서 제외하면 백제어의 자음은 20여 개로 줄어든다.

6.1. 백제어의 자음 목록

3章에서 백제어의 표음자를 모두 모은 다음에, 5章에서 상보적 분포와 최소대립 쌍을 이용하여 이들의 성모를 분석하였다. 이 분석 결과를 종합하면 위의 분석표는 아래의 (2)와 같이 수정된다.

이 분석표는 변이음을 음소에 편입하여 작성한 것이다. 예컨대, 순음에서 변이음에 불과한 非母·滂母·敷母를 백제어의 음소인 幇母에 편입하고, 변이음 奉母를 음소인 並母에 편입하였다.

이와 같은 방법으로 편입한 결과, 全淸字에 비하여 全濁字의 용례가 많은 것은 치음뿐이다. 즉, 치음 章組의 書母字가 13자인 데에 비하여 常母字가 25자이다. 이것만 예외적으로 유성자음의 용례가 많을 뿐이고 나머지 서열에서는 모두 무성자음의 용례가 더 많다. 그런데 치음 章組 전체를 기준으로 하면 전청의 書母字 13자와 章母字 28자를 합할 수 있다. 그리하면 전청자가 모두 41자가 되므로 전탁자 25자보다 용례가 많아진다. 음소 분석을 마친 결과에 따르면, 모든 組에서 무성자음이 유성자음의 용례보다 많다는 결론이 나온다.

이 연구를 시작할 때에는 "유의미한 서열 중에서, 유성자음의 용례가 무성자음의 용례보다 더 많은 서열이 있다"는 데에 주목하였다. 이것이 사실이라면 백제어는 그야말로 특이한 언어가 된다. 그런데 음소 분석을 실시한 결과에 따르면 이 특수성이 사라지고 백제어가 언어 보편성을 회복하게 된다. 이 점에서도 우리의 연구 방법이 설득력을 가진다고 할 수 있다.

(2) 백제어의 자음 목록

백제어 표음자 694(707)자 성모 분포					
		全淸	次淸	全濁	不淸不濁
脣音	幇組	幇非滂敷 /p/ 37 =20+12+3+2		並奉 /b/ 26 =16+10	明微 /m/ 42 =32+10
	非組				
舌音	端組	端知 /t/ 41 =26+15	透徹 /tʰ/ 11 =9+2	定澄 /d/ 34 =27+7	泥娘日 /n/ 33 =12+3+18
	來組				來 /l/ 46
	知組				
齒音	精組	精莊 /ts/ 26 =24+2	淸初昌 /tsʰ/ 18 =11+3+4	從崇船 /dz/ 25 =17+3+5	
		心生 /s/ 47 =34+13		邪 /z/ 8	
	莊組				
	章組	章 /tɕ/ 28			
		書 /ɕ/ 13		常 /ʑ/ 25	羊 /j/ 29
牙喉音	見組	見曉 /k/ 90 =70+20	溪 /kʰ/ 21	群匣 /g/ 49 =18+31	疑 /ŋ/ 16
		影 /ʔ/ 25		云 /ɦ/ 17	

한편, 변이음을 편입한 결과로 여러 자리가 비게 된다. 순음에서는

非組 즉 脣輕音 서열이, 설음에서는 知組 즉 舌上音 서열이, 치음에서는 莊組 즉 捲舌音 서열이 없다.[1] 이러한 특징은 한어의 전기 중고음에서도 공통된다.

이 공통점을 들어 우리의 논증 방법이 애초부터 잘못된 것이 아닌가 하고 의문을 제기할 수 있다. 즉 한어의 중고음을 기준으로 분석하는 방법론을 택하다 보니 결과적으로 南北朝 시대의 한어 자음체계와 유사한 결과가 나온 것이 아닌가 하고 의심할 수 있다. 그러나 이 의심은 분명히 잘못된 것이다. 우리가 분석의 대상으로 삼은 것은 3章에서 자세히 정리한 것처럼 백제어 표음자이지, 남북조 시대의 한어가 아니다. 또한 한어의 중고음 연구 결과를 이용하여 분석한 것은 사실이지만, 그렇다고 하여 백제어의 자음체계가 한어 중고음의 특징과 정확하게 합치하리라고 예상하는 것은 잘못이다. 이 표음자를 분석하기 전에는, 백제어가 한어의 상고음, 전기 중고음, 후기 중고음 중에서 어느 것과 비슷할지 언어학적으로 전혀 예측할 수 없다. 그런데 분석한 결과를 보니까 백제어의 자음체계가 한어의 상고음이나 후기 중고음과는 아주 다른 반면에 전기 중고음과는 아주 유사한 체계를 가진다는 사실이 새로 드러났다. 따라서 이 결과적 공통점을 논거로 삼아, 이 글의 연구 방법이 잘못된 것이라고 해서는 안 된다.

우리는 이 공통점을 오히려 긍정적으로 평가한다. 중국의 南北朝 시대와 백제 시대가 시기적으로 같고 백제가 가장 긴밀하게 교역했던 것은 중국의 南朝이기 때문이다. 이 시기에 남조의 한자음이 백제에 대량으로 유입되었을 것은 자명하다. 이에 따라 백제의 표음자가 한어의 전기 중고음과 유사하게 나타나는 것이므로, 이 공통점에는 이상할 것이 전혀 없다.

---

1 이들 서열이 한어에서 음소로 자리를 잡게 되는 것은 唐代 이후의 일이다.

더군다나 백제어의 자음을 분석한 결과가 모두 전기 중고음과 일치하는 것도 아니다. 백제어에서는 후음의 曉母가 음소의 자격을 갖지 못하고 見母에 편입된다. 이것은 전기 중고음에서는 찾을 수 없는 특징이므로 백제어의 독자성을 대변해 준다.

(2)의 분석표에서 백제어의 자음이 모두 23(22)개임을[2] 알 수 있다. 전체 42개의 성모 중에서 독자적 음소의 지위를 확보한 것은 23(22)개이다. 이것을 현대 음운론의 분류 체계에 맞추어 다시 정리해 보면 다음과 같다.

(3) 백제어의 자음체계 A

방식	위치	순음	치조음		경구개음	연구개음	후음
			설음	치음			
폐쇄음	무성무기	p	t			k	?
	유성무기	b	d			g	
	무성유기		t^h			(k^h)	
파찰음	무성무기			ts	tɕ		
	유성무기			dz			
	무성유기			ts^h			
마찰음	무성			s	ɕ		
	유성			z	ʑ		ɦ
공명음	비음	m	n			ŋ	
	유음		l				
	반자음				j		

한자음 분석에서는 /j/를 자음의 일종으로 간주하므로 여기에서는 '반자음'의 부류에 넣었다. 현대 한국어 음운론에서는 /j/를 활음이라

---

2 경홍의 반절자를 백제어 표음자에서 제외하면, /k^h/가 음소에서 제외되어 백제어의 자음이 22개가 된다. 이것을 이와 같이 표기했다.

하여 순수자음 목록에서 제외하는 것이 일반적이다. 이에 따르면 백제어의 자음 목록은 22(21)개로 줄어든다. 이 수치는 현대 한국어의 자음 목록 수치보다 약간 많은 수치이다. 이처럼 많아진 것은 현대어와는 달리 백제어에 유성자음 계열이 존재했기 때문이다.

(3)에서는 폐쇄음과 파찰음을 따로 나누어 제시했지만 이들을 하나로 합쳐서 제시할 수도 있다. 이에 따르면 (3)을 (4)와 같이 수정할 수 있다.

(4) 백제어의 자음체계 B

위치 방식	순음	치조음		경구개음	연구개음	후음
		설음	치음			
무성무기음	p	t	ʦ	ʨ	k	ʔ
유성무기음	b	d	dz		g	
무성유기음		tʰ	ʦʰ		(kʰ)	
무성마찰음			s	ɕ		
유성마찰음			z	ʑ		ɦ
비음	m	n			ŋ	
유음		l				

위의 22(21)개 자음은 백제어의 음소임이 확실하지만, 음소의 지위가 불안한 것도 있다. (2)의 표에서 용례가 적은 것들이 이 부류에 든다. 邪母 /z/가 8자, 透・徹母 /tʰ/가 11자, 書母 /ɕ/가 13자에 불과하다. 透・徹母는 백제 말기에 이제 막 음소로 자리를 잡기 시작한 음소인 반면에, 邪母와 書母는 거꾸로 사라지는 단계일지도 모른다.[3]

---

3 한어에서 脣內 양성운미자는 舌內・喉內 양성운미자에 비하여 그 예가 아주 적다. 그 결과 양성운미 중에서 /-m/이 사라지는 변화가 나타났다. 이 변화의 결과로 현대 북경어에서는 운미에 /-m/이 오는 한자를 찾을 수 없다. 이와 마찬가지로, 용례가 가장 적은 邪母 /z/가 사라질 가능성이 있다. 그렇게 된다면 이와 대립하고 있는

6.2. 백제어의 자음체계 분석

이제 백제어의 자음체계를 분석해 보기로 한다.

자음의 조음 방식에서는 [폐쇄음], [파찰음], [마찰음], [유성음], [유기음], [비음], [유음] 등의 방식이 있었다. 이 중에서 [파찰음]은 [폐쇄음]과 [마찰음]의 복합음이라 기술할 수 있다.

조음 방식에서 가장 중요한 것은 [유성음]이 계열을 이루어 존재한다는 사실이다. 이 유성자음에는 폐쇄음의 /b, d, g/뿐만 아니라, 파찰음의 /dz/와 마찰음의 /z, ʑ/ 등이 있다. 이들은 각각 무성 폐쇄음 /p, t, k/, 무성 파찰음 /ʦ/, 무성 마찰음 /s, ɕ/ 등과 음운론적으로 대립한다. 여기에, 후음의 무성 폐쇄음 /ʔ/에 대립하는 유성 마찰음 /ɦ/을 더하면[4] 무려 일곱 개의 유성자음이 등록된다. 이처럼 유·무성의 대립 쌍이 많고 유성자음이 계열을 이룬다는 점이 백제어의 특징이다. 이 유성자음은 모두 현대 한국어에서는 설정되지 않는 자음이므로, 백제어의 자음이 현대 한국어보다 많아진 원인은 바로 유성자음 계열에서 찾을 수 있다.

백제어에 이미 유기자음 /tʰ, ʦʰ, (kʰ)/가 존재했다는 것도 아주 중요하다. 이들은 대개 7세기의 텍스트에서 음운론적 대립이 성립하므로 백제 말기에 유기자음이 발생하기 시작했다고 할 수 있다. 李基文(1972나: 89~91)에서는 8세기를 전후한 시기에 유기자음이 발달했다고 했는데, 백제어에서는 유기자음의 발생 시기를 더 앞당겨야 할 것 같다.

常母 /z/도 사라지게 될 것이다.

4 이 글에서는 /ɦ/와 /ʔ/도 유·무성의 대립 쌍에 넣었으나 이 대립 쌍을 제외하는 태도를 택할 수도 있다. 이 둘은 양면대립의 쌍이 아니기 때문이다.

그런데 /pʰ/는 음소의 자격을 갖지 못하는 데에 비하여 /kʰ/가 음소의 자격을 갖는다는 것이 특이하다. /kʰ/가 한국 중세 한자음에서 아주 희귀하다는 사실을 들어 이 논의를 부정하려 들지 모른다. 그러나 이 부정적 태도는 한국 중세 한자음이 백제 한자음을 이어받은 것이라는 점이 먼저 증명된 다음에야 비로소 성립한다. 한국 중세 한자음이 백제 한자음의 후예라는 사실이 아직까지 증명된 바 없으므로, 중세 한자음을 논거로 들어 백제어의 /kʰ/를 부정하는 것은 방법론적으로 옳지 않다. 프라그 학파의 음소 분석 방법에 따르면 溪母는 당연히 음소 /kʰ/로 등록된다. 무성자음 見母가 유성자음 群母와 음운대립을 이루고, 무기자음 見母가 유기자음 溪母와 역시 음운대립을 이루기 때문이다. 다만, 유표항끼리의 음운대립(즉 群母 /d/와 溪母 /kʰ/의 음운대립)도 성립할 때에만 음소로 인정하는 태도에 따르면서 동시에 경흥의 반절자를 백제어 표음자에서 제외하는 태도를 취하면, 溪母가 아직 음소의 지위를 얻지 못한 변이음 [kʰ]였다고 할 수도 있다.

조음 위치에서는 치조음 서열의 /ʦ, s, z/가 경구개음 서열의 /ʨ, ɕ, ʑ/와 각각 음운대립을 이룬다는 사실이 중요하다. 이들 사이에 최소대립 쌍이 존재하므로 이 음운대립을 설정할 수밖에 없다. 이 대립을 어떻게 해석해야 할지 아직 분명하지 않지만, 金完鎭(1971)이 고구려어에서 /t/ 구개음화가 일어났음을 논증한 적이 있다는 사실과 남부방언에서 구개음화가 먼저 일어났다는 사실을 참고할 만하다.

백제어에서는 /k/와 /h/가 미분화 상태였다. 이것은 고대 일본어에서 /p/와 /h/가 미분화 상태였던 것을 연상하게 한다. 백제어에서는 牙音과 喉音이 미분화 상태인 데에 비하여 고대 일본어에서는 脣音과 喉音이 미분화 상태였다. 이것은 이 두 언어의 차이를 드러내 주는 대표적인 특징이 될 것이다.

/h/가 고대 한국어에 없었음은 기존의 논의에서도 이미 제기된 바 있다. 김동소(1982), 조규태(1986), 兪昌均(1991) 등이 이에 속한다.[5] 이들은 대부분 喉音字와 牙音字의 통용 현상을 근거로 한다. 우리의 연구 방법과 기본적으로 다른데도 동일한 결론이 나와서 무척 흥미롭다.

한편, 沼本克明(1986: 66~7)에 따르면 일본의 萬葉假名에서는 曉母와 匣母가 /h/에 대응하는 것이 아니라 /k/에 대응된다고 한다. 이것은 상대 일본어에 /h/가 없었음을 의미함과 동시에 /h/가 음소의 지위를 얻게 된다 하더라도 그것은 牙音이 아니라 脣音에서 분리되어 나온 음소임을 시사한다. 이 점에서 백제어와 일본어가 크게 차이가 난다.

백제어에서는 조음 위치가 다섯 개로 나뉜다. 현대 언어학의 용어로 순음·치조음·경구개음·연구개음·후음이 그것이다. 한어 음운학에서는 설음과 치음을 서로 다른 조음 위치로 기술하는데, 현대 언어학에서는 치음 精組의 조음 위치를 치조음이라 하여 舌音의 조음 위치와 동일하다고 보는 때가 많다. 이와는 반대로, 한어 음운학의 치음을 현대 언어학에서는 치조음과 경구개음의 둘로 나눈다. 치조음은 [alveolar]라 하고 경구개음은 [palatal]이라 하여 이 둘을 항상 구별하는 것이다. 위의 (3)과 (4)에 나오는 조음 위치는 현대 언어학 용어를 기준으로 적절하게 조정한 것이다.

마지막으로, 한어 음운학에서의 성모 분류에 따라 백제어의 자음체계를 정리해 둔다.

---

5 이와는 달리 박창원(2002: 181)은 牙音과 구별되는 喉音이 존재했는데, 그 음가가 연구개 마찰음이었을 가능성을 제기했다.

(5) 백제어의 자음체계 C

백제어 표음자 694(707)자의 자음체계		全淸	次淸	全濁	不淸不濁
脣音	幫組	幫 /p/		並 /b/	明 /m/
舌音	端組	端 /t/	透 /tʰ/	定 /d/	泥 /n/
	來組				來 /l/
齒音	精組	精 /ʦ/	淸 /ʦʰ/	從 /dz/	
		心 /s/		邪 /z/	
	章組	章 /ʨ/		羊 /j/	
		書 /ɕ/		常 /z/	
牙喉音	見組	見 /k/	溪 (/kʰ/)	群 /g/	疑 /ŋ/
		影 /ʔ/		云 /ɦ/	

이 자음체계의 음소 幫母는 변이음 非母·滂母·敷母를 아우르고, 음소 泥母는 변이음 娘母·日母를 아우른다. 이와 같은 방법으로 백제어의 자음을 정리했을 때에, 가장 중요한 것은 역시 전청과 전탁이 대부분의 서열에서 음운론적으로 대립한다는 점이다. 이 대립이 이 연구의 출발점이자 종착점이라 할 수 있다. 둘째로 중요한 것은 차청의 透母·淸母·(溪母)가 음소로 설정된다는 점이다. 고대 한국어에 유기자음이 없었다는 학설도 있는데, 이 학설은 백제어에 관한 한 옳지 않다. 다만, 순음의 차청인 滂母는 최소대립을 이루는 예가 없어서 백제어의 자음에서 제외된다. 셋째로 중요한 것은 치음에서 치조음과 경구개음이 음운론적으로 대립한다는 점이다. 이것은 전혀 예상하지 못했던 음운대립이므로 참신함을 기준으로 하면 이것이 가장 새로운 논의이다. (5)에서는 羊母 /j/를 불청불탁에 넣지 않고 전탁에 넣었다. 체제 일치(pattern congruity)를 위하여 이렇게 조정하게 되면 백제어의 자음체계는 아주 질서정연한 체계가 된다.

성모의 용례가 많다고 하여 그 성모가 바로 음소로 설정되는 것도 아니고 용례가 적다고 하여 반드시 음소에서 배제되는 것도 아니다. 백제어 표음자 694(707)자 중에서 匣母字·曉母字의 예는 각각 31자·20자나 되지만, 이들은 음소의 자격을 가지지 못하고 각각 群母·見母에 통합된다. 거꾸로, 邪母字와 透母字의 용례는 각각 8자와 9자에 지나지 않지만 邪母와 透母가 각각 백제어의 독자적인 음소로 설정된다.

6.3. 백제어의 자음체계와 일본의 吳音

지금까지 백제어의 자음체계를 재구해 보았다. 이제 이 자음체계가 가지는 언어학적 의의에 대해 기술하기로 한다. 우선, 백제 한자음은 고대의 일본 한자음과 긴밀한 관계를 맺고 있다.

일본의 고대 한자음은 크게 보아 吳音과 漢音의 둘로 나뉜다.[6] 널리 알려져 있듯이, 일본의 吳音은 중국 南北朝 시대에 차용한 것이므로 唐代에 수입된 漢音보다 시기적으로 앞서고, 주로 불교 계통의 단어에서 사용된다. 吳音과 漢音의 음운론적 차이는 크게 보아 다음의 두 가지로 요약된다. 첫째, 오음에서는 유성자음이던 것이 한음에서는 무성자음으로 실현된다. 並母·定母·群母가 오음에서는 각각 유성자음 /b, d, g/로 실현되지만 한음에서는 각각 무성자음 /p, t, k/로 실현된다. 예컨대, '婆', '圖', '極' 등이 오음으로는 각각 /ba/, /dzu/, /goku/이지만 한음으로는 각각 /pa/, /to/, /kjoku/가 된다. 둘째, 오음에서는 脫鼻音化(denasalization)가 일어나지 않았지만 한음에서는 탈비음화가 일어난다. 예컨대 '馬'는 오음에서는 /me/로 발음하고

---

6 여기에 唐音이 추가되는데, 唐音은 유입 시기가 아주 늦다. 일본의 吳音과 漢音에 대한 아래의 기술은 藤堂明保(1957)과 平山久雄(1967)을 참고하였다.

한음에서는 /ba/로 발음하는데, 한음은 明母 /m/에 탈비음화가 일어나 /b/가 된 것으로 이해한다. 무성음화와 탈비음화의 두 가지를 강조하게 되면 한어 중고음도 前期와 後期의 둘로 나누어진다. 南北朝의 前期 중고음과 唐代의 後期 중고음이 바로 그것이다.

그렇다면 백제 한자음은 전기 중고음의 대표적 특성 두 가지를 고스란히 간직하고 있다고 말할 수 있다. 並母 /b/, 定母 /d/, 群母 /g/ 등과 같은 유성자음을 가지고 있을 뿐만 아니라 탈비음화 이전의 한자음, 예컨대 '馬'의 /ma/를 그대로 유지하기 때문이다. 이 두 가지를 이용하면 일본의 오음이 백제를 거쳐 유입된 것이라고 말할 수 있다.

지금까지 일본 오음의 전래 과정에 대하여 두 가지 학설이 대립해 왔다. 첫째는 중국 남방의 오음이 백제를 거쳐 일본에 유입되었다는 학설이요(滿田新造 1964: 606~24), 둘째는 오음이 백제를 거치지 않고 중국 남방으로부터 직접 일본에 유입되었다는 학설이다(山田孝雄 1994: 139). 문화사적 관점에서는 첫째 학설이 타당성이 높지만, 여기에는 해결되지 않는 음운론적 장애물이 남아 있었다. 한국 중세 한자음에서는 자음의 유·무성 대립이 없는데, 일본 오음에서는 이 대립이 있는 것이다. 이 자음체계의 차이를 강조하면 오히려 둘째 학설이 유력해진다.

일본 오음이 한반도를 거쳐 유입된 것임을 증명하려면 백제어에 유·무성 대립이 존재했음을 먼저 증명할 필요가 있다. 그런데 金完鎭(1958)을 제외하면, 이것을 제대로 증명한 바가 없다. 우리는 백제어 표음자를 통하여 백제어에 유·무성 대립이 있었음을 증명하였다. 백제어에는 자음의 유·무성 대립이 있었고 이것을 활용하여 중국의 오음을 정확히 수용할 수 있었다. 이렇게 백제에 수용된 오음의 유·무성 대립을 고대 일본에서 그대로 수용하였다. 그 결과 일본의 오음에서도 유·무성 자음이 음운론적으로 서로 대립하였다. 이러한 논의를 가능하게 해 준다는 점에서 백제어의 유성자음 /b, d, g, dz, z, z/ 등은 매우 귀중한 가치를 가진다.

탈비음화와 관련해서도 마찬가지 결론을 얻을 수 있다. 백제어의 明母는 그 음가가 /m/이었고, 日母는 그 음가가 /n/이었다(Lee 2012). 달리 말하면 백제어에서는 탈비음화가 일어나지 않았다. 일본의 오음에서 이들의 음가가 각각 /m/과 /n/인 것은 바로 백제의 /m/과 /n/이 수용된 것이라고 할 수 있다. 반면에, 백제가 멸망한 이후에는 일본이 당 나라의 한자음 즉 후기 중고음을 직접 수용했으므로 일본의 한음에서는 이들이 각각 /b/와 /z/가 된다.

한국 중세 한자음에서는 원칙적으로 端母와 定母가 음운론적으로 대립하지 않았고 見母와 群母도 마찬가지이다. 즉 유·무성 대립이 없다. 이것은 일본 한음 또는 후기 중고음의 특징과 같다. 이 점을 강조하면 한국 중세 한자음이 아무리 일찍 형성되었다 하더라도 唐代 이전으로 거슬러 올라갈 수가 없다. 한국 중세 한자음에서 日母가 /n/이 아니라 /z/로 나타나는 것이 대표적인 증거라고 할 수 있다. 그러나 여타의 /m, n/에서는 탈비음화가 전혀 일어나지 않았다는 점을 간과해서는 안 된다. 明母·微母·泥母에서의 탈비음화 흔적을 한국 중세 한자음에서는 찾을 수가 없다. 이 점은 오히려 한국 중세 한자음이 전기 중고음에 기반을 두고 있다는 것을 지지해 준다.

이처럼 상충하는 문제를 해결하기 위해서는 신라의 한자음에 대한 분석이 필수적이다. 한국 중세 한자음은 신라어를 기반으로 했을 가능성이 크기 때문이다(河野六郎 1968). 이 책에서는 백제어 표음자만을 논의의 대상으로 삼았고 신라의 표음자에 대해서는 전혀 다루지 않았다.

6.4. 자음체계로 본 백제어의 계통론

한국어를 알타이어의 한 계통으로 볼 때에 커다란 장벽 하나가 가로놓여 있었다. 알타이 諸語는 자음체계에서 무성자음과 유성자음이 음운론적으로 대립하는 체계인데(Ramstedt 1953: 12, Poppe 1964 : 5) 반하여[7] 중세 한국어에서는 이 유·무성 대립이 확인되지 않기 때문이다. 이 차이를 그대로 수용하면 한국어는 알타이어에 속하지 않을 가능성이 커진다.

이 문제를 본격적으로 연구한 것이 金完鎭(1958)이다. 앞에서 이미 인용한 것처럼, 原始國語에서 유·무성 대립이 있었고 이것이 유·무기 대립으로 바뀌었다고 했다.[8] 알타이 祖語의 *b가 원시국어에서 *φ(또는 *m)으로 나타난다고 하면서 sonorité를 상관징표로 하는 대립이 aspiration을 상관징표로 하는 대립으로 대체되었다고 하였다. 이 연구 결과는 우리의 연구 결과와 거의 일치한다. 차이가 있다면 우리가 연구 대상을 백제어로 한정한 데에 비하여 金完鎭(1958)은 역사비교언어학의 관점에서 주로 이두와 향가 자료를 이용했다는 점밖에 없다.

우리의 연구 결과에 따르면 한국어를 알타이어의 일종으로 볼 때에 제기되는 장애물 하나를 제거할 수 있게 된다. 남방 한국어에 속하는 백제어가 알타이 조어와 마찬가지로 유·무성 대립을 기반으로 하는 자음체계를 가지고 있었기 때문이다. 이것을 신라어에 대해서

---

7 성백인(1978)은 알타이 조어의 파열음 체계가 '무성 : 유성'의 대립체계가 아니라 '무기 : 유기'의 대립체계였을 가능성을 제기하였다. 그리하여 Ramstedt(1952)와 Poppe(1960)의 '무성 : 유성'의 대립체계가 의심스럽다고 하였다.

8 알타이 제어가 '무성 : 유성'의 음운대립인지 '무기 : 유기'의 대립인지는 성백인(1978)과 金芳漢(1983: 159~164)에 잘 정리되어 있다.

도 적용할 수 있을지 아직 검토해 보지 않았지만 남방 한국어의 자음
체계에 유·무성 대립이 존재했을 가능성이 한층 더 커진 것은 분명
하다.

그런데 흥미롭게도 都守熙(2008: 226~8)은 원시국어의 유·무성
대립체계에 유·무기의 대립체계가 부가되어 전기고대국어 시기에는
四肢的 相關束이 성립했다고 보았다. (6.가)의 원시국어는 아마도 알
타이 祖語의 자음체계인 듯하고, (6.나)는 三韓語 시기의 자음체계이
다. 언뜻 보아 매력적인 견해임에 틀림없으나 여기에는 방법론적인
문제점이 숨겨져 있다.

(6) 都守熙(2008)의 자음체계 변화

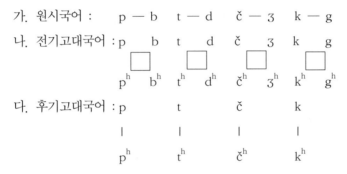

첫째, 三韓語는 78개의 국명을 바탕으로 하는데, 이 국명 자체 내
에서 /b/와 /bʰ/의 최소대립 쌍과 /pʰ/와 /bʰ/의 최소대립 쌍을 찾을
수 있을지 의문이다. 삼한 국명 표기자는 분량이 많지 않으므로 자체
내에서 무성자음 /p/와 유성자음 /b/의 최소대립 쌍조차도 찾아내기
어렵다. 그런데 여기에서 더 나아가 /b/와 /bʰ/, /pʰ/와 /bʰ/의 최소대
립 쌍을 찾아낼 수 있을까? 이러한 의문은 脣音뿐만 아니라 舌音,
齒音, 牙音에도 두루 제기할 수 있다. 이 의문을 해소할 수 없으므로

우리는 (6.나)의 四肢的 상관속에 대해 회의적이다. 음소 /bʰ/를 설정하려면 변이음 [bʰ]가 존재했다는 사실만으로는 부족하다. 유성유기음을 음소로 설정하려면 유성유기음이 유성무기음·무성유기음과 음운론적으로 대립했음을 증명해 주는 최소대립 쌍을 제시할 수 있어야 한다. 都守熙(2008)에는 이 증명 과정이 누락되었다.

둘째, 都守熙(2008: 218)에서는 마한 국명을 "당시의 중국인이 현지인의 발음을 한자음으로 寫音한 것으로 추정"했다. 이것은 마한인이 마한 국명을 스스로 직접 기록한 것이 아니라 당시의 漢人이 漢語 표기법으로 寫音했다는 추정이다. 이것을 강조하면 마한 국명 표기가 마한어 자료라기보다는 당시의 漢語 표기법으로 굴절된 자료라는 반론이 성립한다. 이해의 편의상, 하나의 비유를 들어본다. 한국인이 'Brazil'이라는 브라질인의 발음을 듣고 한글로 '브라질'이라고 받아 적었다고 하자. 이때에 한글로 표기된 '브라질'을 보고 브라질 사람들이 브라질어(사실은 포르투갈어)의 자음체계를 재구할 수 있을까? 거의 불가능하다. 이러한 한글 표기가 78개나 된다 하더라도 브라질어의 유·무성 자음의 대립 여부, /l/과 /r/의 대립 여부 등을 알아낼 수가 없다. 브라질어가 한국어의 음운체계와 한글 표기법으로 굴절되었기 때문이다. 반면에 '브라질'이라는 표기를 보고 한국인은 한국어의 음운체계와 표기법을 연구할 수 있다. 이와 마찬가지로 漢人이 마한인의 발음을 듣고 漢語로 78개 단어를 받아 적었다면, 이것을 자료로 삼아 漢人은 당시의 漢語 음운체계를 재구할 수 있다.⁹ 그러나 우리가 이것을 자료로 삼아 마한어의 음운체계를 재구하는 것은

---

9 더욱이 都守熙(2008)이 음소 분석의 모델로 삼은 것은 Karlgren과 周法高 등이 재구한 한어 上古音이다. 이들의 재구에 따르면 한어 상고음에 유성유기음 계열이 존재했다고 한다. 이 모델에 따라 마한어의 음운체계를 분석하게 되면 마한어의 음운 체계가 한어 上古音의 음운체계와 비슷해질 수밖에 없다.

자칫하면 指鹿爲馬에 속한다. 따라서 三韓의 78개 국명이 三韓語 자료가 되려면, 이것을 漢人이 받아 적은 것이 아니라 三韓人이 직접 기록한 것임을 논증할 수 있어야 한다. 이것을 실증할 수 없어서 우리도 안타까울 뿐이다.

알타이 제어에서는 /bʰ, dʰ, ȝʰ, gʰ/ 등의 유성유기음 계열을 가지는 언어가[10] 없다. 백제어뿐만 아니라 마한어도 이와 마찬가지였을 것이다. 그렇다면 都守熙(2008)과는 다른 방식으로, 유·무성 대립에서 유·무기 대립으로 변화한 과정을 설명할 필요가 있다.

(7) 유·무성 대립에서 유·무기 대립으로의 변화 과정

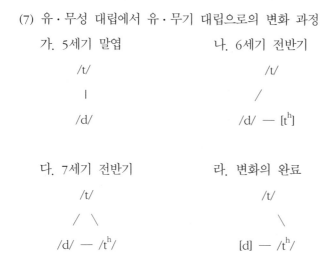

　가. 5세기 말엽　　　　　　나. 6세기 전반기

　　　/t/　　　　　　　　　　　/t/

　　　|　　　　　　　　　　　　/

　　　/d/　　　　　　　　/d/ — [tʰ]

　다. 7세기 전반기　　　　　라. 변화의 완료

　　　/t/　　　　　　　　　　　/t/

　　　/ \　　　　　　　　　　　\

　/d/ — /tʰ/　　　　　　[d] — /tʰ/

舌音을 예로 든다면,[11] (7)과 같이 이 변화 과정을 설명할 수 있다.

---

10 이 유성유기음 계열을 가지는 언어는 산스크리트어 정도에 불과하다. 한어 上古音에도 유성유기음 계열이 존재했다고 주장하는 Karlgren(1954), 董同龢(1972), 周法高(1973) 등의 학자가 있지만, 현재는 대부분 이 학설을 따르지 않는다.

11 전청·차청·전탁 상호간에 음운대립이 성립할 때에, 설음과 치음에서는 대립 성립의 시차가 거의 없다. 따라서 설음과 치음은 논의의 대상에서 제외한다.

백제어에서는 5세기 말엽에 이미 (7.가)와 같이 무성자음 /t/와 유성자음 /d/가 음운론적으로 대립하고 있었다.[12] 그런데 백제어 내부의 요인 탓인지 한자음이라는 외부적 충격 탓인지 확인하기 어렵지만, (7.나)에서 볼 수 있듯이 6세기 전반기에 이미 변이음 [tʰ]가 발생했다. 5章에서 이 [tʰ]와 /d/의 최소대립 쌍을 찾아낸 바 있지만, 6세기 전반기에는 [tʰ]가 아직 음소의 자격을 갖지 못한 것으로 판단한다. 음소로 설정되려면 유기자음 [tʰ]가 무성자음인 /t/와도 음운대립을 이루어야 하는데, 이때까지의 자료에서는 그 최소대립 쌍을 찾을 수 없기 때문이다. 이때에는 [tʰ]가 /t/의 변이음으로 인식된다. 그런데 7세기 전반기가 되면 /t/와 /tʰ/의 최소대립이 성립하므로 (7. 다)에서 볼 수 있듯이 이때에는 /tʰ/가 음소의 자격을 갖는다. 무기자음 /t/와 유기자음 /tʰ/의 음운론적 대립이 강화되면 상대적으로 무성자음 /t/와 유성자음 /d/의 음운론적 대립은 약화된다. 그리하여 (8. 라)처럼 유성자음 /d/가 음소의 자격을 잃고 변이음 [d]로 전락하게 된다. 이때에는 [d]가 /t/의 변이음으로 인식된다.

이러한 과정으로 유·무성 대립이 유·무기의 대립으로 변화하는 과정을 설명할 수 있다. 이 설명 방법은 변화 과정이 자연스럽다는 점에서 일단 장점이 있다. 그러나 무엇보다도 중요한 것은 백제어의 역사적 발달 과정에서 실증된다는 점이다. 알타이 제어에서 실증되지 않는 유성유기음 /dʰ/를 설정할 필요가 없을뿐더러 각 변화의 단계별 시기를 정확하게 제시할 수 있다. 우리의 연구가 한국어 계통론 연구에 도움이 되는 바가 있다면 아마도 그것은 유·무성 대립 체계에서 유·무기 대립 체계로 바뀌는 과정을 합리적이고도 실증적으로 논의했다는 데에서 찾아야 할 것이다.

---

12 5章의 (28)번을 참고하기 바란다.

6.5. 자음체계로 본 백제어 기록 텍스트의 성격

이제, 백제어의 자음체계를 분석한 결과를 토대로, 9종의 백제어 텍스트가 가지는 성격을 논의하기로 한다.

기존의 백제어 연구에서 중심이 되었던 자료는 『삼국사기』 지리지의 백제 지명과 『삼국사기』의 기타 권차나 『삼국유사』에 기록된 백제 고유명사였다. 그런데 우리의 연구 결과에 따르면 양상이 달라진다. 최소대립에 참여하는 대립 항은 각각 음소로 설정되는데, 이들 텍스트에 기록된 백제어 표음자는 이 음소 설정 과정에서 결정적인 역할을 담당하지 않았다. 이들 텍스트의 대립 항은 대개 잉여적인 대립 항에 불과했고, 음운대립이 성립하더라도 의심스러운 것이 적지 않았다. 『구당서』・『당서』에 기록된 백제 고유명사 표기자를 기다려서야 비로소 음운대립이 성립하는 것도 이와 마찬가지였다.

이들 텍스트는 모두 백제가 멸망한 이후 약 100년이 지난 다음에 기록되었다는 공통점을 갖는다. 따라서 이들을 後期 텍스트라고 부르기로 하고, 이들을 기다려서야 비로소 대립이 성립하는 것을 모아 본다.

(8) 後期 텍스트에서 비로소 성립하는 최소대립

　가. 幇母 /p/ : 滂母 [pʰ] - 『삼국사기』

　나. 娘母 [ɳ] : 來母 /l/ - 『삼국사기』

　다. 生母 [ʂ] : 書母 /ɕ/ - 지리지

(8.가)의 최소대립은 『삼국사기』의 '沙泮(王)'을 기다려서야 비로소 성립한다. 8세기 중엽까지의 백제어 표음자에는 '泮'이 전혀 나오지 않는다. 그런데 이 '泮'은 '伴'을 신라나 고려에서 잘못 표기한 誤字이다. 백제 표기법에서는 이 왕명이 '沙伴(王)'이었다. 이에 따르면

(8.가)는 백제어의 최소대립 쌍에서 제외된다.

　(8.나)의 최소대립은 『삼국사기』에 나오는 '明禯王'의 '禯'으로 대립이 성립한다. 그런데 이 '禯'은 신라의 문무왕이 덧붙인 것이므로 '明禯王'을 백제 표기에 따른 왕명이라고 할 수 없다. 이 점을 들어 (8.나)의 최소대립 쌍을 백제어의 최소대립 쌍에서 제외한 바 있다.

　(8.다)는 신라에서만 사용되었던 '尸'를 대립 항으로 삼아 성립하는 최소대립이다. 뒤에서 다시 강조하겠지만, 이 글자가 대립 항이 되는 生母와 書母의 최소대립 쌍은 백제어의 최소대립 쌍이 아니다.

　그런데 (8)의 예들은 두 가지 공통점을 갖고 있다. 첫째는 대립 성립의 시기가 늦다는 점이요, 둘째는 대립 항의 어느 한쪽이 변이음이라는[13] 점이다. 여기에서 대립 성립의 시기가 늦으면 '음소 : 변이음'의 대립일 가능성이 커지고 대립 성립의 시기가 이르면 이를수록 '음소 : 음소'의 대립일 가능성이 커진다고 가정할 수 있다. 달리 말하면 대립 성립의 시기가 이를수록 有意味한 대립이고 시기가 늦을수록 無意味한 대립이다. 과연 그러한지 다른 최소대립을 통해서 검증해 보기로 한다.

(9) 前期 텍스트에서 이미 성립하는 최소대립

　가. 幫母 /p/ : 並母 /b/ - 부여 능산리사지 목간 (6세기 3/4분기)

　나. 泥母 /n/ : 來母 /l/ - 『南齊書』(537년)

　다. 透母 /tʰ/ : 端母 /t/ - 『梁書』(636년), 부여 쌍북리 목간

　라. 心母 /s/ : 書母 /ɕ/ - 『周書』(636년)

　마. 邪母 /z/ : 常母 /z/ - 부여 능산리사지 목간 (6세기 3/4분기)

　바. 書母 /ɕ/ : 常母 /z/ - 『周書』(636년)

---

13 음소와 변이음의 차이를 강조하기 위해서 (6)에서는 음소를 / / 안에, 변이음을 [ ] 안에 표기했다.

사. 精母 /ʦ/ : 章母 /ʨ/ - 『南齊書』(537년)

아. 精母 /ʦ/ : 從母 /dz/ - 『周書』(636년)

자. 見母 /k/ : 群母 /g/ - 나주 목간 (7세기 초엽)

차. 見母 /k/ : 溪母 /kʰ/ - 부여 쌍북리 현내들 목간 (7세기 중엽)

카. 見母 /k/ : 疑母 /ŋ/ - 『隋書』(636~656년)

타. 見母 /k/ : 影母 /ʔ/ - 부여 능산리사지 목간 (6세기 3/4분기)

파. 群·匣母 /g/ : 云母 /ɦ/ - 『南史』(644년)

하. 云母 /ɦ/ : 疑母 /ŋ/ - 『周書』(636년)

1. 非母 [f] : 奉母 [v] - 나주 목간 (7세기 초엽)

2. 知母 [ʈ] : 澄母 [ɖ] - 『宋書』(488년)

　(9.가~하)의 최소대립은 마한 국명, 백제 목간, 중국의 기타 史書 등의 텍스트에서 이미 대립이 성립한다. 이들 텍스트를 前期 텍스트라고 부른다면, 전기 텍스트에서 대립이 성립하는 예들은 대부분 '음소 대 음소'의 대립이다. (9.1~2)의 마지막 두 예에서는 '변이음 대 변이음'의 대립이지만, 이것을 제외한 14개에서는 대립 항의 양쪽에 모두 음소가 온다. 즉 유의미한 대립이다. 반면에 (8)의 예들은 대립의 시기가 늦은 것들인데, 모두가 무의미한 대립이었다. 그렇다면 대립 성립의 시기가 이를수록 유의미한 대립이고 늦을수록 무의미한 대립이라는 가정이 경험적으로 검증된다고 할 수 있다.

　경흥의 반절자와 『일본서기』는 中期 텍스트로 분류할 수 있다. 경흥의 반절자는 아래의 (10)에서 볼 수 있듯이 자료의 성격이 『일본서기』와 유사하므로 이 둘을 하나의 부류로 묶을 수 있다. 중기 텍스트에 와서야 비로소 대립이 성립하는 것들을 살펴보면 '음소 대 음소'의 대립과 '변이음 대 음소'의 대립이 섞여 있다. 즉 유의미한 대립과 무의미한 대립이 섞여 있다.

(10) 中期 텍스트에서 성립하는 최소대립

　가. 心母 /s/ ： 邪母 /z/ - 『일본서기』

　나. 書母 /ɕ/ ： 常母 /ʑ/ - 경흥

　다. 影母 /ʔ/ ： 云母 /ɦ/ - 『일본서기』

　1. 生母 [ʂ] ： 邪母 /z/ - 『일본서기』

　2. 曉母 [h] ： 匣母 [ɦ] - 경흥

(10.가~다)는 양쪽 대립 항이 음소로 설정되는 예이므로 中期 텍스트가 음소 설정에 결정적인 역할을 담당한다. 반면에, (10.1~2)는 중기 텍스트에 와서야 비로소 최소대립을 이룰뿐더러 대립 항을 바로 음소로 설정할 수 없는 예이다. 따라서 중기 텍스트는 전기 텍스트와 후기 텍스트의 과도기적 성격을 가진다.

　그렇다면 백제어 고유명사가 기록된 9종의 텍스트를 다음과 같이 세 가지로 나눌 수 있다.

(11) 백제어를 기록한 텍스트의 분류

　가. ① 마한 국명 ② 백제 목간 ③ 중국의 기타 사서

　나. ④ 경흥의 반절자 ⑤ 『일본서기』

　다. ⑥ 『삼국사기』 지리지 ⑦ 『구당서』·『당서』 ⑧ 『삼국사기』 기타

　　　권차 ⑨ 『삼국유사』

(11.가)는 모두 백제가 멸망하기 이전에 기록된 前期 텍스트이고, (11.나)는 백제가 멸망했지만 백제어를 바탕으로 하는 中期 텍스트이다. (11.다)는 백제 멸망 이후, 신라의 표기법이 일반화된 다음에 기록된 後期 텍스트이다. 9종의 텍스트를 둘로 나눌 때에는 (11.나)를 (11.가)에 합치는 것이 좋을 것이다. (11.나)가 신라의 영향을 받은

것은 분명하지만, (11.나)의 바탕이 된 언어는 역시 백제어요, 표기도 백제의 표기법이기 때문이다.

(11.다)의 텍스트에서 비로소 음운대립이 성립하는 것들이 분명히 존재한다. 그런데 이들의 대립은 모두 음운론적으로 무의미하거나 잉여적인 것이었다. 백제어에 관한 한, 이것은 매우 중요한 사실이다. 기존의 연구에서는 『삼국사기』 지리지의 백제 지명이 중추적 역할을 담당해 왔지만, 이 연구의 결과에 따르면 이 지명 표기가 신빙성이 떨어지는 자료로 전락한다. 대표적인 예를 하나 들어 둔다.

(12) 『삼국사기』 지리지의 백제 지명 표기에 사용된 '尸'

　　032 沙尸良, 047 大尸山, 056 豆尸伊, 富尸伊, 106 古尸伊, 109 武尸伊, 147 仇尸波知, 178 號尸伊城, 179 號尸伊村

지리지의 백제 지명 표기에 열 번 가까이 사용되었으므로 (12)의 '尸'는 매우 중요한 글자이다. 그런데 백제의 표기법을 반영하는 前期와 中期 텍스트에서는 정작 '尸'가 사용된 적이 없다. 李丞宰(2013)에서 이미 지적한 것처럼 '尸'는 백제 목간에서 사용된 바 없고, 이번에 다시 확인해 본 결과 오로지 『삼국사기』에만 나온다. 더욱이 '尸'가 신라의 鄕歌에 아주 많이 사용되었지만, 향가의 '尸'는 음절말 자음 '-ㄹ'을 표기하므로 生母와 書母의 음운대립과는 전혀 관계가 없다. 이것은 (12)의 '尸'가 신라의 표기법에 따라서 사용된 글자임을 뜻한다. 신라인이 백제 지역의 지명을 개정할 때에, 백제의 옛 지명을 신라의 표기법으로 표기한 것이다. 그렇다면 5章의 (34)에 제시한 '生母와 書母의 최소대립 쌍'을 의심할 수밖에 없다. 신라의 표기법을 좇아 처음으로 등장하는 글자 '尸'를 이용하여, 백제의 자음체계에서 生母와 書母가 음운론적으로 대립했다고 말할 수는 없다.

우연의 일치인지는 모르지만, 백제어의 자음에 등록되는 것들은 모두 前期와 中期 텍스트에서 이미 최소대립이 성립하는 것들이었다. 달리 말하면, 後期 텍스트에서 성립하는 최소대립을 이용하여 백제어의 자음을 설정한 예가 하나도 없다. 따라서 다음과 같이 말할 수 있다. 『삼국사기』 지리지를 포함하여, 『구당서』·『당서』, 『삼국사기』, 『삼국유사』 등의 텍스트가 백제어 연구에서는 결정적인 자료가 아니다. 이들에 기록된 백제 고유명사는 신라의 표기법에 굴절되거나 오염되었을 가능성이 크다.

백제 표기법과 신라 표기법이 서로 달랐다는 것을 일본 학자들의 연구 결과를 통해서도 추론할 수 있다. 이것을 여기에서 잠깐 언급해 둔다.

『일본서기』에 실린 백제 고유명사는 일본 학자들 사이에서 지속적인 관심의 대상이었다. 이 관심은 궁극적으로 『일본서기』에 실린 '百濟史料'를 어떻게 이해할 것인가 하는 문제와 연결된다. 이 문제를 제기한 첫 번째 업적은 推古遺文을 정리한 大矢透(1911)이다. 大矢透(1911)은 일본 假名의 원류를 推古遺文에 나오는 고유명사 표기자에서 찾고 있다. 推古遺文은 기본적으로 한문 문장이지만 고유명사는 音假名로 표기했다. 그런데 중요한 것은 推古遺文 중에는 백제계 도래인이 작성한 자료가 적지 않다는 점이다. 따라서 일본의 音假名를 백제어의 음차자와 대비해 보게 된다.

春日政治(1933)은 推古遺文의 音假名를 『일본서기』의 백제 사료에 나오는 일본 인명 표기자와 대비했다. 그리하여 두 자료에 공통되는 音假名가 20여 자임을 확인하고 일본의 音假名가 백제에서 유래했을 가능성을 지적했다. 이것을 이어 받아 大野透(1962: 48~9)는 『일본서기』에 인용된 '百濟史料'에서 한국 고유명사 표음자를 추출한 다음, 이것을 上代 일본어의 音假名와 대비했다. 이 대비로부터 백제

사료의 음차자와 일본의 晉假名가 밀접한 관계를 가진다고 했다. 이
와 거의 동일한 결론을 이끌어낸 것으로 馬淵和夫(1960)이 있는데,
이들은 지금까지도 일본의 통설로 간주된다.

그런데 언뜻 보기에 이 통설과 어긋나는 연구 결과가 나와 눈길을
끈다. 木下禮仁(1961나)는 『일본서기』의 백제 인명에 나오는 음차자
55자를 『삼국사기』·『삼국유사』의 백제 인명에 나오는 음차자 40자
와 대조했다. 일치한 음차자는 10자에 불과했다. 앞에서는 50% 이상
의 일치도를 보이던 것이 갑자기 20% 내외의 일치도로 뚝 떨어진 것
이다. 이러한 연구 결과는 馬淵和夫(1971)과 姜斗興(1982: 136~7)에
그대로 이어진다. 왜 이런 결과가 나왔을까?

그 답은 바로 『삼국사기』·『삼국유사』에 있다. 木下禮仁(1961가),
馬淵和夫(1971), 姜斗興(1982) 등은 『일본서기』의 백제 인명 음차자
를 『삼국사기』·『삼국유사』의 백제 인명 음차자와 대비했다는 공통
점을 가지고 있다. 백제 고유명사를 표음한 것이라는 점에서는 공통
되는 데도, 『삼국사기』·『삼국유사』의 백제 인명에 나오는 음차자와
대비할 때마다 음차자의 일치도가 뚝 떨어진다. 이에 반하여 春日政
治(1933), 馬淵和夫(1960), 大野透(1962) 등은 『삼국사기』·『삼국유
사』에 나오는 고유명사 음차자를 대비의 대상으로 삼은 적이 없다.
예컨대, 『일본서기』에 사용된 백제 고유명사 표음자와 推古遺文의
晉假名를 대비했을 뿐이다. 그렇다면 위의 질문에 대한 답은 『삼국
사기』·『삼국유사』에서 찾아야 한다.

『삼국사기』·『삼국유사』는 백제 계통의 사서가 아니라 신라 계통
의 사서이다. 이 두 사서는 통일신라를 이어받은 고려에서 편찬되었기
때문이다. 따라서 『삼국사기』·『삼국유사』가 택한 표기법을 신라 표
기법이라 할 수 있고, 이것이 백제의 표기법과 달랐다는 논의가 가능
해진다. 이것을 절묘하게 증명해 주는 것이 馬淵和夫(1960)·木下禮

仁(1961가)의 연구 결과와 馬淵和夫(1971)·木下禮仁(1961나)의 연구 결과이다. 동일인이 발표한 서로 다른 두 편의 논문인데, 前者와 後者의 연구 결과가 사뭇 다르다. 前者는 백제 표기법으로 표기된 두 가지 텍스트를 대비한 것인 데에 반하여, 後者는 백제의 표기법으로 기록된 텍스트를 신라의 표기법으로 기록된 텍스트와 대비한 것이다. 前者에서는 음차자의 일치도가 높은 데에 반하여 後者에서는 일치도가 낮았다. 그렇다면, 그 차이의 원인을 백제 표기법과 신라 표기법의 차이에서 구하는 것이 맞다. 따라서 백제와 신라의 표기법이 서로 달랐다고 할 수 있다. 이 차이에 주목하면 동일인이 수행한 두 연구에서 음차자 일치도가 크게 차이가 난 원인을 아주 자연스럽게 설명할 수 있다.

李丞宰(2013)에서는 훈주음종과 말음첨기라는 표기법의 유무에 한정하여 그 차이를 논하였으나, 이제 그 차이를 '문자'에서의 차이로 확대할 수 있다. "백제와 신라의 표음자(즉 문자)가 서로 달랐다."

이 차이를 인정하면 『일본서기』의 백제 사료가 일본인에 의해 작성되었다는 姜斗興(1982)의 주장은 성립하지 않는다. 첫째로, 백제 사료의 音假名가 『삼국사기』의 음차자와 불일치하는 것은 前者가 백제 계통의 문자·표기인 데에 반하여 後者는 신라 계통의 문자·표기인 데에서 비롯된다. 이 차이를 강조하면 姜斗興(1982)의 논거 하나가 무너진다. 둘째로, 백제 사료의 音假名가 上代 일본어의 音假名와 85% 정도의 일치를 보인다고 하여 백제 사료가 일본인에 의해 작성되었다고 한 것은 성급한 결론이다. 오히려 거꾸로 해석해야 할 가능성이 남아 있기 때문이다. 즉, 일본 상대의 문자·표기 자료는 대부분 백제계 도래인이 담당했기 때문에, 백제 사료의 音假名가 上代 일본어의 音假名와 높은 일치도를 보인다고 해석할 수 있다. 미즈노 슌페이(2009: 46)가 주장한 것처럼, 『일본서기』의 백제 고유명사 표기가 백제인에 의해 이루어진 것으로 보아야 할 것이다.

7. 마무리

이 글은 백제어의 자음체계를 재구하는 데에 목표를 두었다. 이것을 연구할 때에는 백제어 표음자가 핵심적인 자료가 된다. 백제어 표음자를 망라하여 모은 다음에, 이들의 한자음을 분석하여 백제어의 자음체계를 재구하였다.

백제어는 한국어의 계통론을 연구할 때에 매우 중요할 뿐만 아니라 중국 남북조 시대의 한어나 고대의 일본어를 연구할 때에도 매우 중요하다. 백제에서는 남북조 시대 또는 그 이전의 한자음을 받아들여 자신의 고유명사를 표기해 왔다. 이 백제의 한자음이 일본에 전해져 일본의 吳音을 형성한다. 그렇다면 동북아시아의 3~7세기의 언어를 연구할 때에 백제어는 빠뜨려서는 안 되는 중요한 언어라고 할 수 있다.

기존의 백제어 연구에서 백제어의 자음체계를 부분적으로 논의한 연구가 없지는 않다. 그러나 대부분은 단편적인 지적에 그침으로써 설득력을 갖추지 못했다. 이 책에서는 백제어 자료를 모두 망라하여 연구 대상으로 삼았다는 점에서 기존의 연구와 일단 다르다. 예컨대, 최근에 해독된 백제 목간 자료와 경흥의 반절자를 연구 대상에 포함하였다. 이 중에서 특히 백제 목간의 표음자는 백제 때의 실물 자료에 기록된 것이므로 언어 자료로서의 가치가 아주 크다. 이에 대한 연구가 출발점이 되어 결국에는 여기까지 이르렀다.

이 책에서의 연구 방법은 기존의 연구 방법과 다르다. 이 연구 방법을 단계별로 정리하면서 논의된 내용을 요약하기로 한다.

첫째, 백제어를 기록한 항목을 일단 모두 모은다. 이 항목의 대부분은 백제의 고유명사이다. 기존의 연구에서도 늘 이들에 대해 관심을 가져왔으므로 이 점에서는 방법론적으로 새로울 것이 전혀 없다. 새로운 것이 있다면 백제 목간에 기록된 고유명사과 경흥의 반절자를 연구 자료에 추가했다는 것뿐이다. 경흥의 반절을 제외하더라도 8종의 텍스트에서 1,245개의 백제어 항목을 추출할 수 있다.

둘째, 모아진 백제어 항목에서 표음자를 추출한다. 음운체계를 연구할 때에는 이 표음자를 이용하는 것이 가장 빠른 지름길이다. 그런데, 표음자 추출 작업이 아주 어렵다. 어느 글자가 훈차자이고 어느 글자가 음차자인지 분명하지 않을 때가 많기 때문이다. 이럴 때에는 '음차 우선 적용의 가정'을 따랐다. 추출한 백제어 표음자는 모두 694(707)자이다.

셋째, 추출된 표음자의 한어 중고음을 정리한다. 한어 중고음은 『切韻』(601년)에 기록되어 『廣韻』(1007년)에 전해진다. 『절운』의 편찬 시기는 마침 백제의 사비시대에 해당하므로, 『절운』계 韻書를 이용하여 백제어의 음운체계를 분석하는 것은 방법론적으로 전혀 잘못될 것이 없다. 『절운』계 운서와 시기적으로 가장 잘 맞아떨어지는 언어가 백제어라고 해도 오히려 지나친 말이 아니다. 개별 한자의 중고음은 이토 지유키(2007)의 자료편에 잘 정리되어 있으므로 이 글에서는 이것을 이용했다. 이 자료편에 나오지 않는 한자의 음가는 『廣韻』의 동일 小韻字을 사용하여 음가를 대체했다. 음가를 대체하기 어려울 때에는 반절을 이용하여 음가를 재구했다. 그리하여 모두 753개의[1] 표음자에 중고음 음가를 달았다.

---

1 자형으로는 백제어 표음자가 694자이지만 성모가 둘인 것, 운모가 둘인 것, 성조

넷째, 모 집단인 694(707)자를 기준으로 삼아, 논의 대상이 되는 용례의 점유 비율을 구한다. 이것은 계량적 분석의 일종인데, 예컨대 /-p, -t, -k/ 등의 입성자와 /-m, -n, -ŋ/ 등의 양성운미자가 차지하는 비율을 구할 수 있다. 한국 중세 한자음에서 이들이 차지하는 비율과 백제어에서의 점유 비율을 각각 비교해 보았더니 큰 차이가 없었다. 그렇다면 백제어에서도 /-p, -t, -k, -m, -n, -ŋ/ 등이 음절 말 자음에 올 수 있었다고 보아야 한다.

다섯째, 동일 聲母에 속하는 글자의 용례를 모두 모아 다른 성모의 용례와 대비한다. 그리하여 韻母·聲調·等·開合은 동일하되, 성모만 서로 다른 최소대립 쌍을 찾는다. 이 최소대립 쌍이 존재한다면 대비한 두 성모는 서로 다른 독자적 자음으로 등록된다. 최소대립 쌍을 찾을 수 없다면 두 성모가 상보적 분포를 이룬다고 말할 수 있다. 상보적 분포인 두 성모는 하나의 음소로 합친다. 이것은 프라그 학파의 음소 분석 이론을 그대로 적용한 것이다.

여섯째, 최소대립이 성립하는 시점을 중시한다. 백제어 표음자 중에는 3세기에 기록된 것이 있는가 하면 13세기에 비로소 기록된 것이 있다. 그런데 백제는 7세기 중엽에 멸망했다. 백제 멸망 이전에 기록된 두 글자의 성모가 최소대립을 이룬다면 그 두 성모는 바로 백제어의 자음 목록에 등록한다. 8세기 초엽에 편찬된 『일본서기』도 이 부류에 넣을 수 있다. 그러나 8세기 중엽 이후에 기록된 글자가 최소대립을 이룰 때에는 주의할 필요가 있다. 8세기 중엽 이후에 기록된 항목 중에는 백제인이 직접 백제인의 표기법으로 기록한 것이 없기 때문이다. 이들은 모두 신라인에 의해 기록된 것이므로 신라 표기법의 영향을 받았으리라 예상할 수 있다.

가 둘인 것 등의 二反字가 있으므로 표음 항목이 753개로 늘어났다.

일곱째, 등록된 백제어 자음 상호간의 음운론적 관계를 살핀다. 이 과정에서 유성자음이 하나의 계열을 이루어 무성자음과 대립한다는 사실이 드러났다. 백제 말기에 유기자음이 발생하기 시작한 것을 보면 백제 말기가 기존의 유·무성 대립 체계에서 유·무기 대립 체계로 전이하는 시기였을지도 모른다. 치조 자음과 경구개 자음이 음운론적으로 대립했다는 사실도 새로 드러났다.

위의 단계를 차례대로 밟아 백제어의 자음체계를 재구할 수 있다. 다음의 표가 바로 그 최종 결론이다.

백제어 표음자 694(707)자의 자음체계					
		全淸	次淸	全濁	不淸不濁
脣音	幫組	幫 /p/		並 /b/	明 /m/
舌音	端組	端 /t/	透 /tʰ/	定 /d/	泥 /n/
	來組				來 /l/
齒音	精組	精 /ʦ/	淸 /ʦʰ/	從 /dz/	
		心 /s/		邪 /z/	
	章組	章 /ʨ/		羊 /j/	
		書 /ɕ/		常 /ʑ/	
牙喉音	見組	見 /k/	溪 (/kʰ/)	群 /g/	疑 /ŋ/
		影 /ʔ/		云 /ɦ/	

이 결론에 이르는 과정에서 경험적으로 밝혀진 것이 있다. "백제인이 기록한 백제어가 가장 신뢰도가 높다"는 점이다. 신라인이나 고려인이 기록한 백제어에는 신라 또는 고려의 표기법이 간섭하고 있었다. 차후의 연구에서는 이에 대해 주의를 기울여야 할 것이다.

이 연구로 백제어의 자음체계가 완전히 모습을 드러낸 것은 아니다. 보완해야 할 것도 있고 아직 논의하지 못한 것도 있다.

첫째, 백제어 표음자 목록을 다시 정비할 필요가 있다. 誤字인데도 목록에 들어간 '泮', 진정한 의미의 백제어 표음자라고 할 수 없는

'襛'과 '尸' 등을 제외해야 한다. 이와는 반대로 미처 백제어 항목에 넣지 못한 것도 있다. 예컨대, 일본의 『續日本記』, 『新撰姓氏錄』에 나오는 백제 인명 등을 추가해야만 백제어 표음자를 망라할 수 있다. 경흥의 반절자는 자연 언어가 아니므로 연구 대상에서 제외할까 하다 가 그냥 두었다. 백제어 표음자를 망라한다는 기본 취지에 어긋나고, 경흥의 반절자가 『일본서기』의 백제어 표음자와 비슷한 행동을 보일 때가 많았다는 점을 고려했다.

둘째, 표음자와 표훈자의 경계를 좀 더 명확하게 밝힐 필요가 있다. 이것이 대단히 어려운 작업임에는 틀림없지만 연구의 객관성을 높이 기 위해서는 이에 대한 보완이 뒤따라야 할 것이다.

셋째, 두 개의 표음자가 결합할 때에 일어나는 음운현상에 대해 기 술할 수 있어야 한다. 음운론은 음운이 결합할 때에 일어나는 음운변 동에 대한 기술도 포함한다. 예컨대, 동화 현상이나 이화 현상에 대 해 정확하게 기술할 수 있어야 한다. 매우 어려운 연구 과제이기 때 문에, 이 책에서는 음운변동에 대해 거론하지 않았다. 하나의 언어를 대상으로 음운론을 기술한다면 이에 대한 내용이 누락되어서는 안 된다.

넷째, 백제어의 모음체계에 대한 논의도 미처 하지 못했다. 음운체 계를 연구할 때에는 자음체계와 모음체계를 두루 갖추어야만 그 전모 가 드러난다. 이 점에서는 이 책이 성취한 것이 있다 하더라도 그것 은 절반도 채 되지 않는다.

다섯째, 『삼국사기』 지리지에서 고구려의 지명이라고 한 한반도 중부 지방 지명을 다시 연구할 필요가 있다. 都守熙 교수는 이 고구 려 지명이 사실은 백제의 옛 지명이라고 일관되게 주장해 왔다. 백 제・고구려・신라의 표기법과 한자음이 가지는 특징을 먼저 정리한 다면, 이 중부 지방 지명이 어느 쪽에 가까운지 밝힐 수 있을 것이다.

이 책에서는 이에 대해서도 관심을 기울이지 못했다.

여섯째, 새로 정리된 백제 목간의 음차자를 고대 일본의 音假名와 대비해 보는 일도 매우 가치가 큰 작업이다. 이에 대해서도 전혀 손을 대지 못했다.

이처럼 많은 문제가 산적해 있으므로 우리의 연구는 사실은 시작 단계에 불과하다고 할 수 있다. 연구할 것이 산더미처럼 쌓여 있으므로 다시 한 번 '學問'의 거대함과 필자의 왜소함을 동시에 느끼게 된다. 앞에서 지적한 문제점이나 한계를 훌쩍 뛰어넘는 큰 업적이 나오기를 기대한다. 누구든 문을 두드릴 수 있고, 문은 누구에게든 열린다.

참고문헌

姜信沆(2003), 韓漢音韻史研究, 서울: 태학사.

權仁瀚(2012), 廣開土王碑文의 국어학적 연구 서설,『口訣研究』28, 서울: 口訣學會.

권혁준(2002), 後期中古漢語의 음운체계,『中國語文論叢』第38輯, 서울: 중국어문학회.

김동소(1982),『한국어 변천사』, 서울: 형설출판사.

金芳漢(1983),『韓國語의 系統』, 서울: 民音社.

金永旭(2011), 木簡에 보이는 古代國語 表記法,『口訣研究』26, pp. 167～193. 서울: 口訣學會.

金完鎭(1958), 原始國語의 子音體系에 대한 研究,『國語研究』제3호, 서울: 國語研究會.

_____(1971), 高句麗語에 있어서의 t 口蓋音化現象에 대하여,『國語音韻體系의 研究』, 서울: 一潮閣.

_____(1980),『鄕歌解讀法 研究』, 서울: 서울대 출판부.

南豊鉉(2003), 新羅僧 順憬과 憬興의 法華經 註釋書에 대하여,『口訣研究』10, 서울: 口訣學會.

都守熙(1977),『百濟語 研究』, 서울: 아세아문화사.

_____(1987),『百濟語 研究 (I)』, 서울: 백제문화개발연구원.

_____(1989),『百濟語 研究 (II)』, 서울: 백제문화개발연구원.

_____(1994),『百濟語 研究 (III)』, 서울: 백제문화개발연구원.

_____(2008),『三韓語 研究』, 서울: 제이앤씨.

미카미 요시타카(三上喜孝)(2008), 일본 고대 목간의 계보,『木簡과 文字』1, 서울: 韓國木簡學會.

朴炳采(1971),『古代國語의 研究(音韻篇)』, 서울: 高麗大 出版部.

박창원(2002),『고대국어 음운』, 서울: 태학사.

성백인(1978), 한국어와 만주어의 비교 연구(1) - 알타이 조어의 어두 파열음

체계에 관한 문제점, 『언어학』 3, 서울: 한국언어학회.

宋基中(2004), 古代國語 語彙表記漢字의 字別 用例 研究, 서울: 서울대 출판부.

宋基中·南豊鉉·金永鎭(1994), 『古代國語 語彙集成』, 성남: 韓國精神文化研究院.

兪昌均(1983), 『韓國漢字音 研究』, 대구: 계명대 출판부.

李基文(1972가), 『改訂 國語史槪說』, 서울: 民衆書館.

_____(1972나), 國語音韻史研究, (韓國文化研究叢書 13), 서울: 서울대 韓國文化研究所.

_____(1972다), 漢字의 釋에 관한 研究, 『東亞文化』 11, 서울: 서울대 東亞文化研究所.

李敦柱(2003), 『韓中漢字音 研究』, 서울: 태학사.

李崇寧(1955/78), 『新羅時代의 表記法體系에 關한 試論』, 서울: 탑출판사.

李丞宰(2008), 7世紀 末葉의 韓國語 資料 - 璟興撰 『无量壽經連義述文贊』의 註釋을 중심으로, 『口訣研究』 20, 서울: 口訣學會.

_____(2011), 彌勒寺址 木簡에서 찾은 古代語 數詞, 『國語學』 62, 서울: 國語學會.

_____(2013), 新羅木簡과 百濟木簡의 표기법, 『震檀學報』 117, 서울: 震檀學會.

이재돈(2008), 『中國語音韻學』, 서울: 學古房.

이토 지유키(이진호 역)(2007), 『한국한자음 연구』, 서울: 역락.

장세경(2007), 『한국고대 인명사전』, 서울: 역락.

조규태(1986), 『고대국어 음운 연구』, 서울: 형설출판사.

董同龢(1972), 『漢語音韻學』, 臺北: 學生書局.

李榮(1956), 『切韻音系』, 北京: 鼎文書局.

邵榮芬(1982), 『切韻研究』, 北京: 中國社會科學出版社.

濮之珍(2002), 『中國語言學史』, 上海: 上海古籍出版社.

唐作藩(1991), 『音韻學敎程』, 北京: 北京大學出版社.

楊劍橋(1996), 『漢語現代音韻學』, 上海: 復旦大學出版社.

王力(1956),『漢語音韻學』, 北京: 中華書局.

_____(1980~82), 經典釋文反切考,『龍蟲並雕齋文集』, 北京: 中華書局.

周祖謨(1966),『問學集』, 北京: 中華書局.

周法高(主編)(1973),『漢字古今音彙』, 香港: 香港中文大學 出版.

有坂秀世(1957),『國語音韻史の研究』, 東京: 三省堂.

沖森卓也(2009),『日本古代の文字と表記』, 東京: 吉川弘文館.

大野透(1962),『萬葉假名の研究』, 東京: 明治書院.

大矢透(1911),『假名源流考』, 東京: 國語調査委員會.

春日政治(1933), 假名發達史序說,『岩波講座 日本文學』, 東京: 岩波書店.

姜斗興(1982),『吏讀と萬葉假名の研究』, 大阪: 和泉書院.

河野六郎(1968/79),『朝鮮漢字音の研究』, 東京: 平凡社.

木下禮仁(1961가), 日本書紀にみえる百濟史料の史料的價値について,『朝鮮
　　　學報』20 · 21, 天理: 朝鮮學會.

_____(1961나), 百濟史料についての一整理,『文化史學』16, 東京: 文化
　　　史學會.

紅林幸子(2003), 書體の變遷 - '氏'から'弖'へ,『訓點語と訓點資料』110輯, 東
　　　京: 訓點語學會.

沼本克明(1986), 日本漢字音の歷史, 東京: 東京堂出版.

_____(1997), 日本漢字音の歷史的研究 - 體系と表記をめぐって, 東京:
　　　汲古書院.

藤堂明保(1957),『中國語音韻論』, 東京: 江南書院.

藤井茂利(1996),『古代日本語の表記法研究』, 東京: 近代文藝社.

平山久雄(1967), 中古漢語の音韻,『中國文化叢書 I』, 東京: 大修館.

馬淵和夫(1960), 日本語・音韻の歷史・上代,『國文學解釋と鑑賞』 25-
　　　10, 東京: 至文堂.

_____(1971),『三國史記』,『三國遺事』にあらわれた古代朝鮮の用字法につ
　　　いて,『言語學論叢』11, 東京: 東京教育大.

_____(1982), 稻荷山古墳出土鐵劍金象嵌銘の日本語表記史上の位置, 日
　　　本學誌, 大邱: 啓明大學校 日本文化研究所.

滿田新造(1964), 朝鮮字音と日本吳音との類似點に就いて, 『中國音韻史論考』, 東京: 武藏野書院.

森博達(1977), 『日本書紀』歌謠における萬葉假名の一特質 - 漢字原音より觀た書紀區分論, 『文學』 45-2, 東京: 岩波書店.

_____(1985), 倭人傳の地名と人名, 『日本の古代』(倭人の登場) 1, 東京: 中央公論社.

_____(1988), 日本語と中國語の交流, 『古代の日本』, 東京: 中央公論社.

山田孝雄(1994), 『國語の中に於ける漢語の研究』, 東京: 宝文館出版.

柳玟和(1994), 『日本書紀』記載の朝鮮固有名詞表記 - 本文の表記字を對象として, 『朝鮮學報』 153, 天理: 朝鮮學會.

Jakobson, R. (1962), *Selected Writings* I. The Hague.

Karlgren, B. (1954), Compendium of Phonetics in Ancient and Archaic Chinese, *The Bulletin of the Museum of Far Eastern Antiquities*, no. 25. Stockholm.

_____(1957), Grammata Serica Recensa, *The Bulletin of the Museum of Far Eastern Antiquities*, no. 29. Stockholm.

Lee, SeungJae (2012), On the Old Korean Numerals Inscribed on Wooden Tablet no.318, *Scripta* 2012, pp.27~68. Seoul: The Hunmin jeongeum Society.

_____(2013a), Some Korean/Japanese Linguistic Implications of Korean Wooden Tablet Inscriptions, *Japanese/Korean Linguistics* 22, Stanford University: CSLI Publications. (Unpublished)

_____(2013b), Old Korean Writing on Wooden Tablets and its Implications for Old Japanese Writing, in *Proceedings of the Scripta 2013*, Seoul: The Hunmin jeongeum Society.

Poppe, N. (1960), *Vergleichende Grammatik der altaischen Sprachen*, Teil 1, Vergleichende Lautlehre. Wiesbaden.

_____(1964), Der altaische Sprachtyp, *Mongolistik*, Handbuch der Orientalistik, Leiden-Köln.

Ramstedt, G.J. (1949), Studies in Korean Etymology II, *Mémoires de la Société Finno-Ougrienne* 105-2. Helsinki.

_____(1952/57), Einfürung in die altaische Sprachwissenschaft I, Laut-lehre, *Mémoires de la Société Finno-Ougrienne* 104-1, II, Formenlehre, 104-2. Helsinki.

Song, Giho (2007), Ancient Literacy: Comparison and Periodization, *Seoul Journal of Korean Studies* (Dec.) 20-2, Seoul: The Kyujanggak Institute for Korean Studies.

Trubetzkoy, N.S. (1939), *Grundzüge der Phonologie*, English translation by C.A.M. Baltaxe(1971), *Principles of Phonology*. Berkeley.

Tsukimoto, Masayuki (2011), The Development of Japanese *Kana, Scripta* 3, Seoul: The Hunmin jeongeum Society.

漢字音から見た百済語の子音体系

李 丞 宰

　本稿の目的は百済語の子音体系を再構することにあり、核心的な資料として百済語の表音字を用いた。百済語の表音字を網羅的に収集した後、それらの漢字音を分析することによって百済語の子音体系を再構した。

　百済語は韓國語の系統論を研究する際に極めて重要であるというだけではなく、南北朝時代の漢語や古代日本語を研究する際にも非常に重要な意味を持つ。百済語は南北朝時代或はそれ以前の漢字音を取り入れ自身の固有名詞を表記してきた。この百済の漢字音は日本に伝わり日本の呉音を形成した。そのため、３～７世紀の東北アジアの言語を研究するにあたり百済語は無くてはならない重要な言語なのである。

　既存の百済語研究の中に百済語の子音体系に關する部分的な研究がないわけではない。しかしその大部分は斷片的な指摘に留まっており、論旨に説得力があるとは言いがたい。本書では百済語資料を全て網羅し研究對象としたという点において既存の研究とまず異なる。例えば、近年解讀された百済の木簡資料と璟興の反切字を研究對象に含めた。特に百済木簡の表音字は百済の實物資料に記録されているという点において言語研究資料としての価値が極めて高いと言える。

　本書における研究方法は既存の研究方法とは異なる。本研究の方法を段階別に整理しつつ論じられた內容を要約することにする。

第1段階：百濟語を記錄した項目をまず全て集める。この項目の大部分は百濟の固有名詞である。既存の研究者も常にこれらの資料に着眼してきたため、この点では方法論として特に新しいとは言えない。新しいものがあるとすれば百濟木簡に記錄された固有名詞と璟興の反切字を研究資料に追加したということだけである。璟興の反切を除いても8種類のテキストから1,245個の百濟語項目を抽出することができる。

第2段階：集めた百濟語の項目から表音字を選出する。音韻体系を研究する爲にはこの表音字を利用するのが最も近道である。しかし、表音字を選出するのは簡單な作業ではない。どの文字が訓讀字でどの文字が音讀字であるのか明白でない場合が多々あるためである。そのような場合には「音借優先適用の仮定」に從った。選出された百濟語の表音字は計694字である。

第3段階：選出した表音字の漢語中古音を整理した。漢語中古音は『切韻』(601年)に記錄され、『廣韻』(1007年)に伝わっている。『切韻』の編纂時期はちょうど百濟の泗沘時代に当るので、『切韻』系韻書を利用して百濟語の音韻体系を分析することは方法論として全く誤ったものではない。むしろ『切韻』系韻書と時期的に最も符合する言語が百濟語であるといっても過言ではない。伊藤智ゆき(2007)の資料編には一つ一つの漢字の中古音が整理されており、本稿ではこれを利用した。この資料編に存在しない漢字の音価は『廣韻』の同一小韻字を用いて音価を代用した。音価を代用するのが困難な場合には反切を利用して音価を再構した。このようにして全753字の表音字の中古音音価を調査した。

第4段階：母集団である694(707)字を基準とし、研究對象となる用例の占有比率を求めた。これは一種の計量的分析であり、例えば/-p・-t・-k/等の入聲字と/-m・-n・-ŋ/等の陽性韻尾が占める比率を求めることができる。韓國中世漢字音においてこれらが占める比率と百濟語における比率をそれぞれ比較したところ、大差がないことが明らかになった。そのため百濟語においても/-p・-t・-k/, /-m・-n・-ŋ/等が音節末子音として用いられたのだと解釋するのが自然である。

第5段階：同一聲母に屬する漢字の用例を全て集め他の聲母の用例と對比する。このミニマルペアが存在すれば對比した二つの聲母はお互いに異なる獨立した子音とみなすことができる。ミニマルペアが存在しなければ二つの聲母が相補的な分布を成すということができる。相補的分布を見せる二つの聲母はひとつの音素とみなす。これはプラーグ學派の音素分析理論をそのまま適用したものである。

第6段階：ミニマルペアが成立する時代を重視する。百濟語の表音字の中には3世紀に用いられたものがあるかと思えば、13世紀になってようやく用いられたものもある。しかし百濟は7世紀中葉に滅亡した。百濟滅亡以前に記録された二つの字の聲母がミニマルペアを形成する場合、その二つの聲母は百濟語の子音目錄に加えるものとした。しかし8世紀中葉以降に記録された漢字がミニマルペアを形成する場合には注意が必要である。8世紀中葉以降に記録された項目には百濟人が直接百濟人の表記法で記録したものが存在しないためである。これらは全て新羅人によって記録されたものであるため、新羅の表記法の影響を受けているものと考えられる。

第7段階：音素として認められる百濟語子音の音韻論的な相互關係について考察した。この過程において有聲子音が一つの系列を成し無聲子音と對立するという事實が明らかになった。百濟末期に有氣子音が發生し始めたことから見ると、百濟末期が旣存の有無聲對立体系から有無氣對立体系に遷移する時期であったのかもれない。齒莖子音と硬口蓋子音が音韻論的に對立していたという事實も新しく明らかになった。

　上記の段階を経て百濟語の子音体系を再構することができる。次の表がその最終的な結論である。

百濟語表音字694(707)字の子音体系					
		全清	次清	全濁	不清不濁
脣音	幫組	幫 /p/		並 /b/	明 /m/
舌音	端組	端 /t/	透 /tʰ/	定 /d/	泥 /n/
	來組				來 /l/
齒音	精組	精 /ʦ/	淸 /ʦʰ/	從 /dz/	
		心 /s/		邪 /z/	
	章組	章 /ʨ/		羊 /j/	
		書 /ɕ/		常 /ʑ/	
牙喉音	見組	見 /k/	溪 (/kʰ/)	群 /g/	疑 /ŋ/
		影 /ʔ/		云 /ɦ/	

　百濟語には脣音の非組卽ち脣輕音系列が、舌音の知組卽ち舌上音系列が、齒音の莊組卽ち捲舌音系列がない。これらは漢語の前期中古音にも共通した特徴である。一方で漢語中古音とは異なり見母と曉母が相補的分布を成す。從って曉母[h]が音素としての資格を持つことができず、見母/k/に編入される。

　百濟語には閉鎖音の/b・d・g/だけではなく、齒擦音の/dz/と摩擦音の/z・ʑ/等の有聲子音が存在した。日本語の吳音が韓半島を経由して伝わったことを証明するには百濟語に有無聲の對立が存在したことをまず証明する必要がある。この研究結果はこれを証明したという点で意義を持つ。

百済語に既に有氣子音/tʰ・tsʰ・(kʰ)/が存在していたという点も極めて重要である。これらの音韻對立は全て7世紀のテキストにおいて成立する。この有氣子音はアルタイ祖語の有無聲對立が有無氣對立に変化したみなす立場において非常に重要な資料となりうる。

調音位置に關しては歯莖音系列の/ts・s・z/が硬口蓋音系列の/tɕ・ɕ・z/とそれぞれ音韻論的對立を成していたという事實が新たに明らかになった。

このような結論に至る過程において経験的に明らかになったことがある。「百濟人が記録した百濟語が最も信頼度が高い」というものだ。新羅人や高麗人が記録した百濟語は新羅や高麗の表記法の干渉を受けている。以降の研究においてはこの点に留意して研究を進める必要があると思われる。

부록 I

•

百濟語 表音字의 音價와 出典

일러두기

1. 여기에 수록한 백제어 표음자는 각종 텍스트에서 백제어 항목을 망라한 다음에 여기에서 표음자만 추출한 것이다. 이 표음자가 기록된 각종 텍스트의 명칭은 다음과 같이 약칭하여 음가 뒤에 붙인다.

馬韓 國名 → 마   百濟木簡 → 목
中國의 其他 史書 → 중   璟興의 反切 → 경
『日本書紀』 → 일   『三國史記』 地理誌 → 지
『舊唐書』·『唐書』 → 당   『三國史記』 其他 卷次 → 사
『三國遺事』 → 유

2. 백제어 표음자는 자형을 기준으로 하면 694자이다. 이 694자 중에서 聲母, 韻母, 聲調, 等 등이 둘 이상인 것이 있다. 이들은 일종의 부수 항목으로 보아 주 항목에 병렬하여 제시한다. 이 부수 항목을 모두 포함하면 753개의 항목이 된다.

3. 표음자의 음가는 '표제항 [한어 중고음] 일본서기 주음 = 한국 중세 한자음'의 방식으로 제시한다. 예컨대, '佐[精開1去歌]サ=coa^R ca'에서 '佐'는 표음 대상자이고, [精開1去歌]는 한어 중고음의 음가이며, 'サ'는 『일본서기』에서의 주음이다. 마지막의 'coa^R'와 'ca'는 한국 중세 한자음 '좌'와 '자'를 로마자로 轉字한 것이다.

4. 표음자의 배열 순서는 한국 중세 한자음을 가나다 순으로 배열

하는 순서를 따른다. 예컨대, '長'은 한국 중세 한자음이 '댱'이므로 'ㅈ' 부에 배열하지 않고 'ㄷ' 부에 배열한다. 중세 한자음이 '조'인 '祖'는 '죠'로 읽히는 '照'보다 앞에 배열한다. 다만, 日母字는 'ㄴ' 부의 바로 뒤에 붙여서 배열한다.

[ㄱ]

可[溪開1上歌]=ka^R (사)

加[見開2平麻]カ=ka^L (목, 일, 지, 사)

伽[群開C平戈]=ka^L (목, 사)

嘉[見開2平麻]=ka^L (지, 사)

賈[見開2去麻]ケ=ka^R (일)

  賈[見中1上模]ケ=ko^R (일)

角[見中2入江]カク=kak (일)

各[見開1入唐]=kak (경)

覺[見中2入江]カク=kak (일, 사)

干[見開1平寒]カン=kan^L (목, 중, 일, 유)

杆/扞(旰)[見開1去寒]カン=kan$^{R/H}$ (목, 중, 일, 사)

簡[見開2上山]=kan^R (사)

甘[見中1平談]カム=kam^L (일, 지)

堪[溪中1平覃]=kam^L (목)

欿(坎)[溪中1上覃]=kam^R (지)

感[見中1上覃]=kam^R (마)

監[見中2平銜]=kam^L (마)

甲[見中2入銜]カフ=kap (일)

康[溪開1平唐]=kaŋ^L (유)

蓋/盖[見開1去泰]カフ=kai^R (일, 사, 유)

巨[見中C平魚]=kə$^{L/R}$ (경)

居[見中C平魚]=kə$^{L/R}$ (경, 지, 사, 유)

渠[群中C平魚]=kə^L (당, 유)

乾[群開B平仙]=kən^L (마)

  乾[見開1平寒]=kan^L (마)

鞬[見開C平元]=kən^L (중)

乞[溪開C入欣]=kəl (사, 유)

屹(訖)[溪開C入欣]=kəl (사)

桀[群開B入仙]=kəl (사)

格[見開2入庚]=kiək (경)

見[見開4去先]=kiən^R (경)

堅[見開4平先]=kiən^L (사)

結[見開4入先]=kiəl (경, 지)

耿[見開2上耕]=kʌiŋ^R (경)

庚[見開2平庚]=kiəŋ^L (경)

徑[見開4去靑]ケイ=kiəŋ$^{R/H}$ (일)

椋/掠(京)[見開B平庚]ケイ=kiəŋ^L (목, 중, 일, 사)

慶[溪開B去庚]=kiəŋ^R (중, 사, 유)

敬[見開B去庚]=kiəŋ$^{R/H}$ (당, 사)

卿[溪開B平庚]=kiəŋ^L (사)

季[見合A去脂]キ=kiəi$^{R/H}$ (중, 일, 지, 사, 유)

契[溪開4去齊]ケイ=kiəi^R (일, 사, 유)

稽[見開4平齊]=kiəi^L (사, 유)

階/堦/偕[見開2平皆]=kiəi^L (사, 유)

古[見中1上模]コ=ko^R (마, 목, 중, 경, 일, 지, 사, 유)

故[見中1去模]=ko$^{R/H}$ (유)

苦[溪中1上模]=ko^H (경)

固[見中1去模]コ=ko$^{R/H}$ (목, 중, 일, 사, 유)

高[見中1平豪]カウ=ko^L (목, 중, 일, 사)

孤[見中1平模]=ko^L (지)

谷[見中1入東]コク=kok (목, 일)

谷[羊中C入鍾]='iok (목, 일)

穀[見中1入東]=kok (중)

坤[溪合1平魂]=kon^L (사)

昆[見合1平魂]コ二=kon^L (중, 일, 사)

骨[見合1入魂]=kol (경, 지)

工[見中1平東]=koŋ^L (목)

公[見中1平東]=koŋ^L (경)

空[溪中1平東]=koŋ^L (중, 사)

果[見合1上戈]=koa^R (사)

菓[見合1上戈]=koa^R (지)

官[見合1平桓]=koan^L (목, 중, 당, 사)

關[見合2平刪]=koan^L (사)

光[見合1平唐]クワウ=koaŋ (일)

翹[群中AB平宵]ケウ=kio^L (일)

翹[群中4平蕭]ケウ=kio^L (일)

九[見中C上尤]=ku$^{R/H}$ kiu^H (목)

仇[群中C平尤]=ku^L (지, 사, 유)

口[溪中1上侯]=ku^R (목, 중, 사)

久[見中C上尤]ク,コン=ku^R (목, 중, 일, 사, 유)

丘[溪中C平尤]=ku^L (지, 사)

句[見中C去虞]=ku$^{R/H}$ (중)

狗[見中1上侯]=ku$^{R/H}$ (사)

寇[溪中1去侯]=ku^R (중, 사)

臼[群中C上尤]=ku^R (마)

拘[見中C平虞]=ku^L (마)

國[見合1入登]コク=kuk (마, 중, 일, 당, 사)

匊(菊)[見中C入東]=kuk (목)

鞠[見中C入東]=kuk (경)

軍[見合C平文]クン,コニ=kun^L (중, 일, 지, 사, 유)

郡[群合C去文]=kun^R (중, 당, 사)

屈[溪合C入文]=kul (지)

宮[見中C平東]=kuŋ^L (중, 사)

勸[溪合C去元]クワン=kuən^R (일)

跪[群合B上支]ク=kuəi^R (일)

貴[見合C去微]クヰ=kui^R (목, 중, 일, 사, 유)

鬼[見合C上微]クヰ=kui^R (경, 일)

糺(糾)[見中A上幽]ク=kiu^H (일)

克[溪開1入登]=kɨk (중, 사)

剋[溪開1入登]=kɨk (중, 사)

斤[見開C平欣]コン,コム=kɨn^L (일, 지, 사, 유)

近[群開C上欣]=kɨn^R (지, 사, 유)

　近[群開C去欣]=kɨn^R (지, 사, 유)

瑾(僅)[群開B去眞]=kɨn^R (중)

今[見中B平侵]コム=kɨm^L (목, 일, 지, 사)

衿(今)[見中B平侵]=kɨm^L (중)

金[見中B平侵]コム=kɨm^L kim^L (일, 지, 사, 유)

琴[群中B平侵]=kɨm^L (지)

及[群中B入侵]=kɨp (목)

急[見中B入侵]=kɨp (목)

己[見開C上之]=kɨi^H (목, 일, 지, 사, 유)

伎[群開B上支]=ki^R (사, 유)

岐[群開A平支]キ=ki^L (일, 사)

奇[群開B平支]ガ,カ=kɨiᴸ (일, 사)

飢[見開B平脂]=kɨiᴸ (경)

其[群開C平之]ゴ=kiᴸ (경, 일, 지, 당)

基[見開C平之]=kɨiᴸ (지)

紀[見開C上之]=kɨiᴴ (중, 사)

耆[群開A平脂]=kiᴸ/ᴿ (유)

吉[見開A入眞]キチ=kil (중, 일)

改[見開1上咍]=kʌiᴿ (경)

開[溪開1平咍]ケ=kʌiᴸ (일)

[ㄴ]

那[泥開1平歌]ナ=naᴸ (목, 중, 일, 사)

拏[娘開2平麻]=naᴸ (유)

　拏[日開2平麻]=zaᴸ (유)

難[泥開1平寒]ナン=nanᴸ ranᴸ (마, 일, 지)

　難[泥開1去寒]ナン=nanᴿ ranᴿ (마, 일, 지)

南[泥中1平覃]ナム=namᴸ naᴸ (일)

男[泥中1平覃]=namᴸ (사)

乃[泥開1上咍]=naiᴿ (지)

奈[泥開1去泰]ナ=naiᴿ (목, 중, 일, 지, 사)

禰(嬭)[娘開2上佳]ネ=naiᴿ (일, 당, 사)

年[泥開4平先]=niənᴸ (사, 유)

寧[泥開4平靑]ネイ=niəŋᴸ (중, 일, 사)

奴[泥中1平模]ヌ,ノ,ト=noᴸ (일, 지, 사)

怒[泥中1上模]ヌ=noᴿ (마, 일)

禯(醲)[娘中C平鍾]=noŋ^L (사, 유)

禯[日中C平鍾]=zioŋ^L (사, 유)

腦[泥中1上豪]=no^R (목)

若[日開AB上麻]=zia^R (목, 사)

若[日開C入陽]=ziak (목, 사)

如[日中C平魚]=ziə^L (마, 목, 당, 사)

熱[日開AB入仙]=ziəl (지, 사)

冄[日中AB上鹽]=ziəm^R (마)

遶[日中AB上宵]=zio (경)

柔[日中C平尤]ヌ=ziu^L (일)

肉[日中C入東]=ziuk (중)

二[日開AB去脂]=zi^R (목)

爾/尓[日開AB上支]=zi^R (목, 일, 지, 사, 유)

人[日開AB平眞]=zin^L (목)

仁[日開AB平眞]ニ=zin^L (일, 지, 사)

仍[日開C平蒸]=zinL 'iŋ^L (지, 사)

日[日開AB入眞]ニチ=zil (마, 목, 중, 일, 사)

壬[日中AB平侵]=zim$^{L/R}$ (사)

任[日中AB去侵]ニ=zim^R (일, 지, 당, 사, 유)

兒[日開AB平支]=zʌ^L (마, 목, 사, 유)

內[泥合1去灰]=nʌi^R (마, 중, 당, 사)

[ㄷ]

多[端開1平歌]タ=ta^L (목, 일, 지, 사, 유)

旦[端開1去寒]タン=tan^R tio^L (마, 경, 일)

段[定合1去桓]ダン=tan^R (일)

達[定開1入寒]ダチ=tal (목, 중, 경, 일, 당, 사, 유)

擔[端中1平談]=tam^L (중)

　擔[端中1去談]=tam^R (중)

曇[定中1平覃]ドム=tam (일)

答[端中1入覃]タフ=tap (일)

大[定開1去泰]タイ=tai$^{R/H}$ t^{h}ai^H (마, 목, 중, 일, 지, 사, 유)

祋[端合1去泰]=toi^R (목)

　祋[端合1入桓]=toal (목)

長[澄開C平陽]チャウ=tiaŋ^L (중, 일, 당, 사, 유)

　長[知開C上陽]チャウ=tiaŋ^R (중, 일, 당, 사, 유)

張[知開C平陽]=tiaŋ^L (중, 사)

德[端開1入登]トク=tək (목, 중, 일, 지, 사, 유)

適[端開4入靑]チャク=tiək (일)

嫡[端開4入靑]チャク=tiək (일)

佃(田)[定開4平先]=tiən^L (목)

點[端中4上添]=tiəm$^{R/H}$ (중, 사)

丁[端開4平靑]チャウ=tiəŋ^L (목, 일)

頂[端開4上靑]チャウ=tiəŋ^R (일)

貞[知開AB平淸]=tiəŋ^L (중, 당, 유)

廷[定開4平靑]=tiəŋ^L (당, 사)

弖/氐(低)[端開4平齊]テ,テイ=tiəi^L tiə^L (일)

提[定開4平齊]ダイ=tiəi^L ri^L (일)

帝[端開4去齊]タイ=tiəi^R (일, 유)

第[定開4去齊]=tiəi^R (목)

刀[端中1平豪]=to^L (목, 중, 사)

到[端中1去豪]=to^R (마)

徒[定中1平模]=to^L (목, 중, 경, 지, 사)

塗[定中1平模]=to^L (마)

道[定中1上豪]ドウ,ダウ=to^R (목, 일, 지, 당, 사)

導[定中1去豪]=to^R (중)

都[端中1平模]ツ=to^L (중, 경, 일, 당, 사)

綢(鼗)[透中1平豪]=to^L (중, 사)

禿[透中1入東]=tok (사)

獨[定中1入東]=tok (당, 사)

督(篤)[端中1入冬]=tok (중, 사)

敦[端合1平魂]トン=ton^L (일)

突[定合1入魂]=tol (지, 사)

堗[定合1入魂]=tol (지, 유)

冬[端中1平冬]=ton^H (지)

東[端中1平東]トウ=ton^L (일)

朝[知中AB平宵]=tio^L (당, 사)

彫[端中4平蕭]=tio^L (경)

調[定中4平蕭]テウ=tio^L (일)

　調[定中4去蕭]テウ=tio^R (일)

杜[定中1上模]=tu$^{R/H}$ (지)

豆[定中1去侯]=tu$^{R/H}$ (지, 사)

頭[定中1平侯]=tu^L to (목, 당, 사)

遁(鈍)[定合1去魂]=tun^R (지)

　遯(囤)[定合1上混]=tonR (지)

竹[知中C入東]=tiuk (목, 중, 경, 지)

中[知中C平東]=tiuŋ^L (목, 중, 사)

中[知中C去東]=tiuŋ^R (목, 중, 사)

仲[澄中C去東]=tiuŋ^R (사)

得[端開1入登]トク=tik (목, 중, 일)

登[端開1平登]トウ=tiŋ^L (일)

等[端開1上登]=tiŋ^R (지)

騰[定開1平登]ト=tiŋ^L (일)

地[定開AB去脂]=ti^H (사, 유)

池[澄開AB平支]=ti^L (마)

知[知開AB平支]チ=ti^L (중, 일, 지, 사, 유)

知[知開AB去支]チ=ti^H (중, 일, 지, 사, 유)

智[知開AB去支]チ=ti^H (목, 중, 일, 사)

遲[澄開AB平脂]=ti^L (당, 사)

直[澄開C入蒸]ト,トキ=tik (일, 지, 사, 유)

珍[知開AB平眞]チン=tin^L (일)

陳[澄開AB去眞]=tin^H (중)

鎭[知開AB去眞]=tin$^{R/H}$ (사)

代[定開1去咍]=tʌi^R (경)

對[端合1去灰]タイ=tʌi^R (중, 경, 일, 사)

帶[端開1去泰]タイ=tʌi^R (일)

臺[定開1平咍]タイ=tʌi^L (일)

[ㄹ]

羅[來開1平歌]ラ=ra^L (목, 중, 일, 지, 당, 사)

洛[來開1入唐]=rak (경)

藍[來中1平談]=ram^L (마)

臘[來中1入談]=rap （마）

亮[來開C去陽]=niaŋ^H （목, 경）

良[來開C平陽]リャウ,ラ=riaŋ^L （일, 지, 사）

郞ラ[來開1平唐]=raŋ^L （일）

量[來開C平陽]リャウ=riaŋ^L （일）

　量[來開C去陽]リャウ=riaŋ^R （일）

呂[來中C上魚]=riə^R （경）

力[來開C入蒸]=riək　rik （경, 지）

歷[來開4入靑]=riək （중）

連[來開AB平仙]レン=riən^L （일）

列[來開AB入仙]=riəl （사）

令[來開AB平淸]リャウ=riəŋ^L （일）

　令[來開AB去淸]リャウ=riəŋ^R （일）

聆[來開4平靑]リャウ=riəŋ^L （일）

領[來開AB上淸]=riəŋ$^{R/H}$ （중, 당, 사）

禮/礼[來開4上齊]レ,レイ,ライ=riəi$^{R/H}$ （목, 중, 경, 일, 지, 사, 유）

老[來中1上豪]=ro^R （지, 사）

魯[來中1上模]=ro^H （중）

盧[來中1平模]=ro^L （마, 중, 경, 일）

鹵[來中1上模]ロ=ro^H （목, 일, 사, 유）

路[來中1去模]=ro$^{R/H}$ （마）

彔(菉)[來中C入鍾]=rok （목）

龍[來中C平鍾]=rioŋ^L （지）

婁[來中1平侯]ル=ru$^{L/R}$ （중, 일, 사, 유）

流[來中C平尤]ル=riu^L （중, 일, 사, 유）

柳[來中C上尤]リウ=riu^R （일）

留[來中C平尤]ル=riu^L (목, 일, 지, 당, 사)

六[來中C入東]=riuk (지)

陸[來中C入東]=riuk (중, 지)

栗[來開AB入眞]=riul (목)

隆[來中C平東]リウ=riuŋ^L (중, 일, 당, 사, 유)

勒[來開1入登]ロク=rɨk (일)

悛(陵)[來開C平蒸]リャウ=riŋ^L (일)

陵[來開C平蒸]=riŋ^L (지, 사)

吏[來開C去之]=ri^R (사)

利[來開AB去脂]リ=ri$^{R/H}$ (마, 목, 일, 지, 사, 유)

里[來開C上之]=ri$^{R/H}$ (지, 사)

理[來開C上之]=ri^R (사, 유)

離[來開AB平支]=ri^L (마)

　離[來開AB去支]=ri^R (마)

苅(梨)[來開4平齊]ラ=riəi^L (중, 일, 당)

　苅(梨)[來開AB平脂]ラ=riL (중, 일, 당)

隣[來開AB平眞]=rin^L (중, 사)

林[來中AB平侵]リム=rim^L (마, 일, 지)

臨[來中AB平侵]=rim^L (마)

立[來中AB入侵]=rip (경)

來[來開1平咍]=rʌi^L (마, 경)

[ㅁ]

馬[明中2上麻]マ,メ=ma^R (마, 중, 경, 일, 지, 사, 유)

麻[明中2平麻]マ=ma^L (목, 중, 일, 지, 유)

摩[明中1平戈]=ma^L (사, 유)

磨[明中1平戈]=ma$^{L/R}$ (목)

莫[明中1入唐]マク=mak (마, 경, 일, 지, 사)

萬[微中C去元]マ=man^R (마, 경, 일, 사)

滿[明中1上桓]マン=man^R (목, 일, 사)

末[明中1入桓]マ,マタ=mal (일)

亡[微中C平陽]=maŋ^L (경)

　亡[微中C平虞]=mu^L (경)

邁[明中2去夬]=mai (목, 중)

免[明中B上仙]=miən^R (경)

面[明中A去仙]=miən^R (중)

眠[明中4平先]=miən^L (목, 경)

冥[明中4平青]=miəŋ^L (목)

命[明中B去庚]=miəŋ^R (유)

名[明中A平清]=miəŋ^L (중)

明[明中B平庚]メイ,ミャウ=miəŋ^L (목, 중, 일, 사, 유)

鳴[明中B平庚]=miəŋ^L (경)

毛[明中1平豪]=mo^L (목, 지)

母[明中1上侯]モ=mo^R (일)

牟[明中C平尤]ム=mo^L (마, 목, 중, 일, 지, 사)

慕[明中1去模]モ=mo^R (중, 일)

謨(模)[明中1平模]=mo^L (사)

木[明中1入東]モク=mok (중, 일, 지, 당, 사)

沐[明中1入東]=mok (중)

目[明中C入東]=mok^H (마, 목)

妙[明中A去宵]メウ=mio^R (일)

苗[明中B平宵]=mio^L (중, 당, 사)

母[微中C平虞]=mu^L mo^L (목)

武[微中C上虞]ム=mu^R (중, 일, 지, 사, 유)

茂[明中1去侯]=mu^R (중, 사)

文[微中C平文]モン,モム=mun^L (목, 중, 일, 지, 당, 사, 유)

汶[微中C去文]モン=mun^R (일, 사)

門[明中1平魂]=mun^L (사)

勿[微中C入文]=mɨl (지, 사)

未[微中C去微]ミ=mi^R (일, 지)

味[微中C去微]ミ=mi^R (일)

尾[微中C上微]ビ=mi^R (일)

糜(麋)[明中B平支]=mi^L (중)

彌/弥[明中A平支]ミ,ム=mi^L (마, 목, 일, 지, 사, 유)

昧[明中1去灰]マイ=mʌi^{R/H} (일)

買[明中2上佳]=mʌi^R (지)

[ㅂ]

博[幫中1入唐]=pak (중)

薄[並中1入唐]=pak (당, 유)

半[幫中1去桓]=pan^{R/H} (마, 지, 사)

泮(判)[滂中1去桓]=pan^R (사, 유)

潘[滂中1平桓]ハン=pan^L pən^L (일)

發[非中C入元]=pal (지)

方[非中C平陽]=paŋ^L (목, 중, 사, 유)

芳[敷中C平陽]=paŋ^L (사, 유)

伐[奉中C入元]=pəl (지, 사, 유)

範[奉中C上凡]=pəm^R (사)

法[非中C入凡]ハフ=pəp (목, 중, 일, 당, 사, 유)

辟[幫中A入淸]ヘキ,ヘ=piək p^{h}iək (마, 중, 일, 지)

碧[幫中B入庚]=piək (지)

卞[並中B去仙]=piən^R (유)

辨[並中B上仙]ブン=piən^R (일)

辯[並中B上仙]=piən$^{R/H}$ (중, 사)

別[幫中B入仙]=piəl (사)

　別[並中B入仙]=piəl (사)

兵[幫中B平庚]=piəŋ^L (당, 사)

保[幫中1上豪]ホウ=po^R (일)

菩[並中1平模]ボ=po^L (일)

輔[奉中C上虞]=po^R (사)

伏[奉中C入東]=pok (지)

福[非中C入東]フク=pok (일, 당, 사, 유)

服[奉中C入東]フク=pok (일, 사)

本[幫中1上魂]=pon^H (경)

炑(本)[幫中1上魂]ホン=pon^H (일)

父[奉中C上虞]フ=pu^H (일, 사)

　父[非中C上虞]フ=po^R (일, 사)

夫[非中C平虞]フ=pu^L (목, 중, 일, 지, 사)

負[奉中C上尤]=pu^R (사, 유)

扶[奉中C平虞]=pu^L (중, 당, 사, 유)

富[非中C去尤]フ=pu^R (일)

部/卩[並中1上侯]フ=pu^H (목, 중, 일, 당, 사)

簿(部)[並中1上侯]=pu^H (중, 사)

北[幇中1入登]=pik (사, 유)

分[非中C平文]ブン=pun^L (목, 일, 지)

汾(枌)[奉中C平文]=pun^L (사, 유)

濆[奉中C平文]=pun^L (마)

不[非中C入文]フ=pil (마, 목, 일)

　不[非中C平尤]=pu (마, 목, 일)

　不[非中C上尤]=pu (마, 목, 일)

弗[非中C入文]=pil (중, 사, 유)

沸[非中C去微]=pi^R (유)

比[幇中A去脂]ヒ,ビ=pi$^{R/H}$ (목, 일, 지, 사, 유)

沘(妣)[幇中A上脂]=pi^R (지, 사, 유)

毗(毘)[並中A平脂]=pi$^{L/R/H}$ (중, 사, 유)

非[非中C平微]ヒ=pi^L (목, 일, 지, 유)

卑[幇中A平支]=pi^L (마)

鼻[並中A去脂]ビ=pi^R (일)

賓[幇中A平眞]=pin^L piŋ^L (지)

背[幇中1去灰]ハイ=pʌi^R (일)

　背[並中1去灰]ハイ=p^{h}ai^R (일)

白[並中2入庚]ハク,ヒャク=pʌik (목, 일)

伯[幇中2入庚]=pʌik (마, 지, 사, 유)

苩(白)[並中2入庚]=pʌik (중, 사)

[ㅅ]

沙[生開2平麻]サ=sa^L (목, 중, 일, 지, 당, 사, 유)

山[生開2平山]サン=san^L (마, 목, 일)

薩[心開1入寒]=sal (지)

彡(衫)[生中2平銜]=sam^L (지)

三[心中1平談]サム=sam^L (목, 일, 사, 유)

桑[心開1平唐]=saŋ^L (마)

舍[書開AB去麻]=sia^R (중, 사)

邪[邪開AB平麻]=sia^L (마)

　邪[羊開AB平麻]=ʼia^L (마)

蛇(蛇)[船開AB平麻]=sia^L (사, 유)

　蛇(野)[羊開AB上麻]=ʼia^R (사, 유)

　蛇(移)[羊開AB平支]=ʼi^L (사, 유)

上[常開C上陽]ジャウ=siaŋ^R (목, 중, 일, 지, 사)

尙[常開C平陽]シャウ=siaŋ^L (일)

　尙[常開C去陽]シャウ=siaŋ^H (일)

相[心開C平陽]=siaŋ^L (당, 사, 유)

　相[心開C去陽]=siaŋ^R (당, 사, 유)

常[常開C平陽]=siaŋ^L (당, 사)

西[心開4平齊]=siə^L (목, 중, 지, 당, 사, 유)

敍[邪中C上魚]ジユ=siə^R (일)

夕[邪開AB入淸]=siək (목)

石[常開AB入淸]セキ=siək (마, 일)

射[船開AB入淸]ザ=siək (일)

　射[羊開AB去麻]ザ=ʼia^R (일)

　射[羊開AB入淸]ザ=ʼiək (일)

昔[心開AB入淸]シャク=siək (일)

席[邪開AB入淸]=siək^H (목)

錫[心開4入靑]=siək (목)

先[心開4平先]=siən^L (중)

先[心開4去先]=siən^R (중)

宣[心合AB平仙]セン=siən^L (중, 일, 사, 유)

善[常開AB上仙]セン=siən^R (일, 사)

舌[船開AB入仙]=siəl (지)

涉[常中AB入鹽]=siəp (중, 사)

葉[書中AB入鹽]セフ=siəp (경, 일)

成[常開AB平淸]ジャウ=siəŋ^L (목, 일, 사, 유)

聖[書開AB去淸]セイ=siəŋ^R (중, 일, 사, 유)

城[常開AB平淸]セイ,ジャウ=siəŋ^L (일)

省[心開AB上淸]=siəŋ^H (지, 사)

省[生開2上庚]=sʌiŋ^H (지, 사)

所[生中C上魚]=so^R (경, 지, 사)

疏/疏[生中C平魚]ソ=so^L (목, 일)

素[心中1去模]ス,ソ=so^R (마, 목, 일, 사, 유)

蘇[心中1平模]=so^L (마)

速[心中1入東]ソク=sok (마, 일)

孫[心合1平魂]ソン=son^L (일, 유)

率[生合AB入眞]ソチ=sol (목, 중, 일, 사)

宋[心中1去冬]=soŋ^R (목)

送[心中1去東]=soŋ^R (경)

小[心中AB上宵]=sio^R (마, 당)

召[常中AB去宵]=sio^R (지, 사)

昭[章中AB平宵]セウ=sio^L (일)

韶[常中AB平宵]=sio^L (경)

松[邪中C平鍾]=sioŋ^L (사)

守[書中C上尤]=siu^H (사)

須[心中C平虞]ス=siu^L (일, 사, 유)

水[書合AB上脂]=siu^H (마)

枌(殊)[常中C平虞]=siu^L (목)

樔(彗)[邪合AB去脂]=siu^R (지)

首[書中C上尤]ス,シュ=siu^R (목, 중, 일, 지, 사, 유)

受[常中C上尤]ス,ズ,ジュ=siu^{R/H} (일, 당, 사)

雖[心合AB平脂]スキ=siu^L (일)

帥[生合AB去脂]=siu^H (당)

樹[常中C去虞]=siu^H (지)

壽[常中C上尤]=siu^H (사)

讐[常中C平尤]=siu^L (사)

宿[心中C去尤]=siu^H (일)

　　宿[心中C入東]シュク=siuk (일)

淳[常合AB平諄]ジュン=siun^L (목, 일)

順[常合AB去諄]=siun^R (사, 유)

述[船合AB入諄]=siul (지, 사)

習[邪中AB入侵]=sɨp (목)

承[常開C平蒸]=sɨŋ^L (유)

勝[書開C去蒸]ショウ=sɨŋ^R (일, 당, 사)

尸[書開AB平脂]=si^L (지, 사)

氏[常開AB上支]=si^H (목, 중, 당)

市[常開C上之]=si^R (중, 사)

時[書開C平之]=si^L (경)

施[書開AB平支]セ=si^L (중, 일, 사)

施[書開AB去支]セ=si$^{R/H}$ (중, 일, 사)

　施[羊開AB去支]='i^R (중, 일, 사)

寔[常開C入蒸]ショク=sik (일)

植[常開C入蒸]=sik (당)

信[心開AB去眞]シン,シム=sin^R (목, 일, 당, 사)

辛[心開AB平眞]シ,シン=sin^L (일, 사, 유)

莘(辛)[心開AB平眞]=sin^L (사, 유)

臣[常開AB平眞]=sin^L (마, 당, 사)

新[心開AB平眞]シ=sin^L (마, 목, 일)

身[書開AB平眞]シン=sin^L (일)

辰[常開AB平眞]シン,ジン=cin^L sin^L (일, 사, 유)

室[書開AB入眞]シツ=sil (일)

實[船開AB入眞]=sil (지)

深[書中AB平侵]ジン=sim^L (일)

十[常中AB入侵]=sip (사, 유)

士[崇開C上之]=sʌ^R (목, 중, 당, 사)

司[心開C平之]=sʌ^L (중, 사, 유)

史[生開C上之]=sʌ^R (중, 지)

使[生開C上之]=sʌ^R (목)

　使[生開C去之]=si^R (목)

寺[邪開C去之]=sʌ^R si^R (지)

思[心開C平之]=sʌ^L (당, 사, 유)

斯[心開AB平支]シ=sʌ^L (마, 목, 중, 일, 지, 사, 유)

師[生開AB平脂]シ=sʌ^L (일, 당, 유)

篩(師)[生開AB平脂]=sʌ^L (유)

四[心開AB去脂]シ=sʌ^R (일)

泗[心開AB去脂]=sʌ^R (지, 사, 유)

駟[心開AB去脂]=sʌ^R (마)

塞[心開1去咍]サイ=sʌi^H (중, 일, 지)

　塞[心開1入登]ソク=sʌik (중, 일, 지)

索[心開1入登]=sʌik (마)

　索[心開1去咍]=sʌi^H (마)

生[生開2平庚]=sʌiŋL (사)

襄[心開C平陽]=ziaŋ^L (마)

[ㅇ]

阿[影開1平歌]ア='a^L (중, 경, 일, 지, 사, 유)

我[疑開1上歌]ガ='a^R 'ai^R (일)

惡[影開1入唐]='ak (경, 지)

安[影開1平寒]アン='an^L (목, 중, 경, 일)

閼(謁)[影開C入元]='al (지, 사)

也[羊開AB上麻]='ia^R (지, 사)

夜[羊開AB去麻]='ia$^{R/H}$ (목)

耶[羊開AB平麻]='ia^L (목)

藥[羊開C入陽]='iak (목)

陽[羊開C平陽]ヤウ='iaŋ^L (일)

楊[羊開C平陽]ヤウ='iaŋ^L (중, 일)

於[影中C平魚]='əL (중, 지)

　於[影中1平模]='o^L (중, 지)

憶[影開C入蒸]オク='ək (일)

言[疑開C平元]ゴン='ən^L (일)

嚴[疑中C平嚴]ゴン='əm^L (일)

與[羊中C平魚]='iə^L (경)

餘/余[羊中C平魚]ヨ='iə^L (중, 일, 지, 당, 사, 유)

演[羊開AB上仙]='iən^R (당, 사, 유)

燕[影開4平先]エン='iən^L (중, 일, 사)

緣[羊合AB平仙]エン='iən^L (일)

悅[羊合AB入仙]='iəl (목, 지)

蘖[疑開B入仙]=piək (경)

永[云合B上庚]='iəŋ^R (사)

映[影開B去庚]='iəŋ^R (중, 사, 유)

營[羊合AB平淸]='iəŋ^L (경)

乂[疑開C去廢]='iəi^R (중)

羿[疑開4去齊]ケイ='iəi^R (일)

五[疑中1上模]='o^R (중, 경, 당, 유)

吳[疑中1平模]='o^L (목, 유)

烏[影中1平模]カク='o^L (마, 목, 경, 일, 지, 사)

屋[影中1入東]オク='ok (일)

溫[影合1平魂]='on^L (사, 유)

臥[疑合1去戈]='oa^R (경)

曰[云合C入元]オ='oal (일)

王[云合C平陽]ワ,ワウ='oaŋ^L (중, 경, 일, 당, 사)

　王[云合C去陽]ワ,ワウ='oaŋ^R (중, 경, 일, 당, 사)

外[疑合1去泰]='oi^R (마, 목, 중, 사)

欲[羊中C入鍾]='iok (지)

勇[羊中C上鍾]='ioŋ^R (당)

容[羊中C平鍾]='ioŋ^L (경)

用[羊中C去鍾]ヨウ=ʼioŋ^R (일)

于/亏[云中C平虞]=ʼu^L (중, 경, 지, 사)

牛[疑中C平尤]=ʼu^L (경, 당)

友[云中C上尤]=ʼu^R (사)

右[云中C上尤]=ʼu^R (중, 사)

優[影中C平尤]=ʼu^L (마, 사)

嵎(隅)[疑中C平虞]=ʼu^L (목)

虞[疑中C平虞]=ʼu^L (중, 사)

雨[云中C上虞]=ʼu^R (지)

旭[曉中C入鍾]=ʼuk (사)

雲[云合C平文]=ʼun^L (마)

暈[云合C去文]=ʼun (목, 중)

原[疑合C平元]=ʼuən^L (사)

源[疑合C平元]=ʼuən^L (목, 지)

爰(援)[云合C平元]=ʼuən^L (마)

猿[云合C平元]=ʼuən^L (지)

遠[云合C上元]=ʼuən^R (목)

衛[云合AB去祭]=ʼuiəi^R (당, 사)

尉[影合C去微]ヰ=ʼui^R (일)

威[影合C平微]ヰ=ʼui^L (중, 일, 사, 유)

慰[影合C去微]=ʼui (사, 유)

謂[云合C去微]=ʼui$^{R/H}$ (마)

爲[云合B平支]=ʼui^L (경)

　爲[云合B去支]=ʼui$^{R/H}$ (경)

有[云中C上尤]ウ=ʼiu^R (일, 사, 유)

惟[羊合AB平脂]=ʼiu^L (사)

由[羊中C平尤]='iu^L (경)

遺[羊合AB平脂]='iu^L (중)

  遺[羊合AB去脂]='iu^R (중)

允[羊合AB上諄]='iun^{R/H} (사)

尹[羊合AB上諄]イン='iun^{R/H} (일, 지, 당, 사)

恩[影開1平痕]オン='in^L (중, 일, 사)

殷[影開C平欣]='in^L (사)

乙[影開B入眞]='il (지, 사)

音[影中B平侵]='im^L (지, 사)

陰[影中B平侵]='im^L (지)

  陰[影中1平覃]='am^L (지)

邑[影中B入侵]='ip^H (목)

矣[云開C上之]='ii^R (목)

意[影開C去之]オ='ii^R (일)

義[疑開B去支]ギ='ii^R (일, 당, 사, 유)

伊(蚒)[影開A平脂]='i^L (지, 사, 유)

已[羊開C上之]コ='i^R (목)

以[羊開C上之]='i^R (목)

夷[羊開AB平脂]='i^L (유)

因[影開A平眞]='in^L (지, 사)

一[影開A入眞]='il (마, 경, 지, 사, 유)

[ㅈ]

者[章開AB上麻]=cia^H (마)

灼[章開C入陽]ヤク=ciak (일)

雀[精開C入陽]=ciak （목）

爵[精開C入陽]=ciak （중）

墻(檣)[從開C平陽]=ciaŋ^L （목）

章[章開C平陽]シャウ=ciaŋ^L （일）

璋(章)[章開C平陽]シヤウ=ciaŋ^L （중, 당, 사, 유）

將[精開C平陽]シヤウ=ciaŋ^L （중, 일, 당, 사, 유）

獎(奬)[精開C平陽]=ciaŋL （당）

姐[精開AB上麻]サ=ciə^R （중, 일）

渚[章中C上魚]=ciə^R （지）

寂[從開4入靑]=ciək （목）

積[精開AB入淸]シャク=ciək （일）

前[從開4平先]=ciən^L （목, 중, 사）

折[章開AB入仙]=ciəl （지）

占[章中AB平鹽]=ciəm^L （마）

井[精開AB上淸]=ciəŋ^R （당）

正[章開AB平淸]シャウ=ciəŋ^L （일, 사）

　正[章開AB去淸]シャウ=ciəŋ^R （일, 사）

淨[從開AB去淸]=ciəŋ^R （사）

靜[從開AB上淸]=ciəŋ^R （목）

制[章開AB去祭]=ciəi^R （경）

際[精開AB去祭]=ciəi^R （지）

齊[從開4平齊]セ=ciəi^L （일）

濟[精開4上齊]=ciəi^R （마, 사, 유）

　濟[精開4去齊]=ciəi^R （마, 사, 유）

助[崇中C去魚]=co^{R/H} （지, 사）

祖[精中1上模]=co^H （사）

祚[從中1去模]=co^R (사, 유)

存[從合1平魂]=con^L (목, 지, 당, 사, 유)

佐[精開1去歌]サ=coa^R ca (목, 중, 일, 당, 사, 유)

左[精開1上歌]=coa^R ca^R (중, 사, 유)

坐[從合1上戈]=coa^R (목)

罪[從合1上灰]=coi^R (경)

照[章中AB去宵]セウ=cio^R (일)

從[從中C平鍾]ジュ=cioŋ^L (경, 일)

走[精中1上侯]=cu^R (사)

主[章中C上虞]=ciu^H (사)

周[章中C平尤]=ciu^L (당, 사, 유)

州[章中C平尤]ツ=ciu^L (일, 사)

洲[章中C平尤]ス=ciu^L (일)

酒[精中C上尤]シュ=ciu^H (목, 일)

衆[章中C去東]シュ=ciuŋ^R (경, 일, 지)

卽[精開C入蒸]ソ=cɨk (일)

之[章開C平之]シ=ci^L (목, 경, 일, 당, 사, 유)

只[章開AB上支]=ci^H (지, 유)

支[章開AB平支]シ,キ=ci^L (마, 목, 중, 일, 지, 당, 사, 유)

至[章開AB去脂]=ci^H (목)

志[章開C去之]=ci^H (당, 사)

止[章開C上之]=ci^H (경)

祗/祇[章開AB平脂]キ=ci^L ki^L (일)

振[章開AB去眞]=cin^R (중, 사)

晉[精開AB去眞]シン=cin^R (중, 일)

眞[章開AB平眞]シン=cin^L (목, 중, 일, 지, 당, 사, 유)

津[精開AB平眞]シム=cin$^{L/R}$ (일)

進[精開AB去眞]シン=cin^R (목, 중, 일, 지, 사)

質[章開AB入眞]=cil (사)

執[章中AB入侵]シフ=cip (일)

集[從中AB入侵]シフ=cip (일)

子[精開C上之]シ=cʌ^H (경, 일, 지, 사)

咨[精開AB平脂]=cʌ^L (마)

自[從開AB去脂]ジ=cʌ^H (일, 지, 사)

慈[從開C平之]ジ=cʌ^L (일, 당, 사, 유)

資[精開AB平脂]シ=cʌ^L (목, 일)

宰[精開1上咍]=cʌi^R (유)

[ㅊ]

嵯(差)[初開2平麻]=c^{h}a^L (목, 지)

　嵯(差)[初開2平佳]=c^{h}a^L (목, 지)

捉[莊中2入江]=c^{h}ak (지)

錯[淸開1入唐]=c^{h}ak (중)

贊[精開1去寒]サン=can c^{h}an^R (중, 일)

且[淸開AB上麻]=c^{h}ia$^{R/H}$ (사)

昌[昌開C平陽]シャゥ=c^{h}iaŋ^L (중, 일, 당, 사)

千[淸開4平先]セン=c^{h}iən^L (경, 일, 사)

川[昌合AB平仙]=c^{h}iən^L (목)

捷[從中AB入鹽]=c^{h}iəp (마)

靑[淸開4平靑]=c^{h}iəŋ^L (사)

初[初中C平魚]ソ=c^{h}o^L (일)

楚[初中C上魚]=cʰoᴴ (마)

總[精中1上東]ソウ=cʰoŋᴿ (일)

聰[清中1平東]ソウ=cʰoŋᴸ (일)

肖[心中AB去宵]セウ=cʰioᴿ/ᴴ (일, 지, 사, 유)

鄒/雛[崇中C平虞]=cʰuᴸ (사, 유)

秋[清中C平尤]=cʰiuᴸ (지)

酋[從中C平尤]=cʰiuᴸ (당, 유)

春[昌合AB平諄]シュン=cʰiunᴸ (일)

取[清中C上虞]=cʰiuiᴿ cʰiuᴿ (사)

就[從中C去尤]=cʰiuiᴿ (사)

齒[昌開C上之]=cʰiᴿ/ᴴ (당, 사)

親[清開AB平眞]=cʰinᴸ cʰiŋ (당)

漆/柒[清開AB入眞]=cʰil (목, 지)

侵[清中AB平侵]シム=cʰimᴸ (마, 일)

枕[章中AB上侵]シム,ト,トム=cʰimᴿ (일, 사, 유)

次[清開AB去脂]シ=cʰʌᴴ (목, 일, 지)

責[莊開2入耕]=cʰʌik (사, 유)

[ㅌ]

他[透開1平歌]=tʰaᴸ (경)

吒[知開2去麻]=tʰa (당, 사)

陀[定開1平歌]タ,ダ=taᴸ tʰaᴸ (일, 사)

乇(託)[透開1入唐]トク=tʰak (일)

涿(啄)[知中2入江]=tʰak (마)

彈[定開1平寒]=tʰanᴸ (목)

彈[定開1去寒]=tʰan (목)

誕[定開1上寒]=tʰanᴿ (마)

太[透開1去泰]タ=tʰaiᴿ/ᴴ (중, 일)

泰[透開1去泰]=tʰaiᴿ (중, 당, 사, 유)

天[透開4平先]テン=tʰiənᴸ (일)

腆[透開4上先]=tʰiənᴿ (중, 사, 유)

輒[知中AB入鹽]=tʰiəp (경)

丑[徹中C上尤]=tʰiukᴴ (목)

忠[知中C平東]チウ=tʰiuŋᴸ (일, 당, 사, 유)

致[知開AB去脂]チ=tʰˌiᴿ (일, 사)

琛[徹中AB平侵]=tʰimᴸ (당, 사)

台[透開1平咍]=tʰʌiᴸ (목, 사)

宅[澄開2入庚]タク=tʰʌik tʌik (일)

[ㅍ]

巴[幫中2平麻]ハ=pa (일, 지)

波[幫中1平戈]ハ=paᴸ pʰaᴸ (목, 일, 지, 사)

八[幫中2入山]=pal (목, 사)

浿(貝)[幫中1去泰]=pʰaiᴿ (사)

平[並中B平庚]ヘイ=pʰiəŋᴸ (중, 일, 지, 당, 사, 유)

浦[滂中1上模]=poᴿ (지)

蒲[並中1平模]=pʰoᴸ (마)

豐[敷中C平東]フ,ホウ=pʰuŋᴸ (일, 당, 사)

皮[並中B平支]ヒ=pʰˌiᴸ (일)

[ㅎ]

下[匣開2上麻]=ha^R (목, 중, 경, 사)

  下[匣開2去麻]=ha^R sia (목, 중, 경, 사)

河[匣開1平歌]=ha^L (경)

瑕[匣開2平麻]=ha^L (중)

漢[曉開1去寒]=han^R (목, 사, 유)

韓[匣開1平寒]=han^L (목, 사, 유)

巷[匣中2去江]=haŋ^R (중)

行[匣開1平唐]=haŋ^L (목, 사)

  行[匣開1去唐]=haŋ^R (목, 사)

  行[匣開2平庚]=hʌiŋ^L (목, 사)

  行[匣開2去庚]=hʌiŋ^R (목, 사)

向[曉開C去陽]=hiaŋ^R (목)

鄕[曉開C平陽]=hiaŋ^L (중)

許[曉中C上魚]コ=hə^H (일)

獻[曉開C去元]=hən$^{R/H}$ (유)

峴[匣開4上先]ケム=hiən^R (일)

現[匣開4去先]=hiən^R (유)

賢[匣開4平先]=hiən^L (중)

劦(協)[匣中4入添]=hiəp (중, 당, 사)

兮[匣開4平齊]=hiəi^L (지, 사)

惠[匣合4去齊]ヱ,クエイ=hiəi^R (일, 사, 유)

慧[匣合4去齊]ヱ=hiəi^R (목, 일)

戶[匣中1上模]=ho^R (목)

乎[匣中1平模]=ho^L (목)

呼[曉中1平模]=ho^L (경)

好[曉中1上豪]=ho^H (목, 지)

　好[曉中1去豪]=ho$^{R/H}$ (목, 지)

胡[匣中1平模]=ho^L (목, 경)

號[匣中1平豪]=ho^L (지)

　號[匣中1去豪]=ho^R (지)

或[匣合1入登]=hok (목)

忽[曉合1入魂]=hol (지, 사, 유)

洪(紅)[匣中1平東]=hoŋ^L (사)

紅[匣中1平東]=hoŋ^L (경)

和[匣合1平戈]=hoa^L (경)

　和[匣合1去戈]=hoa$^{R/H}$ (경)

花[曉合2平麻]クワ=hoa^L (일)

華[匣合2平麻]=hoa^L (마, 목)

　華[匣合2去麻]=hoa^R (마, 목)

活[匣合1入桓]=hoal (마)

皇[匣合1平唐]=hoaŋ^L (경)

黃[匣合1平唐]=hoaŋ^L (지)

灰[曉合1平灰]=hoi^L (경)

會[匣合1去泰]=hoi^R (중, 사)

茴[匣合1平灰]=hoi^L (사)

孝[曉中2去肴]=hio^R (중, 경, 당, 사, 유)

後[匣中1上侯]=hu^R (중, 사)

候[匣中1去侯]=hu^R (경)

訓[曉合C去文]=hun^R (사)

暉[曉合C平微]=hui^L (중)

諱[曉合C去微]=hui^H (사)

休[曉中C平尤]ク,キウ=hiu^L (마, 일)

黑[曉開1入登]=hik (당, 사)

欣[曉開C平欣]=hɨn (지)

欠[溪中C去嚴]=hɨm^R (목)

興[曉開C平蒸]=hiŋ^L (사, 유)

　興[曉開C去蒸]=hiŋ^R (사, 유)

肐[曉開B入眞]=hil (지)

解[匣開2上佳]ケ,ゲ=hʌi^R ha^R (중, 일, 당, 사, 유)

奚[匣開4平齊]ケ=hʌi^L (마, 경, 일)

부록 II

•

7世紀 末葉의 韓國語 資料

− 璟興撰 『无量壽經連義述文贊』의 註釋을 중심으로

7世紀 末葉의 韓國語 資料
─ 璟興撰『无量壽經連義述文贊』의 註釋을 중심으로

1. 序言

현재까지 전해지는 신라시대의 언어 자료로는 향가, 일부의 이두 자료, 각종 史書에 단편적으로 기록된 人名·地名·官名·物名과 단편적인 註釋 자료 등이 있다. 그러나 그 양이 절대적으로 부족하다는 데에는 누구나 동의하고 있다. 따라서 신라시대의 언어 자료를 발굴하는 것은 상대적으로 그 가치가 커진다.

南豊鉉(2003)은 新羅 僧 順憬과 璟興이 남긴 주석 자료를 새로이 발굴하였다. 비록 일본 자료에 인용되어 전하는 부분적인 주석이지만 그 희귀성이 가지는 가치는 결코 무시할 수 없다. 또한 순경과 경흥이 활동한 시기가 7세기 후반기에서 8세기 초에 걸치는 시기라는 점이 중요하다. 이 시기는 고대 한국어가 본격적으로 기록되기 시작하는 첫 단계에 해당한다. 무엇보다도 독특한 것은 단어에 주석을 달았다는 점이다. 기존의 고대어 자료는 대개 단어나 문장을 기록한 것이지만 순경과 경흥의 자료는 이들에 주석을 가한 것이라는 점에서 독특하다.

마침 필자는 이 부류에 속하는 자료를 하나 찾아낼 수 있었다. 璟興이 撰한『无量壽經連義述文贊』에 나오는 각종의 주석이 그것이다. 여기에는 한자의 字形·字音·字義 등에 대한 주석이 아주 많이 나온다. 구체적인 예로 '豫亦作㤢也'(卷中40中), '祚[之河反]'(卷中51

中), '貫者通也'(卷上25中) 등을 들 수 있다. 첫째 예는 자형에 대한 것이고, 둘째 예는 자음에 대한 것이며, 셋째 예는 자의에 대한 것이다. 字形에 대한 주석이 13개, 字音에 대한 주석이 53개, 字義에 대한 주석이 230여 개가 된다. 한자의 形·音·義에 대한 주석이 두루 베풀어졌을 뿐만 아니라 지금까지의 고대 한국어 자료에서는 찾아볼 수 없을 정도로 그 주석의 양이 많다. 전체적으로 300개에 이르는 것이다.

이 글은 이 주석이 중국의 텍스트를 引用·轉載한 것이 아니라 경흥이 獨自的으로 記述한 것임을 밝히는 데에 목표를 둔다. 아무리 이른 시기의 자료라 하더라도 중국의 텍스트를 모조리 인용 전재한 것이라면 복제품 정도의 가치밖에 가지지 못한다. 반면에 璟興이 스스로 연구하여 독자적으로 집필한 것임이 밝혀진다면 바로 그 순간 독창성을 갖춘 한국의 진품이 탄생하게 된다. 이 글은 경흥의 주석이 獨創的 記述임을 증명한 다음, 이 주석의 言語學的 意義를 정리하게 될 것이다.

2. 璟興과 『无量壽經連義述文贊』

璟興의 生沒年代는 未詳이다. 姓은 水이고 百濟의 熊川州(현 公州)에서 출생하였다. 18세에 승려가 되어 經·律·論의 三藏에 통달하였다. 文武王의 유언에 따라 681년에 神文王에 의해 國老가 되었으므로 경흥이 주로 활동한 시기는 7세기 후반기라고 할 수 있다.

生沒年代와 관련하여, 경흥이 저술한 『三彌勒經疏』에 則天武后字 '圀'이 출현한다는[1] 사실이 무척 흥미롭다. 이 '圀'은 唐의 證聖元年

---

1 '時有圀王名華德 其王有千子'(『韓國佛教全書』卷二 三彌勒經疏 84中), '圀寂滅道場

(694年)에 처음으로 사용되었으므로(藏中進 1995: 306) 경흥은 적어도 694년까지는 생존하였을 것이다. 『三彌勒經疏』에는 여타의 武后字도 쓰였을 것으로 추정되지만, 後代에 轉寫될 때에는 '圀'만이 무후자의 명맥을 유지하고 나머지는 모두 常用字로 대체된 듯하다. 무후자 '圀'을 통하여 경흥의 沒年이 적어도 694년 以後임이 새로이 드러났다.

경흥은 三郞寺에서 저술에 정열을 쏟으며 法相宗을 발전시켰다. 신라 三大 著述家의 一人으로서 전체 著書가 대략 200권에 이른다. 그 중에서 現傳하는 것으로는 『无量壽經連義述文贊』(3권), 『三彌勒經疏』(1권), 『金光明最勝王經略贊』(5권) 등이 있다. 전하지 않는 것으로는 『涅槃經疏』(14권), 『法華經疏』(16권), 『金光明經述贊』(7권), 『彌勒經述贊』(3권), 『四分律羯磨記』(1권), 『瑜伽論疏』(10권), 『瑜伽記』(36권), 『大乘起信論問答』(1권), 『俱舍論鈔』(3권) 등 수없이 많다. 이 중에서 '疏' 대신에 붙은 '連義述文贊', '述贊', '略贊'이라는 용어가 눈길을 끈다. '連義述文贊'은 '述贊'과 크게 차이가 나지 않았을 것이다. 이 글에서는 번거로움을 피하여 『无量壽經連義述文贊』을 『연의술문찬』이라 약칭하기로 한다.

『无量壽經』은 阿彌陀佛이 세상에 온 뜻을 세 가지로 나누어, 첫째로 淨土의 因果를 나타내고, 둘째로 法藏比丘였을 때 세운 48大願이 헛되지 않았음을 증명하며, 셋째로 穢土의 고뇌를 없애고 정토를 구현하기 위하여 阿彌陀佛이 왔음을 밝힌 경전이다. 『无量壽經』은 『阿彌陀經』 및 『觀无量壽經』과 더불어 淨土三部經의 일종으로서 淨土宗의 所依經典이다.

경흥의 『연의술문찬』에 따르면 漢譯 『无量壽經』에는 魏代의 帛延

彌加女村自在天寺精舍'(上全, 85中).

이 번역한『无量淸淨平等覺經』², 支謙 즉 康僧鎧가 252년에 한역한
『无量壽經』³, 西晉의 法護(?-313년?)⁴가 번역한『无量壽經』등 세 가
지가 있다. 유감스럽게도 法護 역본은 현재 전하지 않는다.

『无量壽經』에 대한 疏는 대부분 支謙의 번역을 대본으로 삼은 것
이다. 玄應의『一切經音義』에서도 支謙의『无量壽經』과 帛延의『无
量淸淨平等覺經』을 대상으로 하여 音義를 달았을 뿐, 法護 역본의
『无量壽經』에 대한 음의는 보이지 않는다. 慧琳의『一切經音義』에
서도 마찬가지이다. 이것은 支謙 역본이 가장 널리 이용되었음을 뜻
한다. 이에 반하여 경흥은 홀로 法護 역본을 대본으로 삼아『연의술
문찬』을 저술하였다.

경흥이 남들과 달리 法護 역본을 주석의 대상으로 삼은 것은 法護
譯이 梵本에 충실하였기 때문이었던 듯하다.

(1) 가. 故經之名雖復廣略其義大同 欲釋法護經本之名卽有四對 (卷上18
中)⁵

---

2 이 經名은『連義述文贊』의 '魏時帛延顯無量淸淨平等覺經之號'라는 句節에도 나
온다.『高僧傳』에 나오는 다음의 두 자료도 참고하기 바란다.
① 又有沙門帛延不知何人 亦才明有深解 以魏甘露中 譯出無量淸淨平等覺經等凡六
部經 後不知所終焉
② 魏雒陽曇柯迦羅(康僧鎧 曇帝 帛延)
『佛說無量淸淨平等覺經』의 역자를『大正新修大藏經』에서는 後漢 月氏國 三藏 支
婁迦讖이라 하였는데, 帛延은 支婁迦讖과 동일인이 아니다.

3『連義述文贊』에서는 康僧鎧(또는 康僧會)를 '支謙'으로 지칭하고 있다. '優婆塞支
謙 字恭明 一名越 本月支人'(『高僧傳』卷第一 康僧會)을 참고하기 바란다. 康僧鎧 역본
의 경명은 애초에는 '무량수경'이 아니었던 듯하다.『連義述文贊』의 '吳時支謙立諸佛
阿彌陀三耶三佛薩樓佛檀過度人道經'之稱亦名大阿彌陀'를 참고하기 바란다.

4 竺法護라고도 하는데『正法華經』을 漢譯한 것으로 유명하다.『高僧傳』에서는
'遘疾而卒 春秋七十有八'이라 하였다.

5 이것은『韓國佛敎全書』第二冊에 수록된『无量壽經連義述文贊』의 卷上 19쪽 上

나. 我聞如是此初傳法也 帛延支謙皆無此言 法護經存言順印度 (卷上19上)

다. 帛延經略擧三十六佛多存此方之名　第三十二佛卽印度名　故支謙經唯敍三十二佛皆存梵音之號　今此法護備標五十三佛　蓋翻譯之家意存廣略不可致怪 (卷中43上)

라. 又彼二經旣抄出於四十八願故次第亦異 … 故開合亦不同 … 所以有此參差者蓋梵本有備闕故傳譯逐而脫落也　義推言之　卽法護經應爲指南 (卷中47上-中)

(1가)에서 帛延, 支謙 등의 경명은 복잡하지만 그 뜻은 大同하다고 하면서도, (1나)에서는 初傳法이 帛延과 支謙에는 없지만 法護에서는 인도 즉 梵本을 좇아 언급하였다고 하여 상호간의 차이를 밝히고 있다. (1다)에서는 帛延의 三十六佛名에는 타방의 명칭이 포함되어 있는데 32불명까지가 印度名이라고 하였고 法護에서 五十三佛이라 한 것은 번역자가 意譯(즉 漢譯)한 것이 많은 탓이라 하였다. (1라)에서는 帛延과 支謙은 四十八願에서 뽑아내었지만 순서가 맞지 않고 그 합도 동일하지 않은데 그 차이는 梵本에서의 누락에서 비롯된 것이며 法護가 마땅히 指南이 된다고 하였다. 이러한 것들을 종합해 보면 경흥은 梵本을 이본 비교의 규범으로 삼았고 法護의 『无量壽經』이 이에 가장 근접한 번역이라고 평가하였음을 알 수 있다. 따라서 이를 註釋의 臺本으로 삼았을 것이다.

法護의 學風을 알려주는 『高僧傳』의[6] 다음 기록은 경흥의 학풍을 이해하는 데에 크게 도움이 된다.

段을 가리킨다. 이 방식의 출전 표시는 모두 이와 같다.

6 梁의 會稽 嘉祥寺 沙門 釋慧皎가 撰한 것이다.

(2) 가. 護皆遍學 貫綜詁訓 音義字體 無不備識 (『高僧傳』 卷第一 竺曇摩
羅刹)

나. 曲得聖義 辭旨文雅 (『高僧傳』 卷第一 康僧會)

法護에 대하여 (2가)에서 '詁訓을 꿰어 잇고 音義와 字體에 대한
지식을 갖추지 않은 바가 없다'고 하였다. 이에 비하여 支謙에 대한
(2나)의 비평에서는 '聖스러운 뜻을 휘어 얻고 단어가 아름다우며 문
장이 우아하다'고 하였다. 여기에서 法護의 번역은 字義를 중시하는
逐字譯에 가까웠으나 支謙의 번역은 文義를 중시하는 意譯에 가까웠
음을 알 수 있다. 경흥이 『연의술문찬』에서 訓詁, 音義, 字體에 두루
관심을 보인 것은 바로 이 法護의 학풍과 닮았다. 경흥이 굳이 法護
의 번역을 대본으로 하여 『无量壽經』에 주석을 단 것은 法護譯이 梵
本에 충실하면서도 訓詁, 音義, 字體 등 小學의 기본을 중시하였기
때문일 것이다.

『연의술문찬』의 原文은 현재 전하지 않는다. 일본 眞宗의 開祖인
見眞은 『无量壽經』의 여러 疏 중에서 이것을 가장 많이 인용하였다
고 한다. 현재 전하는 것은 『大日續藏經』에 편입된 것과 일본 宗教大
學(현재의 大谷大學)에 소장된 것 등이 있다. 이 둘을 교감한 것이 『大
正新修大藏經』에 편입되었고 『韓國佛教全書』에서는 이들을 다시 교
감하여 第二冊에 수록하였다. 이 글에서는 이 全書에 수록된 것을 연
구 대상으로 삼았다.

경흥이 『연의술문찬』을 언제 撰하였는지는 확실하지 않다. 그런데
『无量壽經』에 대한 新羅人의[7] 疏는 주로 7세기 후반과 8세기 초반에

---

7 이 경에 대한 중국인의 주석서로는 曇鸞(476~546년)의 『略論安樂淨土義』 1권,
惠遠(523~592년)의 『无量壽經義疏』 2권, 吉藏(549~623년)의 『无量壽經義疏』 1권, 靈

집중되어 있다.

  (3) 가. 圓測(613-696년)의 『无量壽經疏』 3권

     나. 元曉(617-686년)의 『无量壽經疏』 3권, 『无量壽經宗要』 1권, 『无
        量壽經料簡』 1권, 『无量壽經私記』 1권

     다. 璟興(? - ?년)의 『无量壽經連義述文贊』 3권

     라. 靈因(? - ?년)의 『无量壽經疏』 1권

     마. 玄一(? - ?년)의 『无量壽經記』 2권(혹은 3권)

     바. 義寂(681- ?년)의 『无量壽經疏』 3권, 『无量壽經義記』 4권

     사. 大賢(景德王代)의 『无量壽經古迹記』 1권

이 시기는 신라에서 淨土에 대한 논의가 가장 활발한 때이다. 따라서 저술 시기를 7세기 후반기 또는 말엽 정도로 추정할 수 있다. 『三彌勒經疏』와는 달리 『연의술문찬』에서는 武后字가 전혀 보이지 않으므로 그 撰述 年代는 694년 이전일 가능성이 이후일 가능성보다 크다.

佛經의 疏는 불경의 성립 배경, 經名에 대한 해설, 經文 大義에 대한 해설 등으로 이루어지는 것이 일반적이다. 여기에 자신의 견해를 추가하거나 타인의 견해를 반박하는 내용이 들어갈 때도 적지 않다. 물론 이 점에서는 『연의술문찬』도 다를 바가 없다. 그러나 『연의술문찬』에서는 보통의 疏에서 찾을 수 없는 것이 발견된다. 言語에 대한 註釋이 적잖이 달려 있는 것이다. 한자의 字形이 같고 다름을 기술하기도 하고 字音을 反切法이나 直音法으로 기술하기도 하였으며 字義를 문맥에 맞추어 설명하였다. 이른바 한자의 形·音·義에 대

_____

裕(771~853년)의 『无量壽經義疏』 2권 등이 있다.

한 註釋이 두루 베풀어진 것이다. 문물, 관습, 제도 등에 대한 考證도 적지 않게 눈에 띈다. 言語 資料를 적극적으로 담고 있다는 점에서 『연의술문찬』은 여타의 疏와 구별된다고 말할 수 있다.[8] 書名에 '疏' 대신에 '連義述文贊'이 붙은 것은 바로 여기에서 비롯된 것이 아닌가 한다.

『연의술문찬』의 언어 자료에 대한 논의에 들어가기 전에 여기에서 인용하고 있는 텍스트를 살펴 두기로 한다.

(4) 가. 莊嚴經, 智論, 餘經, 帛謙經, 維摩, 瑜伽, 支謙經, 密嚴經, 本業經, 華嚴經

나. 切韻, 王逸, 說文, 論, 爾雅, 毛詩, 廣雅, 字林, 詩, 蒼頡篇, 鹽鐵論, 禮記, 孝經, 前文, 左傳, 釋名, 通俗文, 孔安國, 決疑

다. 帛延, 帛謙, 支謙, 陸法言, 法藏比丘, 師尹, 玄公, 孔子, 包氏, 司馬彪, 位法師, 應劭, 王弼, 持頌

佛典 이외의 서적 즉 漢籍이 의외로 많이 引用되었음을 (4나)에서 발견하게 된다. 이것은 경흥이 불교 이론뿐만 아니라 유가 경전이나 제자백가에도 두루 밝았음을 암시한다. 그러나 이처럼 막연한 서술에 안주하여서는 안 될 것이다. 예컨대, 梁代 顧野王의 『玉篇』한 가지만 참고하였는데도 『說文』, 『爾雅』, 『毛詩』 등도 두루 참고한 것

---

8 경흥은 『无量壽經』의 본문 해석에서도 여타 학자와 차이가 난다. 가장 중요한 부분은 法藏比丘 四十八大願 중 다섯째의 攝衆生願이다. 오역죄인의 극락왕생을 묻는 문제인데, 경흥은 이것이 가능하다고 주장하였다. 攝法이라는 표현은 善과 不善을 모두 포함하므로 참회한다면 마땅히 극락에 이를 수 있다고 본 것이다. 이것은 慧遠·元曉·法位·義寂 등의 주장을 비판한 것이 된다. 이처럼 경흥의 『无量壽經』 이해에는 독특한 것이 적지 않다.

처럼 보일 때가 적지 않다. 『玉篇』에 引用된 『說文』, 『爾雅』, 『毛詩』 등의 기술을 再引用하게 되면, 『玉篇』 한 가지만을 참고하였는데도 결과적으로는 이 네 가지 텍스트를 두루 참고한 것처럼 보이게 된다. 따라서 경흥이 참고한 원전이 무엇이었는지를 구체적으로 밝히기 위하여 文獻學的 對比 작업이 반드시 필요하다는 점을 강조해 둔다.

形·音·義를 중시하는 『연의술문찬』의 서술 방식을 고려할 때 꼭 참고했을 법한 책으로 玄應의 『一切經音義』가[9] 있다. 이것은 唐 太宗의 勅命으로 640년대에 저술되었는데 佛典에 나오는 漢字音을 反切로 기록하고 각종 漢字와 漢字語의 의미를 풀이한 것이므로 경흥이 인용했음 직한 책이다. 다음 章에서 논의하겠지만 경흥은 玄應 音義를 실제로 참고하였다. 그런데도 이것을 인용한 사실을 전혀 밝히지 않았다. 601년에 저술된 陸法言의 『切韻』을 인용 전재한 곳에서는 인용한 사실을 뚜렷이 밝혔다. 그런데도 현응 음의에 대해서는 인용 사실을 밝히지 않은 까닭은 무엇일까? 그 답을 찾기가 어렵다.

佛典 音義 중에서 경흥보다 시기가 앞서는 것으로는 玄應 音義가 유일하다.[10] 그런데 경흥은 『연의술문찬』에서 현응 음의를 인용하였

---

9 필자가 이 글에서 이용한 玄應의 『一切經音義』 자료에는 세 가지가 있다. 첫째는 周法高가 臺灣의 中央研究院歷史語言研究所에서 民國51년(1962년)에 간행한 책이다. 여기에는 經名 색인과 引用書 색인이 첨부되어 있다. 둘째는 新文豐出版社에서 印行한 것으로서 卷末에 '同治八年(1869년)己巳七月…'의 校畢記가 있는 자료이다. 이 자료는 『一切經音義』의 撰者가 大慈恩寺翻經沙門 '元應'으로 되어 있어 이채롭다. 그런데 이 '元應'이 사실은 '玄應'과 同一人임이 드러난다. 이 책에서는 三藏法師 '玄奘'을 '元奘'이라고 적었기 때문에 이렇게 말할 수 있다. 인명의 '玄'을 '元'으로 改字한 것은 避諱에서 비롯된 것이 아닐까 한다. 이 자료에는 慧苑의 『補訂新譯大方廣佛華嚴經音義』가 첨부되어 있다. 셋째는 慧琳의 『一切經音義』에 引用 轉載된 자료이다. 첫째와 둘째 자료를 구별할 필요가 있을 때에는 각각 '玄應版'과 '元應版'으로써 구별하기로 한다. 관례를 따라 玄應의 『一切經音義』와 慧琳의 『一切經音義』를 이 글에서는 각각 '玄應 音義'와 '慧琳 音義'로 略稱할 것이다.

음을 밝힌 적이 없다. 경흥은 인용한 텍스트를 두루 밝혀 놓았는데,
이 명단에서 현응 음의는 보이지 않는 것이다. 연구의 대상이었던 法
護 역본에는 음의가 아예 없었고 현응 음의는 경흥이 인용한 적이
없다. 그렇다면 경흥의 『연의술문찬』에 두루 등장하는 한자의 形音
義 즉 字體, 音義, 訓詁에 대한 기술은 도대체 누가 기술한 것인가?
璟興 本人이었을 가능성이 가장 높다. 그러나 뒤에서 밝혀지듯이 모
든 것이 다 경흥의 독창적 기술은 아니다. 玄應 音義를 인용한 곳도
적지 않은 것이다.

3. 字形 - 文字論

경흥의 『연의술문찬』에는 字形의 같고 다름과 옳고 그름을 지적한
곳이 적지 않다. 모두 13군데에서 字形에 대한 논의를 베풀고 있다.

그런데 이 중에는 玄應 音義를 비롯한 중국의 텍스트에서는 전혀
찾아볼 수 없는 것들이 있다.

(5) 獨自的 字形 記述

(形01) 豫亦作悆也 (卷中40中)

(形02) 焜[胡本反]切韻云火光也 又作煜[由鞠反]盛也曜也 (卷中53中)

(形04) 裂者宜作烈光也美也 裂非字體 帛謙皆云如是四反 卽供聖之
華故於六反無復妨也 (卷中57下)

(形05) 曼音萬及也 亦作蔓[馬安反] 延長貌也 (卷下67下)

(形08) 待亦作至 (卷下68中)

(形12) 糺亦科[唐由反]決疑云三合繩也 非此中意 今約也限也 糺是古

---

10 法護의 『无量壽經』에도 별도의 音義가 없었을 것이다.

體也 (卷下72下)

(形01) '豫亦作㦮也'는 異體字나 通用字를 기술할 때에 생산적으로 쓰이는 기술 형식 즉 'A亦作B也'를 따르고 있다. '豫'와 '㦮'의 관계를 이처럼 이체자나 통용자 관계인 것처럼 기술한 것을 중국의 텍스트에서는 찾을 수 없다. 따라서 이것은 경흥이 독자적으로 기술한 것으로 보아야 한다. 이체자는 일반적으로 同音·同義이면서 자형이 서로 다른 한자를, 통용자는 의미가 비슷하여 일상적으로 같이 쓰이는 한자를 가리킨다. 그런데 '豫'와 '㦮'는 엄격히 말하면 이체자도 아니요 통용자도 아니다. 그런데도 'A亦作B也'의 관계로 기술한 까닭은 어디에 있을까? 『无量壽經』 경문에서는 '豫'와 '㦮'가 同義關係를 형성한다고 보았기 때문에 아마도 경흥은 이처럼 기술하였을 것이다. 『說文』에서 '㦮豫也'라 한 것으로 보아 이 둘은 일정한 문맥에서는 통용될 수 있었던 것 같다. 불행하게도 法護譯의 『无量壽經』이 현재 전해지지 않아서 어느 문맥인지는 확인할 수가 없다.

(形02)의 '焜'과 '煜'은 이체자라기보다는 통용자 관계에 있다고 보아야 한다. 이 둘은 '빛나다'의 의미를 가진다는 점에서 同義語이지만, '焜'은 胡本反이요 '煜'은 由鞠反이므로 그 字音이 서로 다르다. 중국의 텍스트에서는 이 둘을 'A亦作B也' 또는 'A又作B'의 형식으로 기술한 예가 없다. 따라서 이것은 경흥이 독자적으로 부가한 기술일 것이다.

(形04)의 '裂者宜作烈'은 誤字에 대한 설명이다. 帛謙 즉 帛延과 支謙은 모두 '是四反'과 같다고 하였으나 경흥은 '裂'을 '烈'의 誤字라고 보았다. 이 부분은 경흥이 帛延과 支謙의 漢譯本을 모두 검토하여 교감하였음을 알려줌과 동시에 '裂非字體' 이하의 부분처럼 경흥이 독자적으로 기술한 곳이 적지 않음을 시사한다.

(形05)에서는 '曼'과 '蔓'을 'A亦作B'의 형식으로 기술하였다. 이 둘은 통용자의 관계에 놓인다. 이 둘이 통용자 관계임을 기술한 중국의 텍스트를 아직 찾지 못하였다. 경흥의 독자적 기술일 가능성이 높다.

(形08)의 '待'와 '至'는 일반적으로는 이체자도 아니요 통용자도 아니다. 따라서 이 둘의 관계를 설명한 예를 중국의 텍스트에서는 찾을 수가 없다. 그런데도 경흥은 'A亦作B' 형식으로 기술하였다. 이 둘의 관계는 문맥을 전제하지 않고는 설명이 되지 않는다. 문맥 확인에는 法護譯本『无量壽經』이 필요한데 이것이 전해지지 않아 안타깝다.

(形12)에서도 '紏'와 '紏'가 통용자인 것처럼 기술하였고 '紏'는 古體라고 하였다. 이 둘도 字音·字義가 서로 같지 않으므로 이체자 또는 통용자라고 하기가 어렵다. 그런데 중요한 것은 '非此中意 今約也限也'라 한 것이 주목된다. 즉 '紏'나 '紏'가『決疑』에서는[11] 三合繩이라고 하였지만 이곳에서는 그런 뜻이 아니라 '約'이나 '限'의 뜻이라 하였다. 경흥이 문맥을 중시하여 독자적으로 字義를 해석하였음이 여기에서도 잘 드러난다.

경흥이 字形에 관한 내용을 기술한 곳이 모두 13군데이므로 위의 6예는 전체의 46% 정도에 해당한다. 중국의 텍스트에 의존하지 않고 경흥이 독자적으로 字形 관계를 기술한 비율이 이 정도라면 그 기술의 독자성을 인정해도 무방할 것이다.

그런데 다음의 예에서는 璟興의 註釋과 玄應 音義의 주석이 서로 일치하는지 서로 다른지를 판정하기가 아주 어렵다.

(6) 判定을 保留한 것
　(形03) 溪亦作谿字 苦奚反 爾雅水注川曰谿 注谿曰谷 注谷溝也 渠

11『決疑』가 어떤 텍스트인지 아직 확인하지 못하였다.

[呂居反]溝也 廣雅故坎也 字林小瀆深廣各四尺也 (卷中53下)

← 溪[又作谿同苦奚反 … 爾雅水注川曰谿說文沼小池也] (玄應
音義 顯揚聖教論 第一卷)

字形과 反切字에 대한 기술이 일치하고 '爾雅水注川曰谿'를 인용
한 것도 서로 일치한다. 그런데 경흥이 『廣雅』와 『字林』을 인용한
데에 비하여 현응 음의에서는 『說文』을 인용하였다. 부분적으로는
일치하면서도 부분적으로는 서로 어긋나는 것이다.

텍스트의 本文 對比에서는 이러한 예가 자주 눈에 띄는데, 이 글에
서는 이들이 서로 일치하는 것 즉 인용된 것으로 본다. 어느 부분에
대해서는 玄應 音義를 引用하면서도 그 밖의 부분에 대해서는 다른
텍스트를 인용하는 일이 얼마든지 있을 수 있다. 이럴 때에 인용한
것이 비록 일부분에 불과하더라도 引用하였다는 사실에는 변함이 없
다. 따라서 독자적 기술이 분명한 것만을 골라 경흥이 직접 기술한
것으로 분류하기로 한다. 달리 말하면 獨自的 記述이라는 표현은 獨
創性이 확실한 것에만 한정하여 사용하기로 한다.

이제, 字形에 대한 경흥의 기술 중에서 중국의 텍스트에서 인용 전
재하였음이 확실한 예를 들어 보기로 한다.[12]

(7) 引用한 字形 記述

(形06) 蒙又作矇皆[莫公反] 蒙覆不明也 (卷下68上)

← 蒙[又作朦同莫公反 蒙謂覆不明也] (玄應音義 卷25 阿毘達磨順
正理論第五十一卷)

---

12 引用 如否를 가리기 위한 기준으로는 語句의 일치, 配列의 일치 등이 중시된다.
小林芳規(1978), 沼本克明(1978), 池田證壽(1982) 등을 참고하기 바란다.

← 蒙[字體作朦同莫公反 … 蒙者懞也 謂懞覆不明也] (玄應音義
卷第23 大乘五蘊論)

(形07) 忪又作伀古文伀[之容反] 方言伀伀征[13]遑遽 (卷下68中)

← 伀[又作伀同之容反 方言忬忪惶遽也] (玄應音義 卷第19 佛本行
集經第十六卷)

← 忪[之盈反古文伀同之容反方言 忬忪惶遽也] (玄應音義 卷第13
四自侵經)

(形09) 苦又作恪 古文恪[若各反] 字林恪恭敬也 (卷下68下)

← 恪[古文㤩同苦各反 字林恪恭敬也亦敬也 謂謙虛敬讓] (玄應音義
卷第3 放光般若經第三十卷)

← 恪[古文㤩同苦各反 … 字林恪恭敬也] (玄應音義 卷第5 文殊師
利佛土嚴淨經上卷)

← 恪[古文㤩同苦各反 恪敬也 字林恪恭也] (玄應音義 卷第12 賢愚
經第七卷)

← 恪[古文㤩同口各反 恪敬也 字林恪恭也] (玄應音義 卷第4 菩薩
瓔珞經第一卷)

(形10) 態古文能[他代反] 意态也 (卷下71中)

← 態[又作能同他代反 意态也] (玄應音義 卷第5 海龍王經第三卷)

(形11) 跌[徒結反] 通俗文失躅曰跌 廣雅差也亦僵也 (卷下71下-72上)

← 跌[徒結反蹉跎也 通俗文失躅曰跌 廣雅云跌差也亦僵也] (玄
應音義 卷第5 超日明三昧經下卷)

← 跌[徒結反 通俗文失躅曰跌 廣雅跌差也] (玄應音義 卷第8 拔陂經)

(形13) 惸古文惸惸同臣營反 獨也單也 (卷下72下)

← 古文惸傰二形同渠營反 尚書無虛惸獨 孔安國曰惸單也 謂無

---

13 아마도 '征'일 것이다.

所依也 獨無子曰獨也 (玄應音義 卷第19 佛本行集經第十九卷)

← 古文悍傑二形同渠營反 無父曰孤 無子曰獨 無兄弟曰㷀 單也
㷀㷀無所依也 (玄應音義 卷第18 成實論第十二卷)

← 古文悍傑二形同渠營反 無父曰孤 無子曰獨 無兄弟曰㷀 㷀單
也 㷀㷀無所依也 (玄應音義 卷第1 華嚴經第五卷)

(形06)에서는 '蒙'과 '矇'이 通用字 관계에 있음을 말한 다음, 그 반
절을 달고 그 의미를 풀이하였다. 그런데 玄應 音義에 수록된『只音
阿毘達磨順正理論』(第五十一卷)과 『大乘五蘊論』(一卷)의 音義에서
대동소이한 기술을 찾을 수 있다. 특히 전자에서는 'A又作B'의 형식
이 같고 반절자도 동일하며 뜻풀이도 '覆不明'으로 일치한다. 이것은
경흥이 현응 음의를 참고하였음을 말해 준다. 반면에 '蒙'이나 '矇'을
거론한『公羊傳』,『說文』, 鄭玄注『周禮』,『蒼頡篇』, 韓康注,『玉
篇』,『毛詩傳』등의 중국 텍스트에서는[14] 이들을 '覆不明也'로 풀이하
지 않았다. 정확히 일치하는 뜻풀이가 아니므로 이들 자료는 경흥이
참고하지 않았을 것이다.

(形07)에서 경흥은 '怱'이 '悤'과 통용자이고 '忩'이 古字라고 하였
다. 의미가 동일하면 경흥은 대개 통용자인 것처럼 기술하였음을 여
기에서도 확인할 수 있다. 그런데 '悤'과 '忩'에 대한 주석을 현응 음의
에서 찾아보면 경흥과 일치함을 알 수 있다. 경흥의 주석은 현응 음
의의『佛本行集經』(第十六卷) 및『四自侵經』에 나오는 주석과 그대
로 일치한다.[15] 중국 텍스트인『經文』,『埤蒼』,『集訓』등과는 일치

---

14 이들에는 반절이 달리지 않으므로, 반절자로는 인용 여부를 판정할 수 없다.
15 현응 음의의『六度集經』(第五卷)과는 부분적으로 일치한다.
忩[又作悤同爛容反方言征忩惶遽也] (玄應 音義 六度集經 第五卷)

하지 않는다. 이 사실은 경흥의 주석 중에서 상당한 부분이 현응 음의에서 인용 전재한 것임을 의미한다.

(形09)에서도 이것이 다시 확인된다. 字形에서 경흥의 '恪' 대신에 현응에서는 '㤟, 窓'이 쓰였다는 미세한 차이가 보이기는 하지만 字音을 기술한 반절과 訓詁 부분인 '字林恪恭敬也'는 서로가 그대로 일치한다. 여타의 중국 텍스트에서는 반절 기술이 결여되어 있거나 기술되어 있다 하더라도 반절이 苦各反이 아니며 훈고 부분이 정확하게 일치하지 않는다. 경흥의 기술은 현응 음의의 기술과만 유독히 정확하게 일치하는 것이다.

이러한 상황은 (形10), (形11), (形13)에서도 그대로 확인된다. 현응 음의만큼 경흥의 주석과 일치하는 것을 달리 찾을 수가 없다. 위의 7예를 모두 종합하여 결론을 내린다면 경흥의 주석은 현응 음의와 정확하게 일치하거나 가장 가까운 주석이다. 전체 13예의 54%가 이에 해당한다. 따라서 경흥이 현응 음의를 참고하여 『연의술문찬』을 기술하였다는 것은 이제 움직일 수 없는 사실이다.

그런데도 『연의술문찬』에는 현응의 음의를 참고하였음을 밝힌 곳이 없다. 그 까닭이 무엇인지 알 수 없으나 한 가지 가설은 세워볼 수 있다. 현대인들이 辭書를 참고하고도 이 사실을 밝히지 않는 때가 적지 않다. 논문이나 저서에 대해서는 인용하였음을 드러내어 밝히면서도 정작 사서를 자주 인용하였다는 사실은 밝히지 않는다. 예컨대, 15세기의 언해문에 대한 논문에 대해서는 이를 인용하였음을 밝히면서도 古語辭典을 인용한 사실은 밝히지 않는 때가 많다. 경흥은 현응 음의를 마치 古語辭典처럼 대했던 것은 아닐까? 현응 음의는 사서의 일종이기 때문에 이러한 추정이 가능하다.

위의 여러 예에서 확인할 수 있듯이 『연의술문찬』에는 異體字, 通用字, 古字, 誤字 등에 대한 기술이 베풀어져 있다.

이체자나 통용자는 'A亦作B' 또는 'P又作Q'의 형식으로 기술하였다. 위의 '溪-谿, 曼-蔓, 蒙-曚, 忽-忪, 待-至' 등이 이 방식에 속한다. 그런데『연의술문찬』에서는 同音이 아니더라도 同義이기만 하면 'A亦作B' 또는 'P又作Q'의 형식으로 기술한 것이 적지 않다. '焜[혼]-煜[욱], 苦[고]-恪[각], 糺[규]-斜[두]'의 세 쌍에 대해서는 각각 음운론적 차이가 너무 커서 同音 관계를 도저히 인정할 수가 없다. 그런데도 이들을 'A亦作B' 또는 'P又作Q'의 형식으로 기술하였다. 同義 관계도 엄격하게 적용한 것은 아닌 듯하다. 넓게 보면 '待-至', '苦-恪' 등의 예가 각각 同義 관계에 놓인다고 할 수 있지만 좁게 보면 類義 관계 정도라고 하는 것이 온당하다. 同音과 同義 관계 모두에서 의문이 제기되는 것으로는 '豫-忿'를 들 수 있다. 이들을 종합해 보면『연의술문찬』에서는 통용자의 폭이 아주 넓었음을 알 수 있다.

이와 관련하여 (形12)의 '糺'과 '斜'에 주목할 필요가 있다. 이들은 '실(絲)'에 관련된 의미를 가지지만『无量壽經』의 해당 文脈에서의 의미(此中意)는 '約' 또는 '限'의 뜻이라고 하였다. 이것은『연의술문찬』의 주석이 문맥을 중심으로 이루어진 것임을 말해 준다. 문맥을 기준으로 삼으면 '待-至'와 '苦-恪'에서도 同義 관계를 설정할 수 있다. '曼-蔓'도 마찬가지이다.

古字에 대한 기술도 눈에 띈다. 'A古文B' 방식이 일반적인데, A가 新字이고 B가 古字임은 두말할 필요도 없다. 예가 적어서 단정하기는 어렵지만 이 '古文'은 (形12)의 '古體'와 同義語일 것이다.

誤字에 대한 수정으로는 (形4)의 '裂者宜作烈'을 들 수 있다. 'A者宜作B' 방식을 설정할 수 있을 듯하나 예가 적어 함부로 말하기 어렵다.

위의 예는 모두 13개에 지나지 않지만 이들이 가지는 의의는 결코 가볍지 않다. 첫째, 7세기 말엽 이전 자료에서 이처럼 字形에 대한 논의를 자세히 베푼 것은 찾기가 어렵다. 한국과 일본을 통틀어 가장 이른 시기의 字形論 곧 文字論인 것이다. 현재까지 전하는 자료 중에서 경흥의 『連義述文贊』은 字形論 곧 文字論 연구가 시작되었음을 알리는 最古의 實證的 資料이다. 둘째, 경흥이 스스로 기술한 것이 전체의 46%에 달한다는 점에 주목할 필요가 있다. 나머지는 현응 음의를 비롯한 중국의 텍스트에서 인용 전재한 것이라 하더라도 이 46%에 해당하는 것은 경흥이 독자적으로 기술한 것임이 분명하다. 이 중에는 新羅時代의 言語가 일부 반영되어 있을 것이므로 경흥의 『연의술문찬』은 古代語 연구 자료로 손색이 없다.

4. 字音 - 音韻論

경흥의 『연의술문찬』에 기록된 字音 資料는 7세기 말엽에 기록된 것이므로 매우 귀중하다. 이보다 시기적으로 앞서는 字音 자료로는 陸法言의 『切韻』(601年)과 玄應의 『一切經音義』(640年代) 정도밖에 없기 때문이다. 慧琳의 『一切經音義』(807年)도 물론 참고가 되지만 시기적으로 경흥의 『연의술문찬』이 百餘年 정도 앞선다. 『切韻』은 온전하게 전해지는 것이 없으므로 이 글에서는 주로 『刊繆補缺切韻』과 『王三』을 참고하였다.[16]

경흥은 『연의술문찬』에서 모두 53개의 한자에 대하여 反切法으로 그 字音을 기술하였다. 이들을 『切韻』이나 玄應 音義에서 그대로 인용하여 轉載하였다면 경흥의 字音 자료는 특별한 의의가 없다. 거꾸

---

16 『刊繆補缺切韻』은 '內府藏唐寫本'이라 冠한 異本을 가리킨다. 이 異本은 49장본이고 卷尾에는 '萬曆壬午(1582년)仲冬八日'이라는 刊記가 나온다. 『王三』에 대해서는 邵榮芬(1982)의 연구 결과를 따랐다.

로 이들의 반절이 전재된 것이 아니라면 이것은 매우 중요한 가치를 가진다. 경흥이 獨自的으로 반절을 記述하였다면 이는 곧 7世紀 末葉의 古代語 資料가 되기 때문이다. 따라서 여기에서는 경흥의 반절이 『切韻』이나 현응 음의를 그대로 인용 전재한 것인지 그렇지 않으면 경흥이 독자적으로 기술한 것인지를 判別하는 데에 일차적인 목표를 둔다.

경흥의 『연의술문찬』에는 『說文』, 『爾雅』, 『切韻』 등의 중국 텍스트가 수십여 종 등장한다. 그런데도 玄應 音義는 전혀 보이지 않는다. 현응이 帛延이나 支謙 역본의 『无量壽經』에 음의를 달 때 반절을 부가한 것은 '瀾, 享, 煜, 燴, 該, 呑, 噬, 酖, 斜, 潢, 濴'의 11字이다. 그런데 경흥은 이 중에서 '煜'과 '斜'의 두 字에 대해서만 반절을 부가하고[17] 나머지 9字에 대해서는 반절을 아예 베풀지 않았다. 이것은 경흥이 玄應 音義를 모두 다 전재한 것이 아님을 시사한다.

경흥이 현응 음의를 인용한 사실은 드러내어 밝히지 않았지만 陸法言의 『切韻』을 인용한 사실은 충실하게 밝혔다. 字音을 反切로 表音하면서 『切韻』 인용 사실을 명시한 것으로는 다음의 다섯 예가 있다.

(8) 切韻 引用 例

　　(音01) 綜子送反習也 陸法言切韻云機縷也 音並同也　(卷上25中)

　　(音05) 裂[呂薛反] 陸法言切韻云破也　(卷上34下)

　　(音08) 戢[墮六反]集也攝也 陸法言切韻云止也　(卷中51中)

　　(音11) 赫[呼格反] 切韻云赤也 毛詩云赫赫 師尹註云赫赫盛貌也　(卷中53中)

　　(音12) 焜[胡本反] 切韻云火光也　(卷中53中)

---

17 각각 煜[由鞠反]과 斜[唐由反]이라 하였다.

홍미롭게도『切韻』으로부터 인용한 것은 모두 訓詁 부분이다. 경홍의 反切이『切韻』에서 인용한 것이라면 아마도 '切韻云'이 반절의 바로 앞에 와야 할 것이다. 그런데도 '切韻云'이 항상 반절의 뒤에 온다는 것은 이들의 반절이 독자적으로 기술된 것이었음을 암시한다.

대부분의 形音義 기술 양식에서 字音을 표음하는 것은 著者 自身의 몫이다. 慧琳 音義를 그 예로 들어본다. (8)과 마찬가지로 혜림 음의에서는 대부분 反切을 먼저 적고 그 뒤에 引用 書名과 引用 內容을 적는다. 그런데 先代 文獻의 반절을 인용한 것은 찾기가 매우 어렵다. 이것은 反切이 인용의 대상이 아니었음을 암시한다. 만약 先代 文獻의 反切을 그대로 인용할 때에는 引用 書名을 먼저 적고 그 뒤에 바로 反切을 적는 양식을 따른다. (9가)의 '切韻苦回反'이 바로 이 양식에 속한다.

(9) 反切 引用 樣式

　가. 魁膾[上切韻苦回反 … 下古外反] (혜림 음의 妙法蓮花經 安樂行品)
　나. 浮囊[附無反玉篇音扶尤反陸法言音薄謀反下二皆吳楚之音也]
　　　　(혜림 음의 大般若波羅蜜多經 第五百六十一卷)

이러한 예는 아주 드물어서 찾기가 어렵지만 先代 文獻의 反切을 인용할 때에는 그 書名을 앞에, 反切을 그 뒤에 두는 인용 양식이 있었음을 말해 준다. 이 점에서 (9나)는 아주 홍미로운 인용 양식을 보여준다. 여기에서는 '浮'를 附無反이라 먼저 표음한 다음에『玉篇』의 扶尤反과 陸法言의 薄謀反을 인용하였다. 그렇다면 이 예의 附無反은 누구의 반절인가? 慧琳 自身이 기술한 반절일 수밖에 없다. 이 논리에 따르면 (8)의 反切은 모두 경홍이 베푼 것이 된다. 이것을 확대 적용하면 註釋의 대상이 되는 한자 바로 뒤에 온 反切은 바로 著者의

反切이라고 할 수 있다.

이러한 논의를 지지해 주는 자료로 日本 僧 中算이 976년에 撰한 『妙法蓮華經釋文』을 들 수 있다. 南豊鉉(2003)에서 이미 논의한 것처럼 新羅 僧 順憬과 憬興(璟興)의 반절이 이 釋文에 인용되어 있다. 여기에서도 中算이 自身의 反切을 먼저 기술하고 그 다음에 順憬의 反切을 인용하였음이 잘 드러난다. 따라서 表音의 對象이 되는 漢字 바로 뒤에 온 반절은 모두 著者의 反切이라고 결론지을 수 있다.

(10) 『妙法蓮華經釋文』의 引用 樣式
　　가. 捷[渠焉反 順憬云居隱反] (『妙法蓮華經釋文』上卷 序品)
　　나. 籬[力知反 順憬云又力智反] (上同)
　　다. 珊[蘇干反 順憬云又思割反] (上同)
　　라. 禪[市連反 順憬云借音時戰反] (上同)

그런데도 先代의 반절을 그대로 인용 전재한 예가 아주 많다. 池田證壽(1982)에 따르면 일본의 昌住가 撰한 『新撰字鏡』의[18] 註釋 중에서 약 半 정도는 玄應 音義를 인용한 것이라고 한다. 이와 마찬가지로 경흥의 『연의술문찬』에 나오는 반절이 현응 음의의 반절과 일치할 때가 아주 많다.[19] 그러나 反切을 인용 전재하였다고 하여 그 반절의 표음이 저자 자신의 발음과 다른 것이었다고 말할 수 있을까? 앞의 결론에 따르면 先代의 反切 표음이 저자 자신의 발음과 일치하기 때문에 그대로 인용 전재하였다는 논리가 성립한다. 만약 先人과 後

---

18 891년에 편찬이 시작되어 901년에 완성된 일본의 辭書로서 玄應 音義, 『切韻』, 『玉篇』 등을 주로 참고하였으며, 일본어의 訓을 登載한 現存 最古의 字書라고 한다(吉田金彦(外編) 2001:186-7).

19 이에 대해서는 後述할 것이다.

人의 발음에 차이가 있었다면 後人은 先人을 따르지 않고 새로 자신의 발음을 표음할 것이다. 달리 말하면, 後人은 자신에게 容認되는 先代의 반절만을 그대로 인용 전재한다고 말할 수 있다.

이제 경흥이 先人을 따르지 않고 독자적으로 반절을 기술한 예에 대한 논의로 들어간다. 玄應 音義나 陸法言의 『切韻』에서 反切로 表音한 적이 없는 한자이지만 경흥이 그 한자에 대하여 반절을 달았다면 이는 독자적 기술의 개연성을 높여준다. 이 引用 不可 反切에 해당하는 것으로는 다음의 5예를 들 수 있다.

(11) 引用 不可 反切

　　(音19) 曄[爲韶反] 華光盛也 又曄[王輒反] 草木華貌 (卷中57下)

　　(音21) 忪[止容衆從二反] 懼心亂動也 (卷下67中)

　　(音30) 賴[洛代反] 孝經曰一人有慶兆民賴之 (卷下68中)

　　(音46) 儌[五彫古遶二反] 徼遇也 謂求親遇也 (卷下72中)

　　(音48) 糺亦科[唐由反] 決疑云三合繩也 (卷下72下)

(音19)에서 경흥은 曄[爲韶反]과 曄[王輒反]의 두 가지 반절을 기술하였다. 이것은 '曄'에 두 가지 발음이 있었고 그 의미도 서로 변별되었음을 뜻한다. 이처럼 '曄'의 발음과 의미를 두 가지로 나누어 기술한 것은 중국 텍스트에서는 찾을 수가 없다. 현응과 혜림의 음의에서는 曄[爲韶反]에 해당하는 반절과 그 의미 '華光盛也' 즉 '불빛이 가득하다'는 의미만 서술되어 있다. 曄[王輒反]에 해당하는 반절과 '草木華貌' 즉 '초목이 빛나는 모양'이라는 의미는 서술되지 않았다. 이것만 보더라도 경흥이 독자적으로 字音과 字義를 기술하였음을 알 수 있다.

玄應 音義에서는 '曄'의 반절을 찾을 수 없고 다만 이와 통용자 관

계에 있는 '燁'의 반절 爲獵反을 찾을 수 있을 뿐이다. 『王三』에서도 마찬가지이다. 『刊謬補缺切韻』에는 '曄'이 云輒反(入聲葉韻)으로 나오는데 이것은 경흥의 爲韶反과는 크게 차이가 나고 王輒反과는 반절상자가 서로 다르다. 후대의 혜림 음의에서는 炎劫反, 炎獵反, 炎輒反 등으로 표음하였다. 경흥의 반절상자 '爲'와 '王'은 모두 『왕삼』의 匣母에 속하므로 서로 차이가 없다. 그런데 반절하자 '韶'와 '輒'은 음운론적 차이가 아주 크다. '韶'는 『왕삼』에서 效攝宵韻三等인데 비하여 '輒'은 咸攝葉韻三等C이기 때문이다. 구체적으로 말하면 '輒'은 脣內入聲韻尾 /p/가 소멸하기 전의 음가인데 비하여 '韶'는 이 韻尾가 소멸한 뒤의 음가이다. 만약 이 변화가 사실이라면 이것은 入聲韻尾의 소멸 시기를 추정할 때에 매우 중요한 실증적 자료가 될 것이다.

(音21)의 반절 [止容衆從二反]과 정확히 일치하는 것을 玄應과 慧琳의 音義에서는 찾을 수 없다. 경흥이 '忪'에 대하여 이처럼 두 가지 반절을 적어 놓았지만 현응과 혜림은 그러지 않았다. 『간무보결절운』에서도 職容反(平聲種韻)만이 보일 뿐이다. 따라서 이 '二反'은 경흥의 독자적 기술임이 분명하다. '忪'을 현응은 之容反, 燭容反으로, 혜림은 燭容反, 蒼紅反으로 표음하였다. 止容反의 반절상자 '止'는 역시 현응과 혜림의 음의에서는 찾을 수 없지만 반절하자 '容'은 현응과 혜림의 음의에 두루 나타난다. 그런데 衆從反의 반절자는 현응과 혜림뿐만 아니라 『왕삼』에서도 찾을 수가 없다. 『광운』을 원용한다면 경흥의 止容反과 衆從反은 반절하자에서 발음의 차이가 있었던 듯하다. 『광운』의 '衆'은 之仲切인데 반절상자 '之'가 '止'와 더불어 章母에 속하므로 경흥의 반절상자 '止'와 '衆'은 음운론적 차이가 없다. 그러나 반절하자 '容'은 通攝鍾韻三等B에 속하는 데에 비하여 '從'은 通攝送韻三等B에 속하므로 차이가 적지 않다. 즉 '容'은 鍾韻인데 비

하여 '從'은 送韻인 것이다.[20] 이것은 경홍의 고대어에서 鍾韻과 送韻
이 변별되었음을 암시한다. '二反'이라 特記한 것은 음운론적 변별력
을 전제하기 때문이다.

(音30)의 '賴'에 표음한 것을 현응 음의나 『왕삼』에서는 역시 찾을
수가 없다. 경홍의 洛代反은 『간무보결절운』의 理大反(去聲泰韻)이
나 혜림의 勒割反과 일치하지 않는다. 따라서 경홍의 반절자 '洛'과
'代'는 중국의 운서를 인용 전재한 것이 아니라 경홍의 독자적 표기법
에서 비롯된 것이라고 보아야 한다. 경홍의 반절상자 '洛'은 『왕삼』의
來母에 속하므로 『간무보결절운』의 '理'와 음가가 같다. 그런데 경홍
의 반절하자 '代'가 蟹攝代韻一等開口에 속하는 데에 비하여 『간무보
결절운』의 '大'는 蟹攝泰韻一等開口에 속한다. 代韻과 泰韻은 약간
차이가 나므로[21] 이 예도 경홍이 독자적으로 고대어를 기술한 것이라
할 수 있다.

(音46)에서 僥[五彫古遶二反]이라 한 것도 특이하다. 경홍은 '僥'에
五彫反과 古遶反의 두 가지 발음이 있다고 하였는데, 이러한 인식은
경홍 이전의 중국 텍스트에서는 찾을 수가 없다. 현응 음의에 古堯
反, 克堯反이 나오지만 이것은 경홍의 古遶反에만 대응할 뿐이다.
『연의술문찬』보다 100여 년 뒤의 자료인 혜림 음의에 皎堯反, 經遙
反과 더불어 五寮反이 나오는 것을 보면 경홍의 五彫反을 신빙할 수
있다. 경홍의 반절하자 '彫'와 '遶'는 둘 다 『왕삼』의 效攝蕭韻四等에
속하므로 음운론적 차이가 없다. 그러나 반절상자 '五'와 '古'는 각각
『왕삼』의 疑母와 見母에 속하므로 그 차이가 크다.

(音48)의 斜[唐由反]에 견줄 만한 반절을 현응과 혜림의 음의, 『간

---

20 邵榮芬(1982)의 추정음은 각각 鍾[-ioŋ], 送[-uŋ]이다.

21 邵榮芬(1982)의 추정음은 代[dɒi], 泰[t'ɑi]이다.

무보결절운』,『왕삼』에서는 찾을 수가 없다. 따라서 이 예도 경흥이 독자적으로 표음한 것이라고 할 수 있다. 경흥의 반절상자 '唐'은『왕삼』의 定母에 속하고 반절하자 '由'는 流攝尤韻三等B에 속한다.

위의 5개 반절은 경흥의『연의술문찬』보다 시기가 앞서는 중국의 텍스트에서는 찾을 수가 없다. 그렇다면 이들은 경흥이 독자적으로 古代音을 기술한 반절이라고 보아야 할 것이다.

이제 경흥의 反切字와 중국 텍스트의 반절자를 구체적으로 상호 대비해 보기로 한다. 반절자에서의 異同은 引用 轉載인지 獨自的 記述인지를 가릴 때에 무엇보다도 중요한 기준이 된다. 서로 동일한 音韻體系를 가지고 있다 하더라도 특정 한자의 聲母나 韻母를 표기하는 反切字는 서로 다른 경우가 많다. 예컨대 현응 음의와 혜림 음의는 반절자 체계 즉 표기법에서 사뭇 큰 차이가 난다. 음운론적 연구에서도 표기법이 중요한 연구 대상이지만 引用 轉載 如否를 가리기 위한 文獻學的 研究에서는 表記法의 異同이 무엇보다도 중요하고 핵심적인 연구 대상이 된다.

반절자 상호 대비의 결과는 다음의 네 가지로 나누어 정리할 수 있다. 첫째는 경흥의 반절상자와 반절하자가 모두 특이하여 獨自性을 보이는 것이고, 둘째는 반절상자만 독자성을 보이는 것이며, 셋째는 반절하자만 독자성을 보이는 것이다. 이들은 모두 경흥이 獨自的 基準으로 表音하였음을 말해 주는 자료가 된다. 넷째는 경흥의 반절이 현응 음의나『간무보결절운』,『왕삼』등의 반절과 일치하는 것인데, 이는 경흥 반절의 獨自性을 否定하는 자료가 된다. 이들은 경흥이 중국 텍스트를 引用 轉載하였을 가능성을 높여준다.

첫째로 경흥의 반절상자와 반절하자가 모두 독특한 것을 들어 보면 다음과 같다.

(12) 反切上字 및 反切下字가 모두 特異한 것

　(音02) 祚之阿反[22] (卷上29中)　　祚[之河反] (卷中51中)

　(音06) 貯[竹與反]盛受曰貯 (卷上35上)

　(音07) 遏[阿達反]壅也絕也 (卷中42上)

　(音09) 鄌[古惡反]爾雅大也 (卷中51下)

　(音15) 渠[呂[23]居反]溝也 (卷中53下)　『王三』渠[强魚反]

　(音22) 曼音萬及也 亦作蔓[馬安反]延長貌也 (卷下67下)

　(音24) 冥[鳴央反]暗昧無知也 (卷下68上)

　(音33) 狂[其亡反]變性意也又亂也 (卷下70下)　『王三』狂[渠王反]

　(音02)의 祚之阿反과 祚[之河反]에 쓰인 반절상자 '之'는 현응과 혜림의 음의에서는 보이지 않는다. 반절하자 '阿'와 '河'도 마찬가지이다. 현응 음의에서는 徂故反, 在故反이, 혜림 음의에서는 才故反, 徂故反, 在故反, 臧洛反 등이 쓰였다. 『간무보결절운』에서는 '祚'가 昨故反(去聲暮韻)이므로 역시 경흥과 어긋난다. 경흥의 반절상자 '之'는 『왕삼』의 章母에 속하지만 현응과 혜림의 '徂, 在'와 『간무보결절운』의 '昨'은 『왕삼』의 從母에 속하므로 兩者는 표기법뿐만 아니라 音系에서도 차이가 난다. 경흥의 반절하자 '阿'가 현응과 혜림의 음의 및 『왕삼』에서는 보이지 않는다. 경흥의 반절하자 '河'는 『간무보결절운』에서 平聲歌韻으로 『王三』에서 果攝歌韻一等開口로 분류되는데 반하여, 현응·혜림의 '故'는 『간무보결절운』에서 去聲暮韻으로 분류된다. 이 차이는 아주 크므로 경흥의 반절 표기가 독자적이었을 뿐만 아니라 韓國 古代語의 音韻體系를 반영한다고 말할 수 있다.

---

22 雙行割註가 아니다.

23 '巨' 또는 '古'의 誤字가 아닐까 한다.

(흡06) 貯[竹與反]의 반절자도 중국의 텍스트에서는 확인되지 않는다. '貯'가 현응에서는 猪旅反, 張呂反, 直呂反으로[24], 혜림에서는 張呂反, 知呂反, 猪呂反, 陟呂反, 猪旅反, 貞呂反으로, 『간무보결절운』에서는 丁呂反(上聲語韻)으로 표음되었다. 『왕삼』에서는 '貯'에 반절을 단 예가 보이지 않는다. 따라서 경흥의 반절자와 정확하게 일치하는 것은 찾을 수가 없다. 이것은 경흥이 독자적으로 '貯'에 반절을 달았음을 말해 준다. 경흥의 반절상자 '竹'은 현응의 '猪, 張'과 더불어 『왕삼』의 知母에 속하지만, 『간무보결절운』의 '丁'은 端母에 속한다. 이것은 경흥의 聲母體系가 『간무보결절운』보다 현응 음의에 더 가까움을 암시한다. 경흥의 반절하자 '與'는 현응 음의 및 『간무보결절운』의 '呂'와 더불어 遇攝語韻三等B에 속하므로 차이가 없다.

(흡07) 遏[阿達反]의 반절자 '阿'와 '達'도 현응과 혜림 음의의 반절에서는 찾을 수 없다. 『간무보결절운』과 『왕삼』에서도 마찬가지이다. '遏'이 현응에서는 於曷反, 安曷反. 烏曷反, 烏割反으로, 혜림에서는 安葛反, 安割反, 烏曷反으로, 『간무보결절운』에서는 烏葛反(入聲褐韻)으로 표음되었다. 『왕삼』에서는 반절상자 '阿'가 '於, 安, 烏' 등과 더불어 影母에 속하고, 반절하자 '達'은 '葛, 割' 등과 더불어 山攝末韻一等開口에 속한다. 따라서 경흥의 遏[阿達反]은 『간무보결절운』 및 『왕삼』의 音系와 같다고 할 수 있다. 그렇다 하더라도 경흥의 반절 표기법은 중국의 그것과 차이가 난다.

(흡09) 廓[古惡反]의 반절자 '古'와 '惡'도 현응과 혜림의 '廓'에서는 찾을 수 없다. 『간무보결절운』과 『왕삼』에서도 마찬가지이다. '廓'을 현응에서는 口郭反으로, 혜림에서는 苦郭反, 口郭反으로, 『간무보결절운』에서는 苦郭反(入聲鐸韻)으로 표음하였다.[25] 경흥의 반절상자

---

24 후대에 첨부된 慧苑의 『補訂新譯大方廣佛華嚴經音義』에는 陟呂反도 나온다.

'古'는『왕삼』의 見母에 속하지만 현응과 혜림의 '口', 『간무보결절운』과 혜림의 '苦'는 溪母에 속한다. 경흥의 반절하자 '惡'은 현응과 혜림에서는 항상 '郭'으로 나타난다. 이러한 차이는 경흥의 반절이 독자적인 기술에 따른 것임을 말해 준다. 마침 '惡'이『왕삼』에서 반절하자로 쓰인 예가 보이지 않는다는 점도 이를 뒷받침해 준다. 경흥의 반절하자 '惡'과 중국의 '郭'은 모두『왕삼』에서 宕攝鐸韻一等에 속하므로 韻目에서는 동일하다. 그러나 '惡'이 경흥 고유의 반절하자라는 점만은 명백하다.

(音15) 渠[呂居反]의 '呂'는 '巨'의 오자일 가능성이 높으므로 渠[巨居反]으로 교정하여 논의를 진행한다. '渠'에 대한 반절은 현응에서는 보이지 않고 혜림에 卽魚反이 나온다. 이곳의 '卽'은 아무래도 誤字인 듯하다.『왕삼』에는 渠[强魚反]이 나오는데, 반절상자 '强'은 경흥의 '巨'와 더불어 群母에 속한다. 경흥의 반절하자 '居'는『왕삼』의 '魚'와 더불어 遇攝魚韻三等B에 속한다. 따라서 경흥의 巨居反은『왕삼』의 强魚反과 그 음가가 같다고 할 수 있다. 그런데도 반절상자와 반절하자 표기가 서로 다른 것은 경흥이『切韻』이나 현응 음의를 그대로 인용 전재한 것이 아님을 말해 준다.

(音22) 蔓[馬安反]도 특이하다. 경흥의 반절이 馬安反인데 비하여 현응에서는 莫槃反, 无願反, 無販反, 亡怨反으로, 혜림에서는 武飯反, 勿飯反, 滿盤反으로,『간무보결절운』에서는 無販反(去聲願韻)으로 표음되었다. 경흥과 중국 텍스트의 표기법이 서로 일치하지 않는 것이다. 경흥의 반절상자 '馬'는 明母에 속하겠지만『왕삼』에서는 '馬'가 반절상자로 쓰이지 않았다. 중국의 텍스트에서는 明母의 표기에 '莫, 无, 亡' 등이 두루 이용되지만 '馬'가 이용되는 일이 없다. 경흥의

---

25 『王三』에서는 '郭'과 聲符가 동일한 '鄭'을 古博反이라 표음하였다.

반절하자 ‘安’도 현응・혜림과 『간무보결절운』의 반절에서는 보이지 않는다. 이 ‘安’은 『왕삼』의 山攝寒韻一等開口에 속하는데, 현응・혜림과 『간무보결절운』의 ‘願, 怨, 販’ 등은 모두 山攝願韻三等에 속한다. 즉 이 둘은 음가가 동일하지 않다. 반절상자로 ‘馬’를 택한 것과 독특한 반절하자 ‘安’을 이용하여 표음한 것은 경흥의 독자적 기술에서 비롯된 것이다.

(音24)의 冥[鳴央反]은 현응의 莫庭莫定二反, 覓經反又迷定反, 혜림의 莫甁反, 莫丁反, 覓甁反, 米甁反, 『간무보결절운』의 莫經反(平聲冥韻) 등과 크게 차이가 난다. 경흥의 반절상자 ‘鳴’은 현응・혜림의 음의뿐만 아니라 『왕삼』에서도 찾을 수 없다. 반절하자 ‘央’도 마찬가지이다. 반절 표기법에서 경흥의 鳴央反은 아주 독특한 것이다. 경흥의 ‘鳴’은 ‘莫, 覓, 米, 迷’ 등과 더불어 明母에 속할 것이므로 음운론적 차이는 없다. 그런데 반절하자에서는 음운론적 차이가 아주 크다. 경흥의 반절하자 ‘央’은 『광운』을 원용하면 ‘陽, 良, 量, 方, 章, 長, 王, 亡, 狂’ 등과 더불어 宕攝陽韻三等에 속하는 데에 비하여 현응・혜림 및 『간무보결절운』의 반절하자는 대부분 梗攝徑韻四等 또는 梗攝靑韻四等에 속한다. 攝에서 차이가 날 만큼 차이가 크므로 경흥이 독자적으로 한국의 古代音을 기술하였다고 보아야만 이러한 차이가 자연스럽게 설명이 된다. 현응 음의나 『절운』의 音系를 그대로 수용한 것이라면 이처럼 크게 차이가 나지는 않을 것이다.

(音33) 狂[其亡反]의 반절자도 독특하다. 현응 음의에는 ‘狂’에 대한 반절이 나오지 않지만 『간무보결절운』에서는 渠王反(平聲陽韻)으로, 『왕삼』에서는 渠王反으로, 혜림 음의에서는 衢王反, 劬王反, 瞿王反 등으로 표음하였다. 경흥의 반절자는 이들의 어느 것과도 일치하지 않는다. 경흥의 반절상자 ‘其’는 『간무보결절운』과 『왕삼』의 ‘渠’와 더불어 群母에 속한다. 경흥의 반절하자 ‘亡’은 『왕삼』에서 반절하자

로 쓰인 적이 없다. 이것은 경흥의 표기법이 특이함을 말해 준다. 이 '亡'이 『간무보결절운』에서는 '王'과 더불어 平聲陽韻에 속한다. 따라서 경흥의 其亡反과 『간무보결절운』·『왕삼』의 渠王反은 음운론적으로는 동일하다. 圓脣介音의 유무에서만 차이가 날 뿐이다. 그런데도 반절상자와 반절하자 모두 중국의 자료와 어긋나므로 이 반절자는 경흥이 독자적으로 기술한 것임이 분명하다.

反切 表記法에서 크게 차이가 나는 8개의 예를 검토해 보았는데, 대부분 현응 음의나 切韻系의 반절 표기법과는 아주 다른 방식으로 기술하였다. 이러한 차이는 경흥이 독자적으로 반절을 기술하였다는 점과 기술 대상이 古代 韓國語였다는 점을 강력하게 시사한다. 고대어를 독자적으로 기술하는 과정에서 獨自的 反切 表音이 발생했다고 보는 것이 가장 자연스럽기 때문이다.

이제, 반절하자는 같고 반절상자에서만 차이가 나는 것을 논의하기로 한다.

(13) 反切上字가 特異한 것

(音18) 暐[于鬼反] 說文盛明貌也 (卷中57下)

(音49) 熒古文熒惸同 臣[26]營反 獨也單也 (卷下72下)

(音51) 戈[居和反] 平頭戟長十尺六寸 或六尺六寸也 (卷下73中)

(音52) 汗者熱氣所蒸液也[下旦反][27] (卷下73下)

(音18)처럼 '暐'를 于鬼反으로 표음한 예를 현응 음의와 『왕삼』에

---

26 『韓國佛敎全書』에서 '臣疑巨'라 하였다. 雙行割註가 아니다.

27 '汗'에 붙어야 할 반절이다. '汗'에 여러 가지 의미가 있기 때문에 반절로써 의미를 확실히 한 것으로 보인다.

서는 찾을 수 없다. 『간무보결절운』에서는 '暐'를 韋鬼反(上聲尾韻), 혜림 음의에서는 韋鬼反, 于鬼反이라 표음하였다. 반절상자에서 경흥과 일치하는 것이 8세기 이전의 중국 텍스트에서는 보이지 않으므로 이것도 경흥이 독자적으로 기술한 예에 속한다. 경흥의 반절상자 '于'는 『간무보결절운』의 '韋'와 더불어 『왕삼』에서 匣母에 속한다. 따라서 이 예는 音系는 동일하지만 표기가 서로 다른 예라고 할 수 있다. 공통되는 반절하자 '鬼'는 止攝尾韻三等A合口에 속한다.

(音49) 榮[臣營反]의 '臣'은 '巨'의 오자일 가능성이 많으므로 여기에서는 巨營反으로 교정하여 논의하기로 한다. 경흥의 반절상자 '巨'와 일치하는 것을 경흥 이전의 중국 텍스트에서는 찾을 수가 없다. 현응에서는 渠營反으로 일관되어 있고 『간무보결절운』에서도 '惸'을 渠營反(平聲淸韻)으로 표음하였다. 따라서 경흥의 반절상자 '巨'는 독자적인 표기라고 할 수 있다. 후대의 자료인 혜림 음의에서는 渠營反, 葵營反, 揆營反과 더불어 巨營反도 나온다. 『왕삼』에서는 渠[强魚反]이라는 반절이 보이는데, '强'은 경흥의 '巨', 현응 음의와 『간무보결절운』의 '渠'와 더불어 群母에 속한다. 따라서 표기에서만 차이가 나고 음운론적으로는 차이가 없다.

(音51)의 戈[居和反]처럼 '戈'에 단 반절을 현응 음의에서는 찾을 수 없다. 반면에 '戈'를 『간무보결절운』에서 古禾反(平聲歌韻)으로, 『왕삼』에서 古和反, 古禾反으로, 혜림 음의에서는 古禾反, 古和反, 果禾反 등으로 표음하였다. 경흥의 반절상자 '居'는 표기법에서 이들의 반절상자와 일치하지 않는다. 경흥의 '居'는 『왕삼』에서 '古'와 더불어 見母에 속하므로 이 둘의 음운론적 차이는 없다. 경흥의 반절하자 '和'는 『간무보결절운』과 『왕삼』의 '禾'와 더불어 果攝歌韻一等合口에 속한다. 따라서 음운론적 차이는 없다.

(音52)의 汗[下旦反]에 견줄 만한 반절이 현응 음의와 『왕삼』에는

나오지 않지만『간무보결절운』에서는 胡旦反(去聲翰韻)으로 나온다.
혜림 음의에서는 '汗'을 寒旦反, 寒幹反, 音寒이라 하였다. 경홍의 반
절상자 '下'는『간무보결절운』의 '胡', 혜림 음의의 '寒'과 더불어『왕
삼』의 匣母에 속한다.[28] 따라서 반절상자 '下'와 '胡, 寒'의 음운론적
차이는 없지만 표기법의 차이만은 인정할 수 있다. 경홍의 반절하자
'旦'은『왕삼』의 山攝翰韻一等開口에, 혜림의 '音寒'에 나오는 '寒'은
山攝寒韻一等開口에 속한다. 韻目에서 약간 차이가 나지만 혜림은
이를 동일시하였다.

이제, 반절상자는 같고 반절하자에서만 차이가 나는 것으로 넘어
간다.

　(14) 反切下字가 特異한 것

　　　(音04) 摑[古惡反] 亦裂也 (卷上34下)

　　　(音10) 恢[苦灰切] 大也 (卷中53中)

　　　(音25) 又矇瞳[下牛對反] 生聾 (卷下68上)

　　　(音28) 突[徒骨反]觸冒也 (卷下68上)

　　　(音41) 蹉[千阿反] (卷下71下)

　　　(音53) 又汚[烏臥反] 泥著物也 (卷下73下)

　(音04) 摑[古惡反]의 반절하자 '惡'은 현응과 혜림의 음의에서는 보
이지 않는다. 현응에서는 俱縛反, 九縛反, 古麥反으로, 혜림에서는
古麥反, 寡伯反, 居碧反, 孤獲反, 轟號反으로 나온다. 반절상자 '古'
는 현응과 혜림의 古麥反에서도 그 용례를 찾을 수 있지만 반절하자

　28『왕삼』에서 '寒'을 胡安反이라 하였는데 이 반절상자 '胡'는 역시 匣母에 속하기
때문이다.

'惡'은 독특하게도 경흥에만 나온다. 『왕삼』에서도 반절하자 '惡'은 나오지 않고 獲[胡麥反]과 麥[莫獲反] 등의 참고 자료만 눈에 띌 뿐이다. 따라서 경흥의 반절하자 '惡'은 경흥의 독자적인 표기법에서 비롯된 것이다. 『광운』을 원용한다면 경흥의 '惡'은 宕攝鐸韻一等에 속하고 현응의 '縛'은 宕攝藥韻三等에 속한다. 반면에 혜림의 반절하자 '麥'과 '獲'은 梗攝麥韻二等에, '伯'은 梗攝陌韻二等에 속한다. 경흥은 현응과 차이가 크지 않지만 혜림과는 아예 攝에서 차이가 나므로 그 차이가 아주 크다. 이 예를 통하여 璟興의 音韻體系는 慧琳보다는 玄應의 그것에 더 가까움을 알 수 있다.

(音10) 恢[苦灰切]에 대응하는 것은 현응의 苦迴反, 『왕삼』의 苦回反, 혜림의 苦回反, 苦迴反 등이다. 경흥의 반절상자 '灰'가 유독 독특하다고 할 수 있는데 이는 '回, 迴'와 더불어 『왕삼』의 蟹攝灰韻一等 合口에 속한다. 따라서 이 예는 표기법에서만 차이가 날 뿐, 음운론적으로는 차이가 없는 예이다.

(音25) 瞶[牛對反]이 현응 음의에서는 牛快反, 五怪反[29]으로, 『간무보결절운』에서는 以醉反(去聲至韻)으로 나오지만 『왕삼』과 혜림 음의에서는 보이지 않는다. 경흥의 반절상자 '牛'는 현응의 '五'와 더불어 疑母에 속하므로 반절상자에서는 음운론적 차이가 없다.[30] 그런데 『간무보결절운』의 '以'는 以母에 속하므로 경흥의 疑母와 크게 차이가 난다. 이것은 경흥의 聲母體系가 『간무보결절운』보다는 현응 음의에 더 가까운 것임을 뜻한다. 무엇보다도 경흥의 반절하자 '對'가 특이하다. 경흥의 반절하자 '對'는 『왕삼』에서 蟹攝隊韻一等合口인데 비하여, 현응의 快[苦夬反]은 蟹攝夬韻二等合口이고 怪[古壞反]은

---

29 이 五怪反은 後代에 추가된 慧苑의 『補訂新譯大方廣佛華嚴經音義』에 나온다.
30 '瞶'의 현대 한자음은 [궤]이므로 현대음과는 차이가 크다.

蟹攝怪韻二等이며, 『간무보결절운』의 '醉'는 止攝至韻三等C合口이다. 따라서 경흥의 반절하자는 표기에서뿐만 아니라 표음에서도 현응 음의나 『간무보결절운』과 차이가 난다. (音33)의 '狂'에서와 마찬가지로 圓脣介音의 유무에서도 차이가 난다. 이러한 차이는 경흥이 한국의 고대어를 독자적으로 기술한 데에서 비롯되었을 것이다.

(音28) 突[徒骨反]의 반절자와 정확하게 일치하는 것을 중국의 텍스트에서는 찾지 못하였다. 현응 음의에는 徒鶻反으로 나오므로 반절하자가 일치하지 않는다. 반면에 『간무보결절운』에서는 陀骨反(入聲紇韻)으로 나오므로 반절상자가 일치하지 않는다. 후대의 자료인 혜림 음의에는 徒骨反이 나온다. 『왕삼』에서 '徒'와 '陀'는 定母에 속하고 '骨'과 '鶻'도 臻攝沒韻一等合口에 속한다. 따라서 이 예는 현응 음의나 『간무보결절운』과 음운론적 차이는 없고 다만 표기법에서만 차이가 나는 예에 속한다.

(音41) 蹉[千阿反]이 현응에서는 千何反, 麤何反으로, 혜림에서는 倉何反, 倉可反, 倉柯反, 錯何反, 蒼何反, 七何反, 藏賀反으로, 『간무보결절운』에서는 七何反(平聲歌韻)으로 나타난다. 『왕삼』에서는 '蹉'의 반절이 보이지 않는다. 경흥의 반절상자 '千'은 현응 음의의 '麤'와 『간무보결절운』의 '七'과 더불어 『왕삼』의 淸母에 속한다. 따라서 반절상자에서의 음운론적 차이는 발견되지 않는다. (音02)의 祚之阿反과 祚[之河反]에서 이미 논의한 것처럼, 경흥의 반절하자 '阿'가 현응과 혜림의 음의, 『간무보결절운』, 『왕삼』 등에서는 보이지 않는다. '阿'는 『왕삼』에서 果攝歌韻一等開口로 분류되는데 '何'와 '柯'도 이 부류에 속한다.[31] 따라서 반절하자에서도 음운론적 차이는 없고 표기

---

31 다만, '可'는 果攝哿韻一等開口이고 '賀'는 果攝箇韻一等開口이므로 이들은 약간 차이가 난다.

에서만 차이가 난다.

(音53) 汚[烏臥反]은 현응에서 烏故反, 烏故烏胡二反, 於故反으로, 혜림에서 烏故反, 烏固反, 烏臥反, 塢固反, 襖固反으로[32] 나타난다. 『왕삼』에서는 '汚'에 대한 반절이 보이지 않고『간무보결절운』에서 '汙'를 烏故反(去聲暮韻)이라 한 것이 눈에 띈다. 경흥의 '烏臥反'이 혜림에서도 그대로 나타나기는 하지만 혜림에서는 '汚'의 반절하자로 '固'와 '故'가 두루 쓰이고 '臥'는 烏臥反에 오직 한 번 쓰였다. 『왕삼』에 따르면 경흥의 반절하자 '臥'는 吳貨反으로서 果攝箇韻一等合口에 속한다. 반면에 현응과 혜림 및『간무보결절운』의 '故, 固'는 遇攝暮韻一等에, 현응의 '胡'는 遇攝模韻一等에 속한다. 따라서 경흥의 반절하자는 攝에서 차이가 날 정도로 중국의 그것과 음운론적 차이가 아주 크다. 이 차이는 '汚'와 통용자 관계에 있는 '汙'의 반절에서도 찾을 수 있다. '汙'를 현응은 於故紆坐二反이라 하고 혜림은 烏故紆坐二反이라 한 바 있다. 이 二反 중에서 경흥은 紆坐反, 紆坐反 계통을 따라 '汚'의 반절하자에 '臥'를 이용한 것으로 보인다. 아무튼 '汚'의 반절하자에 이용한 '臥'는 경흥의 독자적 표기법에 따른 것임이 분명하다. 경흥 당시의 古代 漢字音을 반영하였기 때문에 이렇게 차이가 났을 것이다.

지금까지 23개의 반절을 통하여 경흥의 『연의술문찬』에 독자적 반절이 기술되어 있음을 논의하였다. 경흥이 53개의 한자에 반절을 달았음을 감안하면 이 수치는 전체의 43%에 달한다. 이것은 경흥이 중국의 텍스트에서 반절자를 모두 다 인용 전재한 것이 아님을 증명해 준다. 3장에서 이미 논의한 것처럼 경흥이 독자적으로 字形을 기술한

---

32 여기에는 다음과 같은 음운론적 설명이 부가되어 있다. '大開牙引聲雖卽重用汚字其中開合有異'

것이 전체 13예 중에서 6예, 즉 전체의 46% 정도였다. 따라서 字形論에서 독자적으로 기술한 比率과 字音論 즉 반절 표기에서 독자적으로 기술한 比率이 오차 범위 안에서 일치한다. 이러한 일치는 매우 흥미로운 것으로서 경흥이 독자적으로 기술한 것을 종합해 보면 전체의 44%(전체 66예 중에서 29예)에 달한다.

獨自的 反切 중에는 『왕삼』의 音系와 차이가 나는 것이 있어 주목된다. 이들을 따로 정리해 보면 다음과 같다.

(15) 『王三』의 音系와 差異가 나는 것

    (音02) 祚之阿反과 祚[之河反]

    (音04) 撾[古惡反]　　　　　(音09) 鄭[古惡反]

    (音19) 曄[爲韶反]과 曄[王輒反]

    (音21) 㟜[止容衆從二反]　　(音22) 蔓[馬安反]

    (音24) 冥[鳴央反]　　　　　(音25) 牘[牛對反]

    (音30) 賴[洛代反]　　　　　(音46) 僥[五彫古遶二反]

    (音53) 汚[烏臥反]

이 11개의 반절은 『왕삼』의 음계와 차이가 작지 않으므로 古代 韓國의 漢字音을 表音한 것일 가능성이 높다. 이 반절에 경흥 당시 즉 7세기 말엽의 한자음이 담겨 있다고 하여도 틀린 말은 아니다. 앞으로 이에 대한 본격적인 연구가 뒤따라야 할 것이다.

경흥이 독자적으로 선택하여 이용한 반절자를 모아 보면 매우 흥미로운 결과가 나온다. 이 독자적 반절자는 鄕札을 비롯한 傳統的 借字表記에서 두루 이용되는 한자와 적잖이 일치한다. 다음의 '之, 阿, 古, 惡, 達, 馬, 安, 洛, 只, 下, 烏, 臥' 등이 그것이다.

(16) 傳統的 借字와 一致하는 璟興의 反切字

	反切上字	反切下字
(音02) 祚之阿反 →	之 (鄉札·吏讀·口訣)	阿 (鄉札·吏讀)
(音04) 摑[古惡反] →	古 (鄉札·口訣)	惡 (鄉札)
(音07) 遏[阿達反] →	阿 (鄉札·吏讀)	達 (鄉札)
(音09) 廓[古惡反] →	古 (鄉札·口訣)	惡 (鄉札)
(音22) 蔓[馬安反] →	馬 (鄉札·口訣)	安 (鄉札)
(音30) 賴[洛代反] →	洛 (鄉札)	
(音33) 狂[其亡反] →	只 (鄉札·吏讀·口訣)[33]	
(音41) 蹉[千阿反] →	阿 (鄉札·吏讀)	
(音52) 汗[下旦反] →	下 (鄉札·口訣)	
(音53) 汚[烏臥反] →	烏 (鄉札)	臥 (鄉札·吏讀·口訣)

경흥의 반절자는 吏讀字나 口訣字보다는 鄉札字와 일치하는 경향
을 보인다. 이것은 아주 흥미롭고도 중요한 것으로서 경흥의 반절자
가 鄉札 表記法의 영향을 받았음을 암시한다. 특히 위의 12자 중에서
'之'를 제외한 11자는 모두 鄉札에서 音讀字로 쓰였다는 점에 주목할
필요가 있다. 이것은 경흥 특유의 반절자가 한국 고유의 傳統的 音借
表記字에 바탕을 둔 것임을 의미한다. 경흥의 표기법이 전통적 음차
자에 기반을 두었다고 할 때에만 이러한 일치를 설명할 수 있다. 이
러한 일치는 또한 경흥 시대에 이미 韓國의 古代 漢字音이 확정되어
있었음을 암시한다. 당시에 고대 한자음이 확정되지 않았다면 반절
자에 대한 독자적 기술을 기대하기가 어렵기 때문이다. 한국의 고대

---

33 차자표기에 두루 쓰이는 '只'가 '其'에서 비롯된 것으로 보는 견해(金完鎭 1985)를
따랐다.

한자음이 정착되어 있었기 때문에 경홍이 중국의 텍스트에서는 쓰이지 않는 반절자를 이용할 수 있었을 것이다.

그렇다고 하여 경홍의 반절자 모두가 독자적인 것은 아니다. 중국 텍스트의 반절과 일치하는 것도 적지 않다. 이들을 모두 열거해 보면 다음과 같다.

(17) 中國의 反切字와 一致하는 것

　　(音01) 綜子送反 (卷上25中) ← (玄應音義 卷第22 瑜伽師地論第四十一卷, 卷第12 修行道地經第二卷), 『王三』 綜[子宋反]

　　(音05) 裂[呂蘗[34]反] (卷上34下)[35] ← (『刊謬補缺切韻』 呂薛反 入聲薛韻)

　　(音11) 赫[呼格反] (卷中53中) ← (玄應音義 卷第24 阿毘達磨俱舍論第十八卷), (『刊謬補缺切韻』 呼格反 入聲格韻)

　　(音12) 焜[胡本反] (卷中53中) ← (玄應音義 卷第8 無量淸淨平等覺經上卷, 卷第5 等目菩薩所問經上卷, 卷第12 中本起經上卷, 卷第12 那先比丘經上卷), (『刊謬補缺切韻』 胡本反 上聲混韻)

　　(音13) 煜[由鞠反] (卷中53中) ← (玄應音義 卷第8 无量壽經上卷)

　　(音14) 溪亦作谿字苦奚反[36] (卷中53下) ← (玄應音義 卷第23 顯揚聖教論第一卷)

　　(音16) 殆[徒改反] (卷中57中) ← (玄應音義 卷第22 瑜伽師地論第一卷)

---

34 '薛'의 오자가 아닐까 한다. 玄應版 音義에서는 '裂'에 반절이 부가된 예를 찾을 수 없지만 元應版 音義에는 裂[力哲反]의 예가 나온다. 그런데 이 반절은 慧苑이 현응 음의에 첨부한 『補訂新譯大方廣佛華嚴經音義』에 딱 한 번 나온다. 이것은 8세기 초엽 이후에 이루어진 것이므로 경홍이 이것을 참고하였을 가능성은 없다.

35 앞의 (形04)에도 是四反과 於六反이 나온다. 그런데 이들이 정말 반절인지, 반절이라면 어느 한자에 대한 것인지 분명하지 않다. 따라서 여기에서는 이 예를 논의 대상에서 제외하였다.

36 雙行割註가 아니다.

(音17) 怙[胡古反] (卷中57中) ← (玄應音義 卷第1 華嚴經第十二卷, 卷第8
維摩詰所說經卷上), (『刊繆補缺切韻』胡古反 上聲姥韻)

(音20) 忪古文忪[之容反] (卷下68中) ← (玄應音義 卷第8 無量清淨平等
覺經上卷, 卷第19 佛本行集經第十六卷, 卷第13 四自侵經)

(音23) 蒙又作矇皆[莫公反][37] (卷下68上) ← (玄應音義 卷第3 摩訶般若
波羅蜜經第一卷, 卷第5 太子墓魄經, 卷第4 大方便報恩經第四卷,
卷第23 大乘五蘊論一卷, 卷第13 阿難問佛事吉凶經, 卷第25 阿毘
達磨順正理論第五十一卷)

(音26) 籠盧江[38]反 (卷下68上) ← (玄應音義 卷第13 阿難問佛事吉凶經),
(『刊繆補缺切韻』力動反又盧紅反 上聲董韻)

(音27) 抵[都禮反] (卷下68上) ← (玄應音義 卷第16 大愛道比丘尼經卷上,
卷第12 雜寶藏經)

(音29) 猥[烏罪反] (卷下68中) ← (玄應音義 卷第22 瑜伽師地論第八卷, 卷
第11 增一阿含經)

(音31) 恪古文窓[若[39]各反] (卷下68下) ← (玄應音義 卷第3 放光般若經第
三十卷, 卷第5 文殊師利佛土嚴淨經上卷, 卷第12 賢愚經第一卷),
(『刊繆補缺切韻』恪苦各反 入聲鐸韻)

(音32) 㿻[烏皇反] (卷下70下) ← (玄應音義 卷第13 雜阿含經第七卷, 卷第
11 正法念經第十八卷)

(音34) 貿[莫候反] (卷下70下) ← (玄應音義 卷第25 阿毘達磨順正理論第
七十五卷), (『刊繆補缺切韻』莫候反 去聲候韻)

(音35) 妷[40][與一反] (卷下71中) ← (玄應音義 卷第3 明度無極經第三卷,

---

37 '矇'에 붙어야 할 반절이 '矇'의 다음에 온 '皆'에 붙어 있다.
38 '紅'의 오자가 아닐까 한다. 雙行割註가 아니다.
39 全書에서 '若疑苦'라고 주석을 달았다.

卷第5 海龍王經第三卷)

(音36) 眄[眠見反][41] (卷下71中) ← (玄應音義 卷第8 無量淸淨平等覺經
下卷, 卷第1 華嚴經第九卷, 卷第25 阿毘達磨順正理論第十一卷)

(音37) 眯[力代反] (卷下71中) ← (玄應音義 卷第8 無量淸淨平等覺經下
卷)

(音38) 態古文能[他代反] (卷下71中) ← (玄應音義 卷第5 海龍王經第三
卷), (『刊繆補缺切韻』 他代反 去聲代韻)

(音39) 師[所飢反] (卷下71中) ← (玄應音義 卷第2 大般涅槃經第二卷)

(音40) 蹇[居免反] (卷下71下) ← (玄應音義 卷第3 放光般若經第二十一
卷, 卷第1 大方等大集經第十五卷)

(音42) 跌[徒結反] (卷下71下-72上) ← (玄應音義 卷第8 拔陂經, 卷第5 超
日明三昧經下卷, 卷第10 大莊嚴經論 第二卷, 卷第17 俱舍論第十八
卷), (『刊繆補缺切韻』 徒結反 入聲屑韻)

(音43) 辜[古胡反] (卷下72上) ← (玄應音義 卷第8 無量淸淨平等覺經下
卷, 卷第25 阿毘達磨順正理論第四十一卷)

(音44) 魯[力古反] (卷下72上) ← (玄應音義 卷第20 字經抄, 卷第22 瑜伽
師地論第五十五卷, 卷第18 尊婆須蜜所集論第六卷)

(音45) 扈[胡古反] (卷下72上) ← (玄應音義 卷第3 放光般若經第六卷, 卷
第8 無量淸淨平等覺經下卷, 卷第8 阿彌陀經上卷, 卷第7 正法華經
第二卷, 卷第12 長阿含經第四卷, 卷第20 佛所行讚經傳第一卷, 卷
第20 法句經上卷), (『刊繆補缺切韻』 胡古反 上聲姥韻)

(音47) 佯[胡耿反] (卷下72中) ← (玄應音義 卷第4 菩薩瓔珞經第六卷),
(『王三』 胡耿反)

---

40 古字 '佚'의 今字이므로 '조카'의 뜻이 아니라 '樂'의 뜻이다.
41 '眄'에 붙어야 할 반절이 '耆'에 붙어 있다.

(音50) 厲[力制反] (卷下73中) ← (玄應音義 卷第13 佛般泥洹經下卷),
(『王三』力制反)

(音01)의 '綜'에 대하여 현응 음의에서는 子迸反, 子迸反, 祖迸反이
라 하였고 『간무보결절운』과 『왕삼』에서는 綜[子宋反]이라 하였다.
이 중에서 경흥의 반절과 정확하게 일치하는 것은 현응의 子迸反뿐
이다. 이처럼 어느 하나와만 일치하여도 경흥과 중국 텍스트의 반절
자가 일치하는 것으로 분류하였다.

(音05) 裂[呂蘗反]의 '蘗'은 아마도 '薛'의 오자일 것이므로 여기에
서는 呂蘗反을 呂薛反으로 교정한다.[42] '裂'에 대한 반절은 현응 음의
나 『왕삼』에서는 찾을 수 없지만 『간무보결절운』에서는 '裂'을 呂薛
反(入聲薛韻)이라 하였다. 교정을 전제로 하면 경흥의 반절은 『간무
보결절운』의 반절과 일치하게 된다. 이 글에서는 이처럼 어느 한 곳
에서만 일치하여도 경흥이 중국 텍스트를 인용한 것으로 분류하였다.

이 방법에 따라 경흥의 반절이 중국의 텍스트와 일치하는 것을 모
두 뽑아보면 위의 27개가 된다. 경흥의 반절 중에서 51% 정도가 중
국의 텍스트와 일치하는[43] 셈이다. 중국의 韻書나 音義를 바탕으로
반절법을 익힐 수밖에 없는 상황이라면 중국의 반절과 일치하는 것이
많아질 수밖에 없다. 경흥도 중국의 텍스트를 바탕으로 하여 반절법
을 익혔을 것이므로 이 정도의 일치는 당연한 것이다.

위의 자료에서 매우 흥미로운 사실을 하나 발견할 수 있다. 경흥의
반절자가 현응 음의와 완전히 일치하는 것은 27개나 되는 데에 비하

---

42 이 책의 '3.2. 경흥의 반절자'에서 논의한 것처럼, '蘗'은 오자가 아니다. 따라서
(音05) 裂[呂蘗反]의 반절을 경흥의 독자적 반절로 수정할 필요가 있다.

43 일본의 『新撰字鏡』이 玄應 音義를 인용한 비율도 50% 내외이다(池田證壽 1982).

여 『간무보결절운』이나 『왕삼』과의 일치 예는 많지 않다는 점이다. 『간무보결절운』과 일치하는 것은 10개, 『왕삼』과 일치하는 것은 2개에 불과하다. 『간무보결절운』이나 『왕삼』은 韻書의 일종이므로 각개 한자에 대한 반절이 한 번밖에 나오지 않는다는 점을 감안하면 크게 이상할 것도 없다. 예컨대, (音01) 綜子送反의 경우, 현응 음의에는 '綜'에 대한 반절이 6회 이상 나오고 그것도 子送反, 子逆反, 祖送反 등으로 다양하게 나타난다. 이에 반하여 『간무보결절운』과 『왕삼』에는 '綜'에 대한 반절 子宋反이 딱 한 번만 나온다. 이러한 상황에서는 현응 음의와의 일치 비율이 切韻系 韻書와의 일치 비율보다 훨씬 높아질 것은 자명하다. 이 점을 강조하면 경흥이 절운계 운서보다 현응 음의를 더 많이 참고하였다고 쉽사리 단정할 수가 없다. 그렇다 하더라도 현응 음의를 많이 참고한 것은 의심할 여지가 없다. 경흥이 반절을 베푼 53자 중에서 『간무보결절운』에 나오는 것은 42자이다. 이 42자 중에서 10자에서만 반절이 일치하는데, 비율로 따지면 24% 정도가 된다. 이 수치는 현응 음의와 일치하는 비율 50%에 비하면 결코 높은 것이라고 할 수가 없다. 이 점을 중시하여 경흥이 반절을 달 때에 가장 많이 참고한 것은 현응 음의였다고 추정해 둔다.

이제 경흥이 현응 음의에서 인용한 것을 卷次別로 정리해 보기로 한다. 현응 음의와 일치하여 경흥이 인용하였으리라 추정되는 것으로는 (7)과 (17)의 예가 있다. (7)의 字形 記述에서 일치하거나 (17)의 反切字에서 일치하는 예를 모두 합하여 현응 음의를 引用한 回數를 卷次別로 정리해 보면 다음과 같다.

(18) 玄應 音義의 卷次別 引用 回數

卷次	1	2	3	4	5	6	7	8	9	10	11	12	13	14	15	16	17	18	19	20	21	22	23	24	25
回數	4	1	6	3	9	0	1	11	0	1	2	7	6	0	0	1	1	2	3	3	0	4	3	1	6

이 표에서는 (音45)의 鳸[胡古反]이 7가지 佛典을 참고한 것으로 계산하였는데 回數가 많다고 하여 특별히 의미가 있는 것은 아니다. 그러나 경흥이 어느 특정 卷次만을 참고한 것이 아니고 全卷을 두루 참고하였음을 암시한다는 점에서는 의미가 있다.

그런데 특이하게도 卷第6, 卷第9, 卷第14, 卷第15, 卷第21 등은 한 번도 인용하지 않았다. 현응 음의의 卷第6이『妙法蓮華經』만으로, 卷第9가『大智度論』만으로, 卷第14가『四分律』만으로 편권되었다는 점을 감안하면 이들 불전을 경흥이 참고하지 않았을 가능성이 높아진다. 이 셋은 대단히 유명하고 널리 알려진 불전인데도 인용하지 않은 까닭이 무엇인지 궁금하다. 잘 알고 있는 불전이라서 오히려 인용 대상에서 제외한 것은 아닐까? 현응 음의의 卷第15는『十誦律』,『僧祇律』,『五分律』의 세 가지로 이루어지는데 이들은 모두 각각 六十一卷, 四十卷, 三十卷으로 이루어지는 巨帙이다. 혹시 巨帙이라서 연구의 대상에서 제외된 것은 아닐까? 인용하지 않은 卷第21이 13종의 불전으로 이루어진다는 점에서 이 설명이 정곡을 찌른 것 같지는 않다. 여기에서는 경흥이 현응 음의의 여러 卷次를 두루 참고하였다는 점만 확인해 두기로 한다.

53개의 반절 중에서 아직 거론하지 않은 것이 있다. 다음의 2예는 아무래도 誤字인 듯하여 논의를 유보하였다.

(19) 論議를 保留한 것
　　(音03) 慴[倚[44]葉反] 畏也 (卷上34中)
　　(音08) 戡[墮[45]六[46]反] 集也攝也 (卷中51中)

---

44 '徒'의 오자일 것이다.
45 全書에서 '墮疑殖'라고 주석을 달았다.

(音03)의 '倚'가 '惛'의 반절상자라고 믿기는 어려울 것이다. 마찬가지로 (音08)의 '墮'가 '戳'의 반절상자라고 하기는 어렵다. (音08)의 '六'은 '立'의 오자라고 쉽게 추정할 수 있으나 (音03)의 '倚'와 (音08)의 '墮'에 대해서는 추정이 거의 불가능하다. 그러나 『大日續藏經』과 大谷大學에 전하는 『連義述文贊』을 實査한 결과에서도[47] 이들은 모두 惛[倚葉反]과 戳[墮六反]이었다. 따라서 誤字說에 근거하여 논의를 전개하는 것보다는 논의를 일단 보류하는 것이 나을 것이다.

5. 字義 - 意味論

경흥이 『연의술문찬』에서 베푼 訓詁 즉 字義는 230여 개이다. 그런데 이 중에는 불교의 전문 용어에 대한 것이 있는가 하면 일상어에 대한 것도 적지 않다. 佛敎 專門用語는 고대 한국어를 반영한 것이라고 하기가 어렵지만 일반인이 두루 사용하는 日常語는 고대 한국어 자료로서 손색이 없다. 이 일상어는 거론하기가 어려울 정도로 양이 많으므로 여기에서는 특징적인 것만을 골라서 논의하기로 한다.

불교 전문용어에 대한 訓詁는 40여 개에 이른다. 여기에서는 현재까지도 널리 통용되고 있는 불교 용어에 대한 훈고의 예를 몇 개만 들어 둔다.

(20) 佛敎 專門用語에 대한 訓詁
　　(佛義03) 伽耶者卽象頭山 (卷上20中)

---

46 '立'의 오자가 아닐까 한다.

47 이 조사는 2007년 4월 20일, 大谷大學 도서관에서 실시되었다. 小助川貞次, 吳美寧 교수의 도움을 받았음을 밝혀 감사드린다.

(佛義07) 彼岸者眞理 (卷上23上)

(佛義08) 處兜率天者卽昇天也 (卷上23上)

(佛義09) 寶冠瓔珞者卽諸莊嚴具也 (卷上27上)

(佛義36) 善惡者因 禍福者果 (卷下71上)

그런데 불교를 전제하지 않는다면 성립되기 어려운 뜻풀이가 적지 않다. 다음의 예가 이에 해당하는데 일상적으로는 '來'와 '歸', '入'과 '解', '心'과 '果', '道'와 '因'을 각각 서로 동의어라고 하지 않는다. 불교를 전제로 하되 일정한 문맥에서만 이들은 同義 관계가 성립하기 때문이다. 이러한 예들은 일상어의 범주를 벗어난 것으로 보아야 할 것이다.

(21) 佛敎 前提 訓詁

(佛義06) 來者歸也 (卷上21中)

(佛義22) 入者解也 (卷中39中)

(佛義30) 心者果也 (卷下68上)

(佛義31) 道者因也 (卷下68上)

불교에서만 통용되는 전문용어를 풀이한 訓詁인지 일반인이 두루 사용하는 일상어를 풀이한 것인지 판단하기 어려운 것도 적지 않다. 아래의 예들은 불교의 관점에서는 전문용어가 되지만 언어학자에게는 일상적 단어에 대한 뜻풀이가 된다.

(22) 專門用語 與否 判定 保留

(佛義24) 開者令始學 導者令終熟故 (卷中37上)

(佛義25) 網者敎也 (卷中37中)

(佛義27) 義亦無咎 (卷中43上)

(佛義34) 典者常也 申常道故 廣雅典主也 (卷下68下)

　(佛義24)에서 '開는 처음 배우게 하는 것이고 導는 마침내 익숙하게 하는 것이라'고 하였는데, 이 예는 불교 학습을 전제로 한 뜻풀이일 것이다. 그러나 '開'와 '導'에 대한 이 뜻풀이가 불교에만 한정하여 적용되는 것은 아니다. 거꾸로, (佛義34)의 '典'은 廣雅에서 '主'라고 한 바 있으므로 이미 일상어화한 것이지만 불교의 관점에서는 '典은 常이다. 常道를 펴기 때문이다' 정도로 뜻풀이를 할 수 있다. 이처럼 불교 전문용어인지 일상어인지 판별하기 어려운 것이 아주 많다는 점을 강조해 둔다.

　경흥의『연의술문찬』에는 문물, 관습, 제도 등에 대한 考證을 베푼 곳이 많다. 백과사전에서는 표제항으로 올릴 수 있지만 일반적 언어사전에서는 제외되는 항목이 적지 않다. 이 글에서의 考證은 바로 이 부류에 해당하는데, 경흥은 이에 대해 적잖이 기술해 놓았다. 이 고증은 중국의 것을 인용하였을 가능성이 상대적으로 높기 때문에 인용 전재 여부를 가릴 때에 특히 좋은 자료가 된다.

　(23) 獨自的 考證

　　(義005) 算計者數 文者卽詩書 藝者禮樂 射者射術 御者卽御車 是謂
　　　　　六藝 (卷上25中)

　　(義051) 家室者 夫稱於婦曰家 婦稱於夫曰室 (卷下67下)

　　(義088) 鄕者一萬二千五百家 黨者五百家 五家爲隣 隣五爲里 (卷下
　　　　　71上)

　　(義089) 郊外曰野 邑外謂郊 (卷下71上)

　　(義097) 師[所飢反] 四千人爲軍 二千五百人爲師 師十二匹馬也 五百

人爲旅也 (卷下71中)

(義114) 六親者 有說父親有三母親有三合有六親 或有引世語以申難
定 應劭云父母兄弟妻子 王弼云父母兄弟夫婦 皆違 持頌云
父之六親母之六親 (卷下72中)

(義005)의 六藝에 대한 기술을 현응 음의에서는 찾을 수 없다. 六
藝는 중국 周代에 행해지던 교육과목인데 구체적으로는 '數, 書, 禮,
樂, 射, 御(馬術)'의 여섯 가지를 가리킨다. 경흥에서는 '書'에 '詩'가
덧붙고 '禮'와 '樂'을 구별하지 않았다.

(義051)은 '家'와 '室'의 차이를 명확하게 밝힌 것이다. 아내에게는
夫稱이 '家'이고 남편에게는 婦稱이 '室'이라 하여 성별에 따라 호칭이
달라짐을 밝힌 것이다. 현응 음의에도 『禮記』, 鄭玄, 『論語』를 인용
하여 '室'을 설명한 것이 나오지만[48] 이처럼 '家'와 대비하여 분명하게
설명하지는 않았다.

(義088)은 '鄕, 黨, 隣, 里' 등의 단위를 구체적으로 설명한 것이다.
현응 음의에는 이에 대한 인용이 적지 않은데, 대개는 '隣, 里, 井,
邑, 鄕, 國'의 순으로 단위가 커진다. 그런데 경흥은 작아지는 방향으
로 기술하였고 중국에서는 찾기 어려운 단위인 '黨'을 넣었다는 점이
독특하다. '黨' 단위가 중국에는 없지만 신라에는 있었음을 암시하는
것으로 보인다.

(義089)에서는 '郊外'를 '野'라 하고 '邑外'를 '郊'라 하였다. 그런데
현응 음의에서는 이와 정확하게 일치하는 고증을 찾을 수가 없다. 현
응은 『爾雅』를 인용하여 '邑外'를 '郊'라 하고 '郊外'를 '牧'이라 하였으

---

48 禮記三十壯有室 鄭玄曰有室妻也 故妻稱室案室戶內房中也 論語由也 升堂未入
於室也 家居也 (현응음의 攝大乘論 第九卷)

므로[49] '邑外'는 일치하지만 '郊外'는 어긋난다. 또한 서술 순서가 역방향이라 일치하지 않는다. 따라서 이 예도 경흥이 독자적으로 기술한 예에 속할 것이다.

(義097)은 '師'를 고증한 것으로서 '師'가 2,500인과 12필마로 구성됨을 고증하였다. 그런데 현응 음의에 인용된 텍스트에서는 이와 동일한 주석을 찾을 수가 없다. 『周禮』를 인용한 곳에서는 5旅가 師가 되고 2師가 軍이 된다고 하였으며, 『字林』을 인용한 곳에서는 師가 2,500인이고 市阜로[50] 구성된다고 하였다. 따라서 경흥이 12필마를 거론한 것은 독자적인 것이라 할 수 있다.

(義114)에서는 '六親'에 대한 여러 견해를 열거한 다음 이들의 개념이 서로 어긋남을 말하고, 아버지의 육친과 어머니의 육친이 정확한 것임을 암시하였다. 중국의 텍스트를 인용하기는 하였으나[51] 경흥 자신의 독자적 견해를 베풀었다는 점에서 의의가 있다.

경흥이 중국의 텍스트를 인용한 것이 분명한 예도 나온다. 특히 出典을 밝힌 것은 모두 이 부류에 속한다고 할 수 있다.

(24) 引用한 考證

(義125) 邑者周禮四井爲邑 方二里也 九夫爲井 方一里也 說文八家
一井也 (卷下73中)

← 周禮四井爲邑 鄭玄曰方二里也 (현응음의 維摩詰所說經 中卷)

---

49 爾雅邑外謂之郊 郊外謂之牧 牧外謂之林 皆各七里 林外謂之坰 (현응음의 瑜伽師地論 第二十五卷)

50 '阜'에서 '十'을 제거한 한자로서 '언덕 퇴'자이다. 여기서는 컴퓨터 활자의 제약으로 '阜'로 표기하였다.

51 현응은 六親에 대한 구체적인 견해로 應邵의 견해만 인용하였다.
應邵曰六親者父母兄弟妻子也(현응음의 華嚴經 第十四卷, 盂蘭盆經)

← 周禮九夫爲井 方一里也 白虎通曰因井爲市故曰市井 說文云八
家一井 (현응음의 太子須大拏經)

(義126) 聚落者小鄕曰聚 廣雅落居也 謂人所聚居也 (卷下73中)

← 韋昭注小雅鄕曰聚 人所聚也 廣雅落居也 人所居也 漢書無燔
聚落是也 (현응음의 倶舍論 第二十一卷)

(義125)에서는 『周禮』를 인용하였음을 밝혔는데, 이것이 사실은
현응 음의에서 再引用한 것일 가능성을 배제할 수 없다. 語句와 配列
順序가 정확하게 일치하기 때문이다. (義126)도 마찬가지이다. 경흥
은 인용 書名 『小雅』의 '雅'를 빠뜨렸지만 『小雅』와 『廣雅』를 종합하
여 '聚落'을 '人所聚居'라고 풀이하였다. 이 두 예를 종합해 보면 字義
분야에서도 경흥은 현응 음의를 가장 많이 참고하였음을 알 수 있다.
이것은 字形이나 字音 분야에서의 분석 결과와 일치한다.

考證에 해당하는 것으로 일단 (23-24)의 8개 예를 들 수 있다. 이
중에서 (義126)이 과연 고증에 해당하는 것인지 의심스럽기는 하지
만, 8개 중에서 6개의 예에서 경흥은 독자적 기술을 시도하였음을 알
수 있다. 전체적의 75%에 달할 정도로 독자적 기술의 비율이 높다고
할 수 있다.

이제 이름을 짓거나 뜻을 풀이하는 방식의 字義論으로 넘어간다.
命名構文이나 뜻풀이구문은 약간 차이가 있지만 字義를 설명하는 방
식의 일종이라는 점에서는 크게 다르지 않다. 따라서 하나로 묶어서
기술하기로 한다.

(25) 命名 및 뜻풀이 構文

(義006) 三六相動 (卷上24下)

搖颺不安爲動 (卷上24下)　　　　鱗隴凹凸爲涌 (卷上24下)

隱隱有聲爲震 (卷上24下)　　　　有所扣打爲擊 (卷上24下)

碎磕發響爲吼 (卷上24下)　　　　出聲驚異爲爆 (卷上24下)

(義041) 覩者見也 諸侯見天子曰覿是也 (卷下60下)

(義062) 窈窈者卽中有之時 冥冥者卽生有之時 (卷下67下)

(義078) 攬者撿之在手又取也 (卷下68下)

常道攬理故云典攬此中意言道法開導故云敎授 (卷下69上)

(義082) 孤者無父母獨者無子女 (卷下70中)

(義099) 趣者伺人不覺以求他物 擧之離本曰盜 (卷下71中)

(義102) 苦具逼身曰迫 (卷下71中)

(義103) 以威凌物曰憎 (卷下71中)

(義112) 振者惠也 損富補貧 賑亦同 慣串同也 (卷下72上)

(義006)은 명명구문의 일종으로서 類義語 상호간의 미세한 의미차이를 기술한 것이다. 이처럼 의미차이를 자세하게 기술하여 종합한 것은 중국의 텍스트에서는 찾을 수가 없다. 현응 음의와 혜림 음의에 '涌'과 '擊'에 대한 기술이 나오기는 하지만[52] 경흥처럼 상호 대비하여 구체적으로 기술한 것은 나오지 않는다. (義041)에서처럼 '覿'을 '諸侯가 天子를 (곁눈질로) 보는 것'이라고 구체적으로 기술한 것은 중국의 텍스트에서는 찾기 어렵다. (義062)에서처럼 '窈窈'와 '冥冥'을 상호 대비하여 기술한 것도 중국의 텍스트에서는 찾을 수가 없다. (義082)의 '孤'에 대하여 '無父母'라 하고 '獨'에 대하여 '無子女'라 하여 女性을 포함한 설명은 중국에서는 보이지 않는다. 즉 중국에서는 '母'와

---

52 涌 … 廣雅泛泛浮貌也 (玄應音義 阿毘達磨俱舍論 第二十卷)

　　擊 … 孔注尙書云擊拊也 顧野王云擊打也攻也 司馬彪注莊子擊猶動也 (慧琳音義 阿毘達磨顯宗論 第三卷)

'女'가 제외되어 있다.[53] (義078)의 '攬'과 '典攬', (義099)의 '趣'와 '盜', (義102)의 '迫'에 대한 기술이 현응 음의에는 나오지 않는다. 따라서 이들도 경흥이 독자적으로 기술한 것이라고 할 수 있다. 중국에서는 (義103)의 '憎'을 기술할 때 '凌物'이 등장하지 않는다. (義112)의 '振'을 '惠'라 한 것과 구체적으로 '損富補貧'이라 기술한 것도 중국의 텍스트에서는 찾을 수 없다.[54]

命名構文이나 뜻풀이구문으로 분류되는 것은 위의 9예이다. 경흥은 미세한 의미차이를 기술하기 위하여 대비의 방법을 즐겨 사용하였음을 위의 (義006), (義062), (義078) 등의 예에서 엿볼 수 있다. 중국의 텍스트에도 이들에 대한 기술이 나오기는 하지만 경흥과 서로 일치하는 것은 하나도 없다. 따라서 9예 모두 중국의 텍스트를 그대로 引用 轉載한 것이 아니라 경흥이 독자적으로 기술한 것이라고 할 수 있다. 앞의 考證에서 이미 보았듯이, 경흥은 字形論・字音論 분야보다 字義論 분야에서 獨自性과 獨創性을 훨씬 잘 발휘한 듯하다.

6. 璟興 註釋의 言語學的 意義

지금까지 경흥의 『연의술문찬』에 기술된 註釋을 간단하게 논의해 보았다. 이 주석이 가지는 言語學的 意義를 정리함으로써 결론을 대신하기로 한다.

경흥은 生沒年代가 확실하지 않지만 적어도 694년까지는 생존했을 것이다. 경흥 저술의 하나인 『三彌勒經疏』에 則天武后字 '圀'이

---

53 無父曰孤 無子曰獨 無兄弟曰煢煢單也 煢煢無所依也 (玄應音義 華嚴經 第五卷)

54 說文振擧也 小雅振救也 亦振發也 經文作賑諸忍反 尒雅賑富也 謂隱賑富有也 賑亦兩通也 (玄應音義 瑜伽師地論 第四十八卷)

쓰였으므로 이렇게 말할 수 있다. 이에 따르면 경흥이 『연의술문찬』을 찬술한 시기는 7世紀 末葉으로 추정된다. 7세기 말엽 또는 그 이전의 한국어 자료는 찾기가 아주 어렵다. 實物이 전하는 것으로는 일부의 金石文과 木簡 자료밖에 없기 때문이다. 이 점에서 『연의술문찬』의 주석 자료는 시기적으로 획기적인 자료이다.

경흥의 『연의술문찬』에는 한자의 形·音·義에 대한 주석이 두루 베풀어졌을 뿐만 아니라 총 300여 개에 이를 정도로 그 양이 많다. 字形에 대한 주석이 13개, 字音에 대한 주석이 53개, 字義에 대한 주석이 230여 개 정도이다. 이처럼 양이 많다는 점에서도 이 주석은 우선 괄목할 만한 자료이다. 南豊鉉(2003)이 일본에 전하는 『妙法蓮華經釋文』(中算 撰, 976년)에서 신라 승 順憬과 璟興의 주석 42개 찾아내었는데, 이에 비하면 『연의술문찬』의 주석은 약 7.5배나 되는 분량이다. 따라서 양적으로도 획기적인 자료라고 할 수 있다.

南豊鉉(2003)이 찾아낸 42개의 주석은 『妙法蓮華經釋文』에 引用된 것이다. 引用된 것이므로 이 자료는 직접 자료라기보다는 간접 자료라고 할 수 있다. 이에 비하여 『連義述文贊』의 주석은 경흥이 직접 저술한 것이므로 직접 자료라고 할 수 있다. 이 점에서도 이 자료는 질적으로 우수하고 가치가 훨씬 높다. 현재 전하는 『연의술문찬』이 後代(구체적으로는 1699년)에 刊行된 것이라는 점에서 진정한 의미의 직접 자료는 아니다. 그렇다 하더라도 이 자료는 저술의 독자성을 가졌을 뿐만 아니라 책의 형식을 온전히 갖추었으므로 다른 책에 引用되어 전하는 것과 구별된다.

경흥은 13개의 한자에 대하여 字形의 異同을 논의하였다. 이것은 韓日 兩國에서 가장 이른 시기의 字形論이라 할 수 있다. 한국이나 일본의 자료에서 자형의 이동을 논의한 것으로서 『連義述文贊』보다 시기가 이른 것은 아직 찾지 못하였다. 寡聞에서 비롯된 추정일지 모르나, 이 13개의 주석은 한일 양국을 통틀어 最古의 字形論이 될 것이다.

경홍은 53개의 한자에 反切法으로 字音을 기술하였다. 경홍보다 한 세대 앞서는 것으로 추정되는 新羅 僧 順憬이 반절법으로 한자음을 기술한 바 있다(南豊鉉 2003). 이것은 한국에서는 적어도 7세기 후반에 반절법을 완전히 터득하여 숙지하고 있었음을 뜻한다. 반절법이 창안되어 전면적으로 적용된 것은 601년의 『切韻』이 最初인데, 이때로부터 얼마 되지 않은 7세기 후반에 이미 반절법을 완전하게 익힌 것이다. 53개에 달하는 경홍의 반절 자료는 이를 실증적으로 증명해 준다.

경홍은 230여 개의 한자 또는 한자어에 대하여 그 의미 즉 字義를 기술하였다. 가장 먼저 눈에 띄는 특징은 文脈을 중시하여 의미를 풀이하였다는 점이다. 한자어에 대하여 考證을 하기도 하였고 命名의 방식이나 뜻풀이의 방식으로 字義를 기술하기도 하였다. 경홍의 字義論은 중국의 텍스트를 그대로 인용한 것이 많지 않다. 字形論·字音論에 비하여 독자성이 훨씬 강한 편이다.

그런데 반절법에 대한 숙지는 佛經의 卷末에 부록으로 실리는 音義 또는 音釋을 기술할 때에 필수적인 조건이 된다. 卷末의 音義나 音釋이 보편화된 것은 宋代에 들어서서의 일이지만 신라의 경홍은 이미 이것을 기술할 만한 조건을 갖추고 있었다고 보아야 한다. 音義나 音釋을 기술할 수 있을 만큼의 知的 蓄積이 이루어지고 난 다음에는 辭書를 편찬할 수 있는 단계로 올라간다. 陸法言의 『切韻』, 玄應의 『一切經音義』, 慧琳의 『一切經音義』 등이 그 예이다.

마침 일본의 吉岡眞之(2006)과 犬飼隆(2006)은 다음의 木簡 기록을 논거로 하여 7세기 후반에 이미 일본에 漢和辭典에 해당하는 辭書가 있었다고 추정하였다. 또한 682년에 『新字』를 편찬하였다는 『日

本書紀』의 기록을 들어, 吉岡眞之(2006)는 이『新字』가 辭書의 일종
일 것이라 추정하였다.

(26) 北大津遺蹟出土 音義木簡

1. 贊[田須久]   [たすく]
2. 誣[阿佐ㅅ加ㅅ移母]   [あざむかむやも] (誣의 이체자)
3. 䊀[久皮之]   [くはし] (精의 이체자)
4. 采 取   [とる]
5. 披 開   [ひらく]

널리 알려져 있듯이 辭書는 形音義 세 가지를 두루 갖춘 것이어야
한다. 字形 위주의 것을 字書, 字音 위주의 것을 韻書, 字義 위주의
것을 類書라고 한다면 辭書는 이 세 가지를 모두 총괄하는 의미를
가진다. 중요한 것은 字音을 체계적으로 기술하여야만 진정한 의미
의 辭書가 된다는 점이다. 중국의 경우 字書의 일종인『說文』,『字
林』 등과 類書의 일종인『爾雅』 등의 편찬 시기는 아주 이른 고대
즉 기원전으로 거슬러 올라가지만 韻書의 일종인『切韻』은 7세기 들
어서서야 비로소 편찬된다. 한자가 표의문자이기 때문에 字音을 기
술하는 韻書가 가장 늦게 편찬된 것은 당연한 일이다.
　그런데 위의 木簡 자료는 양적으로 단편적일 뿐만 아니라 字形과
字義는 갖추었지만 字音은 갖추지 못하였다. 이 점에서는 音義 자료
라고 하기보다는 訓讀 자료라고 하는 것이 정확할 것이다. 이에 반하
여 경흥은『연의술문찬』에서 양적으로도 훨씬 많고 질적으로도 우수
한 자료를 남겼다. 字形을 기술한 것이 13개이고 字音을 기술한 것이
53개일 뿐만 아니라 字義를 기술한 것이 230여 개에 이른다. 그 기술
이 독자적이고도 자립적일 뿐만 아니라 기술 양식이 체계적이라는 점

에서 질적으로도 뛰어나다. 무엇보다도 字音을 反切로 기술하는 양식을 갖추었다는 점이 중요하다. 吉岡眞之(2006)과 犬飼隆(2006)의 논리를 그대로 따른다면 경흥은 7세기 말엽에 이미 진정한 의미의 辭書를 편찬할 만한 수준에 올랐다고 말할 수 있다.

신라에서는 7세기 후반에 이미 音義를 편찬하였음이 南豊鉉(2003)을 통하여 밝혀졌다. 일본의 『妙法蓮華經釋文』(中算 撰, 976년)에서 "新羅順憬師音義云…"이라 한 부분이 무엇보다도 눈길을 끈다. '順憬師 音義'라고 한 표현에 주목할 필요가 있다. 이 표현은 '玄應 音義'에 견줄 수 있는 것으로서 順憬이 辭書의 일종인 '音義'를 편찬한 적이 있음을 말해 준다. 7세기 후반의 신라에 이미 辭書의 일종인 '音義'가 있었음을 실증적으로 증명해 주는 것이 바로 경흥의 『연의술문찬』에 나오는 각종 주석이다. 사서가 편찬되지 않은 상황에서는 300개가 넘는 양의 주석을 기대하기가 어렵기 때문이다. 7세기 후반에 사서를 편찬하였다는 기록은 보이지 않지만, 璟興의 註釋 자료를 통하여 사서 편찬의 실증적이고도 구체적인 증거를 확보할 수 있게 되었다. 따라서 韓國 最初의 辭書는 7세기 후반에 편찬되었다고 하여도 틀린 말은 아니다.

그런데 경흥이 形·音·義에 대하여 기술한 것이 중국의 텍스트에서 그대로 引用·轉載한 것인지 그렇지 않으면 경흥이 獨自的으로 記述한 것인지를 가리는 것이 무엇보다도 중요하다. 이 글은 여기에 초점을 맞추어 논의를 진행하였는데, 경흥이 가장 많이 引用한 텍스트는 玄應의 『一切經音義』였다. 인용한 것은 분명하지만 原文 그대로 전재하지 않고 變形하여 受容한 곳이 적지 않다. 경흥이 독자적으로 기술한 비율도 높은데, 字形論과 字音論에서는 전체의 약 44% 정도였고 字義論에서는 그 비율이 이보다 훨씬 높았다. 예컨대 考證에서는 75% 정도였고, 命名構文이나 뜻풀이 구문 등도 거의 대부분 독자적으로 기술한 것이었다. 일본 古辭書의 일종인 『新撰字鏡』의 註釋에서 玄應 音義를 引用한 것이 약 50% 정도라고 하는데(池田證壽 1982), 이 비율과 비교해 보면 『연의술문찬』의 주석에서는 독자적 기술의 비율이 아주 높은 편이다. 따라서 경흥이 독자적 관점에서 字形論・字音論・字義論을 전개하였다고 말할 수 있고, 나아가서 독자적으로 辭書를 編纂할 정도의 수준에 올랐다고 하여도 지나친 말은 아닐 것이다.

경흥이 독자적으로 기술한 字音 중에서 한 가지 특징적 경향이 발견되어 주목된다. 경흥이 중국의 텍스트와는 관계없이 독자적으로 이용한 反切字 중에는 한국의 傳統的 借字表記法에서 널리 쓰이는 것이 많다는 점이다. 경흥이 이용한 獨特한 反切字 중에서 11字가 傳統的 借字와 서로 一致하는 것이다. 鄕札字・吏讀字・口訣字 등의 借字 중에서도 鄕札字와 일치하는 것이 가장 많다. 順憬師 音義에서 인용된 반절 捷[居隱反]의 반절하자 '隱'은 매우 독특한 것으로 알려져 있는데(金正彬 2003, 2004), 이 '隱'도 사실은 한국의 전통적 차자표기법에서 使用 頻度가 가장 높은 借字 중의 하나이다. 이러한 사실은 順憬과 璟興의 反切字가 7세기 후반의 鄕札에서 영향을 받았음을 뜻한다. 이것은 거꾸로 鄕札 表記法이 7세기 후반에 이미 정착되어 보편적으로 사용되었음을 뜻한다. 金正彬(2003, 2004)에 따르면 順憬의 表音은 일본의 吳音과 관계가 깊다고 한다. 이것이 사실이라면 경흥의 53개 반절은 일본 吳音의 正體를 밝히는 데에도 귀중한 자료가 될 것이다.

경흥이 『연의술문찬』에서 訓詁, 音義, 字體에 두루 관심을 보인 것은 法護의 學風과 닮았다. 이 학풍과 경흥이 法相宗 계통의 僧侶라는 점을 감안하면 흥미로운 推論이 가능하다. 新羅의 法相宗에서는 경전을 이해할 때에 小學 즉 言語學을 기본으로 하는 전통이 있었던 듯하다. 이 전통이 高麗에도 그대로 전해져 『瑜伽師地論』에 口訣을 다는 방식으로 繼承되었을 것이다. 널리 알려져 있듯이 고려의 口訣 資料 중에는 『瑜伽師地論』이 특히나 많다.[55] 『瑜伽師地論』은 高麗時 代 法相宗의 所依經典이었으므로 여기에 口訣을 단 것은 경흥이 小 學을 중시한 학풍과 一脈相通한다. 경전의 올바른 이해를 위하여 경 흥이 言語學的 註釋을 활용한 데에 비하여 고려의 『瑜伽師地論』에 서는 飜譯의 一種인 口訣을 활용한 것이다. 따라서 경흥의 註釋이 『瑜伽師地論』의 口訣로 繼承된다는 假說을 세워봄 직하다.

참고문헌

金完鎭(1985), 特異한 音讀字 및 訓讀字에 대한 研究, 『東洋學』 15, 서울: 檀國大 東洋學研究所.

金正彬(2003, 2004), 日本 妙法蓮華經釋文에 나타나는 新羅 順憬師의 反切 에 대하여, 『口訣研究』 11 · 13, 서울: 태학사.

南豊鉉(2003), 新羅僧 順憬과 憬興의 法華經 註釋書에 대하여, 『口訣研究』 10, 서울: 태학사.

池田證壽(1982), 玄應音義と新撰字鏡, 『國語學』 137, 東京: 國語學會.

藏中進(1995), 『則天文字の研究』, 東京: 翰林書房.

小林芳規(1978), 新譯花嚴經音義私記 解題, 『新譯花嚴經音義私記』(古辭書 音義集成 第一卷), 東京: 汲古書院.

沼本克明(1978), 石山寺藏の字書·音義, 『石山寺の研究 - 一切經篇』, 京都:

---

55 법상종 계통의 『瑜伽師地論』과 화엄종 계통의 『華嚴經』이 구결 자료의 雙璧을 이룬다.

法藏館.

吉田金彦・築島裕・石塚晴通・月本雅幸(編)(2001), 『訓點語辭典』, 東京: 東京堂出版.

犬飼隆(2006), 日本語を文字で書く, 『言語と文字』, 東京: 岩波書店.

吉岡眞之(2006), 古代の辭書, 『言語と文字』, 東京: 岩波書店.

邵榮芬(1982), 『切韻研究』, 北京: 中國社會科學出版社.